高等学校规划教材

道路建筑材料

姚昱晨　主编
周　庄　主审

中国建筑工业出版社

图书在版编目（CIP）数据

道路建筑材料/姚昱晨主编.—北京：中国建筑工业出版社，2013.10
高等学校规划教材
ISBN 978-7-112-15944-4

Ⅰ.①道… Ⅱ.①姚… Ⅲ.①道路工程-建筑材料-高等学校-教材 Ⅳ.①U414

中国版本图书馆 CIP 数据核字（2013）第 233578 号

本书依据新规范及试验规程编写了道路与桥梁采用材料的基本原理与试验方法。全书分为两篇，其中第一篇为道路建筑材料，系统讲述了砂石材料、无机胶凝材料、水泥混凝土和砂浆、沥青材料、沥青混合料、工程高分子聚合物材料、建筑钢材共七部分内容。第二篇为道路建筑材料试验，运用新试验规程讲述了砂石材料试验、石灰与水泥试验、水泥混凝土试验、沥青材料试验、沥青混合料试验共五部分内容。

书中附有大量图片、例题、施工案例，理论联系实际、通俗易懂，实用性强。本书还附有配套教学光盘，包含了教材主要内容：工程施工图片、建筑材料图片、试验过程配套图片、施工案例，以及习题集和试卷，便于学生自学和教师教学。本书作为市政工程、交通工程、城市道路与公路专业及其相关专业教材，同时也可作为从事城市道路和公路交通的成人教育、道路与桥梁设计、道路施工、工程材料试验和质检、工程监理、试验检测、道路养护及道路工程技术和管理人员的工具书。

* * *

责任编辑：王美玲　张莉英
责任设计：张　虹
责任校对：张　颖　刘　钰

高等学校规划教材
道路建筑材料
姚昱晨　主编
周　庄　主审

*

中国建筑工业出版社出版、发行（北京西郊百万庄）
各地新华书店、建筑书店经销
北京红光制版公司制版
北京市安泰印刷厂印刷

*

开本：787×1092毫米　1/16　印张：22½　字数：545千字
2014年2月第一版　2018年2月第三次印刷
定价：55.00元（含光盘）
ISBN 978-7-112-15944-4
（24744）

版权所有　翻印必究
如有印装质量问题，可寄本社退换
（邮政编码100037）

前　言

本次出版的《道路建筑材料》教材，全面采用最新的国家标准、行业规范进行编写。教材编写团队聘请国内担任本门课程教学的资深教师，经工程实际考查、探讨，编写历经三年多时间。本教材广泛适用于高职类市政工程专业、交通工程专业的专业基础教材，也可作为施工员、工程材料试验及质量检测、交通土建类设计单位的工具书。

《道路建筑材料》全面地阐述材料基本原理及材料主要的试验规程，与其他同类教材相比，做了如下补充和改进：

1. 本教材参考我国现行的最新规范和试验规程达 50 多本，在编写过程中，详细注明规范、试验规程的编号，有利于学生、教师、工程技术人员的查阅和评定。

2. 本教材注重与工程实际结合，增加了专业插图和施工图片，在重点和难点处，增加了例题、习题及施工案例（如：水泥强度等级评定、水泥混凝土配合比计算、强度等级评定实例、沥青混合料工程实例等例题）。通过例题的学习与评定，能进一步理解材料基础知识。整本教材和电子教程光盘配套讲解，通俗易懂，能提高学生们的学习兴趣，适于学生自学。

3. 本教材注意新材料、新规范、新试验规程的运用，注重节能、减排、环保材料的讲述。新的材料有：高性能混凝土、低合金高强度结构钢、市政排水管材中钢材的应用、泡沫沥青、SHRP 沥青分级标准 PG76-22 简介等；新规范的运用如：《混凝土外加剂匀质性试验方法》GB/T 8007—2012、《混凝土结构设计规范》GB 50010—2010、《公路工程沥青及沥青混合料试验规程》JTG E20—2011、《重交通道路石油沥青技术要求》GB/T 15180—2010；新的试验方法有：水泥净浆流动度试验、采用"跳桌法"测定水泥胶砂流动度及水泥胶砂减水率试验、用"坍落筒"试验方法测定细集料的饱和面干含水率量的试验等。不但满足教学要求，还满足施工单位、质检单位对材料检测和评定的需求。

4. 本教材附有多媒体教学电子教程光盘 1 张，电子教程内容与教材相配套。电子教程光盘有四部分内容：①电子教程第一部分共七章，放映总篇幅达到 1015 张，图片及施工的照片 875 张。②电子教程第二部分有与教材配套五个试验课件，总篇幅达 110 幅，试验图片 215 张。③第三部分有试卷（期中、期末）两套、大型作业任务书、与教材配套的习题集。④电子教程中第四部分有：桥梁检测四项、高速公路路面养护、沥青混合料施工案例、改性沥青和乳化沥青的施工工艺等内容，总篇幅达 94 幅，图片 205 张。本教程内容适当、讲解清晰、专业图片精美，与工程结合紧密、系统性好，既有利于教师教学，又利于学生自学。根据本门课程的特点，电子教程理论性、实践性强，更重要的是建筑材料与整个施工工艺过程结合紧密，能提高学生对本门课程和路桥专业的学习兴趣。本教程广泛适用于高职类市政工程专业、交通工程专业基础教学，也可作为施工员、工程材料试验及质量检测、交通土建类设计、施工单位的指导教程。

本教材由浙江建设职业技术学院姚昱晨副教授主编，由浙江省建设投资集团有限公司高级讲师周庄主审。参加编写人员还有：浙江建设职业技术学院朱海东高级工程师、浙江建设职业技术学院方俊生高级讲师、河北交通职业技术学院张邻生副教授、吉林高等级专科学校刘存柱教授、河北交通职业技术学院孙琳讲师、浙江省交通投资集团有限公司杭金衢分公司施福勇高级工程师。其中第一篇绪论、第一章、第四章、第七章由姚昱晨老师编写；第二章第一节、第二节由方俊生老师编写；第二章第三节由张邻生老师编写；第三章由朱海东老师和方俊生老师编写；第五章由刘存柱老师编写；第六章由孙琳老师编写；第二篇第八章、第十二章由施福勇老师编写；第九章、第十一章由姚昱晨老师编写；第十章由朱海东老师编写。电子教程由姚昱晨老师、刘存柱老师、孙琳老师共同编写。

在编写教材的调研过程中，得到安徽省公路工程检测中心、江苏省高速公路工程养护公司、浙江省交通投资集团有限公司杭州金衢分公司、浙江嘉悦石化集团有限公司、浙江交工高等级公路养护有限公司、宁波交通工程建设集团有限公司、中国第三建筑工程公司的大力支持和帮助，编者在此表示衷心的感谢！

编者水平有限，对于书中的疏漏和欠妥之处，敬请读者批评、指正。如有意见和建议请与中国建筑工业出版社联系，编者在此深表谢意！

2013 年 11 月

目 录

第一篇 道路建筑材料 ··· 1

绪论 ·· 1
思考题 ·· 8

第一章 砂石材料 ·· 9
第一节 岩石的形成与分类 ·· 9
第二节 岩石（块状石料）的技术性质 ·· 11
第三节 集料的技术性质 ··· 21
第四节 矿质组成材料级配 ··· 37
思考与计算题 ··· 40

第二章 无机胶凝材料 ·· 42
第一节 气硬性无机胶凝材料——石灰 ·· 42
第二节 水硬性无机胶凝材料——水泥 ·· 47
第三节 稳定土材料 ·· 68
思考与计算题 ··· 79

第三章 水泥混凝土和砂浆 ··· 80
第一节 水泥混凝土 ·· 80
第二节 普通混凝土 ·· 81
第三节 普通水泥混凝土强度的检验和评定 ··· 128
第四节 建筑砂浆 ··· 134
思考与计算题 ··· 146

第四章 沥青材料 ··· 148
第一节 概述 ·· 148
第二节 石油沥青 ··· 149
第三节 改性沥青 ··· 175
第四节 乳化沥青 ··· 181
第五节 其他沥青简介 ·· 187
思考与计算题 ··· 189

第五章 沥青混合料 ·· 191
第一节 概述 ·· 191
第二节 热拌沥青混合料 ··· 194
第三节 沥青混合料的技术性质 ·· 197
第四节 沥青混合料的组成设计 ·· 210

  第五节 其他沥青混合料 …………………………………………………………… 223
  思考与计算题 …………………………………………………………………… 225
第六章 工程高分子聚合物材料 ………………………………………………………… 227
  第一节 概述 ………………………………………………………………………… 227
  第二节 土工合成材料 ……………………………………………………………… 229
  第三节 高分子聚合物改性水泥混凝土 …………………………………………… 236
  第四节 高分子聚合物改性沥青混合料 …………………………………………… 238
  第五节 环氧沥青混凝土 …………………………………………………………… 240
  思考题 …………………………………………………………………………… 242
第七章 建筑钢材 ……………………………………………………………………… 243
  第一节 钢的分类 …………………………………………………………………… 243
  第二节 建筑钢材的技术性能 ……………………………………………………… 246
  第三节 路桥结构工程常用钢材及其制品 ………………………………………… 258
  第四节 钢材腐蚀与防治 …………………………………………………………… 273
  思考与计算题 …………………………………………………………………… 274

第二篇 道路建筑材料试验 ……………………………………………………………… 275
第八章 砂石材料试验 ………………………………………………………………… 275
  第一节 岩石单轴抗压强度试验（JTG E41 T0221—2005） ……………………… 275
  第二节 粗集料及集料混合料的筛分试验（JTG E42 T0302—2005） …………… 276
  第三节 粗集料密度及吸水率试验（网篮法）（JTG E42 T0304—2005） ………… 279
  第四节 粗集料堆积密度及空隙率试验（JTG E42 T0309—2005） ……………… 282
  第五节 水泥混凝土用粗集料针片状颗粒含量试验（规准仪法）
      （JTG E42 T0311—2005） ……………………………………………… 284
  第六节 粗集料针片状颗粒含量试验（游标卡尺法）（JTG E42 T0312—2005）… 285
  第七节 粗集料压碎值试验（JTG E42 T0316—2005） …………………………… 286
  第八节 细集料筛分试验（JTG E42 T0327—2005） ……………………………… 288
  第九节 细集料表观密度试验（容量瓶法）（JTG E42 T0328—2005） …………… 291
  第十节 细集料密度及吸水率试验（JTG E42 T0330—2005） ………………… 292
  第十一节 细集料堆积密度及紧装密度试验（JTG E42 T0331—1994） ……… 294
第九章 石灰与水泥试验 ……………………………………………………………… 297
  第一节 有效氧化钙和氧化镁的测定 ………………………………………………… 297
  第二节 水泥比表面积测定方法（勃氏法）（JTG E30 T0505—2005） …………… 300
  第三节 水泥细度检验方法（80μm筛筛析法）（JTC E30 T0502—2005） ……… 303
  第四节 水泥标准稠度用水量、凝结时间试验（GB/T 1346—2011） …………… 304
  第五节 水泥安定性试验（GB/T 1346—2011） …………………………………… 307
  第六节 水泥胶砂强度检验方法（ISO）（JTG E30 T0506—2005） ……………… 310
  第七节 水泥净浆流动度试验（GB/T 8077—2012） ……………………………… 313
  第八节 水泥胶砂减水率试验（GB/T 8077—2012） ……………………………… 314

第十章 水泥混凝土试验 ··· 317
第一节 水泥混凝土拌合物的拌合与现场取样方法（JTG E30 T0521—2005）······· 317
第二节 水泥混凝土拌合物稠度实施细则（坍落度仪法）
（JTG E30 T0522—2005）·· 319
第三节 水泥混凝土拌合物稠度实施细则（维勃仪法）
（JTG E30 T0523—2005）·· 321
第四节 水泥混凝土立方体抗压强度试验（JTG E30 T0553—2005）············· 322
第五节 水泥混凝土抗弯拉强度试验（JTG E30 T0558—2005）··················· 324

第十一章 沥青材料试验 ·· 326
第一节 沥青针入度试验（JTG E20 T0604—2011）······································ 326
第二节 沥青延度试验（JTG E20 T0605—2011）·· 328
第三节 沥青软化点试验（环球法）（JTG E20 T0606—2011）······················ 330
第四节 沥青与粗集料的黏附性试验（JTG E20 T0616—1993）····················· 332

第十二章 沥青混合料试验 ··· 335
第一节 沥青混合料试件制作方法（击实法）（JTG E20 T0702—2011）········· 335
第二节 压实沥青混合料密度试验（表干法）（JTG E20 T0705—2011）········· 338
第三节 沥青混合料马歇尔稳定度试验（JTG E20 T0709—2011）················· 344
第四节 沥青混合料车辙试验（JTG E20 T0719—2011）······························ 347

参考文献 ··· 350

第一篇 道路建筑材料

绪 论

《道路建筑材料》是研究道路与桥梁建筑物所用的各种材料的组成、性能和应用的一门专业技术课程，是道路与桥梁专业的基础课程。道路建筑材料是道路与桥梁建筑所用材料的总称，它是道路与桥梁工程基础设施建设和养护的物质基础。它不仅包括构成建筑物的材料本身，而且还包括在建筑工程施工中所需的设备器材及施工过程中暂设工程的一些辅助性材料。

本课程与土木工程结合紧密，土木工程是建造各类工程设施的科学技术的统称，它所包含的工程有道路与桥梁工程、城市道路工程、排水工程、隧道工程、铁路工程、工业与民用建筑的房屋建筑工程，以及与建筑结构工程构造形式类似的人工构筑物等。在各类工程中，科学合理地选择材料、充分发挥各材料的使用性能，是保证和提高道路与桥梁工程质量的前提条件，也是工程养护的关键。

一、道路建筑材料学习内容及应用

道路建筑材料种类很多，各有不同的使用特点。在实际工程应用中，应掌握各组成材料的使用性能和特性，合理的进行综合应用。例如道路建筑材料按道路工程、排水工程、隧道工程等领域的构筑物所采用的基本材料进行分类，如图 0-1 所示。

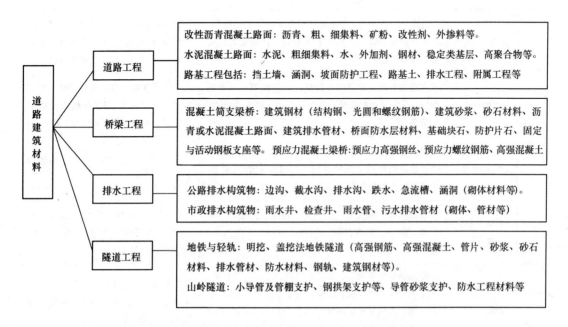

图 0-1 道路建筑材料在工程领域构筑物组成材料分析

例如：建筑物的钢筋混凝土大梁，一般在梁跨中的下方及梁支座的上方具有受拉力特性；而在梁跨中的上方及梁支座的下方又呈现为受压力特性。在实际应用中，主要是通过利用各种材料本身的特性，获得复合材料良好的整体使用性能。例如压应力主要是由水泥混凝土承担；弯拉应力、剪应力则由钢筋承担，诸如此类，建筑工程大多是由一种以上材料构成的复合人工构筑物。因此，随着工程结构特点、使用环境、组合方式的不同，同种材料的技术性质和要求也不相同。

道路建筑材料按化学成分分类，可分为无机材料、有机材料和复合材料三大类。无机材料又可分为金属材料和非金属材料及金属-非金属复合材料。复合材料是由两种或两种以上不同性质的材料，通过物理或化学方法，在宏观上组成具有新性能的材料。本课程所学建筑材料、道路建筑材料特点、作用及应用领域见表0-1。

道路建筑材料特点、作用及应用领域 表0-1

材料种类		特点及作用	应用领域
无机材料	砂石材料	石料自身抗压强度高，在复合材料中要充分利用其特点；集料（粗集料、细集料）可成为各种混凝土的骨架	整齐的石料砌筑桥墩及基础、不整齐的石料砌筑防护工程、水泥及沥青混凝土
	水泥（胶结）	人造石，一般适用于各种环境（干燥或潮湿），能将松散材料胶结成整体，使之达到要求的较高强度	水泥混凝土路面、水泥砂浆、水泥稳定土基层、水泥灌注桩等
	石灰（胶结）	一般只适用于干燥环境，将松散材料胶结成整体，强度不高，正火石灰消解达到规定时间性能好	石灰稳定土、二灰稳定类基层、石灰桩、水泥桩、生产水泥的原材料
	稳定土	在松散的粗、中、细粒土中，掺入足够量的石灰、水泥、工业废渣及其他材料后经拌合、压实、养护而成	石灰稳定土、水泥稳定土、水泥稳定碎石、二灰稳定类（三渣）基层
有机材料	沥青（胶结）	道路中使用沥青，是复杂的弹黏塑性体胶结材料，属于有机胶结材料，其技术测定必须在规定的温度等条件下测定	沥青混凝土路面、表面处治路面、改性沥青路面、泡沫沥青冷再生混合料路面基层、沥青卷材防水材料
	改性沥青	在沥青中加入要求的改性剂，以提高原有沥青的性能，如：高温稳定性、低温抗裂性、抗车辙能力、疲劳寿命	SBS类热塑性橡胶改性沥青、SBR橡胶类改性沥青、EVA热塑树脂改性沥青、（SMA沥青玛琋脂）等
	乳化沥青	目的是使施工时沥青具有一定的流动性。沥青与水在乳化剂和稳定剂的作用下形成稳定的乳浊液，属于节能环保型材料	透层油、粘层油、封层、稀浆封层等
	工程高分子聚合物	包括塑料、橡胶和纤维三类，轻质、强度高、耐腐蚀、耐磨、绝缘性好、经济效益高，不受气候、地域限制	土工布（有纺、无纺织物等）排水、反滤、分隔、加筋作用，聚合物水泥混凝土等
	建筑钢材（黑色金属）	建筑钢材材质均匀、密实、抗拉强度高，塑性好、冲击韧性好，可焊接、锚固，便于装配。耐火性差、易腐蚀。大型的桥梁、摩天大厦等设计中都应合理布置各类钢筋	T形梁桥受拉应力区用钢筋或预应力钢筋承受拉力；斜拉桥的拉索；结构钢、受力钢筋、箍筋等

续表

材料种类		特点及作用	应用领域
复合材料	水泥混凝土	水泥、砂、石、水、外加剂组成材料，按比例配合拌制而成的混合料，经振动压实而成称之为水泥混凝土	水泥混凝土灌注桩、水泥混凝土路面、钢筋混凝土桥梁等
	建筑砂浆	将各种块状材料粘结成整体，使荷载从上部均匀地传递至结构物的基础	砌筑砂浆、抹面砂浆、装饰砂浆、防水砂浆等
	沥青混合料	沥青结合料与矿料（粗集料、细集料、矿粉）组成材料，按比例拌合而成的混合料总称，高级路面材料	沥青混凝土、沥青碎石、SMA改性沥青混合料（加入木质纤维素）等

二、道路建筑材料的重要性

建筑材料是各种工程构筑物的基础，其材料质量的优劣，对构筑物质量有直接的影响。对于道桥工程而言，由各种材料构筑而成，同一工程部位、相同的工程要求、材料不同，或材料相同，使用方法和条件不同，产生的最终效果、资源消耗及工程成本差异很大。在道桥工程中，材料费往往占土木工程投资的大部分。一般材料费用，包括与材料有关的费用，约占整个工程造价的60%，多者占70%~80%。如何正确掌握材料性能，如何在满足工程的条件下，合理地选用和使用材料，充分发挥材料的功能和作用，降低材料消耗，降低成本，提高工程的经济效益和社会效益，是工程设计人员、施工技术人员和工程管理人员的重要职责。

三、应具备的技术性质和技术标准

（一）道路建材材料的技术性质

所谓技术性质是指在一定条件下材料本身的特性。道路与桥梁工程结构物裸露于大自然中，承受瞬时、反复的汽车动荷载作用，并且在自然环境中承受着各种恶劣气候条件的影响；材料的性能和质量对结构物的正常使用产生直接的影响。为保证材料在各种自然条件的长期影响下，力学性能、耐久性和稳定性不产生明显的衰减，道路建筑材料应具备四方面性质：力学性质、物理性质、化学性质和工艺性质。并通过标准规定的试验方法，检测各项技术指标，评定其技术性质及使用性能的优劣，这样才能保证道路与桥梁工程在设计使用年限内，车辆具有良好的营运状态，并保证车辆安全、舒适、养护费用少，而且经济、美观、耐久性好。

1. 力学性质

在车辆荷载的作用下，道路与桥梁工程构筑物，受到较大的竖向力、水平力、冲击力以及车轮摩擦力的作用，所以建筑材料应具有足够的强度、刚度、变形能力和韧性。

由于构筑物处于不同的地域、不同的位置，受力的特点也不同，因此要全面了解材料抵抗破坏的能力。目前建筑材料所需检测的力学性能主要是：抗压、抗拉、抗剪和抗弯强度。但对于有机材料，如沥青材料是弹黏塑性体，松散的集料、沥青混合料配合的强度评定又有其他的测定方法。

2. 物理性质

材料在使用过程中其力学性质随着温度与湿度因素影响而变化的性质称为物理性质。一般材料随着温度升高、湿度增大，强度会降低。建筑材料的温度稳定性、水稳定性与材料自身的力学性质、物理性质有直接的关系。

道桥测定所常用材料的物理常数，能为工程中各结构物和混合物组成设计时提供原始资料（如：真密度、孔隙率、空隙率试验等），同时物理常数也能反映材料的内部结构，所以通过物理常数测定可以间接推断材料的力学性能，如石料微小连通的孔隙率大，吸水率大，则强度低。

3. 化学性质

道路与桥梁构筑物所处地域，腐蚀性介质的侵蚀，使材料劣化，直接影响构筑物的使用寿命。化学性质指工程材料在使用过程中，自身的化学成分发生了变化，也将影响构筑物组成材料力学性质和使用品质的性质。

沥青类材料在自然界的老化、加热老化，会使其化学性质发生变化，从而改变其良好的使用性能。

4. 工艺性质

工艺性质是指材料适合于按一定工艺过程要求加工的性能。工艺过程是土建施工中非常重要、不可缺少的技术环节，工艺过程的操作、控制的好坏，直接影响材料及构件的使用性能。

在混凝土构筑物施工现场或实验室，需要测定水泥混合料的和易性（工作性）。例如：倘若水泥混凝土混合料配合比设计符合要求，而施工操作（搅拌、运输、浇灌、捣实）不当，成型不均匀、不密实，那么和易性（综合技术性质）就达不到要求，成型后的构件会出现蜂窝、麻面、分层离析现象，其强度、耐久性就不可能满足要求，不能用于混凝土构筑物。因此评定沥青混合料的和易性等工艺性质试验非常重要。

（二）道路建材质量标准化和技术标准

标准是对一定范围内的重复性事物和概念所做的统一规定，正确和合理地引用标准可最大限度减少不必要的重复劳动。为了保证道路建筑材料质量，我国对于各种建筑材料质量实行标准化管理，制订了专门的技术标准。目前我国的标准级别依据《中华人民共和国标准化法》，分为国家标准、行业标准、地方标准和企业标准等四个等级（四个层次）。各层次之间有一定的依从关系联系，形成一个既覆盖全国又层次分明的标准体系。其标准代码，见表0-2。

各行业均有统一使用的标准和行业标准代号，如"GB"代号是强制性国家标准。在这四个等级标准中，我国标准分为"强制性标准"和"推荐性标准"两类，如表0-2所示。建筑材料的标准规范来自许多行业。凡是在强制性行业标准代号后面加"/T"的，为推荐性标准代号，例如国家能源局（石化）推荐标准代号是 NB/SH/T。各行业标准不加"/T"，都是强制性标准。强制性标准是由法律规定必须遵照执行的标准，也就是必须严格执行做到全国统一的标准。推荐性标准是国家鼓励企业自愿采用的标准。在标准代号后面加"J"的表示"基本建设方面"，如住建部基本建设方面行业的标准代号为"CJJ"。

当无国家标准和行业标准时，由某地区制订标准，只限于某地区使用。企业标准只限于企业内部使用。

标准代号及名称　　　　　　　　　　表 0-2

标准级别	标准代号(汉语拼音)	代号、编号及名称
国家标准	国标 GB(Guo Biao)	GB 5016—2011《混凝土质量控制标准》 GB/T 15180—2010《重交通道路石油沥青技术要求》 GB/T 8007—2012《混凝土外加剂均匀性试验方法》
交通运输部行业标准	交通 JT(Jiao Tong)	JTG E30T0523—2005《水泥混凝土拌合物稠度试验》 JTG E20—2011《公路工程沥青及沥青混合料试验规程》
住房和城乡建设部行业标准	城建 CJ(Cheng jian)	CJJ 37—2012《城市道路工程设计规范》 CJJ 1—2008《城镇道路工程施工与质量验收规范》
国家能源局(石化)行业标准	石化 NB/SH(Shi Hua)	NB/SH/T 0522—2010《道路石油沥青标准》

在我国不同的专业领域中，标准代号含义和应用范围有所不同。以公路工程类代号《公路工程标准体系》JTGA01—2002 为例，公路工程标准体系结构层次分为两层，一层是门类，包括综合、基础、勘测、设计、检测、施工、监理、养护管理等规范共八大门类；另一层次是专项内容，即每一门类再分专项，如：D（字母排序）为设计类，《公路水泥混凝土路面设计规范》专项规范是 D 类其中之一。交通部标准体系编号说明，如图 0-2 所示。

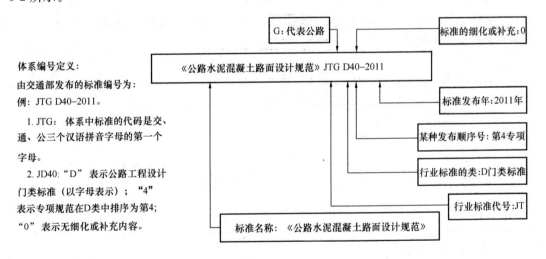

图 0-2 交通部发布标准（JT）的公路工程标准体系编号说明

四、道路建材实训内容及课程要求

1. 道路建筑材料的试验实训

道路建筑材料的技术性质，通过适当的手段，应进行标准化检测试验，并运用规范的技术标准，判定其合格性，能充分发挥材料在实际工程的功能和作用。一般地，建材检验包括试验室内原材料性能检测、试验室内模拟结构检验检测和现场修筑试验性结构物检定三种方法。建材试验课是本课程教学的重要环节，主要是在试验室内测定原材料性能。校内道路建筑材料常规试验见表 0-3。

道路建筑材料试验实训内容安排（参考） 表 0-3

序号	试 验 计 划	试 验 内 容	课时
1	[试验1]：石灰材料试验	活性氧化钙（CaO_2+MgO）含量测定	2
2	[试验2]：砂石材料试验	砂子松装密度、砂子、碎石视密度、砂子筛分、细集料饱和面干含水率、细集料棱角性试验、压碎性指标试验	4
3	[试验3]：水泥材料试验（一）	水泥细度、稠度、安定性、水泥胶砂稠度测定（跳桌法）、成型试验（采用标准养护）	2
4	[试验4]：水泥材料试验（二）	水泥胶砂强度破型（抗折、抗压强度测定）	2
5	[试验5]：水泥混凝土试验（一）	水泥混凝土拌合、坍落度（维勃稠度）、成型试验	2
6	[试验6]：水泥混凝土试验（二）	水泥混凝土破型（抗压强度测定）	2
7	[试验7]：沥青材料试验	沥青三大技术指标：针入度、延度、软化点试验	2
8	[试验8]：沥青混合料试验（一）	沥青混合料击实、成型试验	2
9	[试验9]：沥青混合料试验（二）	沥青马歇尔稳定度与流值测定	2
10	[试验10]：建筑钢材试验	钢筋冷弯、拉伸、冲击韧性试验	2

2. 道路建材课程设计实训

道路建筑材料是理论、试验、基本设计联系紧密的一门课程。在学校应掌握各项试验的操作过程、计算与分析评定，通常在学习期间，应完成表 0-4 中所列道路建材基本内容，并能将其规范地、科学地、正确地运用到工程中，以及为道桥专业课程设计提供道路建筑材料的原始资料数据。

道路建材课程设计实训（参考） 表 0-4

序号	课 程 设 计	课程设计内容
1	[课设1]：砂子类别确定	计算砂子细度模数、绘制级配图，确定类别
2	[课设2]：水泥混凝土配合比设计（以抗压强度为设计指标的设计方法） [课设3]：水泥混凝土配合比设计（以弯拉强度为设计指标的设计方法）	水泥混凝土初步、试验室施工配合比计算
3	[课设4]：沥青混合料配合比设计	矿质混合料配合比和沥青最佳用量确定

3. 本课程学习要求

本课程是道路设计与施工、桥梁设计与施工、道路（市政）排水、施工组织、工程检测、工程造价等课程的基础。本门课程的学习要求具有一定的数学、物理、化学、材料力学、工程地质等基础知识。

本课程的学习过程包括三个环节，理论课程学习、材料试验与结果评定、计算资料的查询及课程设计，这三个环节不可脱节。本课程学习要求如下：

掌握道路建筑材料学习的重点：掌握基础知识、技术性质、技术标准、检测方法及复合材料配合比设计；了解材料的性能与组成结构的关系，以及改善途径；能正确运用规范中各项技术指标及能对建筑材料质量、等级进行合格性评定；了解材料产源和工艺性对其性能的影响，了解材料在各环节易出现的问题，及改善途径方法，了解材料保管和运输过程中的注意事项，以及掌握对新规范、新材料、新工艺的运用方法。

五、道路建筑材料发展前景

一方面，随着人们物质生活水平的日益提升，人们出行对公路的功能完善和道路舒适程度有更高的要求。另一方面，由于科学技术的发展和节能、减排、环保的要求，以及新型道路建筑材料、新型的路面结构、新规范、新型工艺技术、新型施工设备的不断出现，对道路建筑材料也提出越来越高的要求，材料既要达到节能减排、环保，又要避免路面早期出现损坏现象。

在建筑工程设计和施工过程中，工程结构设计、生产工艺的更新换代，往往依赖于新材料的发展；同时新材料的出现和使用，必然导致工程结构设计、生产工艺的突破。以如下实例进行说明。

新材料的实例： 原沥青材料易老化，设计使用寿命较短，是沥青材料使用缺点之一，而且沥青原材料的高温敏感性和低温抗裂性也达不到较高的规定要求。当沥青中加入聚合物改性剂，或外添料（木纤维素、聚酯纤维素）后，形成了聚合物改性沥青和SMA沥青混合料路面（称为沥青玛琋脂碎石混合料）。采用了这种改性沥青路面，充分保持和提高了沥青类路面良好使用性能，如：提高了沥青类路面高温稳定性、低温抗裂性等性能，并延长了沥青路面使用寿命。同时对这类型路面的施工工艺也有了新的更高的要求。

新工艺方法产生的新材料实例： 道路石油沥青材料通过采用加泡工艺使其变成了泡沫沥青。泡沫沥青形成后，充分发挥和提高原沥青粘结性好的使用品质。泡沫沥青可用于道路冷再生工程，改善施工环境；由于形成泡沫沥青，提高了粘结性，可节约沥青用量10%左右。因此，泡沫沥青的使用，既节约能源、减少污染，又充分利用旧有材料。这是目前国际上沥青类道路路面维修改造的主要方法之一。

节能减排、环保方面实例： 硅酸盐水泥工业已被认为是高耗能和严重污染环境的工业之一。建筑工程中提倡使用绿色高性能混凝土，减少硅酸盐水泥熟料使用量，掺入外掺料可改变和提升水泥的性质，减少污染，节约能源。

高性能混凝土结构选用钢材实例： 在高性能混凝土中采用低合金高强度钢筋的构筑物，带来的不仅仅是钢筋混凝土强度的提高，更重要的是降低钢材、水泥、砂、石的消耗量，节约了资源，提高了结构物的耐久性，宏观经济效益将是十分明显。如在高性能混凝土中，采用微合金化低合金高强度钢，由于是在普通低合金钢的基础上添加少量合金元素（铌、钒、钛），采用新工艺控孔、控冷技术制成的，通过沉淀析出硬化、细化晶粒，提高钢的强度和韧性，并获得良好的成型性及焊接性，因此可在保证其良好综合性能的同时，进一步降低生产成本。新规范淘汰了一些低强度钢筋。

普通钢筋混凝土结构选用钢材实例： 可采用细晶粒热轧钢筋类，它是我国冶金行业研发的新型热轧钢筋，这种钢筋生产过程中不需要添加或只需添加很少钒、钛等合金元素，而是在热轧过程中，通过控轧和控冷工艺制成带肋钢筋，结晶粒度不超过9级。细晶粒热轧钢筋带肋钢筋外形与普通低合金热轧带肋钢筋相同，其强度和延性完全满足混凝土结构对钢筋性能的要求。用细晶粒热轧钢筋可节约国家宝贵的钒、钛合金元素资源，降低碳当量和钢筋的价格，社会效益和经济效益均十分显著，提倡混凝土中采用细晶粒热轧钢筋。

可见，工程上任何结构的形式变化、设计方法的变革、施工工艺的要求及新材料的应用都必须以适当和充分发挥建筑材料的性能为前提。所以采用新规范、新工艺、新材料、合理选材、正确使用、节约投资、降低成本、减少工程造价十分重要。新型道路建筑材料的出现，超越原有材料使用性能，也推动着结构设计理论和施工技术水平不断向前发展，在我国道路工程中展现了广阔的应用前景。

思 考 题

1. 分别说明水泥混凝土路面与沥青混凝土路面的五种组成材料。
2. 解释规范《公路工程沥青及沥青混合料试验规程》JTG E20—2011 的意义。
3. 试说明水泥与沥青都是胶结材料有什么不同？举例说明它们的应用。
4. 我国的标准分为四个等级，在这个基础上又分哪两类？分别有何规定？
5. 浅谈道路、桥梁类建筑行业的建筑材料的发展方向。

第一章 砂石材料

【本章学习要点】 了解岩石与粗集料、细集料的产源、分类、掌握其技术性质与技术要求及细集料的级配计算、测定方法、技术要求及应用，理解矿质混合料的级配理论。

第一节 岩石的形成与分类

砂石材料是由岩石风化或加工而成的材料，主要包括岩石和集料（骨料）。

岩石是指天然岩石经机械加工制成的或直接开采的、具有一定形状和尺寸的岩石（石料）制品；集料是指天然岩石经自然风化而成的卵石、砾石集料，以及经开采或轧制得到的粒状碎石集料，也包括工业冶金矿渣集料。无论是加工还是未加工的岩石与集料都是道路与桥梁工程中用量最大的一种建筑材料，也是土木工程的主要材料之一。

天然石材具有抗压强度高、耐久性和耐磨性良好、资源分布广，便于就地取材的优点。

但缺点是岩石性质较脆、抗拉强度低、表面密度大、硬度高，开采和加工比较困难。砌筑桥涵基础、挡土墙、隧道衬砌等常用重质致密的块体石材；而水泥混凝土和沥青混合料的集料、道渣等常用散粒材料（如碎石、砾石、砂等）。

一、岩石分类

1. 按造岩矿物分类

组成岩石的矿物称为造岩矿物，矿物是具有一定化学成分和结构特征的天然化合物或单体，某些矿物由一种矿物组成，大部分岩石由多种矿物组成。主要造岩矿物有：石英、长石、云母、闪长石、方解石、白云石和黄铁矿等。

2. 按岩石成因分类

岩石是自然界的产物，是在各种地质作用下，按一定方式结合而成的矿物集合体，它是构成地壳及地幔的主要物质。岩石的物理力学性质除在很大程度上取决于天然岩石所含矿物成分，及矿物在岩石中的结构与构造外，还取决于成岩条件。

1）按岩石的成因分类

自然界有各种各样的岩石，最常用的分类方法是根据岩石成因进行分类。岩石按成因的分类分为三种：岩浆岩、沉积岩、变质岩。

①火成岩（岩浆岩）——直接由岩浆形成的岩石，指由地球深处的岩浆侵入地壳内或喷出地表后冷凝而形成的岩石。又可分为侵入岩和喷出岩（火山岩）。

②沉积岩——由沉积作用形成的岩石，指暴露在地壳表层的岩石在地球发展过程中遭受各种外力的破坏（经过风化、水蚀等形成小颗粒），破坏产物在原地或者经过搬运沉积下来，再经过一系列复杂的成岩作用而形成的岩石。沉积岩的分类，一般可按沉积物质分

为母岩风化沉积、火山碎屑沉积和生物遗体沉积。

③变质岩——经历过变质作用形成的岩石，指地壳中原有的岩石受构造运动、岩浆活动或地壳内热流变化等内应力影响，使其矿物成分、结构构造发生不同程度的变化而形成的岩石。变质岩是沉积岩在火山喷发时与岩浆相互融合、变质冷却后形成的。

对岩石观察时可以观察颜色、结晶状况、各种晶体的大小、岩石的构造，如喷出岩的气孔构造、流纹构造，沉积岩的层理结构等。公路工程建筑中常用岩石种类有：

岩浆岩 { 深成岩：花岗石、正长岩、辉长岩
喷出岩：玄武岩、流纹斑岩、安山岩
浅层岩：辉绿岩、花岗斑岩、正长斑岩 }

沉积岩 { 火山碎屑岩：火山集块岩、凝灰岩
沉积碎屑岩：砾岩（角砾、砾岩）、砂岩（石英砂）
黏土岩：泥岩、页岩（黏土页岩、碳质页岩）
化学及生物化学岩：石灰岩（泥灰岩、石灰岩） }

变质岩 { 片理状岩：片麻岩（花岗片麻岩）、片岩（云母片岩）
块状岩：大理石、石岩石、蚊纹石 }

三大岩石可以通过各种成岩作用相互转化，其特点是：

①深成岩共同特点是：密度大、抗压强度高、吸水性小、抗冻性好。

②沉积岩与深成岩相比，密度小、孔隙率和吸水率大、强度较低、耐久性差。

③变质岩使它们均较原来的岩石更为紧密，如石灰岩变成大理石，砂岩变成石英岩，抗压强度提高了。也有的性能变差，如花岗石变成为花岗片麻岩时，较原花岗石易于分层剥落，耐久性降低。

2）按主要化学组成分类

岩石的化学性质将影响混合料的物理—力学性质。对矿物成分影响最大的是 SiO_2，岩石根据 SiO_2 的含量多少分为酸性（含量>65%）、碱性（含量<52%）、中性（含量52%~65%）三类，石料的酸碱性直接影响沥青混合料的水稳定性。

3. 按尺寸规格分类

天然砂石材料分为：整齐的石料和松散的集料（骨料）。

4. 按加工后技术规格分类

块石、片石、料石、砾石、碎石、石屑、天然砂、机制砂、矿粉等。

二、冶金矿渣集料

硅酸盐水泥工业已被认为是高耗能和严重污染环境的工业之一。因此应更多地节约水泥熟料，减少环境污染；更多地掺加以工业废渣为主的掺合料；更大幅度发挥高性能的优势，减少水泥与混凝土用量。这也是绿色高性能混凝土应具有的基本特征。

钢渣的排放量约占钢产量的10%~15%，我国的钢产量约占世界钢产总量的1/5，因此我国的钢渣排量也是巨大的，如果能将数量大的钢渣作为矿物掺合料应用于混凝土，将会获得巨大的经济效益并有益于环境保护。这既符合我国可持续发展的原则，又能为混凝土工业提供更广泛的掺合料。

冶金矿渣一般指金属冶炼过程中排出的非金属熔渣，为人类具有独特性能的人造石

料。高炉炼铁时形成的熔渣称为高炉矿渣，钢渣是在炼钢过程中得到的氧化物。高炉矿渣及钢渣经冷却或经一定工艺处理，可用于修筑道路基层，也可作为水泥混凝土或沥青混凝土路面用的集料。

炉渣中含有酸性氧化物、碱酸性氧化物、中性氧化物、硫化物。酸碱氧化物含量比例对矿渣的性能影响较大。一般来说，当矿渣中的 CaO 和 Al_2O_3 含量高而 SiO_2 含量低时，矿渣活性较高。矿渣的活性是指与水（或某碱性溶液，或硫酸盐溶液）发生化学反应的性质。活性高的矿渣宜用作水泥混合材料，而在混凝土结构或道路结构中则使用低活性的矿渣。

第二节 岩石（块状石料）的技术性质

岩石的技术性质，主要从物理性质、力学性质、化学性质三方面进行评价。在进行混凝土配合比设计时，这些物理参数是重要的基础参数。

一、材料的物理性质

岩石的主要物理性质有：物理常数（如真密度、毛体积密度和孔隙率）、吸水性（吸水率、饱水率）和耐候性（抗冻性、坚固性）

1. 与质量有关的性质（物理常数）

岩石的物理常数是岩石组成结构状态的反映，与岩石技术性质有着密切的联系，可在一定程度上表征岩石内部的组织结构，间接预测岩石的有关物理性质和力学性质。

岩石内部结构是由矿质实体和孔隙组成。孔隙又分为与外界相通的开口孔隙，不与外界连通的闭口孔隙，见图 1-1。

（1）真密度（也称密度）

真密度（粉状密度）是指在规定条件下，烘干岩石矿质实体单位体积（不包括开口与闭口孔隙体积）的质量，用 ρ_t 表示。按式（1-1）计算。

$$\rho_t = \frac{m_s}{V_s} \quad (1-1)$$

式中 ρ_t——岩石的真实密度(g/cm^3)；
m_s——岩粉矿质实体质量(g)；
V_s——岩石矿质实体的体积(cm^3)。

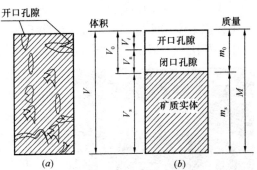

图 1-1 岩石组成结构示意图
(a) 岩石组成结构剖面图；
(b) 岩石结构质量与体积的关系图

由于是在空气中称量质量，所以岩石中的空气质量为 $m_0 = 0$，矿质实体的质量就等于试件烘干前岩石的质量，即 $m_s = M$。

真实密度体积的测量方法：先将岩石样品粉碎成岩粉，放在瓷皿中，置于 105～110℃的烘箱中烘干至恒量，时间一般为 6～12h，然后再置于干燥容器中冷却至室温（20±2℃）备用，采用"密度瓶法"，使水充分进入闭口孔隙，用置换的方法测定其真实密度体积。真实密度是计算孔隙率的主要参数之一,其大小取决于造岩矿物的种类和组织结构情况。一般工程用石料密度为 2.1~3.1g/cm³,石料密度越大,工程性能越好。

（2）毛体积密度

毛体积密度（块体密度）是指在规定条件下,烘干矿质实体包括孔隙在内的单位固体材料体积的质量。烘干控制温度为 105~110℃,烘 12~24h。根据石料含水状态,毛体积密度又分为天然密度 ρ_0、干密度 ρ_d 和饱和密度 ρ_s。建议推广量积法进行测试,量积法岩石毛体积密度按式（1-2）、式（1-3）、式（1-4）计算：

$$\rho_0 = \frac{m_0}{V_s + V_i + V_n} \qquad (1\text{-}2)$$

$$\rho_s = \frac{m_s}{V} \qquad (1\text{-}3)$$

$$\rho_d = \frac{m_d}{V} \qquad (1\text{-}4)$$

式中 ρ_0——岩石毛体积密度（g/cm³）；

ρ_s——岩石饱和密度（g/cm³）；

ρ_d——岩石干密度（g/cm³）；

m_0——试件烘干前的质量（g）；

m_s——试件强制饱水后的质量（g）；

m_d——试件烘干后的质量（g）；

V_s——意义同前；

V_i、V_n——岩石的开口和闭口孔隙体积（cm³）；

V——岩石的总体积（cm³）。

毛体积密度的测量方法,按《公路工程岩石试验规程》JTGE 41—2005 规定：

①体积法——适用于能制备成规则试件的各类石料；

②水中称量法——适用于除遇水崩解、溶解和干缩湿胀外的其他各类石料；

③蜡封法——适用于不能用体积法或直接在水中称量法进行试验的石料。

静水天秤,如图 1-2 所示。试样的形态,一般规则的试样测定的密度略大于不规则试样。

（3）孔隙率

岩石的孔隙率是指岩石孔隙体积占石料总体积（包括孔隙体积在内）的百分率。总孔隙率计算：

$$n = \frac{V_0}{V} = \frac{V_i + V_n}{V} \times 100 \qquad (1\text{-}5)$$

式中 n——岩石总孔隙率（%）；

V_0——岩石的孔隙（包括开口孔隙和闭口孔隙）的体积（cm³）；

图 1-2 静水平秤

V_i、V_n ——岩石的开口和闭口孔隙体积（cm^3）；

V ——岩石的总体积（cm^3）。

岩石孔隙率也可用毛体积密度和真密度计算求得：

$$n = \left(1 - \frac{\rho_d}{\rho_t}\right) \times 100 \tag{1-5a}$$

式中　ρ_t ——岩石的真实密度（g/cm^3）；

ρ_d ——岩石的毛体积密度（g/cm^3）。

岩石的吸水率主要取决于岩石的孔隙率和孔隙特征，它对其强度、吸水率和抗冻性有一定的影响。岩石的孔隙特征包括孔隙结构和孔径大小两个方面。岩石孔隙结构，可分为连通与封闭两种，前者彼此贯通且与外界相通，封闭孔隙相互独立且与外界隔绝。按孔径大小又分为极细微孔隙、细小孔隙和较粗大孔隙。粗料石见图1-3。

在孔隙率相同的条件下，连通且粗大的孔隙对岩石的性能影响更大。而粗大的开口空隙水分不易留存，故吸水率较小。一般当孔隙率增大时，材料密度减小、强度降低、导热系数和比热容减小、吸水率增大、透气与吸水性变大。

图 1-3　粗料石（挡土墙）

2. 与水有关的性质（吸水性）

（1）亲水性与憎水性

材料在空气中与水接触，根据其能否被水润湿，分为亲水性和憎水性材料。混凝土、圬工砌体等大多数建筑材料属于亲水性材料，其表面均能被水润湿，且能通过毛细管作用将水吸入材料的内部。沥青、石蜡等少数材料属于憎水性材料，其表面不能被水润湿，该类材料一般能阻止水分渗入毛细管中，因而能降低材料的吸水性。

（2）吸水性与吸湿性

岩石吸水性是石料在规定条件下吸入水分的能力。岩石吸水性用吸水率与饱和吸水率来表示其大小。

吸湿性是指材料在潮湿空气中吸收水分的能力，用含水率来表示其大小。

岩石吸水率是指在规定（室温、标准大气压）条件下，岩石试样最大吸水质量与烘干（105～110℃下烘干至恒重）岩石试件质量之比，以百分率表示。在《公路工程岩石试验规程》JTGE 41—2005规定，采用逐次注水淹没后再自由吸水法饱和，按式（1-6）计算，试验结果精确至0.01%。

$$w_a = \frac{m_1 - m}{m} \times 100 \tag{1-6}$$

式中　w_a ——石料吸水率（%）；

m ——烘至恒量时的试件质量（g）；

m_1 ——吸水至恒量时的试件质量（g）。

吸水率低于1.5%的岩石称为低吸水性岩石；吸水率介于1.5%～3.0%的称为中吸水性岩石；吸水率高于3.0%的岩石称为高吸水性岩石。

(3) 饱和吸水率

岩石的饱和吸水率是指在强制条件下，岩石试样最大吸水质量与烘干石料试件质量之比，以百分率表示。《公路工程岩石试验规程》JTG E41—2005 规定，采用煮沸法饱和试件或真空抽气法饱和试件方法测定，按式（1-7）计算，试验结果精确至 0.01%。

$$w_{sa} = \frac{m_2 - m}{m} \times 100 \tag{1-7}$$

式中　w_{sa}——岩石饱和吸水率（%）；
　　　m——意义同上；
　　　m_2——试件强制饱和后的质量（g）。

岩石的吸水性不仅取决于材料本身是亲水的还是憎水的，也与其孔隙的大小及孔隙构造特征有关。若是封闭的孔隙，水分难以渗入。如果具有细微而连通的细孔，吸水率就大。粗大的孔隙，水分虽容易渗入，但仅能润湿孔壁表面，而不易在孔隙内存留，所以封闭或粗大孔隙的石料，它的吸水率是较低的。在工程上吸水率越大，岩石吸水后强度就会降低，花岗石吸水后强度可能会下降 3% 左右。

孔隙率大小和抗冻性的关系：材料孔隙率大，含水量也大。当水冻结时，体积增大10%左右。由于体积膨胀，孔隙产生的压力也大，就容易导致材料破裂。冻融循环次数越多，材料破坏越严重。吸水率、饱和吸水率能有效地反映岩石微裂隙的发育程度，可用来判断岩石的抗冻性和抗风化性能。

(4) 饱水系数

石料的吸水率和饱和吸水率之比，定义为饱水系数。它是评价石料抗冻性的一种指标。一般来说，石料饱水系数为 0.5~0.8。饱水系数愈大，说明常压下吸水后留余的空间有限，石料愈容易被冻胀破坏，因而石料的抗冻性就差。按式（1-8）计算，试验结果精确至 0.01。

$$K_w = \frac{w_a}{w_{sa}} \tag{1-8}$$

式中　K_w——饱水系数，其他符号同前。

二、力学性质

在道路与桥梁工程中，采用的岩石不仅应具备一定的力学性质，如抗压、抗拉、抗剪、抗折强度，还应具备特殊的力学性质，如抗磨光、抗冲击和抗磨耗的力学性能等。实践中常用抗压强度和磨耗率两项指标来表示岩石的力学性质。

1. 单轴抗压强度（简称抗压强度）

岩石单轴抗压强度是指岩石试件抵抗单轴压力时保持自身不被破坏的极限应力。道路建筑采用岩石的（单轴）抗压强度，按我国《公路工程岩石试验规程》（JTG E41—2005）T 0221—2005 规定，将岩石制备成标准试件，经吸水饱和后，在单轴受压并按规定的加载条件下，达到极限破坏时，单位承压面积的强度。石料的抗压强度是划分石料等级的主要依据，并与其他力学性质具有相关性。

1）单轴抗压强度测定影响因素

影响岩石的抗压强度因素包括两方面：

①岩石本身方面的因素：如矿物组成、结构构造及含水状态等，一般来说，石料的矿物组成愈细小，矿物间的联系愈好（孔隙愈少），组织结构愈致密，则石料的抗压强度值就愈高。如石英岩、花岗石、闪长岩等岩石的抗压强度一般为100～300MPa，最高可达350MPa，页黏土岩和千枚岩等的抗压强度最高为100MPa。

②试验条件：试件形状、大小、高径比及加工精度、试验的状态、加荷速率等。一般来说，圆柱体试件的抗压强度大于棱柱体试件。

图1-4 圆柱体未加工成型的岩石样品
直径70mm与直径50mm

同时岩石的含水状态对岩石的强度有显著的影响，一般随着含水率增大，岩石的强度降低，而饱水时岩石的抗压强度会有明显的降低。试件的含水状态根据需要可选择烘干状态、天然状态、饱和状态、冻融循环后状态，其测定含水状态方法应符合相应试验规程，并要在试验报告中注明。如页岩、黏土岩饱水后强度可降低40%～60%。

2) 标准试件尺寸

规范规定工程中岩石的抗压强度测定试验的标准试件尺寸为：

①建筑地基的岩石试验，采用圆柱体为标准试件，其直径为50±2mm，一般最小直径大于50mm，高径比为1～3倍；

②桥梁工程用的岩石试验，采用立方体试件，试件标准尺寸为边长为70±2mm；

③路面工程的岩石试验，采用圆柱或立方体试件，其标准尺寸为直径（边长）和高均为50±2mm的立方体试件。

3) 强度计算

①用切石机或钻石机从岩芯中钻取标准试件6个，岩石的抗压强度按式（1-9）计算，试验含水率主要依据各工程的需要而定，如评定岩石的等级，测定岩石的抗压强度，应按吸水率试验方法对试件进行饱水处理，试件自由浸水48h后取出，擦干表面，进行测定。

$$R = \frac{P}{A} \tag{1-9}$$

式中 R——岩石的抗压强度（MPa）；

P——试件破坏时的极限荷载（N）；

A——试件的受力面积（mm^2）。

②软化系数

含水状态对岩石强度的影响称为软化性，用软化系数K_p表示。一般$K_p<0.80$的岩石，不允许用于重要建筑。软化系数按式（1-10）计算。

$$K_p = \frac{R_w}{R_d} \tag{1-10}$$

式中 K_p——软化系数；

R_w——岩石饱水状态下的单轴抗压强度（MPa）；

R_d——岩石烘干状态下的单轴抗压强度（MPa）。

③强度评定

每组试件共 6 个，对于单轴抗压强度的试验结果，应同时列出每个试件的试验值及同组岩石单轴抗压强度的平均值；有显著层理的岩石，分别报告垂直与平行层理方向的试件强度的平均值，计算值精确至 0.1MPa。

软化系数计算值精确至 0.01，3 个试件平行测定，取算术平均值；3 个值中最大与最小值之差不应超过平均值的 20%，否则取第 4 个试件，并在 4 个试件中取最接近的 3 个值的平均值作为试验结果，同时在报告中将 4 个值全部给出。

2. 磨耗性

岩石磨耗性是指其抵抗撞击、边缘剪力和摩擦等联合作用的能力，用磨耗率来表示。我国现行规范规定，岩石磨耗试验的方法与粗集料的磨耗试验方法相同，按《公路工程集料试验规程》JTG E42—2005 规定采用洛杉矶式磨耗试验方法进行测定。

图 1-5 洛杉矶磨耗试验机

洛杉矶磨耗试验又称搁板式磨耗试验，如图 1-5 所示，该试验机是由一个圆筒内径为 710±5mm、内径长为 510±5mm 的圆鼓和鼓中一个搁板所组成，两端封闭，将规定质量且有一定级配和一定质量的钢球置于试验机中，开动磨耗机，钢筒以 30～33r/min 的转速转动到要求的回转次数为止。

在旋转时，由于搁板的作用，可将石料和钢球带到高处落下，更符合石料实际受力情况。经旋转至规定次数后，将石料试样取出，并选择符合要求的标准筛系列，以及筛孔为 1.7mm 的方孔筛一个，筛去试样中的细屑，并洗净烘干称其质量。按式（1-11）计算石料洛杉矶磨耗率，精确至 0.1%。

$$Q = \frac{m_1 - m_2}{m_1} \times 100 \tag{1-11}$$

式中 Q——洛杉矶磨耗率（%）；

m_1——装入筒中的试样总量（g）；

m_2——试验后在 1.7mm 筛上洗净烘干的试样质量（g）。

随着粒度和粒级的不同，集料试验条件在变化。根据实际情况按规范表 T0317-1 选择最接近粒级类别，确定试验条件，按规定的粒级组成备料。其中水泥混凝土用集料宜采用 A 级粒度，同时查表确定了试样质量、试样总质量、钢球数量、钢球总数量、转动次数的试验条件。沥青路面规范对粗集料洛杉矶磨耗损失提出了要求。对于非规格材料，应根据材料的实际粒度从规范"粗集料洛杉矶式试验条件"中选择最接近的粒级及试验条件。

粗集料的洛杉矶磨耗损失是集料使用性能的重要指标，尤其是沥青混合料和基层集料，它与沥青路面的抗车辙能力、耐磨性、耐久性密切相关。洛杉矶式磨耗试验也是优选岩石的一个重要手段。一般磨耗损失小的集料，坚硬、耐磨、耐久性好。

三、耐久性

石料抵抗自然因素作用的性能称为耐久性。也就是指在规定使用期限内不破坏和不失去原有性能的性质。耐久性的测定方法有抗冻性指标（属于直接冻融）和坚固性两种。

（一）抗冻性

岩石的抗冻性用来评估岩石在饱和状态下经受规定次数的冻融循环后抵抗破坏的能力，岩石抗冻性对于不同的工程环境气候有不同的要求。

1. 抗冻性规定

岩石在潮湿状态下，受正负温度交替循环作用将逐渐产生裂缝、松散等破坏现象。《公路工程岩石试验规程》（JTG E41—2005）对冻融循环规定：在严寒地区（最冷月的平均气温低于－15℃）为25次；在寒冷地区（最冷月的平均气温低于－15～－5℃）为15次。寒冷地区，均应采用本法进行岩石抗冻性试验。

岩石抗冻性试验是指试件在浸水条件下，将块状岩石加工成规则的试件（同岩石力学性质测定试件尺寸），在室温条件下，按吸水率试验方法，让试件自由吸水法饱和，然后擦去表面水分，置于－15℃冰箱（通常水在微小的毛细孔中低于－15℃才能冻结）冻结4h，再放入20±5℃水中融解4h，如此为一个冻融循环。每隔一定的冻融循环次数后，检查各试件有无剥落、裂缝、分层及掉角等现象。

岩石的抗冻性用两个直接指标表示，一个为抗冻系数，另一个为质量损失率。判断岩石抗冻性能好坏有三个指标，即：(1) 冻融后强度的变化；(2) 质量损失率；(3) 外形变化。一般认为，抗冻系数大于75%，质量损失率小于2%，为抗性好的岩石；吸水率小于0.5%，软化系数大于0.75以及饱水系数小于0.8的岩石，具有足够的抗冻能力。对于一般公路工程，往往根据上述标准来确定是否需要进行抗冻性试验。

2. 结果计算

抗冻性亦可采用经过若干次冻融循环后的试件饱水抗压强度与未经冻融试验的试件饱水抗压强度计算岩石的冻融系数，按式（1-12）计算，试验结果精确至0.01。

$$K_f = \frac{R_f}{R_s} \tag{1-12}$$

式中 K_f——试件的冻融系数；

R_f——经若干次冻融循环后的试件饱水抗压强度（MPa）；

R_s——未经冻融试验的试件饱水抗压强度（MPa）。

岩石冻融循环后的质量损失率按式（1-13）计算，冻融后的质量损失率取3个试件试验结果的算术平均值，试验结果精确至0.1%。

$$L = \frac{m_s - m_f}{m_s} \times 100 \tag{1-13}$$

式中 L——冻融后的质量损失（%）；

m_s——试验前烘干试件的质量（g）；

m_f——试验后烘干试件的质量（g）。

岩石冻融循环后的吸水率按式（1-14）计算，试验结果精确至0.1%。

$$w_{sa} = \frac{m'_f - m_f}{m_s} \times 100 \qquad (1\text{-}14)$$

式中　　w_{sa}——岩石冻融后的吸水率（％）；

　　　　m'_f——冻融试验后的试件饱水质量（g）。

岩石冻融机理是石料经自然饱水后，与外界连通的开口孔隙大多数被水充满，当温度降低时水分体积缩小，水分聚集在部分子孔隙中，直到4℃时体积达到最小，当温度再继续下降时水的体积又逐渐胀大，小部分水迁移到其他无水的孔隙中。但当达到0℃以后，由于固态水移动困难，随着温度的下降，冰的体积继续胀大，对石料孔壁施加张应力，经如此多次循环后，石料逐渐产生裂缝、掉边、缺角或表面松散等破坏现象。

（二）坚固性

坚固性试验是确定岩石试样经饱和硫酸钠溶液（Na_2SO_4）多次浸泡与烘干循环后而不发生显著破坏或强度降低的性能，是测定岩石抗冻性的一种简易、快速测定方法。一般适用于质地坚硬的岩石。有条件者均应采用直接冻融法进行岩石的抗冻性试验。

饱和硫酸钠溶液结晶膨胀循环作用，与水结冰原理相似，使石料孔隙周壁受到张应力，经过多次循环，引起石料破坏。

测定方法如下：将已称量过的规则试件，浸入饱和硫酸钠溶液中，经20h取出置于105～110℃的烘箱中烘4h，然后取出冷却至室温，作为一个循环。按上述方法反复浸烘5次，最后一次循环后，用热洁净水煮洗几遍，直至将试件中硫酸钠溶液全部洗净，试件烘干至恒重，准确称出其质量，计算质量损失率。

四、化学性质

1. 岩石化学性质对其路用性能的影响

岩石的酸碱性直接影响到沥青混合料的水稳定性，如果石料选择不当，很难得到水稳定性能良好的沥青混合料和水泥混凝土。岩石酸碱性通常是按岩石化学成分中SiO_2含量多少分为酸性、碱性、中性三类。SiO_2的含量＞65％为酸性岩石；SiO_2的含量＜52％为碱性岩石；SiO_2的含量介于52％～65％之间为中性岩石。

石料的酸碱性决定着石料与沥青的黏附性。一般情况下碱性较强的石料与沥青结合较好，酸性石料与沥青结合较差。

岩石化学成分除氧化硅外，还含有氧化钙、氧化铁、氧化铝、氧化镁等。在大多数情况下，这些氧化物的化学稳定性较好，然而，当与水接触时，岩石的化学成分比例将影响集料的亲水性，并直接沥青与集料的黏附性。如：石灰岩等钙质集料在水中带正电荷，亲水性较弱，则与沥青结合料的亲合力大，因此一般碱性集料与石油沥青黏附性好。反之花岗石、石英岩集料在水中带负电荷，亲水性较强，则与沥青结合料亲合力较弱，所以与石油沥青黏附性较差，属于物理吸附，水可以将沥青从酸性集料表面剥离下来。在沥青路面工程中，当使用耐磨、硬度较大的酸性集料时，采用加入抗剥落剂，或加入聚酯纤维等，增加和提高其黏附性能。

2. 岩石与沥青黏附性测定方法

沥青与粗集料的黏附性试验，常用的测定方法有水煮法和水浸法。详见《公路工程沥青及沥青混合料试验规程》JTG E20—2011中T0616—1993。

1) 水煮法

水煮法适用于粒径大于 13.2mm 的碎石,水煮法试验如图 1-6 所示。将洗净烘干的粗集料逐个用细线在中部系牢,再置于 105±5℃ 的烘箱内 1h,然后逐个用线提起加热的矿料颗粒,浸入已经加热到 130～150℃ 的石油沥青中 45s 后,轻轻拿起,使粗集料颗粒表面完全为沥青膜所裹覆。将裹覆沥青的粗集料取出冷却至室温后,在沸水中浸煮 3min 后,将集料取出,适当冷却;然后放入一个盛有常温水的纸杯等容器中,在水中观察矿料颗粒上沥青膜剥落的程度,试验后按集料表面上沥青剥落程度,分为五个等级,见表 1-1。

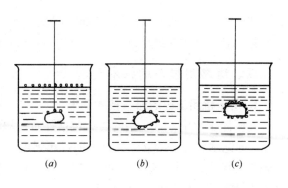

图 1-6 水煮法试验

沥青与集料的黏附性等级 表 1-1

试验后集料表面上沥青剥落程度	黏附性等级
沥青膜完全保存,剥落面积百分率接近 0%	5
沥青膜少部为水所移动,厚度不均匀,剥落面积百分率小于 10%	4
沥青膜局部明显地为水所移动,基本保持在集料表面上,剥落面积百分率小于 30%	3
沥青膜大部为水所移动,局部保持在集料表面上,剥落面积百分率大于 30%	2
沥青膜完全为水所移动,集料基本裸露,沥青完全浮于水面	1

常规采用水煮法,此试验方法简单、操作方便、观察被剥落情况比较直观,在工程实践中,使用广泛。但该方法带有一定的经验性,评定结果受到人为因素的影响。

2) 水浸法

水浸法适用于最大粒径小于或等于 13.2mm 的粗集料。取 200g 洗净烘干形状规则的集料备用,按四分法称取集料 100g 置于搪瓷盘中,同时按比例称取沥青 5.5±0.2g,一起放入已升温至沥青拌合温度以上 5℃ 烘箱中持续加热 1h。将搪瓷盘中集料倒入拌合器的沥青中后,用金属铲均匀拌合 1～1.5min,使集料完全被沥青薄膜裹覆,然后立即将裹有沥青的集料取 20 个,用小铲移至玻璃板上,并置于室温下冷却 1h。将放有集料的玻璃板浸入温度为 80±1℃ 的恒温水槽中,保持 30min,并将剥离及浮于水面的沥青用纸捞出,同时取出玻璃板浸入水槽的冷水中。由两名以上经验丰富人员分别目测,按表 1-1 评定沥青膜剥落面积百分率,评定后取平均值。

3) 评价方法

岩石一般随着 SiO_2 含量的增加,与沥青的黏附性下降,而剥落程度增加。当同一种料源集料最大粒径既有大于又有小于 13.2mm 的集料时,取大于 13.2mm 水煮法为试验标准,对细粒式沥青混合料应以水浸法试验为标准。试验检测后查表 1-1 评定沥青黏附性等级。可加入抗剥剂等方法,增加沥青与酸性骨料黏附性。

3. 碱—集料反应的测定方法

通常认为当水泥中碱的含量较高(水化时析出碱性物质),同时集料中含有特定的活性成分(SiO_2 等),当这两种物质的产物相互作用,形成的硅酸盐凝胶,造成膨胀开裂破坏，即产生"碱—集料反应"，并随时间变化而加剧，且维修困难，费用昂贵。采用现行抑制集料碱活性效能试验（T 0326—1994）进行评定。

五、道路用岩石的技术要求

1. 用于桥涵工程的岩石技术要求

在桥涵工程中，常采用的岩石包括片石、块石、料石等，其石材的强度等级采用边长70mm的饱水状态下的立方体试件的抗压强度（三个试件的平均值，MPa）来表示，石材的强度等级为：MU100、MU80、MU60、MU50、MU40、MU30、MU20。摘自《砌体结构设计规范》GB 50003－2011。

现行《公路桥涵施工技术规范》JTG/T F50—2011 规定。公路砌体桥所用石材强度等级，一般用于小桥涵的墩台、基础应不低于MU30，大、中桥的墩台和基础以及轻型桥台应不低于MU40。用于片石混凝土中的片石，其强度等级应不低于混凝土的强度等级。

片石混凝土施工时，应采用质地坚硬、密实、耐久、无裂纹无风化的石料，片石的厚度应为150～300mm。在混凝土中埋放片石时应清洗干净并完全饱水，应在浇筑混凝土时埋入一半左右。片石应分布均匀不得触及构造钢筋和预埋件。

对于桥涵工程使用的岩石砌体（水饱和状态）的抗压强度，火成岩＞80MPa，变质岩＞60MPa，水成岩石＞30MPa。详见《公路桥涵施工技术规范》JTG/T F50—2011 表6.4.1。

2. 用于道路路面的岩石技术要求

对于道路路面使用的岩石砌体（水饱和状态）的抗压强度，火成岩不应低于100MPa，变质岩不应低于80MPa，水成岩石不低于60MPa。详见《公路混凝土路面施工技术规范》JTG F30—2003，碎石、碎卵石和卵石技术指标（表3.3.1）。

六、桥涵用岩石制品

公路圬工桥涵采用岩石（石料）应符合设计规范各种构筑物的强度要求，石质应均匀、不宜风化、无裂纹。一月份平均气温低于－10℃的地区，所用石料，应通过冻融试验，其抗冻性指标符合要求后方可使用。桥梁砌体工程石料主要包括片石、块石、粗料石等。块状石料的外形要求见表1-2，外形及要求摘自《公路桥涵施工技术规范》JTG/T F50—2011。

公路桥涵结构物用块状岩石的外形要求　　　　表1-2

分类	岩石来源	外形及要求	应用
片石	由爆破法或楔劈法开采而得	厚度不小于150mm。用镶面时，选择表面平整、尺寸较大者、并稍加修整	附属工程、片石混凝土墩台主体工程、镶面
块石	由岩石或大块岩石开劈而成	形状大致方正，上下面大致平整，厚200～300mm，宽度为厚度1～1.5倍，长度为厚度的1.5～3倍。块石如有锋棱锐角，应敲除；块石用作做镶面时，由外露面四围向内稍加修凿；后部可不修凿，但应略有小于修凿部分	附属工程、镶面

续表

分类	岩石来源	外形及要求	应用
粗料石	由岩层或大块岩石开劈并经粗略加工修凿而成	外形应方正，呈六面体，厚200～300mm，宽度为厚度的1～1.5倍，长度为厚度的2.5～4倍，粗料石表面凹陷深度不大于20mm，正面凹陷深度不应超过15mm。加工镶面粗料石时，丁石长度比相邻顺石宽度至少大150mm，修凿面每100mm长须有錾路约4～5条，侧面与外露面垂直，正面凹陷深度不超过15mm。外露面带细凿边缘时，细凿边缘的宽度应为30～50mm	主体下部结构、镶面

第三节 集料的技术性质

集料在混合料中起骨架和填充作用，不同粒径的颗粒在水泥混凝土或沥青混合料中起的作用不同，因此技术性质不同。为此将集料分为粗集料和细集料两种。粗集料包括各种尺寸的碎石、砾石；细集料有天然砂、人工砂、机制砂、石屑、工业冶金矿渣等。

在水泥混凝土中以4.75mm为粗细砂的分界。凡粒径大于等于4.75mm，称为粗集料（碎石、破碎砾石等），小于4.75为细骨料（天然砂、人工砂）。

图1-7 工程用粗集料图片
(a) 碎石；(b) 卵石

沥青混凝土一般均以2.36mm为粗细砂的分界。在沥青混凝土中凡粒径大于等于2.36mm是粗集料（碎石、破碎砾石等），小于2.36mm是细骨料（天然砂、人工砂等）。

碎石是将天然岩石或卵石经机械破碎、筛分制成的粒径大于4.75mm的岩石颗粒。如图1-7a) 所示。

卵石是由自然风化、流水搬运和分选、堆积形成的粒径大于4.75mm的岩石颗粒。如图1-7b) 所示。工业冶金矿渣一般是指金属冶炼过程中排出的非金属熔渣，常指高炉矿渣和钢渣等。

集料最大粒径指集料100%都要通过的最小标准筛筛孔尺寸；集料公称最大粒径指集

料可能通过或允许少量通过（一般容许筛余量不超过10%）的最小标准筛筛孔尺寸。通常集料公称粒径最大粒径比集料粒径要小一个粒级。工程中的最大粒径往往指公称最大粒径，两种粒径相同的情况是不多见的。

一、粗集料的物理性质

1. 密度

集料是矿物颗粒的散粒状混合物，其体积组成除包括矿物颗粒内部的孔隙（开口孔隙、闭口孔隙）外，还包括矿物颗粒之间的空隙。如图1-8所示。在工程中，常用的集料密度包括：表观密度、毛体积密度、表干密度及堆积密度、表观相对密度、表干相对密度、毛体积相对密度。

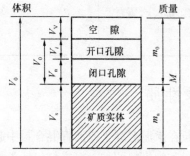

图1-8 集料体积与质量关系示意图

1) 密度的概念

（1）表观密度

粗集料的表观密度是指单位体积（包括材料的实体矿物成分及闭口孔隙体积）物质颗粒的干质量。材料单位体积中包含了材料实体及不吸水的闭口孔隙，但不包括能吸水的开口孔隙，也称视密度。体积与质量的关系可以式（1-15）表示求得。

$$\rho_a = \frac{m_a}{V_s + V_n} \tag{1-15}$$

式中　ρ_a ——粗集料表观密度（g/cm³）；

　　　m_a ——集料颗粒矿质实体质量（g）；

　　　V_s ——矿质实体体积（cm³）；

　　　V_n ——粗集料矿质实体中的闭口孔隙体积（cm³）。

采用网篮法测定其密度，先将粗集料烘干（105±5℃烘干至恒重）称其质量后，再将其装入金属吊篮中浸水24h，使开口孔隙饱和后，然后在静水天秤上称出饱水后集料在水中的质量，计算其表观密度。

（2）表干密度

集料的表干密度是指单位体积（含材料的实体矿物成分及其闭口孔隙、开口孔隙等颗粒表面轮廓线所包围的全部毛体积）物质颗粒的饱和面干质量。它计算的单位体积与毛体积密度相同，但计算质量以表干质量（饱和面干状态，包括吸入开口孔隙中的水）为准时，称为表干毛体积密度，即通常所称表干密度。由式（1-16）计算得到。

$$\rho_s = \frac{m_f}{V_s + V_n + V_i} \tag{1-16}$$

式中　ρ_s ——粗集料表干密度（g/cm³）；

　　　m_f ——集料表干质量（g）。

测试集料表干质量时，先将试样用标准筛过筛，用四分法缩分至要求的质量，所取每一份集料试样基本上保持原有的级配。然后将烘干集料试样浸泡24h饱水后，再将试样表面自由水擦干，但保留吸入开口孔隙中的水，称取饱和面干试样在空气中的质量，即为集料的表干质量。当集料成为表干状态时，集料仅擦干了表面水，开口孔隙中仍充满了水。

（3）毛体积密度

集料的毛体积密度是指单位体积（含材料的实体矿物成分及其闭口孔隙、开口孔隙等颗粒表面轮廓线所包围的毛体积）物质颗粒的干质量。体积与质量关系可按（1-17）表示和计算。

$$\rho_b = \frac{m_a}{V_s + V_n + V_i} \tag{1-17}$$

式中　ρ_b——集料毛体积密度（g/cm³）；

　　　m_a——集料烘干质量（g）；

　　　V_i——粗集料矿质实体中开口孔隙（cm³）。

2）粗集料密度的计算

现行《公路工程集料试验规程》JTG E42—2005规定，粗集料采用网篮法测定其密度及吸水率，当集料颗粒较小时（如3~5mm），可借用细集料容量瓶法（500mL）测定。在工地上快速测定时，可以用广口瓶代替容量瓶测定粗集料的相对密度，但此方法中的含水率与饱水率有所不同，饱水率需要真空排除气泡，吸水率要大一些，含水率相当于天然下雨，水分达到饱和的情况。

（1）粗集料表观相对密度、表干相对密度、表干相对密度、吸水率计算

表观相对密度是指表观密度与同温度水密度之比。表干相对密度是指表干密度与同温度水的密度之比值。毛体积相对密度是指毛体积密度与同温度水的密度之比值。三种密度与相对密度不同，相对密度以23℃/23℃为准，与4℃密度相差0.995倍，所以绝不能混淆。在沥青混合料的配合比设计时，常用表干相对密度、毛体积相对密度。而对水泥混凝土的材料常用表干相对密度。表观相对密度γ_a、表干相对密度γ_s、毛体积相对密度γ_b按式（1-18）、式（1-19）、式（1-20）计算至小数点后3位。参见第二篇道路建筑材料试验。

$$\gamma_a = \frac{m_a}{m_a - m_w} \tag{1-18}$$

$$\gamma_s = \frac{m_f}{m_f - m_w} \tag{1-19}$$

$$\gamma_b = \frac{m_a}{m_f - m_w} \tag{1-20}$$

式中　γ_a——集料的表观相对密度，无量纲；

　　　γ_s——集料的表干相对密度，无量纲；

　　　γ_b——集料的毛体积相对密度，无量纲；

　　　m_a——集料的烘干质量（g）；

　　　m_f——集料的表干质量（g）；

　　　m_w——集料的水中质量（g）。

（2）集料的吸水率以烘干试样为基准，按式（1-21）计算，准确至0.01%。

$$w_x = \frac{m_f - m_a}{m_a} \times 100 \tag{1-21}$$

式中　w_x——粗集料的吸水率（%）。

（3）表观密度、表干密度、毛体积密度计算

粗集料的表观密度（视密度）ρ_a、表干密度 ρ_s、毛体积密度 ρ_b，按式（1-22）、式（1-23）、式（1-24）计算，准确至小数点后 3 位。不同水温条件下测量的粗集料表观密度需进行水温修正，不同试验温度下水的密度 ρ_T 及水的温度修正系数 α_T，如表 1-3 所列，此表适用于在 15～25℃测定的情况。

$$\rho_a = \rho_T \times \gamma_a \text{ 或 } \rho_a = (\gamma_a - \alpha_T) \times \rho_W \tag{1-22}$$

$$\rho_s = \rho_T \times \gamma_s \text{ 或 } \rho_s = (\gamma_s - \alpha_T) \times \rho_W \tag{1-23}$$

$$\rho_b = \rho_T \times \gamma_b \text{ 或 } \rho_b = (\gamma_b - \alpha_T) \times \rho_W \tag{1-24}$$

式中 ρ_a——粗集料的表观密度（g/cm³）；

ρ_s——粗集料的表干密度（g/cm³）；

ρ_b——粗集料的毛体积密度（g/cm³）；

ρ_T——试验温度 T 时水的密度（g/cm³），按表 1-3 取用；

α_T——试验温度 T 时水温修正系数；

ρ_W——水在 4℃时的密度（1.000g/cm³）。

不同水温时水的密度 ρ_T 及水温修正系数 α_T　　　　表 1-3

水温（℃）	15	16	17	18	19	20
水的密度 ρ_T（g/cm³）	0.99913	0.99897	0.99880	0.99862	0.99843	0.99822
水温修正系数 α_T	0.002	0.003	0.003	0.004	0.004	0.005
水温（℃）	21	22	23	24	25	—
水的密度 ρ_T（g/cm³）	0.99802	0.99779	0.99756	0.99733	0.99702	—
水温修正系数 α_T	0.005	0.006	0.006	0.007	0.007	—

（4）堆积密度

粗集料堆积密度是指单位体积（含物质颗粒固体及其闭口孔隙及颗粒间空隙体积）物质颗粒的质量。有干堆积密度及湿堆积密度之分。干堆积密度按式（1-25）计算。

$$\rho = \frac{m_s}{V_s + V_n + V_i + V_V} = \frac{m_s}{V} \tag{1-25}$$

式中 ρ——粗集料堆积密度（g/cm³）；

m_s——矿质实体的质量（g）；

V_s、V_n、V_i、V_V——分别为矿质实体、闭口孔隙、开口孔隙和空隙的体积（cm³）；

V——容量筒容积（L）。

粗集料的堆积密度采用容量筒测定体积时，有以下三种装料方法：

①自然堆积密度　装料采用使石子自由落入容量筒的方法，按式（1-25）计算。

②振实堆积密度　装料是将试样分三层装入容量筒，在筒下垫放一根直径 25mm 的圆钢筋，左右交替颠击地面 25 下，装第二层时，筒下所垫钢筋的方向应与第一次放置方向垂直，同样方法颠击，按式（1-25）计算。

③捣实堆积密度　首先根据沥青混合料的类型和公称最大粒径，确定起骨呆作用的关键性筛孔（通常是 4.75mm 或 2.63mm，例如 SMA 等嵌挤型混合料，SMA-10 以 2.36mm 以上为粗集料，SMA-13 以上的混合料以 4.75mm 以上的颗粒作为粗集料）。将矿料混合料中此筛孔以上的颗粒选出，作为试样装入符合要求规格的容器中达 1/3 的高

度,由边至中用棒捣均匀捣实集料 25 次。再向容器中装入 1/3 高度的试样,用棒捣均匀捣实集料 25 次,捣实深度至下层表面。然后重复上一步骤,加最后一层,捣实 25 次,使集料与容器口平齐。用合适的集料填充表面的大空隙,用直尺刮平,称取溶量筒与试样的总质量。按式(1-19)计算密度。

2. 空隙率

空隙率是指粗集料颗粒之间的空隙体积(没被集料占据的自由空间)占总体积的百分率。自然堆积空隙率是指集料在一定的堆积状态下的空隙体积(含开口孔隙)占总体积的百分率,按式(1-26)计算。

$$n = \frac{V_0 + V_V}{V} \times 100 \tag{1-26}$$

式中 n ——粗集料空隙率(%);

V_0、V_V、V ——粗集料内部孔隙、颗粒之间的空隙、集料的总体积(cm^3)。

水泥混凝土用粗集料振实状态下的空隙率按式(1-27)计算:

$$V_c = \left(1 - \frac{\rho}{\rho_a}\right) \times 100 \tag{1-27}$$

式中 V_c ——水泥混凝土用粗集料的空隙率(%);

ρ_a ——粗集料表观密度(t/m^3);

ρ ——在水泥混凝土中用振实法测定的粗集料的堆积密度(t/m^3)。

空隙率反映粗集料的颗粒之间相互填充的致密程度。试验结果证明,松装和紧装状态下,粗集料的空隙率范围分别为 43%~48% 和 37%~42%;细集料空隙率范围分别为 35%~50% 和 30%~40%。

3. 粗集料骨架间隙率

在沥青混合料中,粗集料骨架间隙率通常指 2.36mm(或 4.75mm)以上粗集料,在骨架捣实状态下的空隙占装填体积的百分率,间隙率按式(1-28)计算。

$$VCA_{DRC} = \left(1 - \frac{\rho}{\rho_b}\right) \times 100 \tag{1-28}$$

式中 VCA_{DRC} ——捣实状态下粗集料骨架间隙率(%);

ρ_b ——按 T0304 确定的粗集料的毛体积密度(t/m^3);

ρ ——在沥青混合料中按捣实法测定的粗集料的自然堆积密度(t/m^3)。

4. 级配

粗集料中各组成颗粒的分级和搭配称为级配,级配是通过标准筛析筛分试验确定。测定粗集料颗粒组成方法:①对水泥混凝土用粗集料可采用干筛法筛分;②对沥青混合料及基层粗集料必须采用水洗法试验。标准筛筛孔为正方形(方孔筛),筛孔尺寸依次为 75mm、63mm、53mm、37.5m、31.5mm、26.5mm、19mm、16mm、13.2mm、9.5mm、4.75mm、2.26mm、1.18mm、0.6mm、0.3mm、0.15mm、0.75mm。按规范要求取样,称各筛上的筛余量,根据试样的总量与存留在各筛孔上集料的质量,可求得一系列与集料级配有关的参数:损耗率、分计筛余百分数、累计筛余百分数、通过百分率,以评定粗集料的规格。粗集料筛分试验采用的标准筛范围及试样用量的质量与细集料筛分试验有所不同,但计算参数的方法与细集料相同,详见"细集料的技术性质"内容。粗集料干筛法结果计算及表格参见第二篇第一节。

粗集料水筛法筛分结果计算过程及记录表见 JTG E42—2005 规范及表 T0302—3。

5. 坚固性

坚固性试验是将碎石或砾石经饱和硫酸钠溶液多次浸泡与烘干循环，测定其承受硫酸钠溶液结晶压力而不发生破坏或强度降低的性能的方法，也称为安定性。将试样按规范规定进行分级、洗净、烘干，按规定的质量称取各粒级试样质量，分别装入三脚网篮浸入饱和硫酸钠溶液中进行 5 次干湿循环试验后，外观检查其颗粒的裂缝、剥落和掉角等情况，并计算各颗粒的分计质量损失百分率，见表1-4。

粗集料坚固性试验 表 1-4

混凝土所处环境条件	在硫酸钠溶液循环 5 次后的质量损失（%）
寒冷地区，经常处于干湿交替状态	<5
严寒地区，经常处于干湿交替状态	<3
混凝土处于干燥条件，但粗集料风化或软弱颗粒过多时	<12
混凝土处于干燥条件，但有抗疲劳、耐磨抗冲击要求或强度等级大于 C40	<5

注：1. 有抗冻、抗渗要求的混凝土用硫酸钠进行粗集料坚固性试验不合格时，可进行直接冻融试验。
  2. 本表摘自《公路桥涵施工技术规范》JTG E50—2011。

6. 含泥量

（1）含泥量与石粉含量

含泥量是指碎石或砾石中小于 0.075mm 的尘屑、淤泥、黏土的总含量及 4.75mm 以上泥块颗粒含量。测定集料含泥量的标准筛为方孔筛，孔径为 0.075~1.18mm 各 1 只。集料含泥量按式（1-29）计算，精确至 0.1%。

$$Q_n = \frac{m_0 - m_1}{m_0} \times 100 \quad (1\text{-}29)$$

式中 Q_n——碎石或砾石的含泥量和石粉含量（%）；
  m_0——试验前烘干集料试样质量（g）；
  m_1——经筛洗试验后 0.075mm 筛上烘干试样质量（g）。

评定粗、细集料的洁净程度可采用筛洗法测定含泥量。砂还可以采用砂当量、亚甲蓝方法测定含泥量。

（2）泥块含量

泥块含量是指用 4.75mm 筛将试样过筛后，称出筛去 4.75mm（细集料中大于 1.18mm）以下颗粒后的试样质量（m_2），经水洗、手捻压泥块后将试样放在 2.36mm（细集料小于 0.60mm）筛上用水冲洗、烘干、冷却称量颗粒含量（m_3），按式（1-30）计算，精确至 0.1%。

$$Q_k = \frac{m_2 - m_3}{m_2} \times 100 \quad (1\text{-}30)$$

式中 Q_k——集料中泥土泥块含量（%）；

m_2——试验前存留在 4.75mm（粗集料）或 1.18mm（细集料）筛上试样的筛余量（g）；

m_3——水洗试验后 2.36mm（粗集料）或 0.6mm（细集料）筛上烘干试样的质量（g）。

以上两个试验取两次试验结果的算术平均值为测定值，若两次结果的差值超过 0.1%，应重新取样进行试验。

二、粗集料的力学性质

（一）力学性质

随着现代高速公路的发展，对沥青混合料路面的抗滑性提出更高的要求。我国现行标准对抗滑层集料提出了集料压碎值、磨光值、道瑞磨耗值和冲击值等力学性质指标。

1. 集料压碎值

集料压碎值（压碎指标）用于衡量石料在逐渐（连续）增加的荷载下，抵抗压碎的能力，是衡量石料力学性质的指标，以评价公路路面和基层用集料的质量。采用石料压碎指标测定仪测定，见图 1-9。粗集料的抗破碎能力是石料力学性质的一项指标，该值越大，说明集料抗压碎能力越差。

（1）粗集料的压碎值

测定通过 2.36mm 筛孔石屑的质量占原集料总质量的百分率，称为压碎值。将风干石料

图 1-9　石料（粗集料）压碎仪

试样用 13.2mm 和 9.5mm 标准筛过筛，试筒内装入风干状态的 9.5～13.2mm 的试样 3 组各 3000g，均匀捣实 25 下，并整平，采用的压力机应能在 10min 内施加荷载达 400 kN，卸荷后称取试样重（m_0），再称取试验后通过孔径 2.36 mm 筛孔的细料质量（m_1），则粗集料压碎值按式（1-31）计算：

$$Q'_a = \frac{m_1}{m_0} \times 100 \tag{1-31}$$

式中　Q'_a——集料的压碎值（%）；

　　　m_0——试验前试样的质量（g）；

　　　m_1——试验后通过 2.36mm 筛孔的细料质量（g）。

（2）细集料的压碎值

取最大单粒级压碎指标作为该试样细集料的压碎指标值。细集料压碎指标值按单粒级进行试验，在标准试验条件下，先筛除大于 4.75mm 部分，细集料再分成 2.36～4.75mm、1.18～2.36mm、0.6～1.18mm、0.3～0.6mm 的 4 组试样，各取 1000g 备用。称取单粒级试样 330g，准确至 1g。将试样装入细集料压碎指标试模中，使试样距底盘面高度约 50mm。均匀施加荷载，每粒级压碎指标以 3 次试验结果的平均值表示，精确至 0.1mm。细集料压碎值按（1-32）计算。

$$Y_i = \frac{m_1}{m_1 + m_2} \times 100 \tag{1-32}$$

式中　Y_i——第 i 粒级细集料的压碎指标值（%）；

m_1 ——试样的筛余量（g）；

m_2 ——试样的通过量（g）。

2. 集料磨光值

磨光值是反映石料抵抗轮胎磨光作用的指标。集料磨光值是利用加速磨光机磨光集料，用摆式摩擦系数测定仪测定的集料经磨光后的摩擦系数值，石料磨光值以 PSV 表示，按式（1-33）计算。集料磨光值是关系到一种集料能否用于沥青路面抗滑磨耗层的重要决定指标。也就是说高速公路、城市快速路面，不仅应具有较高的抗磨耗性，而且还应具有较高的抗磨光性。详见《公路工程集料试验规程》JTG E42—2005 T 0321—2005）。

$$PSV = PSV_{ra} + 49 - PSV_{bra} \tag{1-33}$$

式中　PSV_{ra} ——用摆式摩擦系数测定仪测定试件磨光值读数；

PSV_{bra} ——标准试件的磨光值读数。

3. 磨耗值（道瑞试验）

粗集料磨耗试验方法有两种：洛杉矶法和道瑞试验方法。道瑞方法用于评定公路路面表层所用粗集料抵抗车轮撞击及磨耗的能力。

图1-10　粗集料磨光试验的试件

将有代表性集料颗粒取 9.5～13.2mm 洗净、烘干的集料试样，单层紧排放于两个试模内，且较平的面放在模底（不得少于 24 粒），吹砂充填、并用环氧树脂填充密实，常温下养护 24h。拆模、清除松散的砂，称出 2 块试件的质量（m_1），将 2 个试件连同托盘固定放入磨耗机内，应使托盘、试件和配重合计质量调到 2kg±10g。以 28～900r/min 的转速转动转盘 100 圈，同时连续不断地在试件前面的转盘上，装入研磨石英砂，再磨 400 圈。取出试件拿开托盘，清除残留砂（图1-10），称出试件的质量（m_2）。准确至 0.1g。每块试件道瑞法集料磨耗值按式（1-34）计算。该值越大，说明抵抗磨损能力越差。集料磨耗值愈高，表示集料的耐磨性愈差。高速公路、一级公路抗滑层用集料的 AAV 应不小于 14。

$$AAV = \frac{3(m_1 - m_2)}{\rho_s} \tag{1-34}$$

式中　AAV ——集料道瑞磨耗值；

m_1 ——磨耗前试件和质量（g）；

m_2 ——磨耗后试件的质量（g）；

ρ_s ——集料表干密度（g/cm³）。

4. 冲击值

粗集料冲击值试验用以测定路面粗集料抗冲击的性能，以击碎后小于 2.36mm 部分的质量百分率表示。集料冲击值按式（1-35）计算。

$$AIV = \frac{m_2}{m} \times 100 \tag{1-35}$$

式中　AIV ——集料的冲击值（%）；

m ——试样总质量（g）；
m_2 ——冲击破碎后通过 2.36mm 筛的试样质量（g）。

(二) 粗集料的技术要求

1. 桥涵用粗集料技术要求

现行规范《公路桥涵施工技术规范》JTG F50—2011 规定，其粗集料按技术要求分为：Ⅰ类、Ⅱ类、Ⅲ类三类，应符合表 3-6 中的规定。表中岩石抗压强度（水饱和状态，MPa）：火成岩＞80MPa；变质岩＞60MPa；水成岩＞30MPa。

2. 水泥混凝土路面粗集料技术要求

水泥混凝土路面工程粗集料的技术要求与桥涵工程略有不同。岩石抗压强度为：火成岩不小于 100MPa；变质岩不小于 80MPa；水成岩不小于 60MPa，由于水泥混凝土路面工程受力与桥梁工程不同，所以强度要求较高。碎石压碎值、吸水率也不同。

3. 沥青混合料粗集料技术要求

粗集料应该洁净、干燥、表面粗糙、形状接近立方体，且无风化杂质，具有足够的强度和耐磨性能。质量应符合表 5-4、表 5-5、表 5-6 规定。

在道路与桥梁工程设计中，沥青混合料类路面、水泥混凝土路面粗集料的级配规格，以及桥梁采用粗集料的规格是不同的，所以技术标准及要求略有差异。

三、细集料的技术性质

在沥青混合料中的细集料是指粒径小于 2.36mm 的天然砂、机制砂及石屑；在水泥混凝土中的细集料是指粒径小于 4.75mm 天然砂、机制砂。

(一) 分类、规格及类别

1. 分类

砂按产源分为天然砂、人工砂两类。

天然砂是由岩石风化等自然条件作用（水流冲刷、搬运、沉积）形成的。天然砂按产源可分为河砂、山砂、海砂。河砂、海砂颗粒圆滑、质地坚固，河砂洁净，但海砂常含有贝壳碎片及可溶性盐类等有害杂质。山砂由岩石风化在原地沉积而成，颗粒多棱角、表面粗糙，含泥块和有机杂质等（云母、树根、草根等），坚固性差。一般工程上多使用河砂，在缺乏河砂地带可采用山砂或海砂，但使用时必须作技术检验。

人工砂是岩石经轧碎筛选而得。人工砂多棱角，比较干净，但细粉、片状颗粒较多，生产成本较高，如无特殊情况，一般不采用这种砂。它包括：机制砂、冶金矿渣砂和煅烧砂。工程中应用较多的细集料是中砂。

2. 规格

砂的粗细程度，是指不同颗粒大小的砂混合后的总体粗细程度，常用细度模数 M_x 表示，较能准确反映砂的粗细程度。砂按细度模数 M_x 分为粗、中、细三种规格：M_x＝3.7～3.1 为粗砂；M_x＝3.0～2.3 为中砂；M_x＝2.2～1.6 为细砂。同时满足细集料的级配区（分为：Ⅰ区、Ⅱ区、Ⅲ区）要求，以达到所配制混凝土设计强度要求，节约水泥的目的。

3. 类别

工程用砂按技术要求分为三类：Ⅰ类、Ⅱ类、Ⅲ类。规范对水泥混凝土、沥青混合料及公路桥涵工程用砂的级配、质量及技术标准等分别提出相应的要求。

(二) 物理常数

细集料与粗集料的物理常数、技术性质有许多相同之处，但是由于颗粒大小的差别，也有诸多不同之处。细集料的表观、堆积密度、空隙率等技术性质的含义与粗集料基本相同。但测定饱和面干含水率的方法不同，而是采用坍落度筒（捣棒、试模如图1-11所示）测定细集料表干状态（饱和面干）含水率。计算公式与粗集料公式相同，详见式（1-18）~式（1-24）。

用坍落度筒法测定细集料的毛体积密度、表观密度、表干密度（饱和面干密度）含水率，适用于小于2.36mm的细集料。当有大于2.36mm的部分时，如0~4.75mm石屑，宜采用2.36mm的标准筛进行筛分，其中大于2.36mm部分采用"粗集料密度与吸水率方法"测定，小于2.36mm的部分用本方法测定。

1. 表观密度

图1-11 饱和面干试模、捣棒图片

现行《公路工程集料试验规程》JTG E42—2005规范将细集料在规定的条件（105±5℃烘干至恒重）下称其质量m_0，再将干燥的细集料装入半瓶盛蒸馏水容量瓶中，在水中浸入24h，使开口孔隙饱水后加满，然后称其质量m_2，倒出容量瓶中的水和细集料并装满水，称容量瓶装满水的质量m_1，按式（1-15）计算出细集料表观相对密度γ_a。

2. 细集料毛体积密度、表干密度、吸水率

毛体积相对密度是以烘干状态（绝干）为基准与试样毛体积的比值，它常用于热拌沥青混合体积指标的计算；而饱和面干毛体积密度是以表干状态为基准与试样毛体积的比值，实验室常用于水泥混凝土用量的计算。

表干含水率测定方法是将细集料在水中浸24h，使开口孔隙饱和，在适当蒸发表面水后，然后将试样松散地一次装入饱和面干试模中，用捣棒轻捣25次，捣棒端面距试样表面距离不超过10cm，使之自由下落，捣完后抹平模口，提起饱和面干试模后，如图1-12所示试样的塌陷形态有四种情况，状态a基本仍然是坍落度筒的形状，说明过于潮湿；状

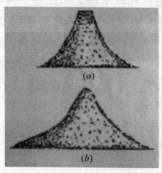
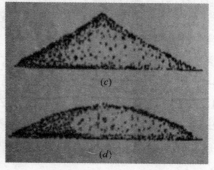

图1-12 细集料状态照片

(a) 含水量过大，过于潮湿；(b) 含水量适中；(c) 可以接受；(d) 含水量太小，过于干燥

态 b 可感知部分坍落度筒的形状，也略显潮湿，但已接近饱和面干；状态 c 是符合要求的饱和面干状态，其特点是已坍落；状态 d 则完全坍塌，表示过于干燥。

我国的实践表明，此判断方法对天然砂是适用的，即以图 1-12（c）作为饱和面干状态。对于机制砂和石屑，宜以"当移去坍落筒第一次出现坍落时的含水率即为试样饱和面干含水率作为试样的饱和面干状态"。密度和吸水率计算与试验过程参见第二篇。

3. 细集料的棱角性

细集料的棱角性是在一定的条件下，测定细集料的间隙率，按式（1-36）、式（1-37）计算容器中细集料的松装密度和间隙率。天然砂、人工砂与石屑用于沥青混合料时，在使用性能上有很大的差别。天然砂经过风化搬运一般较硬，耐久性较好，但由于天然砂的形状基本上是球形颗粒，与沥青的黏附性往往较差，所以对抗高温抗车辙能力极为不利。相反石屑由于是破碎石料的下脚料，表面特别粗糙、强度较差。试验仪器如图 1-13 所示。

$$\gamma_{fa} = \frac{m_2 - m_0}{m_1 - m_0} \tag{1-36}$$

$$U = \left(1 - \frac{\gamma_{fa}}{\gamma_b}\right) \times 100 \tag{1-37}$$

式中　γ_{fa}——细集料的松装相对密度；

　　　m_0——容器空质量（g）；

　　　m_1——容器与水总质量（g）；

　　　m_2——容器与细集料总质量（g）；

　　　U——细集料的间隙率，即棱角性（%）；

　　　γ_b——细集料毛体积相对密度。

细集料的棱角性试验方法有两种：间隙率法与流动时间法。此试验可以评价天然砂、人工砂、石屑等细集料对沥青混合料的内摩擦角和抗流动性能的影响。间隙法是将干燥细集料试样通过一个标准漏斗，漏入一个经标定的圆筒，由细集料的空隙率作为棱角性指标。空隙率越大，意味着较大的内摩擦角，球状颗粒少，球状颗粒粗糙。

4. 砂当量

评定细集料的洁净程度的方法有三种：筛洗法、砂当量和亚甲蓝方法。砂当量是测定天然砂、人工砂、石屑等各种细集料中所含黏性土或杂质的含量，以评定集料的洁净程度。其实不管天然砂、石屑、机制砂，各种细集料小于 0.075mm 的部分不一定是土，大部分可能是石粉或超细砂粒。

为了将小于 0.075mm 的矿粉、细砂与含泥量加以区分，国内通常采用砂当量试验。试样的砂当量值按式（1-38）计算，参见图 1-14。试验过程详见《公路工程集料试验规程》（JTG E42-2005）（T0334）。

$$SE = \frac{h_2}{h_1} \times 100 \tag{1-38}$$

式中　SE——试样的砂当量（%）；

　　　h_2——试筒中用活塞测定的集料沉淀物的高度（mm）；

　　　h_1——试筒中絮凝物和沉淀物的总高度（mm）。

图1-13 细集料棱角性测定仪

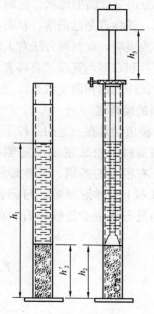
图1-14 读数示意图

一般天然砂宜采用筛洗法测定；而人工砂、石屑等宜采用砂当量方法测定，它可将各细集料中小于0.075mm的石粉或超细砂从泥土中区分出来；亚甲蓝方法用于判定机制砂中粒径小于0.075mm颗粒的吸附性能指标，还可测定膨胀矿物质是否存在的情况下测定其含泥量。对于沥青路面用集料，含泥量为小于0.075mm颗粒含量。详见《公路工程集料试验规程》JTG E42-2005。

（三）级配

1. 砂的粗细程度和颗粒级配

砂的颗粒级配，即能表示粒径不同的砂混合后搭配（分配）情况。在混凝土中砂粒之间的空隙是由水泥浆所填充，为达到节约水泥和提高混凝土强度的目的，应尽量减少砂粒之间的空隙。较好的颗粒级配是在粗颗粒砂的空隙中，由中颗粒砂填充，中颗粒砂的空隙再由细颗粒砂填充这样逐级的填充，则砂形成最密集的堆积，空隙率达到最小的程度（图1-15）。

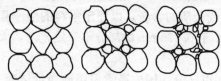
图1-15 砂的级配示意图

在混凝土中，砂子的表面需要水泥浆包裹。在一定的体积中，砂子多种粒径组成的表面积越大，需要包裹砂粒表面的水泥浆就越多。在砂用量相同的条件下，细砂的总表面积则较大。一般采用粗砂拌制的混凝土比采用细砂所需的水泥浆节省。

在拌制混凝土时，砂的颗粒级配和粗细程度应同时考虑。当砂中含有较多的粗颗粒，并以适量的中颗粒及少量的细颗粒填充其空隙，则可达到空隙率及总表面积均较小，这是比较理想的，不仅水泥用量少，而且还可以提高混凝土的密实性与强度。

2. 细集料的筛分折

砂的粗细程度和颗粒级配用筛分析法进行测定，筛分方法有：干筛法和水筛法。对水泥混凝土用细集料可采用干筛法，如有需要也可采用水筛法；对沥青混合料及基层必须采用水洗法筛分。混凝土用砂的级配根据《建筑用砂》GB 14684—2011 规定采用方孔筛，一套标准筛的孔径为：150μm、300μm、600μm、1.18mm、2.36mm、4.75mm、9.50mm 的筛各一只，并附有筛底和筛盖（图 1-16），准确称取混合均匀的干砂样 500g，倒于套筛的最上一只孔径 5.00mm 的筛上，盖上盖，将套筛装入摇筛机（图 1-17）内固紧，筛分约 10 min，依次过筛，测得砂在各筛上的筛余量 m_i（g），并分别算出各筛的分计筛余 a_i（%）和累积筛余百分率 A_i（%）。砂的公称粒径、筛孔的公称直径和方孔筛孔的边长尺寸应符合表 1-5 的规定。

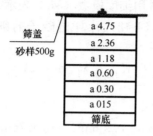

图 1-16　标准筛图　　　图 1-17　自动摇筛机

砂的公称粒径、筛孔的公称直径和方孔筛孔的边长尺寸关系　　　表 1-5

砂的公称粒径（mm）	筛孔的公称直径（mm）	方孔筛筛孔的边长（mm）
5.00	5.00	4.75
2.50	2.50	2.36
1.25	1.25	1.18
0.63	0.63	0.6(600μm)
0.315	0.315	0.3(300μm)
0.16	0.16	0.15(150μm)
0.08	0.08	0.075(75μm)

3. 细集料筛分参数计算

1) 分计筛余百分率

各号筛的分计筛余百分率为各号筛上的筛量（m_i）除以试样总量（M）的百分率按式（1-39）计算，精确至 0.1%。对沥青路面细集料而言，0.15mm 筛下部分即为 0.075mm 的分计筛余，由水洗法试验测得的 m_1 与 m_2 之差即小于 0.075mm 的筛底部分。

$$a_i = \frac{m_i}{M} \times 100 \tag{1-39}$$

式中　a_i——某号筛上的分计筛余百分率（%）；

　　　M——试样的干燥总质量（g）；

　　　m_i——存留在某号筛上的质量（g）。

2) 累计筛余百分率

各号筛的累计筛余百分率为该号筛以上各号筛的分计筛余百分率之和，准确至 0.1%。按式（1-40）计算。

$$A_i = a_1 + a_2 + \cdots + a_i \tag{1-40}$$

式中 A_i——各号筛的累计筛余百分率（%）；
$a_1+a_2+\cdots+a_i$——4.75mm、2.36mm……至计算的某号筛的分计筛余百分率（%）。

3) 质量通过百分率

各号筛的质量通过百分率等于 100 减去该号筛的累计筛余百分率，准确至 0.1%。按式（1-41）计算。

$$P_i = 100 - A_i \tag{1-41}$$

根据各筛的累计筛余百分率或通过百分率，绘制级配曲线。

4) 细度模数

衡量砂粗细程度的指标。砂子粗细程度常用细度模数（M_x）表示，将砂进行筛分析后，根据各筛的累计筛余百分率，可按式（1-42）计算出砂子的细度模数（精确至 0.01）。

$$M_X = \frac{(A_{0.15} + A_{0.3} + A_{0.6} + A_{1.18} + A_{2.36}) - 5A_{4.75}}{100 - A_{4.75}} \tag{1-42}$$

式中 M_X——砂的细度模数；
$A_{0.15}、A_{0.3}、A_{0.6}、A_{1.18}、A_{2.36}$——分别为 0.15mm、0.3mm、…、4.75mm 各筛上累计筛余百分率。

细集料应进行两次平行试验，以试验结果的算术平均值作为测定值。如两次试验所得的细度模数之差大于 0.2，应重新进行试验。

细度模数是水泥混凝土用砂重要的指标（沥青混合料中不考虑），砂的规格按细度模数大小分为粗、中、细三种，应符合表 1-6 规定，细度模数 M_X 数值越大，表示砂子颗粒越粗。在配制混凝土时，应优先选用中砂。

砂的分类   表 1-6

砂级	粗	中	细
细度模数 M_X	3.7～3.1	3.0～2.3	2.2～1.6

注：细度模数主要反映全部颗粒粗细程度，不完全反映颗粒的级配情况，混凝土配制时应同时考虑砂的细度模数和级配情况。

4. 颗粒级配

对于细度模数为 3.7～1.6 范围砂的颗粒级配，细集料的颗粒应处于表 1-7 中的任一级配区内。根据 0.6mm 控制粒径的筛孔对应的累计筛余百分率划分为Ⅰ区、Ⅱ区、Ⅲ区三个级配区（0.6mm 粒径 三个级配区范围不重叠），细集料的颗粒级配应符合表 1-7 的规定。如级配良好的粗砂应落在Ⅰ区；级配良好的中砂应落在Ⅱ区；细砂应落在Ⅲ区。

细集料的分区及级配范围   表 1-7

方孔筛筛孔边长尺寸	累计筛余（%）		
	级配区		
	Ⅰ	Ⅱ	Ⅲ
9.50mm	0	0	0
4.75mm	10～0	10～0	10～0

续表

方孔筛筛孔边长尺寸	累计筛余（%）		
	级配区		
	Ⅰ	Ⅱ	Ⅲ
2.36mm	35～5	25～0	15～0
1.18mm	65～35	50～10	25～0
600μm (0.6mm)	85～71	70～41	40～16
300μm (0.3mm)	95～80	92～70	85～55
150μm (0.15mm)	100～90	100～90	100～90

注：1. 表中除 4.75mm 和 0.6mm（600μm）筛孔外，其余各筛孔的累计允许超出分界线，但超出量不得大于5%。

2. 人工砂中 0.15mm（150μm）筛孔的累计筛余：Ⅰ区可放宽到 100%～85%；Ⅱ区可放宽到 100%～80%；Ⅲ区可放宽到 100%～75%。

3. Ⅰ区砂宜提高砂率配低流动性混凝土；Ⅱ区砂宜适用于不同强度等级的混凝土；Ⅲ区砂宜适当降低砂率保证混凝土的强度。

在实际工程应用中，砂的级配类型应符合表 1-8 的规定。对于砂浆用砂，4.75mm 筛孔的累计量应为 0。砂的实际颗粒级配除 4.75mm 和 600μm，可以略有超出，但各级累计筛余超出值总和应不大于 5%。路面和桥面用天然砂宜为中砂，也可使用细度模数在 2.0～3.5 之间的砂。同一配合比用砂的细度模数变化范围不应超过 0.3，否则，应分别堆放，并调整配合比中的砂率后使用。

级 配 类 别　　　　　　　　　　　　　　　　表 1-8

类别	Ⅰ	Ⅱ	Ⅲ
级配区	2区	1、2、3区	

将表 1-7 粗、中、细集料的级配范围，用Ⅰ区、Ⅱ区、Ⅲ区相应的筛分曲线图绘制出来，见图 1-18。砂样经筛分后，可在图中画出曲线进行对照，判断砂样是否符合级配要求。如砂的自然级配不好，可用人工级配法进行调整：如将粗、细两种砂应按一定比例掺合、试配，直到符合要求为止。砂子在配制混凝土中应同时满足两方面的判定，下面举例说明混凝土用砂粗细程度和级配的判定。

5. 细集料的规格评定方法

配制混凝土时，砂的粗细程度和颗粒级配必须同时考虑。对砂子规格的评定，先用细度模数计算表示粗细程度，再用级配区并绘图分析砂子的级配，二者必须同时满足。

【例 1-1】 用 500g 干砂作筛分析试验，测得各筛上的分计筛余如表 1-9，求此砂粗细程度和级配如何？此砂能否使用？

干砂筛分析结果　　　　　　　　　　　　　　　表 1-9

筛孔尺寸（mm）	4.75	2.36	1.18	0.6	0.3	0.15	筛底
筛余量（g）	25	25	100	200	90	40	20

【解】（1）根据筛余量计算出各筛上分计筛余百分率和累积筛余百分率，结果见表 1-10：

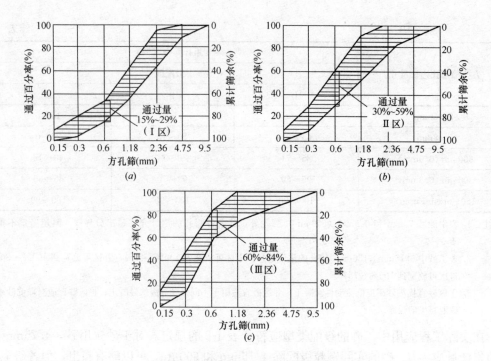

图 1-18 水泥混凝土用砂级配范围曲线
(a) Ⅰ区砂；(b) Ⅱ区砂；(c) Ⅲ区砂

表 1-10

筛孔尺寸（mm）	4.75	2.36	1.18	0.6	0.3	0.15	筛底
分计筛余（%）	5	5	20	40	18	8	4
累计筛余（%）	5	10	30	70	88	96	100

（2）计算细度模数：

$$M_X = \frac{(10+30+70+88+96)-5 \times 5}{100-5} = 2.83$$

∵ M_X 在中砂范围中：$3.0 > 2.83 > 2.3$

∴ 从细度模数判定此砂规格为中砂类。

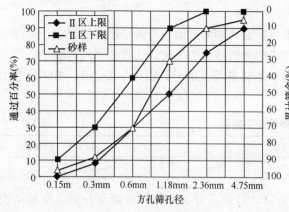

图 1-19 试样中砂级配图

（3）分析级配区，绘制级配曲线：根据累计筛余百分率对照表 1-19，该砂样在 0.6mm 的累计筛余百分率 A_6 落在Ⅱ区，因此可以判定该砂为中砂（Ⅱ级区）砂，砂样中砂级配图，如图 1-19 所示。

（4）结果评定，细度模数 $M_X = 2.83$，属于中砂；Ⅱ级区砂，级配良好，也属于中砂，从细度模数和级配判别该砂属于中砂类，可以用于水泥混凝土工程。

当砂细度模数计算结果与颗粒级配两项指标不吻合时,应重新配制,否则该砂不能用。

配制混凝土的砂,以中砂为宜,但实际应用中往往是偏粗,或者偏细。通常砂子掺配方法有两种,方法1:当只有一种砂源时,降低砂率,即细集料适当减少砂子的用量;对偏粗的砂,适当增加砂率,即增加砂子用量。方法2:当粗砂和细砂都能提供时,按一定比例计算掺配后进行调整,既节约水泥,又满足混凝土强度要求。

(四)细集料的技术指标

根据现行《公路桥涵施工技术规范》JTG T F50—2011,对细集料提出要求,详见第三章水泥混凝土部分。

第四节 矿质组成材料级配

一、矿质组成材料级配类型

矿质组成材料级配的目标,是各种规格的矿质材料,按照一定的比例搭配起来,其矿质混合料能够获得最佳的密实度以及较大的内摩擦力。通常可以采用两类级配如图5-4所示。

1. 连续级配

连续级配是指某一混合料在采用规定系列标准筛进行筛析时,所得的级配曲线平顺圆滑,具有连续的(不间断的)性质,相邻粒径的粒料之间,有一定的比例关系(按重量计)。在矿质混合料中,这种由大到小逐级粒径均有,按比例互相搭配组成的矿质混合料称为连续级配矿质混合料,如图1-20所示。

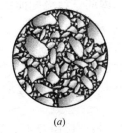

图1-20 矿质混合料级配类型
(a)连续级配;(b)间断级配

2. 间断级配

间断级配是在矿质混合料中缺少一级或几级粒径的颗粒而形成的一种不连续的混合料,这种混合料称为间断级配矿质混合料。所谓分级是按粒径的大小把集料分为若干个标准粒组(即系列标准筛)。间断级配曲线有水平台阶。

连续级配曲线和间断级配曲线如图1-21所示。连续级配与间断级配的空隙率随分级数目的变化如表1-11。连续级配和间断级配的空隙率都随分级数目的增加而减少,而间断级配随分级数目的增加而减少的更显著,所以采用间断级配的混合料可以获得更大的密实度。但是,在实际使用中,由于最大粒径受到限制,不能任意增大,所以分级数目也受到

连续级配、间断级配空隙率随分级数目的变化　　　　　表1-11

分级数 n 相邻粒级粒径比	1个分级	2个分级	3个分级	4个分级	5个分级	6个分级
$D_1/D_2=D_2/D_3=2$	0.45	0.40	0.35	0.32	0.31	0.30
$D_1/D_2=D_2/D_3=8$	0.45	0.25	0.11	0.06	0.03	—

限制；此外，大小粒径相差过于悬殊，容易产生离析，给施工造成困难，因而路用沥青混合料常采用连续级配，只有在某些条件下才用间断级配。

二、级配理论

目前常用的级配理论主要有最大密度曲线理论和粒子干涉理论。最大密度曲线理论是为了使矿料达到最大密实度，可用于计算连续级配。

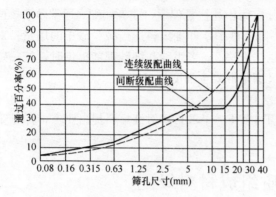

图1-21 连续级配曲线和间断级配曲线比较

最大密度曲线认为，固体颗粒按粒度大小有规律地组合排列，粗细搭配，可以得到密度最大、空隙率最小的混合料；矿质混合料的颗粒级配曲线越接近抛物线，则其密度越大。有影响的连续级配理论主要有富勒理论和泰波理论，主要描述连续级配的粒径分布。

1. 富勒理论

W. B. 富勒（Fuller）根据实验提出一种理想级配，认为："级配曲线愈接近抛物线时，则其密度愈大。"因此，当级配曲线为抛物线时为最大密度曲线（图1-22），并可表示如式（1-43）。

$$P^2 = kd \tag{1-43}$$

式中 d——矿质混合料各级颗粒粒径（mm）；

P——各级颗粒粒径矿料的通过量（%）；

k——常数。

当颗粒粒径 d 等于最大粒径 D 时，则通过量 $P=100\%$，即 $d=D$，$P=100$，则表示为式（1-44）：

$$k = 100^2 \frac{1}{D} \tag{1-44}$$

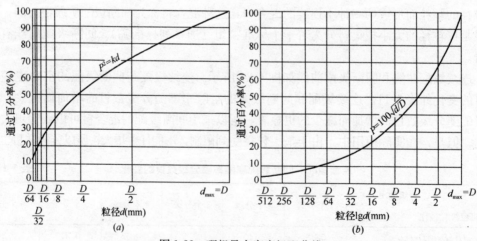

图1-22 理想最大密度级配曲线
(a) 常坐标；(b) 半对数坐标

求任一级粒径 d 的通过量 P 时，以式（1-43）代入式（1-44），则可得到式（1-45）：

$$P = 100\sqrt{\frac{d}{D}} \tag{1-45}$$

式中　P——通过预计算的某级粒径，即筛孔尺寸为 d（mm）矿料的通过量（％）；
　　　D——矿质混合料的最大粒径（mm）；
　　　d——希望计算的某级矿质集料粒径（mm）。

根据式（1-45）可计算出最大密度时各种粒径的通过量百分率。

2. 泰波理论

A. N. 泰波（Talbol）认为富勒曲线为一种理想曲线，实际矿料应允许有一定的波动范围，故将富勒最大密度曲线改为 n 次幂通式，即得到式（1-46）：

$$P = 100\left(\frac{d}{D}\right)^n \tag{1-46}$$

式中　P、D、d——意义同式（1-45）；
　　　n——为实验指数。

从泰波公式可看出，当 $n=0.5$ 时为抛物线，即富勒曲线。根据试验研究认为 $n=0.3\sim0.6$ 之间时，矿料具有较好的密实度，当 $n=0.45$ 时，普遍认为可获得最大密实度。沥青混合料矿料级配曲线接近最大密度线，其混合料 VMA 值偏小，不能满足沥青路面路用性能要求。因此，在沥青混合料矿料级配曲线设计上，要适当偏离最大密实度线，基本呈"S"形曲线，可获得良好的施工和易性和目标空隙率。典型级配曲线各级粒径通过百分率见表 1-12。

典型级配曲线各级粒径通过百分率　　　　表 1-12

分级顺序 N		1	2	3	4	5	6	7	8	9	10
粒径比，$\frac{D}{2^{N-1}}$		D	$D/2$	$D/4$	$D/8$	$D/16$	$D/32$	$D/64$	$D/128$	$D/256$	$D/512$
理论粒径 d_i（mm）		40	20	10	5	2.5	1.25	0.63	0.315	0.16	0.08
泰波指数	$n=0.3$	100	81.23	65.98	53.59	43.53	35.36	28.79	23.38	19.08	15.50
	$n=0.45$	100	73.20	53.59	39.23	28.72	21.02	15.44	11.31	8.34	6.10
	$n=0.6$	100	65.98	43.53	28.72	18.95	12.50	8.29	5.47	3.64	2.40

沥青混合料矿料级配曲线图应按《公路工程沥青及沥青混合料试验规程》JTG E20—2011（T0725）的方法绘制（图 1-23），以原点与通过集料最大粒径 100％ 的点的连线作为沥青混合料的最大密度线，曲线的横坐标见表 1-13。

泰勒曲线的横坐标　　　　表 1-13

d_i	0.075	0.15	0.3	0.6	1.18	2.36	4.75	9.5
$x=d_i^{0.45}$	0.312	0.426	0.582	0.795	1.077	1.472	2.016	2.754
d_i	13.2	16	19	26.5	31.5	37.5	53	63
$x=d_i^{0.45}$	3.193	3.482	3.762	4.370	4.723	5.109	5.969	6.452

3. 粒子干涉理论

粒子干涉理论认为：为达到最大密度，前一级颗粒之间的空隙，应由次一级颗粒所

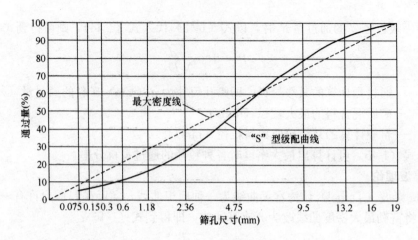

图 1-23 矿料级配曲线

填充；其所余空隙又由再次级的小颗粒所填充，但填隙的颗粒粒径不得大于其间隙之距离，否则大小颗粒粒子之间势必发生干涉现象。对于沥青混合料，其干涉可分为两种情况：

（1）颗粒干涉：构成骨架的粗集料颗粒被次一级的颗粒分隔，使各挡粗集料不能形成连续的镶嵌稳定骨架结构；

（2）沥青胶浆干涉：当沥青用量和较细的集料用量过多时，沥青混合料中的各挡粗集料悬浮在沥青胶浆中，不能形成稳定的空间骨架结构。

目前，粒子干涉理论多应用于间断型级配的沥青混合料研究中。间断型级配起源于20世纪80年代末，以提高混合料抗车辙能力、抗水损坏能力、抗裂能力以及提高抗疲劳能力为目标。

思 考 与 计 算 题

1. 岩石的抗压强度是以标准试件在什么状态下测定？岩石主要力学性质有哪些？
2. 对于细集料和粗集料在水泥混凝土中，凡粒径小于多少者称为细集料？大于多少者称为粗集料？
3. 按级配划分砂子分为三个区，一区、二区、三区分别是什么规格？相应的细度模数是多少？
4. 什么是材料的真实密度、孔隙率、空隙率？真实密度和孔隙率有何关系？
5. 粗集料的力学指标主要有哪些？
6. 某石料的抗冻强度等级是 M25，试解释其含义？在什么情况下须测定石料的抗冻强度等级？
7. 已知混凝土试块尺寸为 $20 \times 20 \times 20 cm^3$，其质量为 19.2kg，求其表观密度？（参考答案：$2.4g/cm^3$）
8. 一辆载重量 4t 的卡车，一次能运红砖（设红砖 2.5kg/块）多少块？一次能拉砂子（设砂的堆积密度 $1500kg/m^3$）多少立方米？（参考答案：1.6×10^3 块、$2.7m^3$）
9. 一份残缺的砂子筛分记录如下表，根据现有的材料补全。

筛孔尺寸（mm）	4.75	2.36	1.18	0.6	0.3	0.15
分计筛余（%）				20		20
累计筛余（%）	5	19				
通过百分率（%）				45	22	2

10. 用 500g 干砂作筛分析，测得各筛的筛余量如下表，确定砂的粗细程度和级配情况。

筛孔尺寸（mm）	4.75	2.36	1.18	0.6	0.3	0.15	筛底
筛余量（g）	23	70	70	90	120	100	25

（参考答案：细度模数为 2.61，Ⅱ区级配合格，属中砂）

第二章 无机胶凝材料

【本章学习要点】 本章介绍了胶凝材料的定义和分类,重点讲述了常用的气硬性石灰的组成、等级划分、性质特点及适用范围。着重阐述了通用硅酸盐水泥的主要品种、技术性能、选用原则及水泥及砂强度计算评定。简单介绍了道路硅酸盐水泥和高铝水泥的主要技术性质及应用。在介绍稳定土的定义、组成、性质(强度、变形性能、疲劳特性、水稳定性和冰冻稳定性)的基础上,较为系统地阐述了稳定土强度形成机理、影响稳定土强度的因素,并以案例的形式介绍了石灰稳定土混合料配合比设计过程。

能够通过自身的物理化学作用,从浆状体变成坚硬的固体,并能把散粒材料(如砂、石)或块状材料(如砖和石块)胶结成为一个整体的材料称为胶凝材料。

胶凝材料根据其化学组成可分为无机胶凝材料和有机胶凝材料;无机胶凝材料按硬化条件又可分为气硬性胶凝材料和水硬性胶凝材料。气硬性胶凝材料只能在空气中硬化、保持或发展强度,如石灰、石膏等;水硬性胶凝材料不仅能在空气中硬化,而且能更好地在水中硬化,保持并继续发展其强度,如各种水泥。

第一节 气硬性无机胶凝材料——石灰

石灰是以碳酸钙为主要成分的原料,经烧制而成的气硬性无机胶凝材料。由于原料来源广、生产工艺简单、使用方便、成本低、并具有良好的技术性能,因此石灰是建筑工程中应用最早、使用最广泛的材料之一。

一、石灰的生产

制造石灰的原料有很多,分布也广,如石灰岩、白尘土、贝壳等,主要成分是碳酸钙($CaCO_3$)。

生石灰生产流程示意图,见图 2-1。碳酸钙在高温下分解为氧化钙(CaO)和二氧化碳(CO_2)。化学反应如式(2-1):

$$CaCO_2 \xrightarrow{\text{大于 900℃}} CaO + CO_2 \uparrow \tag{2-1}$$

原料中常含有数量不等的碳酸镁,加热时碳酸镁也发生分解反应,生成氧化镁(MgO)和二氧化碳(CO_2)。原料中的 CO_2 逸出后,即得到主要成分为 CaO 和少量 MgO 的白色块状材料,称为生石灰;其中 MgO 含量大于 5% 时,称为镁质生石灰(淡黄色),MgO 含量小于或等于 5% 时,称为钙质生石灰。

生石灰煅烧的特点:①体积缩小 10%~15%;②吸收热量;③颜色及状态:白色、淡黄(MgO),多孔、强度低。④按煅烧温度分类:正火、欠火、过火(易产生病害)。

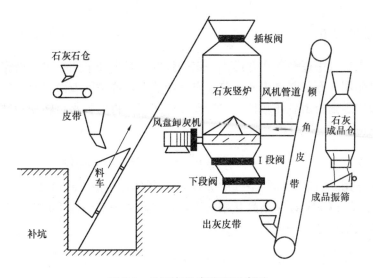

图 2-1　生石灰生产流程示意图

在工地，用指甲刻痕初步判定生石灰煅烧情况，当断面都能用指甲刻痕迹的属于正火石灰；生石灰表面有玻璃釉状物质的属于过火石灰；断面中间刻不动痕迹的是欠火石灰。由于生石灰强度低，所以不能单独使用，且不能直接使用（病害：膨胀、粘结和塑性差）。

二、石灰的熟化（消化）

生石灰与水反应生成氢氧化钙[$Ca(OH)_2$]的过程，称为石灰的熟化或消化过程。反应生成的产物氢氧化钙称为熟石灰或消石灰，如图 2-2 所示。其化学反应见式（2-2）下：

$$CaO + H_2O \longrightarrow Ca(OH)_2 + 64.9 kJ/mol \quad (2-2)$$

生石灰在熟化时的特点是：①放出大量的热量，同时体积膨胀 1.0～2.5 倍。煅烧良好、CaO 含量较高的石灰，熟化快、放热量大，体积增大也较多。熟

图 2-2　块状生石灰加水熟化

化后的石灰称为熟石灰或消石灰。②理论加水＜实际加水量（24.3％＜70％），工地上根据加水量不同，可将生石灰熟化成粉状的称为消石灰粉（加入适量够消化的水），浆状的称为灰膏，液体状的称为石灰乳（$Ca(OH)_2$）。生石灰在空气中自行消解的不能使用。③消解缓慢的原因，生石灰水的温度升高到恒定温度消解停止。消解速度分为：快速、中速（3～10min）、慢速。

生产生石灰时，如遇煅烧温度不足或温度过高，会生成欠火石灰或过火石灰，欠火石灰中碳酸钙未能完全分解，不能熟化，利用率低；过火石灰黏土杂质熔融形成玻璃釉状物质，裹在石灰颗粒表面，水分渗入缓慢，使其熟化缓慢。如过火颗粒用于工程中再吸潮熟化，体积膨胀，自行消解，则会造成结构表面的凸起和开裂，甚至会全面破坏。陈伏是生石灰在消化后，通过筛网流入储灰池，由于过火石灰熟化缓慢，灰浆必须在储灰坑（化灰池）中保存半个月左右的时间，才能使用。陈伏的目的，就是使过火石灰彻底熟化。陈伏期间，石灰浆表面应留有一层水，与空气隔绝，以避免石灰碳化。

三、石灰的硬化

石灰浆体在空气中逐渐硬化并产生一定的强度,是由如下两个过程来完成:

(1) 结晶作用 石灰浆体中的水分在空气中蒸发,或被附着面吸收,因而 $Ca(OH)_2$ 从过饱和溶液中逐渐析出胶体颗粒,并凝聚成空间网,再度失水,转变为结晶结构网,体现强度。其反应如式(2-2):

$$Ca(OH)_2 + nH_2O \xrightarrow{晶化} Ca(OH)_2 \cdot nH_2O \tag{2-2}$$

(2) 碳化作用 石灰浆体在空气中吸收 CO_2 气体,生成 $CaCO_3$ 结晶并释出水分。生成的 $CaCO_3$ 结晶与 $Ca(OH)_2$ 结晶互相共生,或与砂粒等其他物质共生,形成紧密交织的结晶网,从而使浆体达到一定的强度。

$$Ca(OH)_2 + CO_2 + nH_2O \xrightarrow{碳化} Ca(OH)_2 + (n+1)H_2O \tag{2-3}$$

由于空气中 CO_2 含量较低,而且表面形成的碳化薄层阻止 CO_2 进入内部,又阻碍内部水分的蒸发,故石灰硬化过程较缓慢,其强度主要依靠结晶作用。上述石灰浆体硬化的两个过程同时进行,表面以碳化为主,内部以干燥石化为主。

四、石灰的技术要求和技术标准

道路工程中所用石灰有三种状态:块状生石灰、生石灰粉和消石灰,如图 2-3 所示。

(a)　　　　　　　　　(b)　　　　　　　　　(c)

图 2-3　石灰的不同状态
(a) 块状生石灰;(b) 生石灰粉;(c) 消石灰(熟化后)

根据现行《建筑生石灰》JC/T 479—1992、《建筑生石灰粉》JC/T 480—1992、《建筑消石灰粉》(JC/T 481—1992)标准规定,按 MgO 含量多少,建筑生石灰、建筑生石灰粉分为钙质生石灰和镁质生石灰两类,分别又划分为三级:优等品、一等品、合格品。建筑消石灰粉分为钙质石灰、镁质石灰、白云石石灰三类,又分别划分为优等品、一等品、合格品三个等级,见表 2-1、表 2-2。

建筑生石灰、生石灰粉的技术指标　　　　表 2-1

项目	钙质生石灰			镁质生石灰			钙质生石灰粉			镁质生石灰粉		
	优等品	一等品	合格品	优等品	一等品	合格品	优等品	一等品	合格品	优等品	一等品	合格品
(CaO+MgO)含量(%),不小于	90	85	80	85	80	75	85	80	75	80	75	70

续表

项目	钙质生石灰			镁质生石灰			钙质生石灰粉			镁质生石灰粉		
	优等品	一等品	合格品	优等品	一等品	合格品	优等品	一等品	合格品	优等品	一等品	合格品
未消化残渣含量 (5mm 圆孔筛的筛余) (%), 不小于	5	10	15	5	10	15	—	—	—	—	—	—
含水量(%) 不大于	5	7	9	6	8	10	—	—	—	—	—	—
产浆量(L/kg) 不小于	2.8	2.3	2.0	2.8	2.3	2.0	—	—	—	—	—	—
CO_2 含量(%) 不大于	—	—	—	—	—	—	7	9	11	8	10	12
细度	0.90mm 筛筛余(%), 不大于						0.2	0.5	1.5	0.2	0.5	1.5
	0.125mm 筛筛余,%, 不大于						7.0	12.0	18.0	7.0	12.0	18.0
钙镁石灰的分界线, 氧化镁含量(%)	≤5%			>5%			≤5%			>5%		

建筑消石灰粉的技术指标　　　　　　　　　　　表 2-2

项目	钙质消石灰粉			镁质消石灰粉			白云石消石灰粉		
	优等品	一等品	合格品	优等品	一等品	合格品	优等品	一等品	合格品
(CaO+MgO) 含量(%), 不小于	70	65	60	65	60	55	65	60	55
游离水(%)	0.4~2	0.4~2	0.4~2	0.4~2	0.4~2	0.4~2	0.4~2	0.4~2	0.4~2
体积安定性	合格	合格	—	合格	合格	—	合格	合格	—
细度	0.90mm 筛筛余(%), 不大于								
	0	0	0.5	0	0	0.5	0	0	0.5
	0.125mm 筛筛余(%), 不大于								
	3	10	15	3	10	15	3	10	15
钙镁石灰的分界线, 氧化镁含量 (%)	<4%			≥4%~<24%			≥24%~<30%		

五、石灰主要性质特点

1. 可塑性好

生石灰消解为石灰浆时生成的氢氧化钙,其颗粒极微细,呈胶体状态,比表面积大,表面吸附了一层较厚的水膜,因而保水性能好,同时水膜层也降低了颗粒间的摩擦力,可塑性增强。

2. 强度低

石灰是一种硬化缓慢、强度较低的胶凝材料,通常 1∶3 的石灰砂浆,其 28d 抗压强度只有 0.2~0.5 MPa。

3. 耐水性差

在石灰硬化体中大部分仍然是尚未碳化的 $Ca(OH)_2$,而 $Ca(OH)_2$ 是易溶于水的,所以石灰的耐水性较差。硬化后的石灰若长期受潮,会导致强度降低,甚至引起溃散,故石灰不宜单独用于潮湿环境中。

4. 体积收缩大

石灰在硬化过程中蒸发掉大量的水分，引起体积显著收缩，易产生裂纹。因此，石灰一般不宜单独使用，通常掺入一定量的骨料（砂）或纤维材料（纸筋、麻刀等）以提高抗拉强度，抵抗收缩引起的开裂。

六、石灰的应用

石灰是一种价格低廉的胶凝材料，又有较好的技术性质，故在工程中使用广泛。

1. 制作石灰乳

将熟化好的石灰膏或消石灰粉，加入过量水稀释成石灰乳是一种传统的室内粉刷涂料。目前已很少使用，主要用于临时建筑的室内粉刷（图2-4）。

2. 配制砂浆

利用石灰膏配制的石灰砂浆、混合砂浆，广泛用于建筑物地面以上部位墙体的砌筑和抹灰。应注意，为确保砌体和抹灰质量，一般不宜用消石灰粉（尤其是淋水消化时间较短的消石灰粉）来配制砌筑和抹灰砂浆（图2-5）。

图2-4　石灰室内粉刷　　　图2-5　石灰砂浆内墙抹面

3. 加固软土地基

在软土地基中打入生石灰桩，可利用生石灰吸水产生膨胀对桩周围土起挤密作用，利用生石灰和黏土矿物间产生胶结反应使周围的土固结，从而提高软土地基的承载力。石灰土和二灰稳定类等广泛用于建筑物基础和道路垫层（图2-6）。

4. 生产硅酸盐制品

将生石灰粉与含硅材料（砂、炉渣、粉煤灰等）加水拌合，经成型、蒸养或蒸压等工序可制得各种硅酸盐制品，如蒸压灰砂砖、硅酸盐砌块等路面、墙体材料（图2-7）。

5. 制作碳化石灰制品

将生石灰粉与纤维材料（如玻璃纤维）或轻质骨料（如炉渣）加水搅拌成型，然后用二氧化碳进行人工碳化可制成轻质的碳化石灰制品（如石灰空心板等），它的导热系数较小，保温绝热性能较好，宜做非承重内隔墙板、顶棚等。

图 2-6 二灰稳定类垫层的碾压　　　　图 2-7 蒸压灰砂砖路面

6. 磨细生石灰

若将块状生石灰直接磨细成粉状，即制得磨细生石灰。制成硅酸盐或炭化制品时，可不预先熟化、陈伏而直接使用，细度很高的生石灰粉，水化速度可提高30～50倍，且体积膨胀均匀，避免了局部膨胀造成的破坏。同时还由于成型后的颗粒膨胀作用，可提高制品强度（约2倍），加快了硬化速度，提高了工效，但也会相应提高成本。

七、石灰产品的储运和质量证明书

1. 储存与运输

生石灰应分类、分等级储存在干燥的仓库内，不宜长期储存。生石灰应与可燃物及有机物隔离保管，以免腐蚀或引起火灾。在运输中不准与易燃、易爆及液体物品同时装运，运输时要采取防水措施。

2. 质量证明书

每批产品出厂时应向用户提供质量证明书，注明厂名、商标、产品名称、等级、试验结果、批量编号、出厂日期、本标准编号及使用说明。

第二节　水硬性无机胶凝材料——水泥

水泥是一种粉末状的水硬性无机胶凝材料。水泥可以和骨料及增强材料配制成各种混凝土和砂浆，水泥是制造各种形式的混凝土、钢筋混凝土和预应力混凝土构筑物的基本组成材料之一。它广泛应用于工业与民用建筑、交通、水利、国防等工程。

1824年英国石匠阿斯普丁用石灰石、黏土加水烧制成水泥，硬化后的颜色与英格兰岛上波特兰地方用于建筑的石头相似，被命名为波特兰水泥，并取得了专利权。在波特兰水泥的基础上，现已研制成功一批适用于特殊建筑工程的水泥，品种已发展到100多种。

在我国目前水泥的种类很多，按照主要的水硬性物质不同，水泥可分为硅酸盐系水泥、铝酸盐系水泥、硫铝酸盐系水泥、磷酸盐系水泥等；按用途和性能，又可分为通用水泥、专用水泥、特性水泥三大类。

这里重点介绍最常用的通用硅酸盐水泥；简介两种常用于道路和桥梁的其他品种水泥。

一、通用硅酸盐水泥

通用硅酸盐水泥是以硅酸盐水泥熟料和适量的石膏及规定的混合材料制成的水硬性胶凝材料。

（一）通用硅酸盐水泥的常用品种

通用硅酸盐水泥按混合材料的品种和掺量不同分为：硅酸盐水泥、普通硅酸盐水泥（简称普通水泥）、矿渣硅酸盐水泥（简称矿渣水泥）、火山灰质硅酸盐水泥（简称火山灰水泥）、粉煤灰硅酸盐水泥（简称粉煤灰水泥）、复合硅酸盐水泥。参见《通用硅酸盐水泥》GB 175—2007。

（二）通用硅酸盐水泥的组分、作用及规定

1. 硅酸盐水泥的生产过程

硅酸盐水泥以适当成分（主要含 CaO、SiO_2、Al_2O_3、Fe_2O_3）的生料，按适当比例磨成细粉烧至部分熔融所得以硅酸钙为主要矿物成分的水硬性胶凝物质称硅酸盐水泥熟料。其中硅酸钙矿物不小于 66%，氧化钙和氧化硅质量比不小于 2.0。硅酸盐水泥的技术性质取决于熟料矿物的种类和比例，如原料中适当加入铁粉，可以降低煅烧温度，并提高抗折强度。图 2-8 为水泥生产流程示意图。

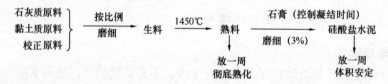

图 2-8 水泥生产流程图

2. 原材料性能简介

1) 石膏

天然石膏：应符合 GB/T 5483 中规定的 G 类或 M 类二级（含）以上的石膏或混合石膏（图 2-9）。工业副产石膏：以硫酸钙为主要成分的工业副产物。采用前应经过试验证明对水泥性能无害。石膏的作用主要是调节水泥的凝结时间，使其不要凝结太快，以保证水泥的使用。

2) 活性混合材料

凡符合 GB/T 203、GB/T 18046、GB/T 1596、GB/T 2847 标准要求的粒化高炉矿渣、粒化高炉矿渣粉、粉煤灰、火山灰质等矿质材料均为混合材料。活性混合材料是指以化学性较活泼的 SiO_2 和 Al_2O_3 为

图 2-9 天然石膏

主要成分的矿物质材料，掺在水泥中，与水调合后，能在 $Ca(OH)_2$ 溶液中发生水化反应，生成水化硅酸钙和水化铝酸钙，具有水硬性并有相当的强度。这类混合材料也称为水硬性混合材料。它们不但能提高水泥产量、降低水泥成本，而且可以减少有害的 Ca

(OH)₂含量，提高水泥抗腐蚀性，降低水化热等改善水泥某些性能。同时可调节水泥强度等级，扩大使用范围，还能充分利用工业废渣净化生活环境。

常用品种有：高炉矿渣、煤矸石、粉煤灰等。

3）非活性混合材料

指活性指标分别低于 GB/T 203、GB/T 18046、GB/T 1596、GB/T 2847 标准要求的粒化高炉矿渣、粒化高炉矿渣粉、粉煤灰、火山灰质混合材料；石灰石和砂岩，其中石灰石中的三氧化二铝含量应不大于 2.5%，在水泥中与水泥成分不起化学反应或化学作用很小，仅起填充作用的混合材料。它可以起增加产量、降低成本和调节水泥强度等级的作用。常用的有石灰石粉、块状高炉矿渣粉等，见图 2-10、图 2-11。

图 2-10　粉状高炉矿渣

图 2-11　块状高炉矿渣

4）窑灰

指从烧制水泥的回转窑中回收下的飞灰，可作水泥的混合材料，但应符合 JC/T 742 的规定。

5）助磨剂

水泥粉磨时允许加入助磨剂，能够显著提高粉磨效率或降低能耗，而又不损害水泥性能。其加入量应不大于水泥质量的 0.5%，助磨剂应符合 JC/T 667 的规定，即：水泥中氯离子含量应不大于 0.06%。常用品种有固体和液体两类，固体有：元明粉、工业盐、粉煤灰、三乙醇胺等；液体有：聚合多元醇、聚合醇胺、三异丙醇胺、乙二醇等。

通用硅酸盐水泥各组分值应符合表 2-3 的规定。

通用硅酸盐水泥各组分规定　　　　表 2-3

品　种	代　号	组　分				
		熟料+石膏	粒化高炉矿渣	火山灰质混合材料	粉煤灰	石灰石
硅酸盐水泥	P·Ⅰ	100	—	—	—	—
	P·Ⅱ	≥95	5	—	—	—
		≥95	—	—	—	5
普通硅酸盐水泥	P·O	≥80且<95	>5且≤20[a]			—

续表

品 种	代 号	组 分				
		熟料+石膏	粒化高炉矿渣	火山灰质混合材料	粉煤灰	石灰石
矿渣硅酸盐水泥	P·S·A	≥50且<80	>20且≤50[b]	—	—	—
	P·S·B	≥30且<50	>50且≤70[b]	—	—	—
火山灰质硅酸盐水泥	P·P	≥60且<80	—	>20且≤40[c]	—	—
粉煤灰硅酸盐水泥	P·F	≥60且<80	—	—	>20且≤40[d]	—
复合硅酸盐水泥	P·C	≥50且<80	>20且≤50[e]			

a. 本组分材料为符合本标准的活性混合材料,其中允许用不超过水泥质量8%且符合本标准(4)的非活性混合材料或不超过水泥质量5%且符合本标准(5)的窑灰代替。

b. 本组分材料为符合 GB/T 203 或 GB/T 18046 的活性混合材料,其中允许用不超过水泥质量8%且符合本标准(3)的活性混合材料或符合本标准(4)的非活性混合材料或符合本标准(5)的窑灰中的任一种材料代替。

c. 本组分材料为符合 GB/T 2847 的活性混合材料。

d. 本组分材料为符合 GB/T 1596 的活性混合材料。

e. 本组分材料为由两种(含)以上符合本标准(3)的活性混合材料或符合本标准(4)的非活性混合材料组成,其中允许用不超过水泥质量8%且符合本标准(5)的窑灰代替。掺矿渣时混合材料掺量不得与矿渣硅酸盐水泥重复。

3. 硅酸盐水泥熟料的矿物组成

1) 熟料的矿物组成。硅酸盐水泥主要氧化物（CaO、SiO_2、Al_2O_3、Fe_2O_3）的化学成分经过高温煅烧后形成熟料,其主要熟料的主要矿物组成见表2-4,四种矿物熟料常用缩写见表2-4。

硅酸盐水泥熟料的矿物组成　　　　表 2-4

矿物组成	化学组成	常用缩写	大致含量（%）
硅酸三钙	$3CaO·SiO_2$	C_3S	37~60
硅酸二钙	$2CaO·SiO_2$	C_2S	15~37
铝酸三钙	$3CaO·Al_2O_3$	C_3A	7~15
铁铝酸四钙	$4CaO·Al_2O_3Fe_2O_3$	C_4AF	10~18

2) 熟料矿物组成的性质

① 硅酸三钙是硅酸盐水泥中最主要的矿物组分,C_3S 水化速度快,水化热高,28d 强度可达一年强度的 70%~80%。

② 硅酸三钙也是硅酸盐水泥中最主要的矿物组分,遇水时水化反应较慢,水化热很低。C_2S 早期强度较低而后期强度高,耐化学侵蚀最优,其次为 C_2S、C_3S、C_3A 最差。

③ 铝酸三钙是四种组分中遇水时水化反应最快（遇水促凝）,水化热量最高的组分。C_3A 含量决定水泥的凝结速度和放热量,水化热高对提高早期强度起一定的作用,耐化学侵蚀性差,干缩性大。应掺入石膏及石膏形成的水化产物,避免促凝,控制凝

结时间。

④ 铁铝酸四钙能提高水泥抗折强度。C_4AF 水化反应较快，水化热较高。强度较低，干缩性较好，耐化学侵蚀性最优，其次为 C_2S、C_3S、C_3A 最差。

在生产水泥时，改变矿物熟料不同比例含量，则生成品种各异的水泥。硅酸盐水泥熟料放热量大小顺序：$C_3A>C_3S>C_4AF>C_2S$。生产低热水泥（大坝水泥）应提高 C_2S 含量，适当增大 C_3S 和 C_3A 的比例。由于大坝、桥梁大体积混凝土工程（大体积混凝土定义为，混凝土结构物实体最小几何尺寸不小于1m的大体量混凝土），混凝土中胶凝材料水化产生大量的热来不及释放，使混凝土内部与外部温差高达50℃左右，温度变化和混凝土表面收缩，而导致混凝土产生有害的裂缝。生产道路水泥应提高抗折强度，即增大 C_4AF 和 C_3S 含量。

（三）通用硅酸盐水泥的凝结硬化过程

1. 水泥水化作用

水泥加水拌合后成为既有可塑性又有流动性的水泥浆，同时产生水化。水泥与水拌合后，水泥颗粒水化通过扩散作用缓慢地向中心深入，如图2-12所示其颗粒表面的熟料矿物立即与水发生化学反应，各组分开始溶解，不断进行形成水化物，放出一定热量，固相体积逐渐增加。形成的水化产物有：水化硅酸钙、氢氧化钙、三硫型水化硫酸钙（钙矾石）、单硫型水化铁铝酸钙、三硫型水化铁铝酸钙（单硫盐）。

充分水化的水泥浆体中，主要水化产物为水化硅酸钙（钙凝胶体）占70%，氢氧化钙（柱状晶体）约占20%，钙矾石（六方系晶体）和单硫盐（针片状结晶，含有32倍结晶水——称"水泥杆菌"）约占7%，其余是未水化的水泥颗粒和次要组分。水化产物仍是一个不稳定的组织，是变化的。水泥加水后水化产物形成，溶液达到一定浓度逐渐析出结晶（1h左右），形成空间网络，而生成凝胶体组织填充空隙，各阶段交错进行，变为微晶结构。在一定温度和湿度条件下养护，水化不断进行，充分水化，水泥石强度会提高。

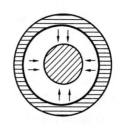

图2-12 水泥颗粒水化

2. 硅酸盐水泥的凝结与硬化

水化是水泥产生凝结硬化的前提，而凝结硬化则是水泥水化的结果。水泥的凝结是指水泥加水拌合后，成为塑性的水泥浆，其中的水泥颗粒表面的矿物开始在水中溶解并与水发生水化反应，水泥浆逐渐变稠失去塑性，但还不具有强度的过程。

硬化是指凝结的水泥浆体随着水化的进一步进行，开始产生明显的强度并逐渐发展而成为坚硬水泥石的过程。凝结和硬化是人为划分的，实际上是一个连续复杂的物理化学变化过程。

一般按水化反应速率和水泥浆体的结构特征，硅酸盐水泥的凝结硬化过程可分为：初始反应期、潜伏期、凝结期、硬化期4个阶段（图2-13）。

1）初始反应期。水泥与水接触后立即发生水化反应，在初始的5~10min内，放热速率剧增，可达此阶段的最大值，然后又降至很低，这个阶段称为初始反应期。在此阶段硅酸三钙开始水化，生成水化硅酸钙凝胶，同时释放出氢氧化钙，氢氧化钙立即溶于水中，钙离子浓度急剧增大，当达到过饱和时，则呈结晶析出。同时，暴露于水泥熟料颗粒表面的铝酸三钙也溶于水，并与已溶解的石膏反应，生成钙矾石结晶析出，附着在颗粒表

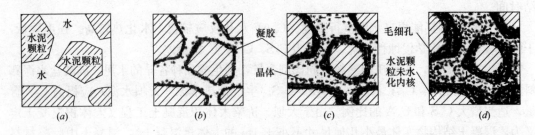

图 2-13 水泥凝结硬化过程示意图

面,在这个阶段中,水化的水泥只是极少的一部分。

2) 潜伏期。在初始反应期后,有相当长一段时间(约 1~2h),水泥浆的放热速率很低,这说明水泥水化十分缓慢。这主要是由于水泥颗粒表面覆盖了一层以水化硅酸钙凝胶为主的渗透膜层,阻碍了水泥颗粒与水的接触。在此期间,由于水泥水化产物数量不多,水泥颗粒仍呈分散状态,所以水泥浆基本保持塑性。许多研究者将上述两个阶段合并称为诱导期。

3) 凝结期。在潜伏期后由于渗透压的作用,水泥颗粒表面的膜层破裂,水泥继续水化,放热速率又开始增大,6h 内可增至最大值,然后又缓慢下降。在此阶段,水化产物不断增加并填充水泥颗粒之间的空间,随着接触点的增多,形成了由分子力结合的凝聚结构,使水泥浆体逐渐失去塑性,这一过程称为水泥的凝结。此阶段结束约有 15% 的水泥水化。

4) 硬化期。在凝结期后,放热速率缓慢下降,至水泥水化 24h 后,放热速率已降到一个很低值,约 4.0J/gh 以下,此时,水泥水化仍在继续进行,水化铁铝酸钙形成;由于石膏的耗尽,高硫型水化硫铝酸钙转变为低硫型水化硫铝酸钙,水化硅酸钙凝胶形成纤维状。在这一过程中,水化产物越来越多,它们更进一步地填充孔隙且彼此间的结合亦更加紧密,使得水泥浆体产生强度,这一过程称为水泥的硬化。硬化期是一个相当长的时间过程,在适当的养护条件下,水泥硬化可以持续很长时间,几个月、几年、甚至几十年后强度还会继续增长。

水泥石强度发展的规律是:3~7d 内强度增长最快,28d 内强度增长较快,超过 28d 后强度将继续发展但增长较慢。但要注意:水泥凝结硬化过程的各个阶段不是彼此截然分开,而是交错进行的。影响水泥凝结硬化的因素主要有:熟料矿物成分、水泥的细度、用水量、养护时间、石膏掺量、温度和湿度。

(四) 通用硅酸盐水泥的技术性质和技术要求

国家标准《通用硅酸盐水泥》GB 175—2007 对硅酸盐水泥的主要技术性质要求如下所述。

1. 技术性质

1) 化学性质

(1) 化学成分指标

通用硅酸盐水泥按 GB/T 176 进行试验,其化学成分指标含量应符合表 2-5 的规定。

(2) 含碱量(选择性指标)

水泥中碱含量按 GB/T 176 进行试验。根据 $Na_2O+0.658K_2O$ 计算值表示。若使用活性骨料，用户要求提供低碱水泥时，水泥中碱含量应不大于 0.60% 或由买卖双方协商确定。

通用硅酸盐水泥的化学成分指标（%） 表 2-5

品 种	代 号	不溶物	烧失量	三氧化硫	氧化镁	氯离子
硅酸盐水泥	P·Ⅰ	≤0.75	≤3.0	≤3.5	≤5.0[a]	≤0.06[c]
	P·Ⅱ	≤1.50	≤3.5			
普通硅酸盐水泥	P·O		≤5.0			
矿渣硅酸盐水泥	P·S·A			≤4.0	≤6.0[b]	
	P·S·B					
火山灰质硅酸盐水泥	P·P			≤3.5	≤6.0[b]	
粉煤灰硅酸盐水泥	P·F					
复合硅酸盐水泥	P·C					

a 如果水泥压蒸试验合格，则水泥中氧化镁的含量（质量分数）允许放宽至 6.0%。
b 如果水泥中氧化镁的含量大于 6.0% 时，需进行水泥压蒸安定性试验并合格。
c 当有更低要求时，该指标由买卖双方确定。

2）物理性质

（1）水化热

水泥水化是放热反应，所释放的热量称为水化热。通常以焦耳/千克（J/kg）表示。水化热的多少和放热速度取决于水泥熟料的矿物组成、水泥细度、水泥中混合材料的品种和数量、外加剂的品种、数量以及养护条件等。

水泥的水化反应是一个放热反应。水泥水化放热的周期很长，但大部分水化热量是在 3d 内放出的，尤其是在水泥浆发生凝结、硬化的初期放出。大多数情况下，硬化水泥浆体和混凝土的早期体积变形，主要源于水泥的水化热温升，因此降低水泥混凝土的水化热是防止其早期开裂的有效途径。硅酸盐水泥是通用水泥中水化热最大、放热速度最快的一种。水化热大对冬期施工的混凝土工程较为有利，可以在一定程度上防止冻害，提高早期强度。但在大体积混凝土工程中，释放出的水化热会导致混凝土内部温度升高，内外温度差可达几十摄氏度，内部受热膨胀、表面冷却收缩，在早期混凝土强度还很低的情况下，内外温差引起的温度应力极易使混凝土表面产生裂缝，而影响混凝土的其他性质。

（2）密度

硅酸盐水泥的密度主要与其矿物组成有关，一般为 $3.06\sim3.20g/cm^3$；堆积密度一般除与矿物组成和细度有关外，主要取决于水泥的堆积紧密程度，松散状态下的堆积密度一般为 $900\sim1300kg/m^3$，紧密状态时可达 $1400\sim1600kg/m^3$。

（3）细度（选择性指标）

细度是指水泥颗粒的粗细程度的参数。水泥颗粒的粗细对水泥的性质影响很大。颗粒越细，水化速度越快，反应越完全，早期强度也越大，但硬化时体积收缩较大，水泥过细，易于受潮，生产成本也较高。水泥细度测定方法有比表面积法和筛析法两种。

①筛析法。以 $80\mu m$ 方孔筛上筛余百分率表示。用规定筛网上所得筛余物的质量占试

样原始质量的百分数或用比表面积来表示水泥样品的细度。我国现行《公路工程水泥及水泥混凝土试验规程》JTG E30—2005 规定，筛析法又分为负压法和水筛法两种，有争议时，以负压法为准。矿渣硅酸盐水泥、火山灰质硅酸盐水泥、粉煤灰硅酸盐水泥和复合硅酸盐水泥的细度以筛余表示，用标准筛（负压筛，如图 2-14）测定，其 80μm 方孔筛上筛余不大于10%或 45μm 方孔筛筛余不大于30%。试验方法参见第二篇第二节。

②比表面积法。是指单位质量的水泥粉末所具有的总表面积以水泥总表面积（m^2/kg）来表示，采用勃式比表面积透气仪测定，分手动和全自动两种（如图 2-15 为手动型）。我国现行规范规定，硅酸盐水泥和普通硅酸盐水泥的细度以比表面积表示，其比表面积不应小于 $300m^2/kg$。试验方法见第二篇第九章第三节。

图 2-14　手动透气仪　　　图 2-15　水泥负压筛

(4) 水泥净浆标准稠度（简称稠度）

水泥净浆标准稠度，是指水泥净浆达到规定稠度时的加水量，以水与水泥质量的百分率表示。测定水泥凝结时间和体积安定性的用水量，使之测定结果具有可比性。水泥净浆标准稠度与水泥凝结时间测定仪也称之为标准维卡仪（图 2-16）。我国现行标准《水泥标准稠度用水量、凝结时间、安定性检验方法》（GB/T 1346—2011）规定，水泥净浆标准稠度的测定方法为：标准测定方法和代用法两类。

①标准法。标准法维卡仪测定标准稠度时，采用试杆法，以标准试杆沉入水泥净浆，并距离底板 6mm±1mm 的水泥净浆为"标准稠度"，其拌合用水量为该水泥标准稠度用水量 P，按水泥质量的百分比计。采用盛装水泥净浆的试模，由耐腐蚀的、足够深度的金属制成，形状为截顶圆锥体，如图 2-16 所示。

②代用法。代用测定方法标准稠度时，采用试锥法，方法有：调整用水量和不变用水量两种方法，可以任意一种方法测定。采用调整用水量法测定标准稠度时，拌合用水量应按经验找水；采用不变用水量时，拌合水量为 142.5mL，量筒或滴定管的精确±0.5 mL。如发生争执时，以调整用水量法为准，试验方法见第二篇

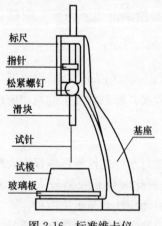

图 2-16　标准维卡仪

第二章第四节。

（5）凝结时间

凝结时间为试针沉入水泥标准稠度净浆至一定深度所需的时间。水泥凝结时间分为初凝和终凝时间。我国现行标准《水泥标准稠度用水量、凝结时间、安定性检验方法》GB/T 1346—2011规定，用标准维卡仪测定（图2-16）。

①初凝时间。采用标准维卡仪测定试验时，当试针自由下落，沉入水泥浆体至距底板4mm±1mm时，为水泥达到初凝状态，由水泥加水至达初凝状态所需的时间为水泥初凝时间，用"min"表示。

②终凝时间。当完成初凝时间测定后，将试模连同浆体以平移方式从玻璃板取下，翻转180°，再继续养护，当试针沉入试体0.5mm时，即环形附件开始不能在试体上留下痕迹时，为水泥达到终凝状态。由水泥加水至终凝状态所需的时间为水泥的终凝时间，用"min"表示。此时水泥净浆完全失去塑性并开始具有硬度。规定：水泥的凝结时间对水泥混凝土的施工意义重大，为使水泥浆在应用时有充分的时间进行搅拌、运输、成型等施工操作，要求水泥的初凝时间不能过早。当施工完毕，则要求水泥尽快凝结、硬化、产生强度，因此终凝时间不能太长。我国现行规范规定，硅酸盐水泥初凝不小于45min，终凝不大于390min为合格；普通硅酸盐水泥、矿渣硅酸盐水泥、火山灰质硅酸盐水泥、粉煤灰硅酸盐水泥和复合硅酸盐水泥初凝不小于45min，终凝不大于600min为合格。试验方法参见第二篇第二章第四节。

（6）体积安定性

水泥体积安定性是指水泥浆体硬化过程中体积膨胀变化的均匀性。若产生不均匀的体积变化（如弯曲变形或开裂），称体积安定性不良。引起水泥体积安定性不良的原因：一般是由于水泥中游离氧化钙或游离氧化镁含量过多，这些过烧状态的氧化物，在水泥初期几乎不与水发生反应，而在水泥硬化后才进行消化，这是一个体积膨胀的化学反应，水化后体积增大2倍以上，致使水泥石产生膨胀性开裂。另外，水泥熟料磨细时要掺入适量石膏，目的是使水泥缓凝。但当水泥中石膏掺入量过多时，在水泥硬化后，生成的水化硫铝酸钙体积增大1.5倍，也会引起水泥石开裂。

我国现行标准《水泥标准稠度用水量、凝结时间、安定性检验方法》GB/T 1346—2011规定：按沸煮法检测。检测水泥体积安定性的标准法为雷氏法，以试饼法为代用法，有矛盾时以标准法为准。

①雷氏法（标准法）。如图2-17所示，是将标准稠度水泥净浆一次装满雷氏夹的环形试模中，经湿养24h±2h后，脱去玻璃板取下试件，先测试雷氏夹指针尖端距离（A），精确到0.5mm，接着试件放入在沸煮箱中，加热30min±5min内加热升至沸腾，并恒沸3h±5min。测定试件两指针尖端距离（C），当两个试件在沸煮后，针尖端增加的距离（C-A）平均值不大于5.0mm时，则认为该水泥安定性合格。

②试饼法（代用法）。如图2-18所示，先观察标准稠度的水泥试饼沸煮3小时后的外形变化（弯曲程度）。水泥安定性经沸煮法检验（CaO）后必须合格；游离氧化镁在压蒸下才加速消化，而石膏有危害需长期在常温水中才能发现。规范规定硅酸盐水泥中游离氧化镁含量（MgO）不得超过5.0%，三氧化硫（SO_3）的含量不得超过3.5%。同时观察或测定未发现透光弯曲变形的试饼为体积安定性合格。当两个试饼判断的结果有矛盾时，

该水泥体积安定性为不合格。试验方法参见第二篇第二章第五节。

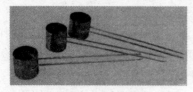
图 2-17　雷氏夹

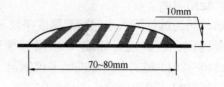
图 2-18　水泥净浆试饼试样

3) 力学性质——强度

强度是水泥技术要求中最基本的指标,也是水泥的重要性质之一。

按现行《公路工程水泥及水泥混凝土试验规程》JTG E30—2005 规定,用水泥胶砂强度法作为水泥的强度检验方法,按规定制作试块,养护测定其抗压和抗折强度值。水泥可以是不同类型的,砂子采用 ISO 标准砂(中国厦门)。而对于火山灰硅酸盐水泥等采用流动度指标来控制水泥胶砂强度成型的加水量,并通过跳桌试验仪器进行测定。详见试验第九章第七节水泥胶砂的流动度试验。

(1) 水泥胶砂

水泥胶砂是指按一定比例的水泥、ISO 标准砂和水的混合物。ISO 法检测出的水泥强度,更接近水泥在水泥混凝土中的实际作用。

① 水泥胶砂的性质。此方法采用水泥与 ISO 标准砂比为 1∶3,水灰比为 0.5 进行拌合。

② 砂的颗粒范围。ISO 标准砂的颗粒范围,此砂的粒径为 0.08~2.0mm,分粗、中、细三级,各占三分之一。其中粗砂为 1.0~2.0mm;中砂为 0.5~1.0mm;细砂为 0.08~0.5mm。ISO 标准砂颗粒分布情况见表 2-6。

ISO 标准砂颗粒分布　　　　表 2-6

方孔边长(mm)	累计筛余(%)	方孔边长(mm)	累计筛余(%)
2.0	0	0.5	67±5
1.6	7±5	0.16	87±5
1.0	33±5	0.08	99±1

③ 水泥胶砂的流动度要求。水泥胶砂流动度是人为规定水泥胶砂一种特定的和易性状态,它反映水泥胶砂的可塑性。对于加入外加剂的水泥及火山灰硅酸盐水泥等,用水泥胶砂流动度来控制加水量,使水泥胶砂的物理性能的测试准确可比,所测得水泥强度与混凝土之间有较好的相关性。对于不同品种水泥配制的水泥胶砂要达到相同的流动度,调拌的胶砂所需水量则不同。水泥胶砂流动度是通过流动度测定仪或称流动度跳桌法测定(图 2-19)。

《混凝土外加剂匀质性试验方法》GB/T 8007—2012 规定,水泥胶砂流动度试验方法,是将水泥、胶砂、外加剂和水在胶砂搅拌机中进行搅拌。将搅拌好的胶砂迅速地分二次注入截锥圆模内,用捣棒按规定方式插捣,取下套模,将高出截锥圆模的胶砂刮去抹平,随即将截锥圆模垂直提起置于台上,立即开动跳桌,以每秒一次的频率使跳桌连续跳动 25 次。跳动完毕用卡尺量出胶砂底部流动直径。取互相垂直的两个直径的平均值为该用水量时的胶砂流动度。

根据 GB/T 8007—2012 规定，掺外加剂的水泥胶砂流动度，重复截锥圆的胶砂装模和跳桌法试验步骤，直到流动度达到(180±5)mm。当胶砂流动度为(180±5)mm 时的用水量为基准砂流动度用水量。用此方法测定后可以计算出水泥胶砂的减水率，参见第二篇第九章第八节。

(2) 强度等级

① 试件尺寸。将符合流动度要求的水泥胶砂，制成进行抗折强度测试的试件尺寸为一组三块 40mm×40mm×160mm 的塑性胶砂棱柱试体（图 2-20），一组三块试体连模一起在湿气中养护 24h，然后脱模在水中养护至强度试验。达到试验龄期时（3d、28d）将试件从水中取出，先进行抗折强度试验（图 2-21），折断后每截再放在夹具中分别进行抗压强度试验（图 2-22）。抗压强度试件尺寸为 40mm×40mm。

图 2-19　水泥胶砂流动度跳桌　　图 2-20　水泥胶砂棱柱试模

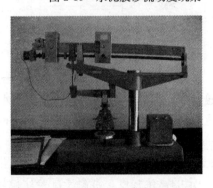 

图 2-21　水泥胶砂抗折强度试验仪　　图 2-22　全自动水泥抗压强度试验仪

② 标准温湿条件。试验室温度为 20±2℃，湿度为≥50%；养护箱温度：20±1℃，湿度为≥90%。养护水温为 20±1℃。养护用水可采用饱和 $Ca(OH)_2$ 的水。

③ 水泥的强度等级。水泥的强度等级是在标准养护条件下进行，按规定龄期的抗压强度和抗折强度来划分，通用硅酸盐水泥各龄期强度不得低于表 2-7 中的数值。在确定水泥强度等级时，各龄期的抗压强度和抗折强度均应符合对应表中最低强度值要求，以 28d 抗压强度作为强度等级。硅酸盐水泥的强度等级分为 42.5、42.5R、52.5、52.5R、62.5、62.5 六个强度等级；普通硅酸盐水泥的强度等级分为 42.5、42.5R、52.5、52.5R 四个强度等级。其他通用水泥强度的等级分为表 2-7 中所列六个强度等级。根据测定的水

泥胶砂试样的抗折和抗压强度值确定水泥的强度等级。不同品种水泥、不同等级、不同龄期的强度值应符合表 2-7 的规定。

④ 水泥型号。水泥 28d 以前强度称为早期强度，28d 及其以后强度称为后期强度。为提高水泥早期强度，我国现行标准将水泥分为普通型和早强型（或称 R 型）两个型号。

通用硅酸盐水泥各龄期强度标准 表 2-7

品 种	强度等级	抗压强度		抗折强度	
		3d	28d	3d	28d
硅酸盐水泥	42.5	≥17.0	≥42.5	≥3.5	≥6.5
	42.5R	≥22.0		≥4.0	
	52.5	≥23.0	≥52.5	≥4.0	≥7.0
	52.5R	≥27.0		≥5.0	
	62.5	≥28.0	≥62.5	≥5.0	≥8.0
	62.5R	≥32.0		≥5.5	
普通硅酸盐水泥	42.5	≥17.0	≥42.5	≥3.5	≥6.5
	42.5R	≥22.0		≥4.0	
	52.5	≥23.0	≥52.5	≥4.0	≥7.0
	52.5R	≥27.0		≥5.0	
矿渣硅酸盐水泥 火山灰硅酸盐水泥 粉煤灰硅酸盐水泥 复合硅酸盐水泥	32.5	≥10.0	≥32.5	≥2.5	≥5.5
	32.5R	≥15.0		≥3.5	
	42.5	≥15.0	≥42.5	≥3.5	≥6.5
	42.5R	≥19.0		≥4.0	
	52.5	≥21.0	≥52.5	≥4.0	≥7.0
	52.5R	≥23.0		≥4.5	

早强型水泥 3d 的抗压强度较同强度等级的普通型强度提高 10%～24%；早强型水泥的 3d 抗压强度可达 28d 抗压强度的 50%，水泥混凝土路面用水泥，在供应条件允许时，应尽量优先选用早强型水泥，以缩短混凝土养护时间和施工工期。

在设计混凝土强度时，可采用水泥实际强度，为确保水泥在工程中的质量，生产厂家在控制出厂成品水流 28d 的抗压强度时，均有一定的富余强度。混凝土配合比设计时，通常富余强度系数为 1.00～1.13。

⑤ 水泥强度等级评定。水泥强度测定试验是按先折后压顺序进行。抗折强度以一组三个棱柱体抗折结果的平均值作为试验结果。当三个强度值中有超出平均值±10%时，应剔除后再取平均值作为抗折强度试验结果。抗压强度以一组三个棱柱体上得到的六个抗压强度测定值的算术平均值为试验结果。如有一个超出平均值精度±10%者应剔除，而取剩余五个的结果平均值。如果五个测定值中再有超过它们平均数±10%的，则此组结果作废。计算公式详见第二篇第九章第六节。

2. 技术要求

我国现行国家标准《通用硅酸盐水泥》GB 175—2007 规定：检验结果符合不溶物、

烧失量、氧化镁、氯离子、初凝时间、终凝时间、安定性及强度的规定为合格；检验结果不符合上述规定中任何一项技术要求为不合格。

【例 2-1】 测得硅酸盐水泥标准试件的抗折和抗压破坏荷载数据如表 2-8，试评定其强度等级。

水泥标准试件的抗折和抗压破坏荷载试验数据　　　　　　　　表 2-8

抗折破坏荷载（kN）		抗压破坏荷载（kN）	
3d	28d	3d	28d
1.79	2.90	42.1	84.8
		41.0	85.2
1.81	2.83	41.2	83.6
		40.3	83.9
1.92	3.52	43.5	87.1
		44.8	87.5

【解】 1. 抗折强度计算

先将水泥抗折试件尺寸带入抗折强度公式，可求出计算系数：

$$f_w = \frac{3P_w L}{2bh^2} = \frac{2P_w \times 100}{2 \times 40 \times 40^2} = 0.00234 P_w$$

(1) 3d 抗折强度计算：

$$f_{w1} = 0.00234 \times 1.79 \times 10^3 = 4.2 \text{MPa}$$
$$f_{w2} = 0.00234 \times 1.81 \times 10^3 = 4.2 \text{MPa}$$
$$f_{w3} = 0.00234 \times 1.92 \times 10^3 = 4.5 \text{MPa}$$

计算取三个试件抗折强度的平均值：

$$\overline{f}_w = \frac{4.2 + 4.2 + 4.5}{3} = 4.3 \text{MPa}$$

三个测值与平均值比较并评定：

$$\because \left|\frac{4.5 - 4.3}{4.3}\right| \times 100\% = 4.7\% < 15\%，同理其他测值判定均小于 10\%。$$

∴3d 抗折强度为 4.3MPa。

(2) 28d 抗折强度：（计算方法同上）

$$f_{w1} = 6.8 \text{MPa} \quad f_{w2} = 6.6 \text{MPa} \quad f_{w3} = 8.2 \text{MPa}$$

$$\overline{f}_w = \frac{6.8 + 6.6 + 8.2}{3} = 7.2 \text{MPa}$$

$$\because \left|\frac{8.2 - 7.2}{7.2}\right| \times 100\% = 13.9\% > 10\%$$

∴应删除 8.2MPa，再求平均值：

$$\overline{f}_w = \frac{6.8 + 6.6}{2} = \text{MPa 作为 28d 抗折强度。}$$

2. 抗压强度计算

根据抗压夹具尺寸，已知试件受压面积为 40×40＝1600mm²

$$f_y = \frac{P_y}{A} = \frac{P_y}{1600}\text{（计算过程略）}$$

取值方法：以一组 3 个棱柱体抗折试验后的 6 个试块，测得 6 个抗压强度测定值（按上式计算）所得的算术平均值为实验结果。如在 6 个测定值中有一个超出 6 个平均值的 $\pm 10\%$，则去掉这个结果，取剩余 5 个强度平均值为结果。

据此算出：3d 抗压强度为 26.3MPa；28d 抗压强度为 53.3MPa。

根据上述结果，对照表 2-7，得该硅酸盐水泥强度等级为 52.5。

各交通等级路面所使用水泥的化学成分、物理性能等路用品质要符合表 2-9 中的规定。详见《水泥混凝土路面施工技术规范》JTGF30—2003。

各级等级路面用水泥的化学成分和物理指标 表 2-9

水泥性质	特征、重交通路面	中、轻交通路面
铝酸三钙	不宜大于 7.0%	不宜大于 9.0%
铁铝酸四钙	不宜小于 15.0%	不宜小于 12.0%
游离氧化钙	不得大于 1.0%	不得大于 1.5%
氧化镁	不得大于 5.0%	不得大于 6.0%
三氧化硫	不得大于 3.5%	不得大于 4.0%
碱含量	$\leqslant Na_2O + 0.6585K_2O \leqslant 0.6\%$	怀疑有碱活性集料时，$\leqslant 0.6\%$；无碱活性集料时，$\leqslant 1.0\%$
混合材料种类	不得掺窑灰、煤矸石、火山灰和黏土、有抗盐抗冻要求时不得掺石灰、石粉	不得掺窑灰、煤矸石、火山灰和黏土、有抗盐抗冻要求时不得掺石粉
出磨时的安定性	雷氏夹或蒸煮法必须合格	蒸煮法检验必须合格
标准稠度需水量	不宜大于 28%	不宜大于 30%
烧失量	不得大于 3.0%	不得大于 5.0%
比表面积	宜在 $300\sim450\text{m}^2/\text{kg}$	宜在 $300\sim450\text{m}^2/\text{kg}$
细度（80μm）	筛余量不得大于 10%	筛余量不得大于 10%
初凝时间	不早于 1.5h	不早于 1.5h
终凝时间	不迟于 10h	不迟于 10h
28d 干缩率*	不得大于 0.09%	不得大于 0.10%
耐磨性*	不得大于 3.6kg/m^2	不得大于 3.6kg/m^2

注：28d 干缩率和耐磨性试验方法采用《道路硅酸盐水泥》GB 13693 标准。

（五）硅酸盐水泥的腐蚀与防止

在一般的条件下，水泥石具有良好的耐久性，但在外界侵蚀性介质的环境中，会逐渐被腐蚀介质侵蚀、使之强度降低，甚至建筑物结构物出现破坏，这种现象称为水泥石的腐蚀。

水泥石受腐蚀的基本原因，一是水泥石中含有易受腐蚀的氢氧化钙和水化铝酸钙等成分。二是水泥石的内部含有大量的毛细孔隙，不密实。

水泥石腐蚀的介质有：软水及含硫酸盐、镁盐、碳酸盐、强碱的水等。

1. 水泥石腐蚀

1）软水侵蚀（溶出性侵蚀）

不含或含少量重碳酸盐（含 HCO_3^- 的盐）的水称为软水。自然界中雨水、雪水、工厂冷凝水、蒸馏水及含重碳酸盐很少的河水、江水、湖泊等都属于软水。水泥石中水化产物，在一定的碱性环境中才能稳定存在。硅酸盐水泥水化形成的水泥石中含 $Ca(OH)_2$ 含量较高，在软水中形成的溶出性侵蚀尤为严重。而在长期处于静止、无压软水的环境中，水泥石中的 $Ca(OH)_2$ 不断被溶出，当周围的水溶产物达到饱和后，溶出作用才停止。更为严重的是在流动的软水环境中时，水泥石腐蚀的速度更快，致使水泥石结构强度降低，甚至破坏。

2）盐类腐蚀

(1) 硫酸盐腐蚀

在一些海水、湖水、地下水、沼泽水及工业污水中常含有钾、钠、氨等的硫酸盐，它们能与水泥中的 $Ca(OH)_2$ 发生反应，生成硫酸钙，硫酸钙与水泥石中的水化铝酸钙反应，生成高硫型水化硫酸钙（即钙矾石），其体积可增大 1.5 倍以上。由于钙矾石呈针状结晶，称之为"水泥杆菌"，且是在已硬化的水泥石中产生，具有很大的膨胀作用，这种破坏必然导致水泥结构开裂，甚至崩溃。

(2) 镁盐腐蚀（离子交换腐蚀）

在海水、地下水及其他矿物水中常有大量的镁盐，主要是硫酸镁和氯化镁，它们会与水泥中的 $Ca(OH)_2$ 发生离子交换反应，其反应结果生成无胶结能力的氢氧化镁[$Mg(OH)_2$]，以及极易溶于水的氯化钙（$CaCl_2$），或生成二水石膏导致水泥石结构破坏。如式（2-4）所示：

$$MgCl_2 + Ca(OH)_2 = CaCl_2 + Mg(OH)_2 \tag{2-4}$$

3）碳酸腐蚀（溶解性腐蚀）

雨水及地下水中常溶有较多的 CO_2，形成碳酸。碳酸水先与水泥石中的 $Ca(OH)_2$ 反应，中和反应后使水泥碳化，形成碳酸钙，如式（2-5）所示：

$$Ca(OH)_2 + CO_2 + H_2O = CaCO_3 + 2H_2O \tag{2-5}$$

碳酸钙再与含碳酸的水反应生成易溶于水的碳酸氢钙，这个反应是可逆的，转变为碳酸氢钙的流失，破坏了水泥石的结构。而 $Ca(OH)_2$ 浓度的降低又会导致其他产物的分解，使腐蚀加剧，如式（2-6）所示：

$$CaCO_3 + CO_2 + H_2O \rightleftharpoons Ca(HCO_3)_2 \tag{2-6}$$

4）强碱的腐蚀

硅酸盐水泥水化产物呈碱性，碱类溶液如果浓度不大，一般是无害的。但铝酸盐含量较高的硅酸盐水泥遇到强碱（如 NaOH）会发生反应，生成的铝酸钠易溶于水，当水泥石被氢氧化钠浸透后又在空气中干燥，则溶于水的铝酸钠会与空气中的二氧化碳反应生成碳酸钠。由于水分失去，碳酸钠在水泥石毛细管中结晶膨胀，造成水泥石酥松、开裂、发生破坏。

2. 防止水泥石腐蚀的措施

1）根据侵蚀环境特点，合理选用水泥品种。在硅酸盐水泥熟料中掺加活性混合材料，可降低硅酸盐中 $Ca(OH)_2$ 含量，减少可腐蚀物质的浓度，以提高水泥的抗腐蚀能力。在硫酸盐的腐蚀环境中，可采用铝酸三钙含量较低的抗硫酸盐水泥。如水库大坝可选择火山灰质低热水泥。

2) 提高水泥石的密实程度，降低孔隙率。通过合理选择混凝土配合比、减少拌合用水、降低水灰比、掺入外加剂、改善施工方式等措施，尽量减少水泥石的孔隙率，提高水泥石的密实度，是阻止侵蚀介质深入内部的有力措施。值得提出的是，提高水泥石的密实性对于抵抗软水侵蚀具有更为明显的效果。

3) 在水泥石结构物表面设置保护层，隔绝腐蚀介质与水泥石的联系。当侵蚀作用较强，采用上述措施也难以防止腐蚀时，可在水泥制品的表面覆盖一层耐腐蚀性高、致密的且不透水的保护层材料。如：一般可用耐酸石料、耐酸陶瓷、玻璃、塑料、沥青等贴面材料。

(六) 通用硅酸盐水泥的性能特点及适用范围

1. 硅酸盐水泥和普通硅酸盐水泥的特性及应用

普通水泥因加入混合材料量不超过15%对其性能影响不大，其性能与硅酸盐水泥相近。主要表现在：

(1) 强度高。硅酸盐水泥凝结硬化快，强度高，尤其是早期强度增长率大，特别适合早期强度要求高的工程、高强混凝土结构和预应力混凝土工程。

(2) 水化热高。硅酸盐水泥中C_3S和C_3A含量高，早期放热量大，放热速度快，早期强度高，用于冬期施工常可避免冻害。但高放热量对大体积混凝土工程不利，不宜用于大体积混凝土工程。适用于普通道路工程，如图2-23所示，水泥混凝土路面施工。

(3) 抗冻性好。硅酸盐水泥拌合物不易发生泌水，硬化后的水泥石密实度较大，所以抗冻性优于其他通用水泥。适用于严寒地区承受反复冻融作用的混凝土工程。

(4) 碱度高、抗碳化能力强。硅酸盐水泥硬化后的水泥石显强碱性，埋于其中的钢筋在碱性环境中表面生成一层灰色钝化膜，可保持几十年不生锈，特别适用于重要的钢筋混凝土结构和预应力混凝土工程。

(5) 耐蚀性差。硅酸盐水泥石中有大量的$Ca(OH)_2$和水化铝酸钙，容易引起软水、酸类和盐类的侵蚀。所以不宜用于受流动水、压力水、酸类和硫酸盐侵蚀的工程。

(6) 耐热性差。硅酸盐水泥石在250℃时水化物开始脱水，水泥石强度下降。当受热700℃以上将遭破坏。所以硅酸盐水泥不宜单独用于耐热混凝土工程。

2. 矿渣硅酸盐水泥、火山灰质硅酸盐水泥、粉煤灰硅酸盐水泥的特性及应用

这三种水泥都掺入了20%以上的混合材料，故有许多共同的特性，又因掺入的混合材料品种不同，使各水泥性质存在一定的差异。其共有特性是：

1) 初期强度增长慢，后期强度增长快 由于掺入了大量混合材料，水泥凝结硬化慢，早期强度低，但硬化后期可以赶上甚至超过相同强度等级的硅酸盐水泥。因早期强度较低，不宜用于早期强度要求高的工程。

2) 水化热低 由于水泥中水化放热高的熟料含量较少，且反应速度慢，所以水化热低。这些水泥不宜用于冬期施工。但由于水化热低，不致引起混凝土内外温差过大，所以此类水泥适用于大体积混凝土工程。

3) 耐蚀性较好 这些水泥硬化后，在水泥石中易被腐蚀的氢氧化钙和水化铝酸钙含量较少,使得抵抗软水、酸类、盐类侵蚀能力明显提高。用于有一般侵蚀性要求的工程,比硅酸盐水泥耐久性好,如桥梁工程、水工工程(图2-24)。

图 2-23 水泥混凝土路面施工

图 2-24 混凝土水工工程

4) **蒸汽养护效果好** 在高温高湿环境中,活性混合材料与氢氧化钙反应会加速进行,强度提高幅度较大,效果好。此类水泥适用于蒸汽养护。

5) **抗碳化能力差** 这类水泥硬化后的水泥石碱度低、抗碳化能力差,对防止钢筋锈蚀不利。不宜用于重要钢筋混凝土结构和预应力混凝土。

6) **抗冻性与耐磨性差** 与硅酸盐水泥相比抗冻性、耐磨性差,不适用于承受反复冻融作用的工程和有耐磨性要求的工程。

除三种水泥共同的特性外,矿渣水泥、火山灰水泥、粉煤灰水泥又有各自特性。

矿渣水泥耐热性较好。矿渣出自炼铁高炉,常作为水泥耐热掺料使用,矿渣水泥能耐400℃高温,一般认为矿渣掺量大的耐热性更好。矿渣为玻璃体结构亲水性差,因此矿渣水泥的泌水性及干缩性较大。

火山灰水泥抗渗性较好,抗大气性差。因为火山灰水泥密度较小,水化需水量较多,拌合物不易泌水,硬化后不致产生泌水孔洞和较大的毛细管,而且水化物中水化硅酸钙凝胶含量较多,水泥石较为密实,所以抗渗性优于其他几种通用水泥。适用于有一般抗渗要求的工程。由于低碱度,处于干燥空气中时,会因空气中CO_2作用于水化物,易"起粉",因此,火山灰水泥不适用于干燥条件中的混凝土工程。

粉煤灰本身属于火山灰质材料,所以粉煤灰水泥性质与火山灰水泥基本相同。但粉煤灰颗粒大多为球形颗粒,比表面积小,吸附水少。因此粉煤灰水泥拌合物需水量较小,硬化过程干缩率小,抗裂性好。但粉煤灰水泥与矿渣水泥、火山灰水泥相比早期强度更低,水化热低、抗碳化能力更差。

3. 复合硅酸盐水泥的性能及应用

复合水泥中掺入两种或两种以上混合材料。复掺混合材料,可以明显改善水泥性能。如单掺矿渣,水泥浆容易泌水;单掺火山灰质,往往水泥浆黏度大;两者复掺合则水泥浆工作性好,有利于施工。若掺入惰性石灰石,既可起微集料作用,还可促进C_3S的水化,有利于水泥早期强度的发展。

复合水泥早期强度高于矿渣水泥、火山灰质水泥和粉煤灰水泥,与普通水泥相同甚至略高。其他性质与矿渣水泥、火山灰水泥相近或略好。使用范围一般同掺入大量混合材料的其他水泥。

(七) 通用硅酸盐水泥的检验规则

1. 编号及取样

水泥出厂前按同品种、同强度等级编号和取样。袋装水泥和散装水泥应分别进行编号和取样。每一编号为一取样单位。水泥出厂编号按年生产能力规定为：

200×10^4t 以上，不超过 4000t 为一编号；

120×10^4t～200×10^4t，不超过 2400t 为一编号；

60×10^4t～120×10^4t，不超过 1000t 为一编号；

30×10^4t～60×10^4t，不超过 600t 为一编号；

10×10^4t～30×10^4t，不超过 400t 为一编号；

10×10^4t 以下，不超过 200t 为一编号。

取样方法按 GB12573 进行。可连续取，亦可从 20 个以上不同部位取等量样品，总量至少 12kg。当散装水泥运输工具的容量超过该厂规定出厂编号吨数时，允许该编号的数量超过取样规定吨数。

2. 水泥出厂检验

水泥出厂检验项目为：化学指标、凝结时间、体积安定性和强度。经确认水泥各项技术指标及包装质量符合要求时方可出厂。

3. 水泥质量判定规则

（1）化学指标、凝结时间、安定性和强度检验结果符合标准规定的水泥产品为合格品。

（2）化学指标、凝结时间、安定性和强度检验结果不符合标准规定任何一项技术要求均为不合格品。

4. 检验报告

检验报告内容应包括出厂检验项目、细度、混合材料品种和掺加量、石膏和助磨剂的品种及掺加量、属旋窑或立窑生产及合同约定的其他技术要求。当用户需要时，生产者应在水泥发出之日起 7d 内寄发除 28d 强度以外的各项检验结果，32d 内补报 28d 强度的检验结果。

5. 交货与验收

（1）交货时水泥的质量验收可抽取实物试样以其检验结果为依据，也可以生产者同编号水泥的检验报告为依据。采取何种方法验收由买卖双方商定，并在合同或协议中注明。卖方有告知买方验收方法的责任。当无书面合同或协议，或未在合同、协议中注明验收方法的，卖方应在发货票上注明"以本厂同编号水泥的检验报告为验收依据"字样。

（2）以抽取实物试样的检验结果为验收依据时，买卖双方应在发货前或交货地共同取样和签封。取样方法按 GB12573 进行，取样数量为 20kg，缩分为二等份。一份由卖方保存 40d，一份由买方按本标准规定的项目和方法进行检验。

在 40d 以内，买方检验认为产品质量不符合本标准要求，而卖方又有异议时，则双方应将卖方保存的另一份试样送省级或省级以上国家认可的水泥质量监督检验机构进行仲裁检验。水泥安定性仲裁检验时，应在取样之日起 10d 以内完成。

（3）以生产者同编号水泥的检验报告为验收依据时，在发货前或交货时买方在同编号水泥中取样，双方共同签封后由卖方保存 90d，或认可卖方自行取样、签封并保存 90d 的同编号水泥的封存样。

在90d内,买方对水泥质量有疑问时,则买卖双方应将共同认可的试样送省级或省级以上国家认可的水泥质量监督检验机构进行仲裁检验。

6. 包装、标志、运输与贮存

1)包装。水泥可以散装或袋装,袋装水泥每袋净含量为50kg,且应不少于标志质量的99%;随机抽取20袋总质量(含包装袋)应不少于1000kg。其他包装形式由供需双方协商确定,但有关袋装质量要求,应符合上述规定。水泥包装袋应符合GB9774的规定。

2)标志。水泥包装袋(图2-25)上应清楚标明:执行标准、水泥品种、代号、强度等级、生产者名称、生产许可证标志(QS)及编号、出厂编号、包装日期、净含量。包装袋两侧应根据水泥的品种采用不同的颜色印刷水泥名称和强度等级,硅酸盐水泥和普通硅酸盐水泥采用红色;矿渣硅酸盐水泥采用绿色;火山灰质硅酸盐水泥、粉煤灰硅酸盐水泥和复合硅酸盐水泥采用黑色或蓝色。

图2-25 水泥包装袋

散装发运时应提交与袋装标志相同内容的卡片。

3)运输与贮存

水泥在运输与贮存时不得受潮和混入杂物,不同品种和强度等级的水泥在贮运中避免混杂。储存应按不同品种、强度等级、批次、到货日期分别堆放,标志清楚。注意先到先用,避免积压过期。通用水泥有效期自出厂之日起为三个月,即使储存条件良好,一般存放三个月的水泥强度也会降低约10%~15%,存放六个月强度约降低20%~30%。存期超过三个月为过期水泥,应重新检测决定如何使用。

二、其他品种水泥

(一)道路硅酸盐水泥

道路硅酸盐水泥是专用于水泥混凝土路面工程的专用特种水泥。

1. 定义

以适当成分的生料烧至部分熔融,所得以硅酸钙为主要成分和较多量的铁铝酸钙的硅酸盐水泥熟料称为道路硅酸盐水泥熟料。由道路硅酸盐水泥熟料,0~10%活性混合材料和适量石膏磨细制成的水硬性胶凝材料,称为道路硅酸盐水泥(简称道路水泥)。

2. 技术要求

1)化学性质

①氧化镁 道路水泥中氧化镁含量不得超过5.0%。

②三氧化硫 道路水泥中三氧化硫含量不得超过3.5%。

③烧失量 道路水泥中的烧失量不得大于3.0%。

④游离氧化钙 道路水泥熟料中的游离氧化钙,旋窑生产不得大于1.0%;立窑生产不得大于1.8%。

⑤碱含量 如用户提出要求时,由供需双方商定。

2)矿物组成

①铝酸三钙　道路水泥熟料中铝酸三钙的含量不得大于5.0%。
②铁铝酸四钙　道路水泥熟料中铁铝酸四钙的含量不得小于16.0%。

3）物理力学性质

①细度　80μm筛的筛余量不得超过10%。
②凝结时间　初凝不得早于1h，终凝不得迟于10h。
③安定性　用沸煮法检验必须合格。
④干缩率　28d干缩率不得大于0.10%。
⑤耐磨性　磨损量表示，不得大于3.60kg/m²。
⑥强度　道路硅酸盐水泥分为32.5、42.5和52.5三个强度等级，各等级的3d和28d强度不得低于表2-10数值。

道路硅酸盐水泥各龄期强度标准　　　　　　表2-10

强度等级	抗压强度（MPa）		抗折强度（MPa）	
	3d	28d	3d	28d
32.5	22.0	42.5	4.0	7.0
42.5	27.0	52.5	5.0	7.5
52.5	32.0	62.5	5.5	8.5

3. 技术特点及应用

道路水泥在路面混凝土中的应用，其性能归纳起来可包括以下内容：

① 拌合物和易性好，不离析、不泌水，凝结时间合理，施工操作方便；
② 早期强度高，后期强度增长迅速，可缩短拆模时间，切缝时间提前，加快施工速度；
③ 高抗折强度和低抗折弹性模量，是高等级公路、机场混凝土路面用的优良水泥品种（图2-26）；
④ 低收缩性使得路面出现收缩裂缝的可能性降低；
⑤ 道路水泥混凝土路面密实性好，耐磨性明显优于普通水泥混凝土路面；
⑥ 优良的性价比。配制相同等级混凝土，每立方米混凝土可少用20～40kg水泥，经济效益明显；

道路水泥适用于公路路面、城市及工矿企业道路路面、机场路面及码头、货场、广场等

图2-26　道路水泥用于机场路面

水泥混凝土面板工程，也可用于地面砖等面板制品的生产。道路水泥的应用与推广，对提高我国水泥混凝土路面的质量，延长水泥混凝土路面的使用寿命，促进国内水泥混凝土路面的技术进步都具有现实与长远的技术经济意义，有着广阔的发展前景。

（二）高铝水泥

1. 定义

高铝水泥是以铝矾土和石灰为原料，按一定比例配制，经煅烧得到以铝酸钙为主要成

分、氧化铝含量约50%的熟料，再磨细制成的水硬性胶凝材料。属铝酸盐水泥中的一个主要品种。

2. 矿物成分

高铝水泥的主要矿物成分为铝酸一钙（CA），二铝酸一钙（CA_2），七铝酸十二钙（$C_{12}A_7$），钙铝黄长石（C_2AS）和少量钙钛石（CT），铁酸二钙（C_2F）。其中CA矿物水化速度快，凝结正常，具有快硬、早强的特点。而CA_2水化速度较CA缓慢，但后期强度增长较大。这种水泥的三天抗压强度就可以达到最大强度的90%左右。因此，其品质标准中以一、三天的抗压、抗折强度确定水泥强度等级。

3. 技术性质

1）密度：$3.2\sim3.25g/cm^3$；体积密度：$1000\sim1300kg/m^3$。

2）细度：比表面积$\geqslant240m^2/kg$（或0.08mm筛，筛余$\leqslant10\%$）。

3）凝结时间：初凝不得早于40min，终凝不得迟于10h。

4）强度：强度等级以标准规定的强度检验方法测得的3d抗压强度表示，分为32.5、42.5、52.5和62.5四个强度等级，各龄期强度不得低于表2-11数值。

高铝水泥各龄期强度标准　　　　　　　　　　　表2-11

强度等级	抗压强度（MPa）		抗折强度（MPa）	
	1d	3d	1d	3d
32.5	35.3	41.7	3.9	4.4
42.5	45.1	51.5	4.9	5.4
52.5	54.9	61.3	5.9	6.4
62.5	64.7	71.1	6.9	7.4

注：根据GB 201—2000要求，高铝水泥标准修订为铝酸盐水泥标准，铝酸盐水泥以铝含量划分为CA-50、CA-60、CA-70、CA-80四个类型，其中CA-50系列取消原强度等级，设立了按照3d强度细分的如A600、A700、A900等品种。

4. 包装与贮存

袋装每袋净重50kg，且不得少于标志质量的98%，随机抽取20袋总质量。不得少于1000kg。其他包装形式由供需双方协商确定，在运输和贮存时，不得受潮和混入杂物，应与其他品种水泥分别贮存，不得混杂。贮存期不得超过三个月，过期或受潮结块，应重新测试合格后方可使用。

5. 特性与应用

高铝水泥凝结硬化速度快。1d强度可达最高强度的80%以上，主要用于工期紧急的工程，如国防、道路和特殊抢修工程等。

高铝水泥水化热大，且放热量集中。1d内放出的水化热为总量的70%~80%，使混凝土内部温度上升较高，即使在-10℃下施工，铝酸盐水泥也能很快凝结硬化，可用于冬期施工的工程。

高铝水泥在普通硬化条件下，由于水泥石中不含铝酸三钙和氢氧化钙，且密实度较大，因此具有很强的抗硫酸盐腐蚀作用（图2-27）。

图 2-27 高铝水泥的耐腐蚀地坪

高铝水泥具有较高的耐热性。如采用耐火粗细骨料（如铬铁矿等）可制成使用温度达 1300～1400℃ 的耐热混凝土。但高铝水泥的长期强度及其他性能有降低的趋势，长期强度约降低 40%～50% 左右，因此铝酸盐水泥不宜用于长期承重的结构及处在高温高湿环境的工程中，它只适用于紧急军事工程（筑路、桥）、抢修工程（堵漏等）、临时性工程，以及配制耐热混凝土等。

另外，高铝水泥与硅酸盐水泥或石灰相混不但产生闪凝，而且由于生成高碱性的水化铝酸钙，使混凝土开裂，甚至破坏。因此施工时除不得与石灰或硅酸盐水泥混合外，也不得与未硬化的硅酸盐水泥接触使用。

注意事项：

① 在施工过程中，一般不得与硅酸盐水泥、石灰等能析出氢氧化钙的胶凝物结合，使用前拌合设备等必须冲洗干净。

② 不得用于接触碱性溶液的工程。

③ 从结合剂硬化开始应立即浇水养护，一般不宜浇筑大体积混凝土。

④ 耐火混凝土后期强度下降较大，应按最低稳定强度设计。CA-50 结合剂混凝土最低稳定强度值以试体脱模后放入 20±1℃ 水中养护，取龄期为 7～14d 强度值之低者来确定。

⑤ 若用蒸汽养护加速混凝土硬化时，养护温度不得高于 50℃。

⑥ 用于钢筋混凝土时，钢筋保护层的厚度不得小于 60mm。

⑦ 未经试验，不得加入任何外加物。

⑧ 不得与未硬化的硅酸盐水泥接触使用；可以与具有脱模强度的硅酸盐水泥混凝土接触使用，但接槎处不应长期处于潮湿状态。

道路与桥梁工程还常采用膨胀水泥、中热硅酸盐水泥和低热矿渣硅酸盐水泥（原名大坝水泥）等。

第三节 稳定土材料

一、概述

稳定土是在粉碎的或原来松散的土（包括各种粗、中、细粒土）中，掺入足量的石灰、水泥、工业废渣、沥青及其他材料后，经拌合、压实及养护后，得到的具有较高后期强度，整体性和水稳定性均较好的一种材料。这类材料的耐磨性差，不适宜作为路面的面层，常用作路面的基层和底基层。由于稳定土材料具有较大的抗变形能力，故称为半刚性基层稳定土材料。它包括石灰稳定土、水泥稳定土（见图 2-28）、沥青稳定土、石灰稳定工业废渣和综合稳定土。

二、稳定土材料的组成

(一) 稳定土的基本材料-土

土的矿物成分对稳定土性质具有重要影响。试验表明，除有机质或硫酸盐含量高的土以外，各类砂砾土、砂土、粉土和黏土均可用无机结合料稳定。一般规定土的液限不大于40%，塑性指数不大于20%。级配良好的土用无机结合料稳定时，既可节约无机结合料用量，又可取得满意的效果。重黏土中黏土颗粒含量多，不易粉碎和拌合，用石灰稳定时，容易使路面造成缩裂。粉质黏土的稳定效果最佳。用水泥稳定重黏土时，不易粉碎黏拌合，会造成水泥用量过高而不经济。级配良好的砾石—砂—黏土稳定效果最佳。

(二) 稳定土的外掺材料

1. 石灰

各种化学组成的石灰（图2-29）均可用于稳定土。在剂量不大的情况下，钙质石灰比镁质石灰稳定土的初期强度高。镁质石灰稳定土在剂量较大时后期强度优于钙质石灰稳定土。石灰的最佳剂量，对黏性土和粉性土，为干土重的8%～16%，对砂性土，为干土重的10%～18%。石灰可使土粒胶结成整体，密实性提高，水稳定性提高，强度提高。

图2-28 水泥稳定土施工

图2-29 石灰材料

2. 水泥

各种类型的水泥都可用于稳定土。硅酸盐水泥（图2-30中的袋装水泥）比铝酸盐水泥稳定效果好。通常在保证土的性质能起根本变化，且能保证稳定土达到所规定的强度和稳定性的前提下，取尽可能低的水泥用量。

水泥的作用是在水泥加入塑性土中后能大大降低土的塑性，增加土的强度和稳定性。

3. 粉煤灰

粉煤灰（图2-31）是火力发电厂排出的废渣，属硅质或硅铝质材料，其本身不具有或有很小的粘结性，但它以细分散状态与水和消石灰或水泥混合，可以发生反应形成具有粘结性的化合物。所以，石灰粉煤灰可用来稳定各种粒料和土，又称二灰土。

粉煤灰加入土中既能起填充作用，与石灰反应的产物也起胶结作用。由此而达到改善稳定土的水稳定性、提高强度与密实度的目的。

图 2-30 袋装水泥

图 2-31 粉煤灰

4. 沥青

土粉碎后，与沥青（液体石油沥青、煤沥青、乳化沥青、沥青膏浆等）拌合压实形成的稳定材料称为沥青稳定类材料。

图 2-32 半固态沥青

沥青（见图 2-32 中的试验用半固态沥青）加入集料或土中，据其与集料或土表面距离远近可分为结构沥青（接近表面）和自由沥青（远离表面）。结构沥青有利于提高沥青稳定土的水稳性和强度，自由沥青在压实时起润滑和填充作用。液体沥青可用于稳定各种土，但在潮湿地区不宜采用，较黏稠的沥青宜用于稳定低黏性的土。

三、稳定土的性质

稳定土应用广泛，在路面工程中主要作为路面基层材料。由于其耐磨性差，一般不用于路面面层。为了满足行车、气候和水文地质的要求，稳定土必须具备一定的强度，抗变形能力和水稳定性。

（一）强度

1. 强度形成原理

某一种稳定土的强度形成可能是下列一种作用或多种综合作用的结果。

（1）离子交换作用

所谓离子交换作用是指稳定剂中高价阳离子在一定的条件下替换土中某些低价金属离子（K^+、Na^+）等的作用。通过离子交换，使土粒凝聚而增强了黏聚力，并使其水稳性提高。能发生离子交换作用的稳定剂有石灰、水泥等。如石灰、水泥稳定土加水拌合后，所形成的 Ca^{2+} 能与土粒表面的 K^+ 和 Na^+ 等离子进行当量吸附交换，如式（2-7）所示：

$$土{\Big\langle}\begin{matrix}Na^+\\K^+\end{matrix} + Ca^{2+} \rightarrow 土 + Ca^{2+} + Na^+ \text{（或 } K^+\text{）} \tag{2-7}$$

（2）碳酸化作用

碳酸化指消解石灰或水泥水化产物 $Ca(OH)_2$ 吸附空气中的 CO_2 气体，生成碳酸钙的过程，其化学反应式如式(2-8)：

$$Ca(OH)_2 + CO_2 + nH_2O \rightarrow CaCO_3 + (n-1)H_2O \qquad (2-8)$$

(3) 结晶作用

当土中 $Ca(OH)_2$ 浓度达到一定值时，$Ca(OH)_2$ 即会由饱和溶液转变成过饱和溶液，形成晶体，其化学反应式如式(2-9)：

$$Ca(OH)_2 + nH_2O \rightarrow Ca(OH)_2 \cdot nH_2O \qquad (2-9)$$

由此土的密实性得以改善，强度提高，水稳性也因晶体 $Ca(OH)_2$ 溶解质比非晶体 $Ca(OH)_2$ 小而改善。

(4) 火山灰反应

火山灰反应指活性 SiO_2 和 Al_2O_3 在 $Ca(OH)_2$ 激发下产生的化学反应，生成类似硅酸盐水泥的水化产物－水化硅酸钙和水化铝酸钙的过程。其化学反应式为式(2-10)、式(2-11)。

$$mCa(OH)_2 + SiO_2 + (n-1)H_2O \rightarrow mCaO \cdot SiO_2 \cdot nH_2O \qquad (2-10)$$

$$mCa(OH)_2 + SiO_2 + Al_2O_3 + (n-1)H_2O \rightarrow mCaO \cdot SiO_2 \cdot Al_2O_3 \cdot nH_2O$$

$$(2-11)$$

火山灰作用的水化产物 $mCaO \cdot SiO_2 \cdot nH_2O$、$mCaO \cdot Al_2O_3 \cdot nH_2O$ 和结晶 $Ca(OH)_2$ 在土的团粒外围形成一层稳定的保护膜，具有很强的粘结力，同时保护膜的隔离作用阻止水分进入，使土的水稳定性提高。

(5) 硬凝反应

此作用主要是水泥水化生成胶结性很强的各种物质，如水化硅酸钙、水化铝酸钙等，这些物质能将松散的颗粒胶结成整体材料。这对于水泥稳定粗粒土和中粒土作用显著。

(6) 吸附作用

某些稳定剂加入土中后能吸附于土颗粒表面，使土颗粒表面具有憎水性或使土颗粒表面粘结性增加，如沥青稳定剂。

2. 影响稳定土强度的因素

(1) 土质

对于石灰稳定土和石灰粉煤灰稳定土，可用砂质粉土、粉质黏土、粉土类和黏土类土。石灰土或二灰土的强度有随土的塑性指数增大而增大的趋势，但塑性指数过大的重黏土不易粉碎，且易产生收缩裂缝。故规范规定：用于石灰稳定土的土，其塑性指数为10%～20%的黏性土较适宜，而不适宜使用稳定塑性指数10%以下的低塑性土。

对于水泥稳定土，可用各种砂砾、粉土和黏土，但含级配良好的粗、中颗粒的土比单纯细粒土的稳定效果要好。有机质和硫酸盐含量高的土，均不宜用于石灰稳定土和水泥稳定土。黏稠沥青不宜用于稳定黏性较大的土，液体沥青不宜稳定砂土。

(2) 稳定剂品种及用量

当采用石灰作稳定剂时，必须测定石灰中有效氧化钙和氧化镁的含量，宜用技术等级

Ⅲ级以上的石灰,以提高石灰稳定土的强度。

用水泥稳定土时,硅酸盐水泥要比铝酸盐水泥效果好一些,且不宜采用快硬或早强水泥。

水泥稳定土的强度随水泥剂量增加而增加;石灰稳定土的强度则不是这种规律,一般存在一最佳石灰剂量值,超过或低于此值,石灰稳定土强度则降低。

在二灰土中,粉煤灰的品质、用量将决定其强度。当粉煤灰中小于0.045颗粒含量、SiO_2及SiO_2+RO(R指Ca^{2+}或Mg^{2+})和$SiO_2+Al_2O_3$含量、碱含量较多时,烧失量又较低时,火山灰作用较强。另外,若二灰土中石灰与粉煤灰比例大致在1∶2~1∶4时,二灰土的强度较高。对于同样含量的粉煤灰,被稳定材料中细料含量增加和塑性指数增大,石灰用量也随之增加。

沥青稳定剂也因沥青种类及用量对稳定效果产生明显影响。

(3) 含水量

一般情况下,在最佳含水量下压实的干密度较大的试件强度也高,因此实际施工中应尽可能达到最佳含水量,并注意控制养护中水分的蒸发,以保证某些稳定剂的水化。

(4) 密实度

密实度越大,材料有效受荷面积越大,强度越高,受水影响的可能性减少。密实度应通过选材和合适的施工工艺综合控制。

(5) 施工时间长短的影响

施工时间长短的影响主要针对水泥稳定土而言,水泥稳定土从开始加水拌合到完全压实的时间要尽可能短,一般不要超过6h,若碾压或湿拌的时间拖长,水泥就会产生部分结硬,影响水泥稳定土的压实度,导致水泥稳定土强度损失。

(6) 养护条件

稳定土的强度发展需要适当的温度、湿度。必须在潮湿的条件下养护,否则其强度将显著下降。同时,养护温度越高,强度增长越快。

(二) 稳定土材料的变形性能

1. 缩裂特性

1) 干缩

随着无机结合料稳定土强度的不断形成,水分逐渐消耗以及蒸发,体积发生收缩,收缩变形受到约束时,逐渐产生裂缝,称为干缩裂缝。试验表明,若以最佳含水量状态下各种无机结合料稳定土的干缩系数的大小排序则为,石灰土>石灰砂砾>二灰土>二灰砂砾>水泥砂砾。稳定土干缩裂缝的产生与结合料的种类与用量、含细粒土的多少及养护条件有关。石灰稳定土比水泥稳定土容易产生干缩裂缝。对于含细粒土较多的无机结合料稳定土,常以干缩为主,故应加强初期养护,保证稳定土表面潮湿,减轻其干缩裂缝。

2) 温缩

无机结合料稳定土具有热胀冷缩性质。随着气温的降低,稳定土会产生冷却收缩变形,收缩变形受到约束时,逐渐形成裂缝,称为温缩裂缝。试验表明,若以最佳含水量状态下各种无机结合料稳定土的温缩系数大小排序为,石灰土>石灰砂砾>二灰土>水泥砂砾>二灰砂砾。其温缩裂缝产生与结合料的种类与用量、土的粗细程度与成分以及养护条件有关。石灰稳定土比水泥稳定土的温缩大,细粒土比粗粒土的温缩大。掺入一定数量的粉煤灰可以降低温缩系数。早期养护良好的无机结合料稳定土易于成型,早期强度高,可以减少裂缝的产生。

2. 裂缝防治措施

1) 改善土质。稳定土用土愈黏,则缩裂愈严重。所以采用黏性较小的土,或在黏性土中掺入砂土、粉煤灰等,以降低土的塑性指数。

2) 控制含水量及压实度。稳定土因含水量过多产生的干缩裂缝显著,压实度小时产生的干缩比压实度大时严重。因此,稳定土压实时含水量比最佳含水量略小为好,并尽可能达到最佳压实效果。

3) 掺加粗粒料。掺入一定数量(掺入量60%~70%)的粗粒料,如砂、碎石、砾石等,使混合料满足最佳组成要求,可以提高其强度和稳定性,减少裂缝产生,同时可以节约结合料和改善碾压时的拥挤现象。

(三) 稳定土材料的疲劳特性

在重复荷载作用下,材料的强度与其静力极限强度相比则有所下降。荷载重复作用的次数越多,这种强度下降亦大,即疲劳强度越小。材料从开始至出现疲劳破坏的荷载作用次数称为材料的疲劳寿命,通过试验表明,石灰粉煤灰稳定材料的抗疲劳性能优于水泥砂砾。

由于在一定的应力条件下,疲劳寿命决定于材料的强度,故在多数情况下凡有利于水泥(石灰)类材料强度的因素对提高疲劳寿命也有利。

(四) 稳定土材料水稳定性和冰冻稳定性

稳定类基层材料除具有适当的强度,能承受设计荷载以外,还应具备一定的水稳定性和冰冻稳定性,否则,稳定类基层由于面层开裂,渗水或者两侧路肩渗水将使稳定土含水量增加,强度降低,从而使路面过早破坏。在冰冻地区,冰将加剧这种破坏。评价水稳定性和冰冻稳定性可用浸水强度试验和冻融循环试验。影响水稳定性及冰冻稳定性的主要因素如下:

1) 土类细土含量多,塑性指数大的土,水稳定性、抗冰冻能力差。

2) 稳定剂种类及剂量:石灰粉煤灰粒料和水泥粒料的水稳性最好,由液体沥青稳定的土(包括砂土)水稳性较差。

当稳定剂剂量不足时,胶结作用弱,透水性大,强度达不到要求,其稳定性也差。

3) 密实度大时,透水能力降低,水稳定性增强。

4) 龄期由于某些稳定剂如水泥、石灰或二灰的强度形成需要一定的时间,因此这类稳定土其水稳定性随龄期的增长而增大。

四、稳定类材料组成设计

稳定类材料组成设计,也称混合料设计,即根据对某种材料规定的技术要求,选择合适的原材料,掺配用料(需要时),确定结合料的种类和数量及混合料的最佳含水量。材料组成设计是路面设计的重要组成部分。

(一) 设计标准

稳定土混合料组成设计目前依据的标准有强度和耐久性。

各种无机结合料稳定土的强度标准(按7d龄期)初步建议值见表2-12。

无机结合料稳定类材料的抗压强度（MPa） 表 2-12

公路等级		二级和二级以下公路	高速公路和一级公路
水泥稳定类材料	基层	2.5~3	3~5
	底基层	1.5~2.0	1.5~2.5
石灰稳定类材料	基层	≥0.8①	—
	底基层	0.5~0.7②	≥0.8
二灰稳定类材料	基层	0.6~0.8	0.8~1.1
	底基层	≥0.5	≥0.6

①在低塑性土（塑性指数小于7）地区，石灰稳定砂砾土和碎石土的7d浸水抗压强度应大于0.5MPa（100g平衡锥测液限）。

②低限用于塑性指数小于7的黏性土，高限用于塑性指数大于7的黏性土。

关于耐久性标准，鉴于现行冻融试验方法所建立的条件与稳定层在路面结构中所能遇到的环境条件相比，更为恶劣，因此我国《公路路面基层施工技术规范》JTJ 034—2000 规定：对石灰粉煤灰集料（或土）混合料进行组成设计时，仅采用一个设计标准，即无侧限抗压强度。

（二）材料组成设计步骤

1. 原材料试验

原材料试验主要包括基础材料（各种土）和稳定剂性质试验。对于粗粒土和中粒土应做筛分或压碎值试验，以检验材料的颗粒组成和颗粒强度。对于稳定剂，主要测定石灰的钙、镁含量和水泥的胶砂强度及凝结时间。

2. 拟定混合料配合比

初步拟定混合料配合比，按如下要求进行：

（1）选定不同的石灰（或水泥）剂量，制备同一种土样的混合料试件若干个，规范建议的剂量如表2-13、表2-14所示。

初拟配合比时规范建议的水泥剂量（%） 表 2-13

层位	土类	水泥稳定土				
基层	中、粗粒土	3	4	5	6	7
	塑性指数小于12的细粒土	5	7	8	9	11
	其他细粒土	8	10	12	14	16
底基层	中、粗粒土	3	4	5	6	7
	塑性指数小于12的土	4	5	6	7	9
	其他细粒土	6	8	9	10	12

初拟配合比时规范建议的石灰剂量（%） 表 2-14

层位	土类	石灰稳定土				
基层	砂砾土和碎石土	3	4	5	6	7
	塑性指数小于12的黏性土	10	12	13	14	16
	塑性指数大于12的黏性土	5	7	9	11	13
底基层	塑性指数小于12的黏性土	8	10	11	12	14
	塑性指数大于12的黏性土	5	7	8	9	11

对于石灰粉煤灰稳定土，采用石灰粉煤灰土做基层或底基层时，石灰与粉煤灰的比例常用1∶2～1∶4（对于粉土，以1∶2为合适），石灰粉煤灰与细粒土的比例可以是30∶70～10∶90；采用石灰粉煤灰集料作基层时，石灰与粉煤灰的比例常用1∶2～1∶4，石灰粉煤灰与级配集料（中粒土和粗粒土）的比应是20∶80～15∶85。

（2）通过击实试验确定混合料的最佳含水量和最大干密度。至少要做三组不同石灰（或水泥）剂量混合料的击实试验（即最小、中间和最大剂量）。

按工地预定达到的压实度，分别计算不同石灰（或水泥）剂量时试件应有的干密度。

按最佳含水量计算的干密度制备试件进行强度试验时，作为平行试验的试件数应符合表2-15中的规定。如试验结果的偏差系数大于表中规定的值时，应重做试验，并找出原因，加以解决。如不能降低偏差系数，则应增加试验数量。

最少的试验数量 表 2-15

稳定土类型	下列偏差系数时的试验数量		
	小于10%	10%～15%	15%～20%
细粒土	6	9	
中粒土	6	9	13
粗粒土		9	13

3. 试件的强度试验

试件在规定温度下保温养护6d，浸水1d后，进行无侧限抗压强度试验，计算试验结果的平均值和偏差系数。

4. 选定石灰或水泥剂量

根据试验结果表2-16和表2-12的强度标准，再根据表2-13和表2-14选定合适的水泥或石灰剂量。此剂量试件的室内试验结果的平均抗压强度只应符合式（2-12）的要求：

$$\overline{R} \geqslant \frac{R_d}{1-Z_a C_v} \tag{2-12}$$

式中 R_d——设计抗压强度（MPa）；

C_v——试验结果的偏差系数（以小数计）；

Z_a——保证率系数，高速公路和一级公路应取保证率95%。此时$Z_a=1.645$；一般公路应取保证率90%，即$Z_a=1.282$。

工地实际采用的石灰（或水泥）剂量应比室内确定的剂量多0.5%～1.0%，二灰土比室内确定的剂量多2%～3%。

黏土的物理性质试验结果表 表 2-16

颗粒组成（%）			液限（%）	塑限（%）	塑性指数	相对密度
2～0.05mm	0.05～0.002mm	<0.002mm				
19.09	70.30	10.61	31.0	71.2	13.8	2.68

（三）稳定土设计示例

下面仅以石灰稳定土混合料配合比设计为例进行介绍。

【设计资料】某地区二级公路路面底基层设计为石灰稳定土，请按现行部颁技术规范的要求设计石灰稳定土混合料配合比。

(1) 该路面底基层设计为30cm石灰稳定土，要求7d无侧限饱水抗压强度为0.8MPa。

(2) 该路沿线土质为黏质粉土，石灰材料采用Ⅲ级以上钙质消石灰，有效钙加氧化镁含量测得结果为74.8%，未消化残渣含量测得结果为9.6%。

(3) 该路石灰土混合料生产采用集中厂拌法，分二层铺筑，要求施工压实度为95.0%。

【设计步骤】

1. 原材料检验及选定

1) 石灰材料：该路段沿线盛产钙质石灰，经试验检测，各项技术指标均满足现行有关技术指标要求，(CaO+MgO)含量平均值为74.8%，未消化残渣含量平均值为9.6%。

2) 土料：该路土场的土质为黏质粉土，该土的试验检测结果列在表2-16中。土料的各项技术指标符合现行技术规范要求。

2. 确定石灰剂量的掺配范围

参照当地的经验，石灰土的石灰剂量按8%、10%、12%、14%和16%五种比例配制。

3. 确定最佳含水量和最大干密度

用重型击实试验法确定各种不同石灰剂量的石灰土混合料最佳含水量和最大干密度的结果列在表2-17中。

石灰土的击实试验结果　　　　　　　表2-17

石灰剂量(%)	最佳含水量(%)	最大干密度(g/cm³)	石灰剂量(%)	最佳含水量(%)	最大干密度(g/cm³)
0	11.7	1.95	12	15.6	1.81
8	14.1	1.84	14	16.1	1.80
10	14.7	1.82	16	16.3	1.79

4. 测试7d无侧限饱水抗压强度

(1) 计算每个试件的石灰土用量

采用ϕ50mm×50mm的试件，每个试件的体积为98cm³。施工中对石灰土底基层的压实度要求为95%。每个试件需要用不同石灰土混合料的干质量用式（2-13）计算：

$$Q_d = V \times \gamma_{d \cdot m} \times K_c \tag{2-13}$$

式中 　Q_d——试件的干质量（g）；

　　　V——试件的体积（cm³）；

　　　$\gamma_{d \cdot m}$——混合料的最大干密度（g/cm³）；

　　　K_c——现场要求的压实度，以小数计。

将上述各有关数值代入式（2-20）计算得每个试件需用不同石灰土混合料的干质量列在表2-18中。

每个试件需用混合料的质量　　　　　　　　　　表 2-18

石灰剂量（%）	8	10	12	14	16
干混合料质量（g）	171.3	169.4	168.5	167.6	166.6
湿混合料质量（g）	195.5	194.3	194.8	194.6	193.8

由于每个试件都是在混合料的最佳含水量下制成的，因此，每个试件所用湿混合料的质量应按式（2-14）计算：

$$Q_w = Q_d \times (1 + \omega_0) \tag{2-14}$$

式中　Q_w——试件的湿质量（g）；

　　　Q_d——试件的干质量（g）；

　　　ω_0——混合料的最佳含水量（%）。

根据表 2-17 中每种石灰土混合料的最佳含水量和表 2-18 中每种混合料的干重，用式（2-21）计算得每个试件需用湿混合料的质量也列在表 2-18 中。

（2）准备混合料

首先需要测定风干土和消石灰粉的原始含水量。现假定测得风干土的含水量（ω_s）为 3%，消石灰粉的含水量（ω_L）为 2%。

根据表 2-24，每种混合料至少需做 6 个相同的试件。为简单起见，称 5 份各重 1236g 的素土（每份干土质量 1200g），分别放在 5 个长方盘内，并在盘边贴一标签，各自写明 8%、10%、12%、14% 和 16%。

根据不同的石灰剂量，用式（2-15）和式（2-16）计算每盘土中应加的干石灰和含水石灰的质量。

$$Q_{L \cdot d} = Q_{s \cdot d} \times C_L \tag{2-15}$$

$$Q_{L \cdot w} = Q_{L \cdot d} \times (1 + \omega_L) \tag{2-16}$$

式中　$Q_{L \cdot d}$——干石灰的质量（g）；

　　　$Q_{L \cdot w}$——含水石灰的质量（g）；

　　　$Q_{s \cdot d}$——干土的质量（g）；

　　　C_L——石灰剂量，以小数计；

　　　ω_L——石灰的含水量，以小数计。

将上述有关数值代入式（2-23），计算得不同石灰剂量时应加的含水石灰的质量列在表 2-19 中。

每盘土中应加的石灰质量　　　　　　　　　　表 2-19

石灰剂量（%）	8	10	12	14	16
干石灰质量（g）	96.0	120.0	144.0	168.0	192.0
含水石灰质量（g）	97.9	122.4	146.9	171.4	195.8

按表 2-19，称五份含水石灰并分别放在贴有相应标签的已存有土的方盘内。

用式（2-17）计算每种石灰土混合料中应加的水量。

$$Q_w = (Q_{s \cdot d} + Q_{L \cdot d}) \times \omega_0 - Q_{s \cdot d} \times \omega_s - Q_{L \cdot d} \times \omega_L \tag{2-17}$$

式中符号均同前。

计算8%石灰土混合料中应加的水量如下：
$$Q_w = (1200+96) \times 0.08 - 1200 \times 0.03 - 96 \times 0.02 = 65.8g$$
各种石灰土混合料中应加的水量列在表2-20中。

石灰土混合料中应加的水量　　　　表2-20

石灰剂量（%）	8	10	12	14	16
应加水量（g）	65.8	93.6	122.4	152.2	182.9

按表2-20中的值，用量筒逐次量取应加的水量，应将量得的水分别倒在贴有相应标签的已存有土和石灰的盘内（宜事先将盘内土和石灰初步拌匀并摊平，然后将水均匀倒在混合料上）。将混合料拌合均匀后，放在密封容器内浸润备用。

(3) 制作试件和保温保湿养护

制作试件和保温保湿养护试件等操作均按《公路工程无机结合料稳定材料试验规程》JTG E51—2009 进行。

(4) 测试7d龄期的无侧限饱水抗压强度

经过6d养护、1d浸水后，测得试件的7d龄期无侧限抗压强度（见图2-33中7d龄期的无侧限饱水抗压强度试验设备）列在表2-21中。

表2-22中的抗压强度均为平均值。就8%石灰土的抗压强度而言，其标准差为0.08MPa，偏差系数为7%，满足表2-15规定的最少试验数量要求。

图2-33　7d龄期的无侧限饱水抗压强度

不同石灰土7d龄期的饱水无侧限抗压强度表　　　　表2-21

石灰剂量（%）	8	10	12	14	16
抗压强度（MPa）	0.82	0.90	1.09	1.16	1.23
偏差系数（%）	7.0	8.0	6.3	7.8	6.4

(5) 最佳石灰剂量确定

Z_a 取 1.282，保证率为90%。按式 (2-12) 计算的结果列入表2-22中。

抗压强度判断计算结果表　　　　表2-22

石灰剂量（%）	8	10	12	14	16
抗压强度均值（MPa）	0.82	0.90	1.09	1.16	1.23
$\dfrac{R_d}{1-Z_a \cdot C_v}$ （MPa）	0.88	0.89	0.87	0.89	0.87
判断结果	否	是	是	是	是

按式 (2-12) 计算，石灰土的平均抗压强度 R 应为：
$$R \geqslant 0.8/(1-1.282 \times 0.007)$$
即
$$R \geqslant 0.88 \text{MPa}$$

现 $R = 0.82$MPa。因此，8%石灰不够用来稳定这种粉质黏土。

由表2-22计算结果看来，采用大于10%的石灰剂量去稳定这种粉质黏土，就能满足现行技术规范要求的强度指标。以技术经济观点分析，最终石灰剂量应取 10% 比较合理。

思 考 与 计 算 题

1. 试述气硬性胶凝材料和水硬性胶凝材料的定义及相应的常用材料。
2. 生石灰主要化学成分是什么？工地上使用的生石灰为何要进行熟化处理？
3. 根据石灰的技术性质说明石灰的主要用途以及使用时的注意事项。
4. 通用水泥主要有哪些品种？各用什么代号表示？
5. 何谓水泥的凝结时间？国家标准为何要规定水泥的凝结时间？
6. 硅酸盐水泥产生体积安定性不良的原因是什么？如何检验水泥的体积安定性？
7. 硅酸盐水泥标准规定的品质指标中，哪些指标不合格时为不合格品？哪些指标不合格为废品？
8. 测定水泥强度等级时，为何不测定水泥净浆强度，而测定水泥胶砂强度？
9. 通用水泥中同样强度等级为何分有早强型（R 型）和普通型？在道路路面工程中为何要优先选用早强型水泥？
10. 与硅酸盐水泥相比道路水泥在矿物组成和技术性能上有何不同？
11. 高铝水泥有何性质特点？适用于何种工程？
12. 一组普通硅酸盐水泥试件，经试验抗折和抗压荷载值见表 2-23，此水泥能否达到 52.5 等级？

水泥试件的抗折和抗压荷载　　　　　表 2-23

抗折荷载（kN）		抗压荷载（kN）	
3d	28d	3d	28d
1.54	3.11	50.2	110.4
		58.1	129.8
1.93	3.20	60.3	137.2
		63.2	140.3
1.86	3.31	57.6	135.6
		62.2	137.0

（参考答案：抗折强度 $f_3=4.43$MPa，$f_{28}=7.5$MPa；抗压强度，$f_3=24.1$MPa，$f_{28}=52.7$MPa；达到 52.5 等级。）

13. 试述石灰的煅烧、消化和硬化的化学反应过程，并说明其强度形成原理。
14. 何谓有效氧化钙？简述测定石灰有效氧化钙和氧化镁的意义和方法要点。
15. 硅酸盐水泥熟料是由哪些矿物成分组成的？它们在水泥中的含量对水泥的强度、反应速度和释热量有何影响？
16. 试述硅酸盐水泥的水化和硬化机理。
17. 什么是水泥的初凝和终凝？凝结时间对道路与桥梁施工有何影响？
18. 如何按技术性质来判定水泥为合格品、不合格品和废品？
19. 什么叫混合材料及掺混合材料的硅酸盐水泥？试比较五种常用硅酸盐水泥的性质及适用范围。
20. 道路水泥在矿物组成上有什么特点？在技术性质方面有什么特殊要求？
21. 何谓复合硅酸盐水泥？它的矿物组成和技术性质有什么特点？
22. 试述铝酸盐水泥的技术性质及主要工程特性。
23. 什么叫稳定土？它具有什么特点？
24. 对组成稳定土的材料有什么要求？
25. 试述稳定土强度形成的原理。

第三章 水泥混凝土和砂浆

【本章学习要点】 本节重点介绍了普通水泥混凝土的组成材料、主要技术性质、影响性能的因素及混凝土配合比设计的步骤；对钢纤维混凝土和高性能混凝土作了简单介绍。重点阐述了砌筑砂浆的组成、性质要求及配合比设计方法；对聚合物水泥砂浆作了简单介绍。

第一节 水泥混凝土

水泥混凝土是由水泥胶凝材料、粗集料、细集料、水，按一定的比例配合、拌制为混合料，再经硬化而成的人造石材。水泥混凝土已成为当今世界上应用最广泛的建筑材料。

一、水泥混凝土的分类

水泥混凝土品种很多，常用的有以下几种分类方法：

(1) 按胶凝材料分：水泥混凝土、沥青混凝土、聚合物混凝土等。

(2) 按表观密度分：重混凝土（$\rho_0 > 2500 kg/m^3$）、普通混凝土（$\rho_0 = 1950 \sim 2500 kg/m^3$）、轻混凝土（$\rho_0 < 1950 kg/m^3$）及特轻混凝土（$\rho_0 = 600 \sim 1950 kg/m^3$）等。

(3) 按用途分：结构混凝土、防水混凝土、耐热混凝土、装饰混凝土等。

(4) 按施工方法分：泵送混凝土、压力灌浆混凝土、喷射混凝土、预拌混凝土（商品混凝土）等。

(5) 按抗压强度分：普通水泥混凝土（简称普通混凝土或混凝土）（$f < 60 MPa$）、高强混凝土（$f \geq 60 MPa$）、超高强混凝土（$f \geq 100 MPa$）等。

二、水泥混凝土的特点

混凝土之所以在工程中得到广泛的应用，是因为它具有以下优点：

(1) 混凝土中占80%以上的粗细料资源丰富，价格低廉，符合就地取材和经济的原则。

(2) 在凝结前具有良好的可塑性，便于浇筑成各种形状和尺寸的构件或构筑物。

(3) 调整原材料品种及配量，可获得不同性能的混凝土以满足工程上的不同要求。

(4) 硬化后具有较高的力学强度和良好的耐久性，与钢筋有较高的握裹强度，能取长补短，使其扩展了应用范围。

(5) 可充分利用工业废料作为骨料或外掺料，有利于改善施工和易性、降低水化热、保护环境。

混凝土也存在一定的缺点，主要是：自重大、脆性大、易开裂；抗拉强度低，仅为其抗压强度的1/20～1/10；施工周期较长，质量波动较大等。但随着现代科学的发展，掺入纤维或聚合物，可提高抗拉强度，大大降低混凝土的脆性；掺入减水剂、早强剂等外加剂，可显著缩短硬化周期，改善力学性能。

第二节 普通混凝土

水泥混凝土是随着硅酸盐水泥的出现而问世的，至今已有180多年的历史。进入20世纪以来，它已经成为各种工程建设中的一种主要的建筑材料。无论是工业与民用建筑、给水排水工程、水利水电工程、交通工程以及地下工程、国防建设等都广泛地应用混凝土。以下主要从水泥混凝土的组成、技术性能、配合比设计等方面介绍水泥混凝土的应用。通常普通水泥混凝土俗称为普通混凝土。

一、普通混凝土的组成材料

水泥混凝土的基本组成材料是水泥、水、细骨料（天然砂等）和粗骨料（石子等），另外还常掺入适量的掺合料和外加剂。砂、石在混凝土中起骨架作用，故也称为骨料（或称集料）。水泥和水形成水泥浆，包裹在砂粒表面并填充砂粒间的空隙而形成水泥砂浆，水泥砂浆又包裹石子并填充石子间的空隙而形成混凝土。在混凝土硬化前，水泥浆起润滑作用，赋予混凝土拌合物一定的流动性，便于施工。水泥浆硬化后，起胶结作用，把砂石骨料胶结在一起，成为坚硬的人造石材，并形成力学强度。

水泥混凝土是一个宏观匀质、微观非匀质的堆聚结构，混凝土的质量和技术性能很大程度上是由原材料的性质及其相对含量所决定，同时也与施工工艺（配料、搅拌、捣实成型、养护等）有关。因此，首先必须了解混凝土原材料的性质、作用及质量要求，合理选择原材料，以保证混凝土的质量。

（一）水泥

水泥在混凝土中起胶结作用，是混凝土中最重要的材料，正确、合理地选择水泥的品种和强度等级，是影响混凝土强度、耐久性及经济性的重要因素。

1. 水泥品种的选择

配制混凝土用的水泥品种，应当根据工程性质与特点、工程所处环境及施工条件，依据各种水泥的特性，合理选择。可参照常用水泥选用表3-1。

常用水泥选用表　　　　　　　　　　　　　　　　表 3-1

		混凝土工程特点及所处环境条件	优先使用	可以使用	不宜使用
普通混凝土	1	在一般气候环境中的混凝土	普通水泥	矿渣水泥 火山灰水泥 粉煤灰水泥 复合水泥	
	2	在干燥环境中的混凝土	普通水泥	矿渣水泥	火山灰水泥 粉煤灰水泥
	3	在高湿度环境中或长期处于水中的混凝土	矿渣水泥 火山灰水泥 粉煤灰水泥 复合水泥	普通水泥	
	4	厚大体积的混凝土	矿渣水泥 火山灰水泥 粉煤灰水泥 复合水泥		硅酸盐水泥

续表

混凝土工程特点及所处环境条件		优先使用	可以使用	不宜使用
有特殊要求的混凝土	1	要求快硬高强（>C60）的混凝土	硅酸盐水泥	普通水泥	矿渣水泥 火山灰水泥 粉煤灰水泥 复合水泥
	2	严寒地区的露天混凝土、寒冷地区处于水位升降范围内的混凝土	普通水泥	矿渣水泥 （强度等级>32.5）	火山灰水泥 粉煤灰水泥
	3	严寒地区处于水位升降的混凝土	普通水泥 （强度等级>42.5）		矿渣水泥 火山灰水泥 粉煤灰水泥 复合水泥
	4	有抗渗要求的混凝土	普通水泥 火山灰水泥		矿渣水泥
	5	有耐磨性要求的混凝土	硅酸盐水泥 普通水泥	矿渣水泥 （强度等级>32.5）	火山灰水泥 粉煤灰水泥
	6	受侵蚀性介质作用的混凝土	矿渣水泥 火山灰水泥 粉煤灰水泥 复合水泥		硅酸盐水泥

2. 水泥强度的选择

水泥强度应与混凝土的设计强度等级相适应。通常水泥强度等级标准值（MPa）为混凝土强度等级的1.5~2倍为宜。水泥强度过高或过低，会因水泥用量过多或过少而影响混凝土和易性、耐久性及经济效果。

特重、重交通路面宜选用道路硅酸盐水泥，也可用硅酸盐水泥或普通硅酸盐水泥；中、轻交通的路面可采用矿渣硅酸盐水泥；低温施工或有快通要求的路段可采用R型水泥，此外宜采用普通型水泥。并且水泥各龄期抗折强度、抗压强度应符合表3-2中的要求。

各交通等级路面水泥各龄期的抗折强度、抗压强度　　　　表3-2

交通等级	特重交通		重交通		中、轻交通	
龄期（d）	3	28	3	28	3	28
抗压强度（MPa），≥	25.5	57.5	22.0	52.5	16.0	42.5
抗折强度（MPa），≥	4.5	7.5	4.0	7.0	3.5	6.5

（二）细骨料

粒径在0.15~4.75mm之间的骨料为细骨料（砂）。混凝土的细骨料可采用天然砂、人工砂或混合砂。天然砂按其产源不同可分为河砂、湖砂、海砂和山砂，建筑工程多采用河砂作细骨料。机制砂指岩石经除土开采、机械破碎、筛分制形成的公称颗粒小于4.75mm的岩石颗粒。混合砂是由天然砂和机制砂按一定比例混合而成的砂。为保证混凝土的质量，细骨料试验采用《公路工程集料试验规程》JTG E42—2005 进行测试。

图 3-1　天然河砂　　　　　　　　　图 3-2　人工砂

1. 洁净程度（有害物质含量）

1）天然砂中的含泥量、石粉含量和泥块含量

含泥量是指天然砂中粒径小于 0.075mm 的颗粒含量；石粉含量是指机制砂中粒径小于 0.075mm 的颗粒含量；泥块含量是指原颗粒粒径大于 1.18mm，经水洗、手捏后可破碎成小于 0.6mm 的颗粒含量。含泥量过多会影响混凝土的产品质量及施工中出现起泡、开裂、局部强度不均匀。

评价细集料中细粉含量（包括含泥量和石粉）通常采用砂当量或亚甲蓝（MB）试验方法进行测定。

①砂当量试验适宜于较粗的细集料，在试验时它采用的是小于 4.75mm 以下部分。

②亚甲蓝试验更适合于较细的细集料试验，甚至小于 0.15mm 的粉料试验。亚甲蓝试验的目的是确定细集料、细粉、矿粉中是否存在膨胀性黏土矿物，并确定其含量，以评价集料的洁净程度的整体指标。亚甲蓝值是指每重千克 0~2.36 粒级试样所消耗的亚甲蓝质量，也称 MB 值。MB 为机制砂石粉含量，表示用染料的单分子层盖住试样黏土部分的总表面积所需要的染料量。如采用亚甲蓝试验测膨胀性黏土矿物的石粉含量，由于其具有极大的比表面积，很容易吸附亚甲染料。

机制砂和混合砂中有害物质含量应符合表 3-3 的规定。详见现行《建筑用砂》GB/T 14684—2011、《公路工程　水泥混凝土用机制砂》JT/T 819—2011、《公路桥涵施工技术规范》JTG F 50—2011 标准要求。

2）砂中云母、轻物质、氯离子、硫化物、硫酸盐和有机杂质等的含量用化学检验法确定（图 3-3），应符合表 3-3 的规定。

云母为表面光滑的层、片状物质，与水泥粘结性差。表观密度小于 2000kg/m³ 细小颗粒

图 3-3　化学检验法

称为轻物质，可影响混凝土的强度和耐久性；轻物质是指相对密度小于2.0的颗粒（如煤和褐煤）；有机物（动植物的腐殖质）可延缓水泥硬化过程；氯离子、硫化物及硫酸盐，对水泥有腐蚀作用。对于有抗冻性、抗渗性或其他特殊性能要求的混凝土用砂，其云母含量不应大于1.0%。

3）技术要求

建筑混凝土用细集料（天然砂、机制砂）按技术要求分为三类：Ⅰ类、Ⅱ类、Ⅲ类。Ⅰ类宜用于强度等级大于或等于C60的混凝土；Ⅱ类宜用于强度等级大于或等于C30～C60及有抗冻、抗渗要求的混凝土；Ⅲ类宜用于强度等级小于C30的混凝土。混凝土细集料的技术要求见表3-3。机制砂的压碎值应符合表3-3中要求。

细集料技术指标　　　　　　　　　　表3-3

项　目			技术要求		
			Ⅰ类	Ⅱ类	Ⅲ类
有害物质含量	云母（按质量计,%)		≤1.0	≤2.0	≤2.0
	轻物质（按质量计,%)		≤1.0	≤1.0	≤1.0
	有机物含量（比色法）		合格	合格	合格
	硫化物及硫酸盐（按SO_3质量计,%)		≤0.5	≤0.5	≤0.5
	氯化物（以氯离子质量计,%)		<0.01	<0.02	<0.06
天然砂含泥量（按质量计,%)			≤2.0	≤3.0	≤5.0
泥块含量（按质量计,%)			≤0.5	≤1.0	≤2.0
机制砂的石粉含量（按质量计,%)	亚甲蓝试验（桥涵结构物）	MB值<1.4或合格	≤5.0	≤7.0	≤10.0
		MB值≥1.4或不合格	≤1.0	≤3.0	≤5.0
	亚甲蓝试验（路面）	MB值<1.4或合格	≤3.0	≤5.0	≤7.0
		MB值≥1.4或不合格	≤1.0	≤3.0	≤5.0
坚固性	天然砂（硫酸钠溶液法经5次循环后的质量损失,%)		≤8	≤8	≤10
	机制砂单级最大压碎指标（%）		≤20	≤25	≤30
表观密度（kg/m³）			≥2500		
松散堆积密度（kg/m³）			≥1350		
空隙率（%）			≤47		
碱骨料反应			轻碱骨料反应试验后，由砂配制的试件无裂缝、酥裂、胶体外溢等现象，在规定试验龄期的膨胀率应小于0.10%		

注：1. Ⅰ类宜用于强度等级大于C60混凝土；Ⅱ类宜用于强度等级为C30～C60及有抗冻、抗渗或其他要求的混凝土；Ⅲ类宜用于强度等级小于C30的混凝土和砌筑砂浆。

2. 天然砂包括河砂、湖砂、山砂、淡化海砂，人工砂包括机制砂和混合砂。

3. 石粉含量系指粒径小于0.075mm的颗粒含量。

4. 砂中不应混有草根、树叶、树枝、塑料、煤块、炉渣等杂物。

5. 当对砂坚固性有怀疑时，应做坚固性试验。

6. 当碱集料反应不符合表中要求时，应采取抑制碱集料反应的技术措施。

2. 砂的压碎值和坚固性

混凝土所用细集料也应具备压碎值和坚固性。砂的坚固性是指砂在自然风化和其他外界物理化学因素作用下抵抗破裂的能力。根据《公路工程集料试验规程》JTG E42—2005 规定，采用浸泡饱和硫酸钠溶液20h后，从溶液中提出网篮，烘烤4h进行5次干湿循环试验后，砂样经5次饱和烘干循坏后其质量损失应符合表3-4的规定，并符合表3-3的技术要求。

砂的坚固性指标　　　　　　　　　　　　　　　　　　　　　　　　　　表3-4

混凝土所处环境条件及其性能要求	5次循环后的质量损失（%）
在严寒及寒冷地区室外使用并经常处于潮湿或干湿交替状态下的混凝土 对于有抗疲劳、耐磨、抗冲击要求的混凝土 有腐蚀介质作用或经常处于水位变化区的地下结构混凝土	≤8
其他条件下使用的混凝土	≤10

3. 砂的粗细程度和颗粒级配

砂的粗细程度和颗粒级配应使所配制混凝土达到保证设计强度和节约水泥的目的。详见第一章细集料部分。现行标准《建筑用砂》GB/T 14684—2011 将细集料分为3个级配区，砂的级配应符合表3-5规定，及对应级配图的范围要求，同时满足粗、中、细的细度模数范围要求。机制砂级配及要求详见《公路工程 水泥混凝土用机制砂》JT/T 819—2011。

细集料的分区及级配范围　　　　　　　　　　　　　　　　　　　　　　表3-5

砂的分类	天然砂			机制砂		
级配区	Ⅰ区	Ⅱ区	Ⅲ区	Ⅰ区	Ⅱ区	Ⅲ区
方孔筛筛孔边长（mm）	累计筛余（%）			累计筛余（%）		
9.50mm	0	0	0	0	0	0
4.75mm	10～0	10～0	10～0	10～0	10～0	10～0
2.36mm	35～5	25～0	15～0	20～5	50～5	50～5
1.18mm	65～35	50～10	25～0	50～15	70～35	70～35
600μm（0.6mm）	85～71	70～41	40～16	70～40	85～71	85～71
300μm（0.3mm）	95～80	92～70	85～55	90～80	95～80	95～80
150μm（0.15mm）	100～90	100～90	100～90	100～90	100～90	100～90

配制混凝土时宜优先选用Ⅱ区中砂，Ⅱ区砂是由中砂和一部分偏粗的细砂组成，并以Ⅱ区砂率为参考标准。当采用Ⅰ区砂时，应提高砂率，并保持足够的水泥用量，满足混凝土的施工和易性。否则新拌混凝土的内摩擦阻力较大、保水性差，不易捣实成型。当采用Ⅲ区砂时，它是由细砂和一部分偏细的中砂组成，颗粒表面积较大，宜适当降低砂率，以保证混凝土强度。

4. 机制砂规格（级配）和原材料要求

1）细度模数机制砂的粗细程度按细度模数分为粗砂、中砂两种规格，其细度模数分别为：粗砂为3.1～3.9；中砂为2.3～3.0。

2）原材料机制砂宜采用开采的新鲜母岩制作，母岩岩石抗压强度宜满足：Ⅰ类不宜小于80MPa；Ⅱ类不宜小于60MPa；Ⅲ类不宜小于30MPa。

3）机制砂母岩的碱集料反应活性应满足：

①Ⅰ类机制砂母岩不具有碱活性反应性；

②Ⅱ类、Ⅲ类机制砂母岩若含有碱—硅酸反应活性矿物且具有碱活性反应性，应根据使用要求进行碱活性集料反应试验；

③不宜使用具有碱—碳酸盐反应活性的岩石制作机制砂。

4) 路面和桥面混凝土使用的机制砂，应检验母岩集料的磨光值，其值不宜小于35，不宜使用抗磨性差的泥岩、页岩、板岩等水成岩类母岩生产机制砂。

5) 机制砂含水率不应大于2.0%。

(三) 粗骨料

普通混凝土粗骨料（集料）为公称粒径大于4.75mm的岩石颗粒。常用的有碎石和卵石（砾石）两类。碎石是由天然岩石或大卵石经破碎、筛分而得的颗粒。卵石是由天然岩石经自然风化、水流搬运和分选、堆积形成的岩石颗粒，按其产源可分为河卵石、海卵石、山卵石等几种。建筑用卵石和碎石按技术要求分为三类：Ⅰ类，宜用于强度等级大于C60的混凝土；Ⅱ类宜用于强度等级为C30～C60及有抗冻、抗渗或其他要求的混凝土；Ⅲ类宜用于强度等级小于C30的混凝土和砌筑砂浆。混凝土粗骨料的质量要求主要有以下几个方面。

1. 有害杂质

粗骨料中常含有一些有害杂质，如黏土、淤泥、细屑、硫酸盐、硫化物和有机杂质。它们的危害作用与在细骨料中相同，其含量应符合表3-5的规定。根据现行规范《公路桥涵施工技术规范》JTG F50—2011规定，并参见《建设用卵石、碎石》GB/T 14685—2011，粗集料应使用质地坚硬、级配合理、粒形良好、线膨胀系数小、吸水率小、洁净的碎石或卵石，不宜采用砂岩加工成的碎石，应符合表3-6中的规定。

粗集料技术指标　　　　　　表3-6

技术指标		Ⅰ类	Ⅱ类	Ⅲ类
碎石压碎指标（%）		<10	<20	<30
卵石压碎指标（%）		<12	<14	<16
坚固性（硫酸钠溶液法经5次循环后质量损失值,%）		<5	<8	<12
吸水率（%）		<1.0	<2.0	<2.5
针片状颗粒含量（按质量计,%）		<5	<15	<25
有害物质含量	含泥量（按质量计%）	<0.5	<1.0	<1.5
	泥块含量（按质量计%）	0	<0.5	<0.7
	有机物含量（比色法）	合格	合格	合格
	硫化物及硫酸盐（按SO_3质量计%）	<0.5	<1.0	<1.0
空隙率（%）		<47		
岩石抗压强度（水饱和状态，MPa）		火成岩>80；变质岩>60；水成岩>30		
表观密度（kg/m³）		>2500		
松散堆积密度（kg/m³）		>1350		
碱骨料反应		经碱骨料反应后，由卵石、碎石、碎卵石配制的试件无裂缝、酥裂、胶体外溢等现象，在规定试验龄期的膨胀度应小于0.10%		

对于有抗冻性、抗渗性或其他特殊性能要求的混凝土，其所用碎石或卵石中含泥量不应大于1.0%。当碎石或卵石的含泥是非黏土质的石粉时，其含泥量可由表中的0.5%、1.0%、1.5%，分别提高到1.0%、1.5%、3.0%。对于有抗冻性、抗渗性或其他特殊性能要求的强度等级小于C30的混凝土，其碎石或卵石中泥块含量不应大于0.5%。空隙率是以粗集料连续级配松散堆积密度状态下测定的。

2. 颗粒形状及表面特征

碎石表面粗糙、多棱角，与水泥浆的粘结较好，而卵石表面光滑、圆浑，与水泥浆结合力差，在水泥用量和水用量相同情况下，碎石拌制的混凝土流动性较差，但强度较高，尤其是抗折强度，对高强度混凝土影响显著。

石子中的针状（粒径长度大于该颗粒所属粒级平均粒径的2.4倍）和片状（厚度小于平均粒径的0.4倍）颗粒会降低混凝土强度，其含量也必须符合表3-6中的规定，检测方法详见第二篇第八章第五节。

3. 粗骨料的强度和坚固性

粗骨料（也称骨料）的强度，可用岩石的立方体强度和压碎指标两种方法表示。粗骨料在混凝土中起骨架作用，因此必须具有足够的强度和坚固性。

1）强度

岩石立方体强度是从母岩中切取试样，制成边长为50mm的立方体（或直径与高均为50mm的圆柱体）试件，在饱水状态下测得的极限抗压强度（图3-4为试验用压力机）。根据《普通混凝土用砂、石质量及检验方法标准》JGJ 52—2006的规定：岩石的抗压强度值应比所配制的混凝土强度至少要高20%。当混凝土强度等级≥C60时，应进行岩石立方体抗压强度的检验。

2）压碎指标

岩石强度首先应由生产单位提供，工程中可采用压碎指标进行质量控制。详见第一章粗集料压碎值。压碎值越小，表示其抵抗碎裂能力越强，因而间接地反映其强度。碎石或卵石的压碎值应符合表3-7和表3-8的规定。

图3-4 压力机

碎石的压碎值指标		表3-7
岩石品种	混凝土强度等级	碎石压碎值指标（%）
沉积岩	C60～C40	≤10
	≤C35	≤16
变质岩或深层的岩浆岩	C60～C40	≤12
	≤C35	≤20
喷出的岩浆岩	C60～C40	≤13
	≤C35	≤30

注：沉积岩包括石灰岩、砂岩等；变质岩包括片麻岩、石英岩等；深层的岩浆岩包括花岗岩、正长岩、闪长岩和橄榄岩等；喷出的岩浆岩包括玄武岩、辉绿岩等。

卵石的压碎值指标   表3-8

混凝土强度等级	C60～C40	≤C35
卵石压碎指标（%）	≤12	≤16

粗集料的坚固性指在气候、外力及其他物理力学因素（如冻融循环）作用下，骨料抵抗碎裂的能力。粗集料的坚固性是用硫酸钠溶液法检验，试样经五次饱和烘干循环后，其质量损失应符合表3-9中的规定。

碎石或卵石的坚固性   表3-9

混凝土所处环境条件及其性能要求	5次循环后的质量损失（%）
在严寒及寒冷地区室外使用并经常处于潮湿或干湿交替状态下的混凝土 对于有抗疲劳、耐磨、抗冲击要求的混凝土 有腐蚀介质作用或经常处于水位变化区的地下结构混凝土	≤8
其他条件下使用的混凝土	≤12

3）最大粒径和颗粒级配

粗集料中公称粒级的上限称为该粒级的最大粒径。选择粗集料时，在条件许可的情况下，应选用较大值，使骨料总表面积和空隙率减小，可以降低水泥用量，减少混凝土的收缩。但粒径过大，混凝土浇灌不便，并易产生离析现象，影响强度。因此最大粒径的选择，应根据建筑物及构筑物的种类、尺寸，钢筋间距离及施工方式等因素决定。

根据《混凝土结构工程施工质量验收规范》GB 50204—2010中的规定：

①最大粒径不得大于构件最小截面尺寸的1/4，同时不得大于钢筋净距的3/4。

②对于混凝土实心板，最大粒径不宜超过板厚的1/3，且不得大于40mm。

③对于泵送混凝土，当泵送高度在50m以下时，最大粒径与输送管内径之比，碎石不宜大于1∶3；卵石不宜大于1∶2.5。当泵送高度在50～100m时，对碎石不宜大于1∶4，卵石不宜大于1∶3；当泵送高度在100m以上时，对碎石不宜大于1∶5，卵石不宜大于1∶4。对房屋建筑工程，石子最大粒径一般采用20mm、31.5mm和40mm。

④对大体积混凝土（如混凝土坝或围堤）或疏筋混凝土，往往受到搅拌设备和运输、成型设备条件的限制。有时为了节省水泥，降低收缩，可在大体积混凝土中抛入大块石（或称毛石），常称为抛石混凝土。

为保证混凝土具有良好的和易性和密实性，粗集料选用时，也要做好颗粒级配。粗集料的级配也通过筛分法来确定，不同粒径所需最少试样量应符合表3-10要求。

颗粒级配试验所需试样数量   表3-10

最大粒径（mm）	9.5	16.0	19.0	26.5	31.5	37.5	63.0	75.0
最少试样质量（kg）	1.9	3.2	3.8	5.0	6.3	7.5	12.6	16.0

根据《普通混凝土用砂、石质量及检验方法标准》JGJ 52—2006的规定，石子方孔筛筛孔边长有2.36、4.75、9.5、16.0、19.0、26.5、31.5、37.5、53.0、63.0、75.0及90.0mm等12种。碎石或卵石的颗粒级配，应符合表3-11的规定。

碎石或卵石颗粒级配范围 表 3-11

公称粒径		累计筛余（%）										
		方孔筛筛孔边长尺寸（mm）										
		2.36	4.75	9.5	16	19	26.5	31.5	37.5	53	63	75	90
连续粒级	5～10	95～100	80～100	0～15	0	—	—	—	—	—	—	—	—
	5～16	95～100	85～100	30～60	0～10	0	—	—	—	—	—	—	—
	5～20	95～100	90～100	40～80	—	0～10	0	—	—	—	—	—	—
	5～25	95～100	90～100	—	30～70	—	0～5	0	—	—	—	—	—
	5～31.5	95～100	90～100	70～90	—	15～45	—	0～5	0	—	—	—	—
	5～40	—	95～100	70～90	—	—	30～65	—	0～5	0	—	—	—
单粒级	10～20	—	95～100	85～100	—	0～15	—	—	—	—	—	—	—
	16～31.5	—	95～100	—	85～100	—	—	0～10	—	—	—	—	—
	20～40	—	—	95～100	—	80～100	—	—	0～10	0	—	—	—
	31.5～63	—	—	—	95～100	—	75～100	45～75	—	0～10	0	—	—
	40～80	—	—	—	—	95～100	—	70～100	—	30～60	0～10	0	—

粗集料的级配有连续级配和间断级配两种。连续级配是颗粒尺寸由大到小连续分级，每级骨料都占适当比例。此法在混凝土工程中采用较广，其优点是混凝土拌合料和易性好，不易发生分层和离析，缺点是密实性比间断级配差。间断级配是大小颗粒之间有较大的"空档"粒级不连续，即用小得多的颗粒填充较大颗粒间的空隙，使空隙填得较满，密实性好、节约水泥。但由于粒径差大，混凝土拌合料易产生离析现象。

普通混凝土应采用连续级配（即连续粒级），单粒级的粗集料宜用于组成连续粒级，并应满足相应标准要求，也可与连续粒级混合使用，以改善其级配或配成较大粒级的连续粒级。

（四）混凝土拌合用水及养护水

混凝土用水，按水源可分为饮用水、地表水、地下水、海水以及经适当处理或处置后的工业废水。符合国家标准的生活用水，可拌制各种混凝土。地表水和地下水常溶有较多的有机质和矿物盐类，首次使用前，应按《混凝土用水标准》JGJ 63—2006 的规定进行检验，合格后方可使用。海水中含有较多的硫酸盐和氯盐，影响混凝土的耐久性和加速混凝土中钢筋的锈蚀，因此，不得用海水拌制钢筋混凝土和预应力钢筋混凝土，不宜采用海水拌制有饰面要求的素混凝土。钢筋混凝土不得用海水养护。应尽量延长新浇混凝土与海水等氯盐接触前的养护龄期，一般不应短于 4 周。生活污水的水质比较复杂，不能用于拌制混凝土。混凝土用水各种物质含量指标见表 3-12。

混凝土用水各种物质含量指标 表 3-12

项 目	预应力混凝土	钢筋混凝土	素混凝土
pH 值	≥5	>4.5	>4.5
不溶物（mg/L）	≤2000	≤2000	≤5000
可溶物（mg/L）	≤2000	≤5000	≤10000
氯化物（以 Cl^- 计）（mg/L）	≤500	≤1200	≤3500
硫酸盐（以 SO_4^{2-} 计）（mg/L）	≤600	≤2700	≤2700
碱含量（mg/L）	≤1500	≤1500	≤1500

(五) 矿物掺合料

掺合料在混凝土中的作用是改善混凝土拌合物的施工和易性、降低混凝土水化热、调整凝结时间。混凝土用掺合料有粉煤灰、粒化高炉矿粉、钢渣粉、磷渣粉、硅灰及复合掺合料等。掺入适量粉煤灰和粒化高炉矿粉矿物掺合料，对预防混凝土碱骨料反应具有重要的意义。如：硅灰能提高新拌混凝土黏聚性，防止泌水，大幅度提高混凝土早期和后期强度，显著降低渗透性和提高耐久性；掺加粉煤灰等矿物掺合料替代部分水泥，可提高混凝土抗氯盐侵蚀能力，但应满足《用于水泥混凝土中的粉煤灰》GB/T 1596—2005 要求，见表3-13。粉煤灰应为Ⅰ级或Ⅱ级F类粉煤灰。

拌制混凝土和砂浆用粉煤灰技术要求　　　　表3-13

项　目		技术要求		
		Ⅰ级	Ⅱ级	Ⅲ级
细度（45方孔筛筛余），不大于（%）	F类粉煤灰	12.0	25.0	45.0
	C类粉煤灰			
需水量比，不大于（%）	F类粉煤灰	95	105	115
	C类粉煤灰			
烧失量，不大于（%）	F类粉煤灰	5.0	8.0	15.0
	C类粉煤灰			
含水量，不大于（%）	F类粉煤灰	1.0		
	C类粉煤灰			
三氧化硫，不大于（%）	F类粉煤灰	3.0		
	C类粉煤灰			
游离氧化钙，不大于（%）	F类粉煤灰	1.0		
	C类粉煤灰	4.0		
安定性 雷氏夹沸煮法后增加距离，不大于（mm）	C类粉煤灰	5.0		

矿物掺合料在混凝土中的掺量应通过试验确定。采用硅酸盐水泥或普通水泥时，钢筋混凝土矿物掺合料宜符合表3-14的规定。预应力混凝土中矿物掺合料最大掺量应符合表3-15的规定。对基础大体积混凝土，粉煤灰、粒化高炉矿粉和复合掺合料的最大掺量可增加5%。采用掺量大于30%的C类粉煤灰混凝土，应以实际使用的水泥和粉煤灰掺量进行安定性检验。

钢筋混凝土中矿物掺合料最大掺量　　　　表3-14

矿物掺合料种类	水胶比	最大掺量（%）	
		硅酸盐水泥	普通硅酸盐水泥
粉煤灰	≤0.40	≤45	≤35
	>0.40	≤40	≤30
粒化高炉矿粉	≤0.40	≤65	≤55
	>0.40	≤55	≤45
钢渣粉	—	≤30	≤20
磷渣粉	—	≤30	≤20
硅　粉	—	≤10	≤10
复合掺合料	≤0.40	≤65	≤55
	>0.40	≤55	≤45

注：采用硅酸盐水泥和普通硅酸盐水泥之外的通用水泥时，宜将水泥混合材料掺量20%以上的混合材料计入矿物掺合料量；在混合使用两种及两种以上矿物掺合料时，矿物掺合总量应符合表中复合掺合料的规定；复合掺合料中各组分的掺量不宜超过某一组分单掺时的最大量。

预应力钢筋混凝土中矿物掺合料最大掺量　　　　表 3-15

矿物掺合料种类	水胶比	最大掺量（%）	
		硅酸盐水泥	普通硅酸盐水泥
粉煤灰	≤0.40	35	30
	>0.40	25	20
粒化高炉矿粉	≤0.40	55	45
	>0.40	45	35
钢渣粉	—	20	10
磷渣粉	—	20	10
硅 粉	—	10	10
复合掺合料	≤0.40	55	45
	>0.40	45	35

注：采用硅酸盐水泥和普通硅酸盐水泥之外的通用水泥时，宜将水泥混合材料掺量 20% 以上的混合材料计入矿物掺合料量；在混合使用两种及两种以上矿物掺合料时，矿物掺合总量应符合表中复合掺合料的规定；复合掺合料中各组分的掺量不宜超过某一组分单掺时的最大量。

二、普通混凝土的基本技术性质

建筑工程对普通混凝土的质量要求主要是：混凝土在凝结硬化前，为便于施工，获得良好的浇灌质量，混凝土的拌合物必须具有施工需要的和易性；混凝土在凝结硬化后，为保证建筑物安全可靠，必须达到设计要求的强度；混凝土还应有抵抗环境中多种自然侵蚀因素长期作用而不致破坏的能力，即必要的耐久性。

（一）新拌混凝土拌合物的和易性

1. 和易性的概念

和易性是指混凝土拌合物易于施工操作（拌合、运输、浇灌、捣实）并能获得质量均匀、成型密实的混凝土的性能。和易性是一项综合的技术性质，和易性一般包括流动性、黏聚性和保水性三方面的含义。流动性是指拌合物在自重或外力作用下具有的流动能力；黏聚性是指拌合物的组成材料不致产生分层和离析现象所表现出的黏聚力；保水性是指拌合物保全拌合水不泌出的能力。

2. 和易性的指标

我国混凝土和易性的指标有：坍落度测值和维勃稠度测值。塑性混凝土一般采用坍落度法测定（适用于坍落度≥10mm），干硬性混凝土采用维勃稠度法测定和易性（适用于坍落度<10mm）。

1）坍落度试验法

坍落度方法是测定拌合物的流动性，并辅以直观经验评定黏聚性和保水性。将拌合物按规定的方法装入坍落度测定筒内，捣实抹平后把筒提起，量出试料坍落的尺寸（mm）就叫做坍落度。坍落度越大表示拌合物流动性越大，见图 3-5。做

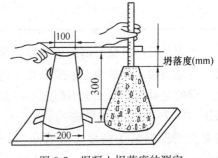

图 3-5 混凝土坍落度的测定

坍落度试验的同时，应观察混凝土拌合物黏聚性、保水性及含砂情况，以便更全面地评定混凝土拌合物的和易性。

按坍落度的不同可将混凝土拌合物分为四级：干硬性混凝土（坍落度为0～10mm）、塑性混凝土（坍落度为10～90mm）、流态混凝土（坍落度为100～150mm）、大流动性混凝土（坍落度≥160mm）。坍落度试验适合于最大粒径不大于40mm，坍落度值不小于10mm的混凝土拌合物。

2）维勃稠度试验法

维勃稠度法是在坍落度筒提起后，施加一个振动外力，测试混凝土在振动外力作用下水泥浆完全布满透明圆盘底面所经历的时间（单位：s）代表新拌混凝土的维勃稠度值（图3-6）。维勃稠度法测定混凝土和易性，适用于粗骨料最大粒径≤40mm；维勃稠度在5～30s之间的混凝土拌合物。根据维勃稠度值大小，将混凝土分为四类：超干硬性混凝土（维勃稠度≥31s）、特干硬性混凝土（维勃稠度30～21s）、干硬性混凝土（维勃稠度20～11s）、半干硬性混凝土（维勃稠度10～5s）。时间越短，流动性越好，时间越长，流动性越差。

3. 坍落度的选择

混凝土拌合物的坍落度要根据截面尺寸、施工条件（搅拌、运输、振捣能力和方式）、结构物的类型（截面尺寸、配筋疏密）等，选用最适宜的数值。按《混凝土结构工程施工及验收规范》GB 50524—2010的规定，混凝土灌注时的坍落度宜据表3-16和表3-17选用。

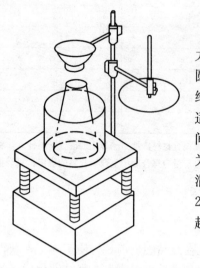

图3-6 维勃稠度仪

混凝土灌注时坍落度选用表 表3-16

项目	结构种类	坍落度（mm）
1	基础或地面等的垫层、无筋的厚大结构或配筋稀疏的结构构件	10～30
2	板、梁和大型及中型截面的柱子等	30～50
3	配筋密列的结构（薄壁、筒仓、细柱等）	50～70
4	配筋特密的结构	70～90

上表是采用机械振捣的坍落度，采用人工振捣时可适当增大；需配大坍落度混凝土时，应适当掺入外加剂；泵送混凝土的坍落度宜为80～180mm。但是坍落度不能一概而论，即使是梁板混凝土也因配筋不同而有所差异，一般情况下是30～50mm，配筋密列的采用50～70mm，配筋特密的采用70～90mm；水下混凝土一般为180～220mm，而商品混凝土则根据泵送高度、泵管布置、振捣温度等来选择合适的坍落度，取值在80～180mm之间。

路桥工程用混凝土坍落度选用表　　　　　　　　　　　表 3-17

项　目	结构种类	坍落度（mm）
1	桥涵基础、墩台、挡土墙及大型制块等便于浇筑捣实的结构	0～20
2	上列桥涵墩台等工程中较不便施工处	10～30
3	普通配筋的钢筋混凝土结构，如钢筋混凝土板、梁、柱等	30～50
4	配筋较密、断面较小的钢筋混凝土结构（梁、柱、墙等）	50～70
5	钢筋配制特密、断面高而窄小及不便灌注捣实的特殊结构部位	70～90

注：1. 水下混凝土、泵送混凝土的坍落度，另见本规范有关章节的规定；
　　2. 用人工捣实时，坍落度宜增加 20～30m。

4. 影响和易性的主要因素

1）水灰比（又称水胶比）指用水量与水泥（胶凝材料）用量的比值，增加用水量，水泥用量不变的情况下，水泥浆越稀，混凝土的流动性加大，但水灰比过大，会造成混凝土拌合物产生流浆、离析现象，严重影响混凝土的强度，水灰比过小，混凝土流动性过低，会使施工困难，不能保证混凝土密实性。因此水灰比不能过大或过小，应根据混凝土的强度和耐久性要求合理选用。1m³ 混凝土拌合物的用水量，应根据坍落度要求按表 3-32 选用。

2）水泥浆用量是在水灰比不变的情况下，水泥浆越多，拌合物流动性越大。但水泥浆过多会出现流浆，拌合物的黏聚性能变差，对强度和耐久性也有影响，而且水泥用量多。水泥浆过少，不能很好包裹骨料表面，黏聚性能差会引起崩坍现象。因此拌合物中水泥浆含量应以满足规定的流动性要求为宜，不得过量。

3）砂率是指混凝土中砂质量占砂、石总质量的百分率。$\left(砂率=\dfrac{砂质量}{砂质量+石质量}\times 100\%\right)$ 密实的混凝土应该是砂子填满石子空隙，水泥浆包裹住砂石并填满砂子的空隙，以达到最大密实度。若砂子过少，则石子空隙的一部分，将用水泥浆填充，这样将增加水泥用量，是不经济的；砂率过小时，不能保证粗骨料间足够的砂浆层，也会降低混凝土流动性，而且会造成离析、流浆等现象，造成操作困难。但砂子过多，增大砂的表面积，就需要水泥浆包裹，同样也要增大水泥用量。一般来说，砂率越大，泵送流动性能越好。但混凝土强度越差，所以一定要采用最合理的砂率。合理砂率为在水泥浆用量一定时，能获得新拌混合料最大流动性，又不离析、不泌水时的砂率值。新拌混合料坍落度与砂率的关系如图 3-7 所示，最高极值点为合理砂率。

在施工中多用中、粗砂而不用细砂，就是因为细砂粒径小而表面积大及含土量大的缘故。而且砂率过大粗骨料减少，还会引起混凝土强度降低。实践证明，含砂率一般在 30%～38%。

4）组成材料品种及性质不同的水泥品种，由于组成、细度、粒形等不同，在相同配合比情况下，其和易性不同，如矿渣水泥和火山灰水泥需水量较大，取用同样水量时，其拌合物的流动性比硅

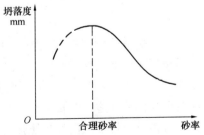

图 3-7 坍落度与砂率的关系
（水与水泥用量一定）

酸盐水泥和普通水泥小,而且矿渣水泥易泌水。

采用级配良好、较粗大的骨料,因其骨料的空隙率和总表面积小,包裹骨料表面和填充空隙的水泥浆量少,在相同配合比时拌合物的流动性好些,但砂、石过粗大也会使拌合物的黏聚性、保水性下降。河砂及卵石多呈圆形,表面光滑无棱角,拌制的混凝土拌合物比山砂、碎石拌制的拌合物的流动性好。

此外,混凝土搅拌时间的长短,环境温湿度的大小,外加剂的应用等也会改变混凝土的和易性。

5. 改善混凝土拌合物的和易性的主要措施

(1) 改善砂、石(特别是碎石、砾石)的级配;

(2) 尽量采用较粗大的砂、石颗粒;

(3) 尽可能降低砂率,通过试验,选用合理砂率值;

(4) 混凝土拌合物坍落度太小时,保持水灰比不变,适当增加水泥浆用量;当坍落度太大而黏聚性良好时,可保持砂率不变,适当增加砂、石用量;

(5) 合理选用外加剂。

例如,水泥混凝土加入减水剂后,在水泥净浆用量不变的情况下,流动性明显增大,可采用水泥净浆流动度的方法进行检测。

(二)硬化后混凝土的强度特性

强度是混凝土最重要的力学性质,在工程中混凝土主要用于承受压力荷载或抵抗各种作用力。混凝土强度与混凝土的其他性能关系密切,一般来说,混凝土的强度愈高,其刚性、不透水性、抵抗风化和某些侵蚀介质的能力也愈高,通常用混凝土抗压强度来评定和控制混凝土的质量。

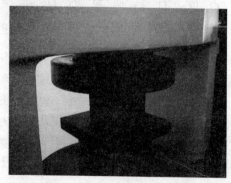

图 3-8 混凝土抗压强度测试

1. 强度

1) 混凝土抗压强度

混凝土抗压强度包括如下三种类型:

(1) 混凝土立方体抗压强度(f_{cu})

我国现行《普通混凝土力学性能试验方法标准》GB T 50081—2002 规定,混凝土强度等级应按立方体抗压强度标准值确定。立方体抗压强度标准值系指按标准方法制作、养护的边长为 150mm 的立方体试件(图 3-8),在 28d 设计龄期经以标准试验方法测得的具有 95% 保证率的抗压强度值。

混凝土标准养护试件是在温度为 20±5℃ 的环境中静置一昼夜至二昼夜,编号、拆模。拆模后的标准条件为温度 20±2℃、相对湿度 95% 以上的标准养护室中,标准养护龄期 28d(从搅拌加水开始计时)后测其抗压强度。而对于加入外掺料多的水泥混凝土养护龄期根据具体情况适当延长。

立方体抗压强度(简称抗压强度)以 f_{cu} 表示,混凝土立方体抗压强度试验结果按式(3-1)计算。养护也可在温度 20±2℃ 的不流动性 Ca(OH)$_2$ 饱和溶液中养护。采用标准养护条件,可使养护的水渗透到试件内部,对水灰比较小,水泥用量比较大的高强混凝土试件非常重要。

$$f_{cu} = \frac{F}{A} \tag{3-1}$$

式中 f_{cu}——混凝土立方体试件抗压强度（MPa）；

F——试件破坏荷载（N）；

A——试件承压面积（mm^2）。

此方法只体现混凝土一次测试结果。混凝土强度代表值的确定，应符合下列规定：

①取 3 个试件强度的算数平均值作为每组试件的强度代表值。

②当一组试件中强度的最大值或最小值与中间值之差超过中间值的 15％时，取中间值作为该组试件的强度代表值。

③当一组试件中强度的最大值和最小值与中间值之差，均超过中间值的 15％时，该组试件的强度不应作为评定的依据。

混凝土立方体抗压强度，也可按骨料最大粒径选用非标准尺寸试件，但计算抗压强度值时，应乘以换算系数（表 3-18），以求得相当于标准试件的试验结果。由于试件形状、尺寸不同时，会影响抗压强度值。根据试验可知，测定试件尺寸较大，测得的抗压强度值偏低。

混凝土立方体试件的选择及换算系数　　　　　　　　　　表 3-18

骨料最大粒径（mm）	试件尺寸（mm）	换算系数
≤31.5	100×100×100	0.95
≤40	150×150×150	1.00
≤63	200×200×200	1.05

《普通混凝土力学性能试验方法标准》GB/T 50081—2002 中规定，普通混凝土（＜C60）和高强混凝土（≥C60）在工程中应采用的立方体试件尺寸见表 3-19，高强混凝土应采用标准试件。

混凝土强度等级和立方体试件的关系　　　　　　　　　　表 3-19

混凝土强度等级	立方体试件尺寸（mm）	换算系数
＜C60	100×100×100	0.95
	150×150×150	1.00
	200×200×200	1.05
≥C60	150×150×150	1.00

（2）混凝土立方体抗压标准强度（$f_{cu,k}$）

是指按标准方法制作和养护的边长为 150mm 的立方体试件，在 28d 后用标准试验方法测得的抗压强度总体分布中具有不低于 95％保证率的抗压强度值。即强度低于该值的百分率不超过 5％。

为了正确进行设计和控制工程质量，根据混凝土立方体抗压强度标准值，将混凝土划分为 14 个强度等级，详见《混凝土结构设计规范》GB 50010—2010，混凝土强度等级采用符号 C 与立方体抗压强度标准值（以 N/mm^2 即 MPa 计）表示，即 C15、C20、C25、C30、C35、C40、C45、C50、C55、C65、C65、C70、C75 及 C80 等 14 个等级。如 C50，即表示混凝土立方体抗压强度标准值为 50MPa≤ $f_{cu,k}$ ＜55MPa。

(3) 混凝土的轴心抗压强度（f_c）

是指采用 150mm×150mm×300mm 棱柱体作为标准试件所测得的抗压强度，也是用于结构的混凝土抗压强度设计值。《混凝土结构设计规范》GB 50010—2010 规定：以高宽比 2~3 的棱柱体进行轴心抗压强度试验，测得的具有 95% 强度保证率的抗压强度为混凝土的轴心抗压强度标准值，用符号 f_{ck} 表示，而混凝土的轴心抗压设计值 f_c 是由 f_{ck} 除以混凝土材料分项系数 1.4 得到，见式（3-2）：

即
$$f_c = \frac{f_{ck}}{1.4} \tag{3-2}$$

$$\therefore f_{ck} = 0.88 \cdot \alpha_1 \cdot \alpha_2 \cdot f_{cu,k} \tag{3-3}$$

式中 α_1——轴心抗压强度与立方体抗压强度之比，C50 以下时取 $\alpha_1=0.76$；C80 时取 $\alpha_1=0.82$，在此之间按线性内插值；

α_2——混凝土脆性折减系数，C40 时取 $\alpha_2=1.0$；C80 时 $\alpha_2=0.87$，其间按线性内插值；

$f_{cu,k}$——混凝土立方体抗压强度标准值。

对于同一种配合比的混凝土，三种强度由大到小依次为：立方体抗压强度＞立方体抗压标准强度＞轴心抗压强度。相对而言轴心抗压强度小，而立方体抗压强度更加符合工程实际。混凝土的强度等级与混凝土轴心抗压强度的标准值和轴心抗压强度设计值的关系见表 3-20 和表 3-21。

混凝土轴心抗压强度标准值（N/mm²）　　表 3-20

强度	混凝土强度等级													
	C15	C20	C25	C30	C35	C40	C45	C50	C55	C60	C65	C70	C75	C80
f_{ck}	10.0	13.4	16.7	20.1	23.4	26.8	29.6	32.4	35.5	38.5	41.5	44.5	47.4	50.2

混凝土轴心抗压强度设计值（N/mm²）　　表 3-21

强度	混凝土强度等级													
	C15	C20	C25	C30	C35	C40	C45	C50	C55	C60	C65	C70	C75	C80
f_t	0.91	1.10	1.27	1.43	1.57	1.71	1.80	1.89	1.96	2.04	2.09	2.14	2.18	2.22

【例 3-1】 一组边长 100mm 的混凝土立方体试件，标准养护 28d 后，测得三个试件抗压荷载分别为 235kN、204kN 和 182kN，计算混凝土的抗压强度代表值，试说明该组混凝土属何种强度等级。

【解】 计算每个试件抗压强度值：$f_1 = \frac{F_1}{A} \times 0.95 = \frac{235 \times 1000}{100 \times 100} \times 0.95 = 22.33\text{MPa}$

同理：$f_2 = 19.38\text{MPa}$　　$f_3 = 17.29\text{MPa}$

最大值、最小值分别与中间值进行比较：

$$\left|\frac{22.33-19.38}{19.38}\right| \times 100\% = 15.2\% > 15\%$$

$$\left|\frac{19.38-17.29}{19.38}\right| \times 100\% = 10.8\% < 15\%$$

按规定：以中间值为混凝土强度代表值，即 $f_{cu}=19.38\text{MPa}>16.7\text{MPa}$，初估混凝

土为 C25 等级。

建筑结构中，混凝土强度等级的选择：

素混凝土结构的混凝土强度等级不应低于 C15；钢筋混凝土结构的混凝土强度等级不应低于 C20；当在钢筋混凝土中，采用钢筋强度等级为 400MPa 及以上时，混凝土强度等级不应低于 C25。预应力混凝土结构的混凝土强度等级不宜低于 C40，且不应低于 C30。承受重复荷载的钢筋混凝土构件，混凝土强度等级不应低于 C30。

2) 混凝土的抗弯拉强度（抗折强度）

道路路面或机场道面用水泥混凝土，以抗弯拉强度（或称抗折强度）为主要强度指标，抗压强度作为参考强度指标。道路水泥混凝土的抗折强度是以标准操作方法制成 150mm×150mm×550mm 的梁形试件，在标准条件下养护 28d 后，净跨径 450mm，双点荷载作用下的弯拉破坏（图 3-9）。如确有必要，允许采用 100mm×100mm×400mm 试件，集料粒径应不大于 30mm。

混凝土抗折强度试件应取同龄期者为一组，每组为同条件制作和养护的试件 3 根。三个试件中若有一个折断面位于两个集中荷载之外，则混凝土抗折强度值按另两个试件的试验结果计算。若这两个测值的差值不大于这两个测值的较小值的 15% 时，则该组试件的抗折强度值按这两个测值的平均值计算，否则该组试件的试验无效。若有两个试件的下边缘断裂位置位于两个集中荷载作用线之外，则该组试件试验无效。

当试件尺寸为 100mm×100mm×400mm 非标准试件时，应乘以尺寸换算系数 0.85。

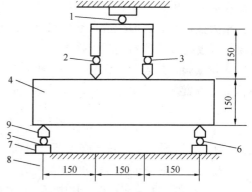

图 3-9 混凝土弯拉强度试验装置
（尺寸单位：mm）

1、2——一个钢球；3、5——两个钢球；4——试件；
6——固定支座；7——活动支座；8——机台；9——活动船形垫块

根据我国《公路水泥混凝土路面设计规范》JTJ D40—2011 规定，不同交通量分级的水泥混凝土计算抗折强度如表 3-22。道路水泥混凝土抗折强度与抗压强度的换算关系如表 3-23。

不同交通量分级的水泥混凝土计算抗折强度　　　　表 3-22

交通量分级	极重、特重、重	中等	轻
混凝土计算抗折强度 f_{cf}（MPa）	≥5.0	4.5	4.0

道路水泥混凝土抗折强度与抗压强度的换算关系　　　　表 3-23

抗折强度 f_{cf}（MPa）	4.0	4.5	5.0	5.5
抗压强度 f_{cu}（MPa）	25.0	30.0	35.0	40.0

2. 影响混凝土强度的主要因素

混凝土受力破坏产生裂纹一般出现在骨料和水泥石的分界面上，也就是常见的粘结面的破坏形式。另外，当水泥石强度较低时，水泥石本身破坏也是常见的破坏形式。在普通混凝土中，骨料最先破坏的可能性小，因为骨料强度经常大大超过水泥石和粘结面的强度。所以混凝土的强度主要决定于水泥石强度及其与骨料表面的粘结强度。而水泥石强度及其与骨料的粘结强度又与水泥强度等级、水灰比及骨料的性质有密切关系。此外，混凝土的强度还受施工质量，养护条件及龄期的影响。

1) 组成材料的影响

在配合比相同的条件下，采用的水泥强度越高，配制成的混凝土强度也越高。当采用同一种品种和强度等级的水泥时，混凝土的强度则取决于水灰比。为获得必要的混凝土流动性，拌合水量（占水泥重量的 40%~70%）比水泥水化时所需的结合水量（占水泥重量的 23%）多，混凝土硬化后，多余的水就在混凝土中形成了气孔，可以认为，在水泥强度等级相同情况下，水灰比越小，水泥石的强度及与骨料结合力就越高，混凝土强度则越高。但水灰比过小，无法保证混凝土成型质量时，混凝土强度也将下降。

在混凝土中，水泥石与粗骨料的粘结力与骨料的表面状态有关，碎石表面粗糙，与水泥粘结力强，卵石表面光滑，粘结力小。因此在水泥强度等级和水灰比相同条件下，碎石混凝土强度往往比卵石混凝土强度高。

大量试验结果表明，在材料条件相同的情况下，混凝土强度与水灰比、水泥强度及骨料特征等因素之间的关系，可用直线型经验公式 (3-4) 表示：

$$f = \alpha_a f_b \left(\frac{B}{W} - \alpha_b\right) \tag{3-4}$$

式中 f——混凝土 28d 抗压强度值（MPa）；

f_b——水泥 28d 抗压强度的实测值，如无法取得水泥强度实测值时，可用下式计算：$f_c = \gamma \cdot f_b$，其中 f_b 为水泥强度等级，γ 为水泥强度等级的富余系数，应按各地区世纪统计资料来确定。无统计资料时，可取 1~1.13；

B/W——灰（胶）水比（胶凝材料与水重量比）；

α_a、α_b——回归系数。应根据所用水泥、粗细骨料通过实验建立的灰水比与混凝土强度关系式来确定。若无上述试验统计资料，可按表 3-24 选用。

回归系数 α_a、α_b 取值　　　　　　表 3-24

系数	粗骨料品种	碎石	卵石
α_a		0.53	0.49
α_b		0.20	0.13

用此强度公式，可根据所用水泥强度等级和水灰比估计配制的混凝土强度值，也可根据水泥强度等级和要求的混凝土强度，计算水灰比值。

2) 外界因素的影响

①养护条件　混凝土的养护包括混凝土的湿度和温度控制。新拌混凝土应及早开始养护，避免水分蒸发，湿养不得间断。混凝土养护的目的，一是创造各种条件使水泥充分水化，加速混凝土硬化；二是防止混凝土成型因暴晒、风吹、寒冷等条件而出现的不正常收缩、裂缝等破损现象。混凝土的养护分为：标准养护和自然养护两种方法。混凝土浇筑

后，在自然条件下养护（称自然养护）时，周围环境的温度和湿度，对混凝土强度也有直接影响。而测定混凝土强度等级的试块，必须对其进行标准养护。

温度升高，水泥水化速度快，混凝土强度发展也加快。反之，混凝土强度发展相应迟缓。当温度降至冰点，混凝土中大部分水分结成冰，混凝土强度不但停止发展，而且还会由于水分结冰引起的膨胀作用使混凝土结构破坏，强度降低。湿度适当，水泥水化能顺利进行，混凝土强度得到充分发展。湿度不够，不但由于水泥不能正常水化而降低强度，还会因水化未完成造成的结构疏松而影响耐久性。

因此，为使混凝土更好地硬化，施工规范中规定，在混凝土浇筑完毕后的12h以内对混凝土加以覆盖和浇水，其浇水养护时间，对硅酸盐水泥、普通水泥或矿渣水泥拌制的混凝土不得少于7d，对掺用缓凝型外加剂或有抗渗性要求的混凝土不得少于14d。浇水次数应能保持混凝土处于润湿状态。

为加速混凝土强度的发展，提高混凝土的早期强度，还可以采用湿热处理的方法，即蒸汽养护和蒸压养护的方法来实现。高强混凝土采用蒸汽养护，因水分无法渗入内部，并不能提高其强度。

②养护龄期　龄期是指混凝土在正常养护条件下，所经历的时间。其强度将随着养护龄期的增加而增长。混凝土在标准养护条件下不同龄期强度增长的情况是，早期增长较快，后期增长较缓慢；空气中养护时，后期强度有所下降。由表3-25可见，混凝土在标准养护条件下7d强度一般要达到70%以上（为混凝土拆模和提前吊桩、计量提供依据），28d强度要达到100%。

标准养护下混凝土强度增长情况　　　　　　　表3-25

混凝土龄期	7天	28天	3个月	6个月	1年	2年	4～5年
混凝土强度	0.60～0.75	1	1.25	1.50	1.75	2.00	2.25

在标准养护条件下，混凝土强度与其龄期的对数大致成正比，如图3-10所示。工程中常常利用这一关系，根据混凝土早期强度，估算其后期强度，以方便安排各工序，用式（3-5）进行试算。

$$f_{cu,n} = \frac{\lg n}{\lg a} f_{cu,a} = \frac{\lg 28}{\lg a} f_{cu,a} \tag{3-5}$$

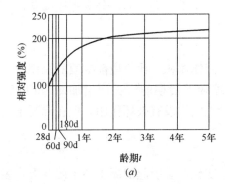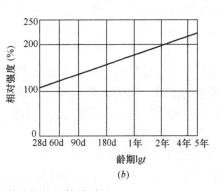

图 3-10　混凝土强度与其龄期的对数关系图
(a) 龄期为常坐标；(b) 龄期为对数坐标

式中　$f_{cu,n}$——n 天（一般为 28d）龄期的混凝土抗压强度（MPa）；

　　　$f_{cu,a}$——a 天龄期的混凝土抗压强度（MPa），规定 a 天龄期应小于 28d，但大于等于 3d。

③施工操作、试验条件　混凝土中物料拌合的振捣必须做到均匀密实。用插入式振捣变换插点时，应快插后向上慢慢拔出，不得沿拌合物表面平拖。机械搅拌比人工拌合更均匀，特别是对低流动性混凝土效果更显著。当混凝土用水量较少，水灰比较小时，振动器捣实比人工捣实效果好。故采用较低的水灰比，机械搅拌、高频振动器振捣可获得更高的混凝土强度。但随着水灰比增大，振动捣实的优越性逐渐降低，一般强度提高不超过 10%。

影响混凝土力学强度的试验条件主要有试件形状尺寸、试件表面状态与含水程度、试件温度、支承条件、加荷方式等。

④外加剂、掺合料　混凝土中掺入早强剂可提高其早期强度；掺入减水剂可减少用水量，提高混凝土强度。随着材料技术的发展，建筑业的需求，近年来国内外都研制出了高强度混凝土（指强度等级 C60 以上的混凝土）。如在混凝土中掺入高效减水剂、复合外加剂或磨细矿物掺合料（硅粉、粉煤灰、磨细矿渣等）使混凝土强度等级达 C60~C100。用树脂为胶结材料或将混凝土在树脂中浸渍等方法，也可获得强度达 C100 以上的超高强混凝土。

3. 提高混凝土强度的主要措施

1）选用高强度等级的水泥。

2）采用水灰比较小、用水量较少的干硬性混凝土，增加混凝土的密实度。

3）采用质量合格、级配良好的碎石及合理的砂率值。

4）采用机械搅拌、机械振捣；改进施工工艺。

5）采用湿热养护处理可提高水泥石与骨料的粘结强度，从而提高混凝土的强度。这种措施对采用掺混合材料的水泥拌制的混凝土更为有利。

6）在混凝土中掺入减水剂或早强剂，可提高混凝土的密实性或早期强度。

(三) 硬化后混凝土的变形特性

1. 非荷载作用下的变形

混凝土的变形包括非荷载作用下的变形和荷载作用下的变形。非荷载下的变形，分为混凝土的化学收缩、干湿变形及温度变形；荷载作用下的变形，分为短期荷载作用下的变形及长期荷载作用下的变形——徐变。

1）化学收缩（自生体积变形）

在混凝土硬化过程中，由于水泥水化物的固体体积，比反应前物质的总体积小，从而引起混凝土的收缩，称为化学收缩。这种收缩随着龄期的增长而增加，40d 以后趋于稳定。其特点：化学收缩是不可恢复的，对混凝土结构没有破坏作用，但在混凝土内部可能产生微细裂缝而影响承载状态和耐久性。

2）干湿变形（物理收缩）

干湿变形是指由于混凝土周围环境湿度的变化，会引起混凝土的干湿变形，表现为干缩湿胀。

干湿变形产生原因是混凝土在干燥过程中，由于毛细孔中水的蒸发，使毛细孔中形成负压,随着空气湿度的降低,负压逐渐增大,产生收缩力,导致混凝土收缩。同时,水泥凝胶体颗粒的吸附水也发生部分蒸发、失水而产生紧缩。当混凝土在水中硬化时,产生轻的体积微膨胀,这是由于凝胶体中胶体粒子的吸附水膜增厚,胶体粒子间的距离增大所致。

但干缩变形对混凝土危害较大,干缩能使混凝土表面产生较大的拉应力而导致开裂,成为外界侵蚀性介质进入混凝土的通道,降低混凝土的抗渗、抗冻、抗侵蚀等耐久性能。

为了减少干湿变形,要合理选用水泥的用量、细度及品种。当水灰比不变,水泥用量愈多,混凝土干缩率越大;水泥颗粒越细,混凝土干缩率越大。水泥用量不变,水灰比越大,干缩率越大。在施工质量中,延长养护时间能推迟干缩变形的发生和发展;采用湿热法养护混凝土,可有效减小混凝土的干缩率。粗骨料含量多的混凝土,干缩率较小。

3) 温度变形

温度变形是指混凝土随着温度的变化而产生热胀冷缩变形。混凝土的温度变形系数 α 为 $(1\sim1.5)\times10^{-5}/℃$,即温度每变化 $1℃$,每 $1m$ 胀缩 $0.01\sim0.015mm$。温度变形对大体积混凝土、纵长的混凝土结构、大面积混凝土工程极为不利,易使这些混凝土造成温度裂缝。可采取的措施为:采用低热水泥,减少水泥用量,掺加缓凝剂,采用人工降温,设温度伸缩缝,以及在结构内配置温度钢筋等,以减少因温度变形而引起的混凝土质量问题。

2. 荷载作用下的变形

1) 短期荷载变形。混凝土在外力作用下的变形包括弹性变形和塑性变形两部分。在短期荷载作用下,混凝土应力—应变关系曲线如图 3-11 所示。卸荷后产生能恢复的弹性应变和不能恢复的塑性应变,这种混凝土变形,称为短期荷载作用下的变形。

2) 混凝土静力弹性模量。混凝土的弹性模量为在应力—应变曲线上任一点的应力与其应变的比值。对纯弹性材料来说,弹性模量为一个定值。对于混凝土这一弹塑性材料而言,不同阶段应力与应变之比值为变数。应力水平越高,塑性变形相对密度越大,故测得的比值越小。因此我国《普通混凝土力学性能试验方法标准》GB/T 50081—2002 规定试件抗压强度的 1/3 作为控制值,在此应力水平上重复加荷-卸荷至少 2 次以上,以基本消除塑性变形后测得的应力-应变之比值,是一个条件模量,在数值上近似等于初始切线的斜率,按式(3-6)计算:

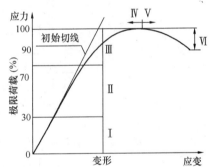

图 3-11 混凝土荷载作用下应力-应变关系
Ⅰ—界面裂缝无明显变化;Ⅱ—界面裂缝增长;Ⅲ—出现砂浆裂缝和连续裂缝;Ⅳ—连续裂缝迅速发展;Ⅴ—裂缝缓慢发展;Ⅵ—裂缝迅速发展

$$E_c = \frac{\sigma}{\varepsilon} \tag{3-6}$$

式中 E_c——混凝土静力抗压弹性模量(MPa);

σ——混凝土的应力取 1/3 的棱柱轴心抗压强度(MPa);

ε——混凝土应力为 σ 时的弹性应变(m/m,无量纲)。

由于水泥石的弹性模量一般低于集料的弹性模量,所以混凝土的弹性模量一般略低于其集料的弹性模量。在材料质量不变的条件下，混凝土的集料含量较多、水灰比较小、养护较好及龄期较长时，混凝土的弹性模量就较大。蒸汽养护的弹性模量比标准养护的弹性模量低。

水泥混凝土在不同的应力状态下，有不同的弹性模量，常用的有静力抗压弹性模量和静力抗折弹性模量。在桥梁工程中，以静力抗压弹性模量，作为混凝土的弹性模量。在道路路面及机场跑道工程中对水泥混凝土路面应测定其静力抗折弹性模量作为设计参数。

3) 长期恒定荷载作用下变形——徐变。徐变的特点是混凝土在加荷瞬间产生瞬时变形，随着时间的延长，在恒定荷载作用下又产生的变形，称为徐变。徐变是不可恢复的。加荷载初期，徐变的变形增长较快，以后逐渐变慢。一般2~3年后可以稳定下来。

在卸荷后的一段时间内变形还会继续恢复，称为徐变恢复。最后残存的不能恢复的变形，称为残余变形。如图3-12所示，混凝土无论是受压、受拉或受弯，均有徐变现象。徐变不利影响为在预应力钢筋混凝土桥梁构件中，混凝土徐变可使钢筋的预加应力受到损失（即预应力减小），使构件强度降低。徐变有利影响为可消除钢筋混凝土内的应力集中，使应力重新分配，从而使混凝土构件中局部应力得到缓和。对大体积混凝土则能消除一部分由于温度变形所产生的破坏应力。

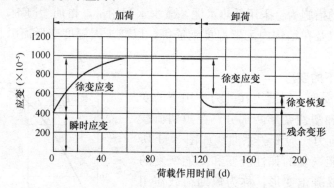

图3-12 混凝土的变形与荷载作用下的关系曲线（徐变变形与徐变恢复）

混凝土的徐变是由于在长期荷载作用下，水泥石中的凝胶体产生黏性流动，向毛细孔内迁移所致。影响混凝土徐变的因素有水灰比、水泥用量、骨料种类、应力等。混凝土内毛细孔数量越多，徐变越大；加荷龄期越长，徐变越小；水泥用量和水灰比越小，徐变越小；所用骨料弹性模量越大，徐变越小；所受应力越大，徐变越大。结构耐久性是指混凝土结构能在规定期限内长期维持其设计性能要求的能力。

（四）混凝土的耐久性

1. 耐久性概念

混凝土在所处工作环境下，长期抵抗内、外部劣化因素的作用，仍能维持其应有的结构性能的能力。混凝土耐久性问题贯穿于混凝土结构设计、材料选择、施工和运营管理过程。混凝土的耐久性主要包括：抗渗性、抗冻性、抗硫酸侵蚀性、抗碳化性、碱—骨料作用等。在环境破坏严重情况下，混凝土的强度往往取决于耐久性而非承载力。

（1）抗渗性

混凝土是一种复杂的多孔材料，水是最常见又最容易与混凝土接触的介质，水分子便很容易通过混凝土的孔隙进入内部。造成混凝土中钢筋锈蚀、硫酸盐腐蚀等耐久性问题。混凝土的抗渗性是抵抗外界有害物质（水、气及溶于水中的其他物质）侵入混凝土内部的能力。混凝土的抗渗性是用抗渗仪（图 3-13）测定，以抗渗等级表示，即将标准养护 28d 的混凝土标准试件，一组六块中四个未出现渗水时能承受的最大水压表示的。现行规范《混凝土质量控制标准》GB 50164—2011 规定，混凝土抗渗等级有 P2、P4、P6、P8、P10、P12 等 6 个等级，分别表示能承受最大水压 0.2、0.4、0.6、0.8、1.0、1.2MPa 水压符合指标要求。

有抗渗要求的建筑或构筑物，应增大混凝土的密实度，改善混凝土中的孔隙结构，减少连通孔隙，避免产生渗透。渗透是混凝土内部毛细孔作用吸水饱和后流动体在压力差的驱使下发生在材料内部的流动。实践证明，混凝土的水灰比小时，抗渗性较强，水灰比大于 0.6，抗渗性显著变差。掺入适量加气剂，利用所产生的不连通的微孔截断渗水的孔道，可改善混凝土的抗渗性。

（2）抗冻性

混凝土的抗冻性是用冻融试验机（图 3-14）测定，以抗冻等级表示，即将标准养护 28d 的试块在吸水饱和后，承受反复冻融循环，在抗压强度下降不超过 25%，而且重量损失不超过 5% 时能承受最大的冻融循环次数表示的。混凝土抗冻等级有 F10、F15、F25、F50、F100、F150、F200、F250、F300 等 9 个等级，分别表示混凝土能承受反复冻融循环次数为 50、100 等。

图 3-13　混凝土抗渗仪　　图 3-14　混凝土快速冻融试验机

混凝土遭受破坏应力主要由两部分组成：其一当混凝土中的毛细孔水在负压下发生物态变化，由水转变成冰，体积膨胀 9%，从而使结构中产生拉应力；其二是表面张力的作用，混凝土毛细孔隙中的冰点随着孔径减小而降低。由于盐分浓度差，引起水分迁移形成渗透压，对混凝土内部结构造成损伤。

提高混凝土抗冻性的有效方法是增加密实程度，或掺入引气剂（不耐振，应测含气量）、减水剂等。

（3）抗硫酸盐侵蚀

硫酸盐侵蚀破坏是一个复杂的物理化学过程。其实质是硫酸盐离子进入混凝土内部，与水泥石中一些固相组分发生化学反应，生成一些难溶的盐类物质。这些难溶的盐类矿物一方面可生成钙矾石、石膏等膨胀产物而引起混凝土开裂、剥落、解体；另一方面可使硬体水泥石中的某些组分溶出或分解，这种物理破坏是混凝土劣化的主要原因之一。混凝土的抗侵蚀性与所用水泥品种、混凝土密实程度和孔隙特征有关，结构密实或具有封闭孔隙的混凝土，侵蚀介质不易侵入，抗侵蚀性较强。配制混凝土应选用的水泥品种参见表 3-1。

(4) 抗碳化性

混凝土碳化指空气中的 CO_2 与混凝土中的液相碱性发生物质反应，造成混凝土 pH 值下降和混凝土中化学成分改变。在正常的大气环境下，大气中的混凝土碳化从混凝土停止施工养护就可能开始。由于混凝土是一个多孔体，在其内部存在大小不同的毛细管、孔隙、气泡、甚至缺陷，空气中的二氧化碳会由表及里渗透到混凝土的孔隙，与氢氧化钙反应使混凝土降低了碱度，从而使钢筋钝化膜破坏，导致钢筋生锈。要提高混凝土的抗碳化性，应优先选用普通水泥或硅酸盐水泥，选用较小的水灰（胶）比，制成密实的混凝土，其钢筋的保护层厚度也应相应加大。

(5) 碱—骨料反应

碱—骨料反应是指混凝土孔溶液中的 Na^+、K^+ 和 OH^- 与碱活性矿物发生反应，导致混凝土膨胀和开裂破坏。碱—骨料反应分为三类：碱—硅酸反应、碱—碳酸盐反应、碱—硅酸盐反应。当碱—骨料反应发展至膨胀开裂时，混凝土的力学性能明显降低，其中抗压强度降低 40%，弹性模量降低尤为显著。在混凝土内部发生后，采用修补加固措施，也不能根除碱—骨料反应的内因，病害还在继续。碱—骨料反应发生的初期，混凝土强度、弹性等性能降低情况下仍能维持工作，当病害发展至无法维持加固时，只能拆除。

例如当混凝土中所用水泥含有较多的碱，粗骨料中又夹杂着活性氧化硅（如蛋白石、玉髓和鳞石英等）时，两者反应结果是在骨料表面就生成了复杂的碱—硅酸凝胶，凝胶是一种无限膨胀性的（不断吸水则体积不断膨胀）物质，会把水泥石胀裂。

2. 提高混凝土耐久性的主要措施

混凝土结构应根据设计使用年限和环境类别保证耐久性。提高混凝土耐久性的主要措施有：

1) 根据确定结构所处环境，选择合理的水泥品种。根据混凝土工程的特点和所处环境条件，参照表 3-26 确定环境等级，同时根据表 3-1 选用水泥品种。一般应选品质稳定的硅酸盐或普通硅酸盐水泥。

2) 严格控制水胶比、选择优质集料。控制水灰（胶）比和最小胶凝材料用量，保证足够的水泥用量是保证混凝土密实度并提高混凝土耐久性的关键。优质集料、级配良好的砂石骨料，可以减少混凝土内部的缺陷，是提高混凝土密实度的关键。

3) 合理使用矿物掺合料。合理使用矿物掺合料能够提高混凝土的密实度，但是二次水化反应要消耗混凝土中的 $Ca(OH)_2$ 含量，导致混凝土中的碱度降低。

4) 增加保护层。增加钢筋保护层厚度，延长 CO_2 气体扩散进入混凝土的路径，提高混凝土的护筋性能。

5) 提高施工质量及其他措施。混凝土的振捣均匀、密实，保证混凝土的养护条件和龄期、钢筋的混凝土保护层厚度、施工阶段的混凝土裂缝控制，均具有较佳的抗碳化性能。

《混凝土结构设计规范》GB 50010—2010 中对混凝土结构环境分为五类，即混凝土结构的环境类别根据表 3-26 来进行划分。然后根据环境分类查表 3-27 基本确定"最大水胶比"等参数，同时《普通混凝土配合比设计规程》JGJ 55—2011 规定了混凝土的"最小胶凝材料用量"的限值（表 3-28）。混凝土结构应采取的具体耐久性技术措施详见规范。

混凝土结构的环境类别　　　　　　　　　　　　　　　　表 3-26

环境类别		条　件
一		室内干燥环境；永久的无侵蚀性静水浸没环境
二	a	室内潮湿环境；非严寒和非寒冷地区的露天环境；非严寒和非寒冷地区与无侵蚀性的水或土壤直接接触的环境；寒冷和寒冷地区的冰线以下与无侵蚀性的水或土直接接触的环境
二	b	干湿交替环境；水位频繁变动环境；严寒和寒冷地区的露天环境；严寒和寒冷地区冰冻线以上与无侵蚀性的水或土直接接触的环境
三	a	严寒和寒冷地区冬季水位变动区环境；受除冰盐影响环境；海风环境
三	b	盐渍水环境；受除冰盐作用环境；海岸环境
四		海水环境
五		受人为或自然的侵蚀性物质影响的环境

注：室内潮湿环境是指经常暴露在湿度大于75%的环境。

规范提出了最低强度等级与最大水胶比的限制，这是设计施工中控制混凝土耐久性的常用做法，如表3-27、表3-28。一般基础设施工程结构设计使用年限为50年的混凝土结构，其材料的耐久性应符合表3-27的要求。公路混凝土结构考虑防腐耐久性，重要基础设施工程结构设计的使用年限为100年。

结构混凝土耐久性的基本要求　　　　　　　　　　　　表 3-27

环境等级		最大水灰(胶)比	最低强度等级	最大氯离子含量(%)	最大碱含量(kg/m³)
一		0.60	C20	0.30	不限制
二	a	0.55	C25	0.20	3.0
二	b	0.50(0.55)	C30(C25)	0.15	
三	a	0.45(0.50)	C35(C30)	0.15	
三	b	0.40	C40	0.10	

注：1. 预应力构件混凝土中的氯离子含量不得超过0.06%，最低强度等级应按表中规定提高两个等级；
　　2. 处于严寒和寒冷地区二b、三a类环境中的混凝土应使用引气剂，并可采用括号中的有关参数。

混凝土的最小胶凝材料用量　　　　　　　　　　　　　表 3-28

最大水胶比	最小胶凝材料用量 (kg/m³)		
	素混凝土	钢筋混凝土	预应力混凝土
0.60	250	280	300
0.55	280	300	300
0.50	320		
≤0.45	330		

三、普通水泥混凝土的组成设计

(一) 概述

混凝土配合比设计是指混凝土中各组成材料数量间的比例关系。进行配合比设计的目的是根据原材料的技术性能和施工条件，确定出能满足工程要求的经济技术指标的各种材料用量。

1. 配合比设计表示方法

常用水泥混凝土的表示方法，有以下两种：

1) 单位用量表示法

以每立方米混凝土各种材料用量表示，以某钢筋混凝土结构物各种材料为例。

水泥：矿物掺合料：水：细集料：粗集料，初步配合比依次用 m_{c0}：m_{f0}：m_{w0}：m_{s0}：m_{g0} 字母表示，

即：m_{c0}：m_{f0}：m_{w0}：m_{s0}：m_{g0} =280kg：60kg：150kg：660kg：1262kg。

2) 相对用量表示法

以每 m³ 混凝土中水泥质量为 1，用各组成材料与水泥用量的相对比例来表示。

并按"水泥：矿物掺合料：水：细集料：粗集料"的顺序排列表示，例如：

m_{c0}：m_{f0}：m_{w0}：m_{s0}：m_{g0} =1：0.21：0.53：2.34：4.51；水胶比：W/B=150/280=0.53。

2. 混凝土配合比设计的基本要求

1) 满足设计强度等级的要求，并具有 95% 的保证率。

2) 满足施工要求的和易性。

3) 满足工程所处环境对混凝土的耐久性要求（具有耐久性，即满足抗冻性、抗渗性、抗蚀性等）。

4) 在保证混凝土质量的前提下，最大限度节约水泥，经济合理地使用材料，降低成本。

（二）普通水泥混凝土配合比设计方法及步骤（以抗压强度为指标的设计方法）

混凝土配合比设计是通过"计算~试验法"实现的，其过程是：根据各种原始资料进行初步计算得出"初步配合比"；经试配与调整得出和易性满足要求的"基准配合比"；在基准配合比的基础上，再经强度、密度复核定出满足设计要求且较为经济合理的"试验室配合比"（又称"理论配合比"）；根据施工现场砂石含水率对实验室配合比进行修正，得到符合现场材料实际情况的"施工配合比"。

1. 初步配合比的确定

1) 计算混凝土配制强度（$f_{cu,0}$）

混凝土配制强度应按下列规定确定：

(1) 当混凝土的设计强度等级小于 C60 时，配制强度应按式（3-7）计算：

$$f_{cu,0} \geq f_{cu,k} + 1.645\sigma \tag{3-7}$$

式中　$f_{cu,0}$——混凝土配制强度（MPa）；

　　　$f_{cu,k}$——混凝土立方体抗压强度标准值，取混凝土设计强度等级值（MPa）；

　　　σ——混凝土强度标准差（MPa）。

(2) 当设计强度等级大于或等于 C60 时，配制强度应按式（3-8）计算：

$$f_{cu,0} \geq 1.15 f_{cu,k} \tag{3-8}$$

(3) 混凝土强度标准差应按照下列规定确定：

①当具有近 1~3 个月的同一品种、同一强度等级混凝土的强度资料时，其混凝土强度标准差 σ 应按式（3-9）计算：

$$\sigma = \sqrt{\frac{\sum_{i=1}^{n} f_{cu,i}^2 - n \cdot m_{f_{cu}}^2}{n-1}} \tag{3-9}$$

式中 $f_{cu,i}$——第 i 组的试件强度（MPa）；

$m_{f_{cu}}$——n 组试件的强度平均值（MPa）；

n——试件组数，n 值应大于或者等于 30。

对于强度等级不大于 C30 的混凝土，当 σ 计算值不小于 3.0MPa 时，应按照计算结果取值；当 σ 计算值小于 3.0MPa 时，σ 应取 3.0MPa，详见《普通混凝土配合比设计规范》JGJ 55—2011。

对于强度等级大于 C30 且小于 C60 的混凝土，当 σ 计算值不小于 4.0MPa 时，应按式（3-9）计算结果取值；当 σ 计算值小于 4.0MPa 时，σ 应取 4.0MPa。

② 当没有近期的同一品种、同一强度等级混凝土强度资料时，其强度标准差 σ 可按表3-29 取值。

混凝土强度标准差值 σ 表 3-29

混凝土强度等级	≤C20	C25~C45	C50~C55
强度标准差取值 σ（MPa）	4.0	5.0	6.0

2）计算混凝土水灰（胶）比（W/B）

（1）混凝土强度等级不大于 C60 等级时，混凝土水灰（胶）比宜按式（3-10）计算：

$$W/B = \frac{\alpha_a \cdot f_b}{f_{cu,0} + \alpha_a \cdot \alpha_b \cdot f_b} \tag{3-10}$$

式中 α_a、α_b——回归系数，取值应符合表 3-24 的规定；

f_b——胶凝材料（水泥与矿物掺合料按使用比例混合）28d 胶砂强度（MPa），试验方法应按现行国家标准《水泥胶砂强度检验方法（ISO 法）》GB/T 17671 执行；当无实测值时，可根据 3d 胶砂强度或快测强度推定，并按式（3-4）计算，然后用胶砂强度关系式（3-11）推定 f_b 值。当矿物掺合料为粉煤灰和粒化高炉矿渣粉时，可按式（3-11）推算 f_b 值：

$$f_b = \gamma_f \cdot \gamma_s \cdot f_{ce} \tag{3-11}$$

式中 γ_f、γ_s——粉煤灰影响系数和粒化高炉矿渣粉影响系数，可按表 3-30 选用；

f_{ce}——水泥 28d 胶砂抗压强度等级（MPa），可实测；无实测值时，可按式（3-12）计算：

$$f_{ce} = \gamma_c \cdot f_{ce,g} \tag{3-12}$$

式中 γ_c——水泥强度等级的富余系数，可按实际统计资料确定；当缺乏实际统计资料时，可按表 3-31 选用；

$f_{ce,g}$——水泥强度等级值（MPa）。

粉煤灰影响系数 γ_f 和粒化高炉矿渣粉影响系数 γ_s 表 3-30

掺量（%）	粉煤灰影响系数 γ_f	粒化高炉矿渣粉影响系数 γ_s
0	1.00	1.00
10	0.90~0.95	1.00
20	0.80~0.85	0.95~1.00

续表

掺量（%）	粉煤灰影响系数 γ_f	粒化高炉矿渣粉影响系数 γ_s
30	0.70～0.75	0.90～1.00
40	0.60～0.65	0.80～0.90
50	—	0.70～0.85

注：1. 本表应以 P·O 42.5 水泥为准；如采用普通硅酸盐水泥以外的通用硅酸盐水泥，可将水泥混合材掺量20%以上部分计入矿物掺合料。
　　2. 宜采用Ⅰ级或Ⅱ级粉煤灰；采用Ⅰ级宜取上限值，采用Ⅱ级宜取下限值。
　　3. 采用S75级粒化高炉矿渣粉宜取下限值，采用S95级粒化高炉矿渣粉宜取上限值，采用S105级粒化高炉矿渣粉可取上限值加 0.05。
　　4. 当超出表中的掺量时，粉煤灰和粒化高炉矿渣粉影响系数应经试验确定。

水泥强度等级的富余系数　　　　　　　　　　　　　表 3-31

水泥强度等级值	32.5	42.5	52.5
富余系数	1.12	1.16	1.10

（2）按耐久性校核水胶比

按式（3-10）计算所得的水胶比，还应根据混凝土所处环境条件（参见表3-26）、耐久性要求的允许最大水胶比（参见表3-27）进行校核。如计算的水胶比大于表中耐久性允许的最大水胶比，应采用表中允许的最大水胶比。

3）确定单位用水量（m_{w0}）及掺外加剂时单位用水量

（1）干硬性或塑性混凝土的用水量（m_{w0}）

每立方米塑性混凝土的用水量（m_{w0}）应符合下列规定：

①混凝土水胶比在 0.40～0.80 范围时，可按表 3-32、表 3-33 选取。

②混凝土水胶比小于 0.40 时，可通过试验确定。

干硬性混凝土用水量选用表　　　　　　　　　　　表 3-32

项目	指标	卵石最大公称粒径（mm）			碎石最大公称粒径（mm）		
		10.0	20.0	40.0	16.0	20.0	40
维勃稠度（S）	16～20	175	160	145	180	170	155
	11～15	180	165	150	185	175	160
	5～10	185	170	155	190	180	165

塑性混凝土用水量选用表　　　　　　　　　　　　表 3-33

项目	指标	卵石最大公称粒径（mm）				碎石最大公称粒径（mm）			
		10	20	31.5	40	16	20	31.5	40
坍落度（mm）	10～30	190	170	160	150	200	185	175	165
	35～50	200	180	170	160	210	195	185	175
	55～70	210	190	180	170	220	205	195	185
	75～90	215	195	185	175	230	215	205	195

注：1. 本表用水量系采用中砂时的取值。采用细砂时，每立方米混凝土用水量可增加 5～10kg；采用粗砂时，可减少 5～10kg。
　　2. 掺用矿物掺合料和外加剂时，用水量应相应调整。

(2) 掺外加剂时，流动性和大流动性混凝土用水量（m_{w0}）

每立方米流动性或大流动性混凝土的用水量（m_{w0}）可按式（3-13）计算：

$$m_{w0} = m'_{w0}(1-\beta) \tag{3-13}$$

式中 m'_{w0}——未掺外加剂时推定的满足实际坍落度要求的每立方米混凝土用水量（kg/m³），以表3-33中90mm坍落度的用水量为基础，按每增大20mm坍落度相应增加5kg用水量来计算；当坍落度增大到180mm以上时，随坍落度相应增加的用水量可减少；

β——外加剂的减水率（%），应经混凝土试验确定。

4）计算胶凝材料（矿物掺合料）单位用量（m_{b0}）

（1）每立方米混凝土的胶凝材料用量（m_{b0}）应按式（3-14）计算：

$$m_{b0} = \frac{m_{w0}}{W/B} \tag{3-14}$$

式中 m_{b0}——计算配合比每立方米混凝土中胶凝材料用量（kg/m³）；

m_{w0}——计算配合比每立方米混凝土中的用水量（kg/m³）；

W/B——混凝土水胶比。

按耐久性要求校核单位胶凝材料用量，根据耐久性要求，混凝土的最小胶凝材料用量，依混凝土结构的环境类别、结构混凝土材料耐久性的基本要求确定。按满足强度的式（3-14）计算的单位胶凝材料用量，应不低于表3-28规定的最小胶凝材料用量。

（2）每立方米混凝土的矿物掺合料用量（m_{f0}）计算应按式（3-15）计算：

$$m_{f0} = m_{b0} \cdot \beta_f \tag{3-15}$$

式中 m_{f0}——计算配合比每立方米混凝土中矿物掺合料用量（kg/m³）；

β_f——矿物掺合料掺量（%），可结合矿物掺合料和水胶比的规定确定。

（3）每立方米混凝土中水泥用量（m_{c0}）

每立方米混凝土的水泥用量应按式（3-16）计算：

$$m_{c0} = m_{b0} - m_{f0} \tag{3-16}$$

式中 m_{c0}——计算每立方米混凝土中水泥用量（kg）。

5）确定混凝土中外加剂用量（m_{a0}）

每立方米混凝土中外加剂用量应按式（3-17）计算：

$$m_{a0} = m_{b0}\beta_a \tag{3-17}$$

式中 m_{a0}——计算配合比每立方米混凝土中外加剂用量（kg/m³）；

m_{b0}——计算配合比每立方米混凝土中胶凝材料用量（kg/m³）；

β_a——外加剂掺量（%），应经混凝土试验确定。

6）确定砂率（β_s）

一般可根据本地区、本单位对所用材料的使用经验选用，若无使用经验，混凝土砂率的确定应符合下列规定：

（1）坍落度小于10mm的混凝土，其砂率应经试验确定。

（2）坍落度为10～60mm的混凝土砂率，可根据粗骨料品种、最大公称粒径及水灰比按表3-34选取。

（3）坍落度大于60mm的混凝土砂率，可经试验确定，也可在表3-34的基础上，按坍落度每增大 20mm、砂率增大 1%的幅度予以调整。

混凝土的砂率值   表 3-34

水灰比 W/C	卵石最大粒径（mm）			碎石最大粒径（mm）		
	10	20	40	16	20	40
0.40	26～32	25～31	24～30	30～35	29～34	27～32
0.50	30～35	28～33	28～33	33～38	32～37	30～35
0.60	33～38	32～37	31～36	36～41	35～40	33～38
0.70	36～41	33～40	34～39	39～44	38～43	36～41

注：1. 表中数值系中砂选用的砂率。对细砂或者粗砂可相应地减少或增大砂率；
  2. 采用人工砂配制混凝土时，砂率可适当增大；
  3. 只用一个单粒级粗集料配制混凝土时，砂率应适当增大；
  4. 对薄壁构件，砂率取偏大值。

依据砂率定义，砂率可按式（3-18）计算：

$$\beta_s = \frac{m_{s0}}{m_{g0} + m_{s0}} \times 100\% \tag{3-18}$$

式中　β_s——砂率（%）；
   m_{g0}——每立方米混凝土的粗骨料用量（kg）；
   m_{s0}——每立方米混凝土的细骨料用量（kg）。

7）计算粗、细骨料用量（m_{g0}，m_{s0}）

计算砂、石用量有两种方法：即体积法和质量法。在已知混凝土用水量、水泥用量及砂率的情况下，采用其中任何一种方法均可求出砂、石用量。

（1）质量法

采用质量法计算粗、细骨料用量时，先假定一个混凝土拌合物湿体积密度值，再根据各材料之间的质量关系计算各材料用量。应按式（3-19）计算：

$$\begin{cases} m_{c0} + m_{f0} + m_{g0} + m_{s0} + m_{w0} = m_{cp} \\ \beta_s = \dfrac{m_{s0}}{m_{g0} + m_{s0}} \times 100\% \end{cases} \tag{3-19}$$

式中　m_{w0}——每立方米混凝土的用水量（kg）；
   m_{cp}——每立方米混凝土拌合物的假定质量（kg），可取 2350～2450kg；
   β_s——砂率（%）。

（2）体积法

计算粗、细骨料用量时，是假设混凝土的体积等于各组成材料绝对体积之总和，按式（3-20）计算：

$$\begin{cases} \dfrac{m_{c0}}{\rho_c} + \dfrac{m_{f0}}{\rho_f} + \dfrac{m_{g0}}{\rho_g} + \dfrac{m_{s0}}{\rho_s} + \dfrac{m_{w0}}{\rho_w} + 0.01\alpha = 1 \\ \beta_s = \dfrac{m_{s0}}{m_{g0} + m_{s0}} \times 100\% \end{cases} \tag{3-20}$$

式中　ρ_c——水泥密度（kg/m³），应按 GB/T 208 测定方法，也可取 2900～3100kg/m³；
   ρ_f——矿物掺合料密度（kg/m³），可按《水泥密度测定方法》（GB/T 208）测定；

ρ_g——粗骨料的表观密度（kg/m³），应按《公路工程集料试验规程》（JTG E42—2005）（T0304）测定；

ρ_s——细骨料的表观密度（kg/m³），应按《公路工程集料试验规程》（JTG E42—2005）（T0328）测定；

ρ_w——水的密度（kg/m³），可取 1000kg/m³；

α——混凝土的含气量百分数，在不使用引气剂或引气型外加剂时，α 可取为 1。

8）确定混凝土初步配合比

经上述计算，可得 1m³ 混凝土各材料质量，规定以水泥用量为 1，可折算出其他材料的相对比值，即初步配合比，如式（3-21）：

$$m_\text{c0} : m_\text{f0} : m_\text{g0} : m_\text{s0} : m_\text{w0} = 1 : \frac{m_\text{f0}}{m_\text{c0}} : \frac{m_\text{g0}}{m_\text{c0}} : \frac{m_\text{s0}}{m_\text{c0}} : \frac{m_\text{w0}}{m_\text{c0}} \tag{3-21}$$

两种设计配合比计算方法视具体技术需要选用，通常采用质量法。采用体积法时，需要测定水泥和掺合物的密度以及粗、细集料的表观密度等，技术要求略高。

2. 基准配合比的确定

初步配合比设计中各材料用量，是根据经验公式、经验数据计算而得，是否能满足混凝土的设计要求，还需要经试验来验证，即通过试配和调整来完成。

1）试配材料要求。试配原材料，要与实际工程使用材料相同；配合比设计采用的细集料含水率应小于 0.5%，粗集料含水率应小于 0.2%。

2）搅拌方法和拌合数量

混凝土搅拌方法，应尽量与生产时使用方法相同。计算试配用量时，每盘混凝土试配的最小搅拌量应符合表 3-35 的规定，并不应小于搅拌机额定搅拌量的 1/4。如需进行抗弯拉强度试验，则应根据实际需要计算用量。

混凝土试配的最小搅拌量   表 3-35

粗骨料最大公称粒径（mm）	最小搅拌的拌合物量（L）
≤31.5	20
40.0	25

2）校核和易性与确定基准配合比

按计算用量称取各种材料进行试拌，搅拌均匀，测定其坍落度；并观察黏聚性和保水性，如经试配坍落度不符合设计要求时，可做如下调整：

当坍落度比设计要求值大或小时，可以保持水灰比不变，相应地减少或增加水泥浆用量，对于普通混凝土每增加或减少 10mm 坍落度，约需增加或减少 2%～5% 的水泥浆；当坍落度比要求值大时，除上述方法外，还可以在保持砂率不变的情况下，增加集料用量；若坍落度值大，且拌合物黏聚性、保水性差时，可减少水泥浆、增大砂率（保持砂石总量不变；增加砂用量，相应减少石子用量），这样重复测试，直至符合要求为止。然后测出混凝土拌合物湿表观密度，并计算出 1m³ 混凝土中各拌合物的实际用量。然后提出和易性已满足要求的供检验混凝土强度用的基准配合比。

3. 实验室配合比的确定

1）混凝土强度的检验与调整

混凝土和易性满足要求后,在试拌配合比的基础上,进行混凝土强度试验,并应符合下列规定:

(1) 应至少采用三个不同的配合比。当采用三个不同的配合比时,其中一个应确定为试拌配合比,另外两个配合比的水胶比宜较试拌配合比分别增加和减少 0.05,用水量应与试拌配合比相同,砂率可分别增加和减少 1%。

(2) 进行混凝土强度试验时,应继续保持拌合物性能符合设计和施工要求,并检验其坍落度或维勃稠度、黏聚性、保水性及表观密度等,作为相应配合比的混凝土拌合物性能指标。

(3) 进行混凝土强度试验时,每种配合比至少应制作一组试件,标准养护到 28d 或设计强度要求的龄期时试压;也可同时多制作几组试件,按《早期推定混凝土强度试验方法标准》JGJ/T 15 早期推定混凝土强度,用于配合比调整,但最终应满足标准养护 28d 或设计规定龄期的强度要求。

2) 配合比调整应符合下述规定:

(1) 根据混凝土强度试验结果,绘制强度和胶水比的线性关系图,用图解法或插值法求出与略大于配制强度的强度所对应的胶水比,包括混凝土强度试验中的一个满足配制强度的胶水比;

①用水量(m_w)应在试拌配合比用水量的基础上,根据混凝土强度试验时实测的拌合物性能情况做适当调整;

②胶凝材料用量(m_b)应以用水量乘以图解法或插值法求出的胶水比计算得出;

③粗骨料和细骨料用量(m_g和m_s)应在用水量和胶凝材料用量调整的基础上,进行相应调整。

(2) 配合比最后应按以下规定进行校正:

①根据上述要求调整后的配合比,按式(3-22)计算混凝土拌合物的表观密度计算值$\rho_{c,c}$:

$$\rho_{c,c} = m_c + m_f + m_g + m_s + m_w \tag{3-22}$$

②按式(3-23)计算出混凝土配合比校正系数δ:

$$\delta = \frac{\rho_{c,t}}{\rho_{c,c}} \tag{3-23}$$

式中 $\rho_{c,t}$——混凝土拌合物表观密度实测值(kg/m³);

$\rho_{c,c}$——混凝土拌合物表观密度计算值(kg/m³)。

③当混凝土拌合物表观密度实测值与计算值之差的绝对值不超过计算值的 2%时,调整的配合比可维持不变;当二者之差超过 2%时,应将配合比中每项材料用量均乘以校正系数δ,即得式(3-24)所示最终确定的试验室配合比设计值。

$$\begin{cases} m'_{cb} = m_{cb} \cdot \delta \\ m'_{fb} = m_{fb} \cdot \delta \\ m'_{wb} = m_{wb} \cdot \delta \\ m'_{sb} = m_{sb} \cdot \delta \\ m'_{gb} = m_{gb} \cdot \delta \end{cases} \tag{3-24}$$

④配合比调整后,应测定拌合物水溶性氯离子含量,并应对设计要求的混凝土耐久

性能进行试验,符合设计规定的氯离子含量和耐久性能要求的配合比方可确定为实验室配合比。

⑤生产单位可根据常用材料设计出常用的混凝土配合比备用,并应在使用过程中予以验证或调整。

遇有下列情况之一时,应重新进行配合比设计:①对混凝土性能有特殊要求时;②水泥外加剂或矿物掺合料品种质量有显著变化时;③该配合比的混凝土生产间断半年以上时。

4. 施工配合比的确定

上述设计配合比中材料是以干燥状态为基准计算出来的,而施工现场砂石常含一定量水分,并且含水率经常变化,为保证混凝土质量,应根据现场砂石含水率对配合比设计值进行修正。修正后的配合比,称为施工配合比。假定施工现场存放砂的含水率为 a(%),石子的含水率为 b(%),即可通过式(3-25)计算,将配合比设计中各材料用量换算为施工配合比中各材料用量。

$$\text{水泥} \atop \text{矿物混合料} \atop \text{砂} \atop \text{石} \atop \text{水} \quad \begin{cases} m_{cb} = m'_{cb} \\ m_{fb} = m'_{fb} \\ m_{sb} = m'_{sb}(1+a\%) \\ m_{gb} = m'_{gb}(1+b\%) \\ m_w = m'_{wb} - (m'_{sb} \cdot a\% + m'_{gb} \cdot b\%) \end{cases} \quad (3\text{-}25)$$

施工配合比为:水泥:矿物掺合料:水:砂:石 $= m_c : m_f : m_w : m_s : m_g$。

【例 3-2】 以抗压强度为设计指标的设计方法,设计水泥混凝土配合比,原始资料如下:

某 T 形梁钢筋混凝土结构,混凝土强度等级 C30,混凝土标准差 $\sigma=4.0$MPa。要求混凝土坍落度为 40~60mm,现场机械搅拌,机械振捣成型,根据施工单位管理水平和历史统计资料,所使用原材料如下:

水泥:普通硅酸盐水泥 32.5 级,密度 3.10g/cm³,水泥富余系数 1.12;

砂:河砂 $M_X=2.4$,属Ⅱ级配区,密度 2.65g/cm³;

石子:碎石最大公称粒径 40.0mm,级配良好,表观密度 2.70g/cm³;

粉煤灰:粉煤灰为Ⅱ级,表观密度 2.20g/cm³,掺量:$\beta_f=20\%$;

外加剂:外加剂为减水剂,掺量 $\beta_a=0.5\%$,减水率 $\beta=8\%$。

水:自来水。

【设计要求】

(1) 按本题所给的资料计算混凝土初步配合比。

(2) 按初步配合比在试验室进行调整得出试验室配合比。

(3) 按提供的现场砂石材料的含水率计算施工配合比。

【设计步骤】

1) 计算初步配合比

(1) 计算混凝土配制强度($f_{cu,0}$)

按题意已知:设计要求强度标准值 $f_{cu,k}=30$MPa,强度标准差计算值为 4.0MPa。按式(3-7),混凝土配制强度 $f_{cu,0}$ 为

$$f_{cu,0} = f_{cu,k} + 1.645\sigma = 30 + 1.645 \times 4.0 = 36.58 \text{MPa}$$

(2) 计算混凝土水胶比（W/B）

①按强度要求计算水胶比

计算胶凝材料强度。由题意已知采用Ⅱ级粉煤灰，掺量为20%，查表3-30得粉煤灰影响系数 $\gamma_f = 0.85$，粒化高炉矿渣粉影响系数 $\gamma_s = 1.00$，再根据式（3-12）计算水泥实际强度 f_{ce} 为：

$$f_{ce} = \gamma_c \cdot f_{ce,g} = 1.12 \times 32.5 = 36.4 \text{MPa}$$

代入式（3-11）计算胶凝材料的强度 f_b 为：

$$f_b = \gamma_f \cdot \gamma_s \cdot f_{ce} = 0.85 \times 1.00 \times 36.4 = 30.94 \text{MPa}$$

计算混凝土水胶比。已知混凝土配制强度 $f_{cu,0} = 36.58 \text{MPa}$，胶凝材料强度 $f_b = 30.94 \text{MPa}$。无混凝土强度回归系数统计资料，查表3-24，碎石 $\alpha_a = 0.53$，$\alpha_b = 0.20$。按式（3-10）计算水胶比：

$$W/B = \frac{\alpha_a \cdot f_b}{f_{cu,0} + \alpha_a \cdot \alpha_b \cdot f_b} = \frac{0.53 \times 30.94}{36.58 + 0.53 \times 0.20 \times 30.94} = 0.41$$

②按耐久性校核水胶比

根据混凝土所处环境条件，查表3-27可知计算水胶比0.41，符合耐久性要求，采用计算水胶比0.41。

(3) 确定单位用水量（m_{w0}）和掺外加剂后用水量（m_{a0}）

①由题意已知，要求混凝土拌合物坍落度为40～60mm，碎石最大公称粒径为40.0mm。查表3-33可知，混凝土水胶比在0.40～0.80范围时，根据碎石最大粒径40mm的塑性混凝土，坍落度为35～50mm时，用水量为175kg；坍落度为55～70mm时，用水量为185kg。用内插法计算选用未掺外加剂时的混凝土用水量：$m'_{w0} = 178.8 \text{kg}$。

②已知掺加0.5%的减水剂，减水率为8%，则掺减水剂后的混凝土用水量 m_{w0} 按式（3-13）计算为：

$$m_{w0} = m'_{w0}(1-\beta) = 178.8 \times (1-8\%) = 164.5 (\text{kg/m}^3)$$

(4) 计算胶凝材料、矿物掺合料和水泥用量

①计算每立方米混凝土的胶凝材料用量（m_{b0}）

已知混凝土单位用水量 $m_{w0} = 164.5 \text{kg/m}^3$，水胶比 $W/B = 0.41$，按式（3-14）计算每立方米混凝土胶凝材料用量为：

$$m_{b0} = \frac{m_{w0}}{W/B} = 164.5/0.41 = 401.2 \text{kg/m}^3$$

[校核]：按耐久性要求校核单位胶凝材料用量。按题意，已知混凝土所处环境条件属室内干燥环境，根据耐久性要求，查表3-28，混凝土的最小胶凝材料用量为280kg/m³。按强度计算每立方米混凝土胶凝材料用量为401.2kg/m³，符合耐久性要求。

②计算每立方米混凝土粉煤灰用量（m_{f0}）

由题意已知，粉煤灰的掺量为20%，代入式（3-15）计算得：

$$m_{f0} = m_{b0} \cdot \beta_f = 401.2 \times 20\% = 80.24 \text{kg/m}^3$$

③每立方米混凝土的水泥用量（m_{c0}），按式（3-16）计算：

$$m_{c0} = m_{b0} - m_{f0} = 401.2 - 80.24 = 320.96 \text{kg/m}^3$$

[校核]：混凝土最小水泥用量的限值（表3-28），钢筋混凝土最小水泥用量为280kg，计算值满足要求。

(5) 确定混凝土中减水剂用量（m_{a0}）

由题意已知，每立方米混凝土中减水剂的掺量为0.5%，按式（3-17）计算：

$$m_{a0} = m_{b0}\beta_a = 401.2 \times 0.5\% = 2.0 \text{kg/m}^3$$

(6) 确定砂率值（β_s）

按前已知，集料采用碎石的最大公称粒径为40.0mm，水胶比$W/B=0.41$。查表3-34，选定混凝土砂率：$\beta_s=32\%$。

(7) 计算粗、细集料用量（m_{g0}、m_{s0}）

①质量法

已知：每立方米混凝土的水泥用量$m_{c0}=320.96\text{kg/m}^3$，粉煤灰用量$m_{f0}=80.24\text{kg/m}^3$，用水量$m_{w0}=164.5\text{kg/m}^3$，混凝土拌合物假定质量$m_{cp}=2400\text{kg/m}^3$，砂率$\beta_s=32\%$。

应按式（3-19）计算粗、细集料用量m_{g0}、m_{s0}：

$$\begin{cases} m_{c0} + m_{f0} + m_{g0} + m_{s0} + m_{w0} = m_{cp} \\ \beta_s = \dfrac{m_{s0}}{m_{g0}+m_{s0}} \times 100\% \end{cases}$$

解得：砂用量$m_{s0}=587\text{kg/m}^3$，碎石用量$m_{g0}=1247.4\text{kg/m}^3$。

按质量法计算得初步配合比：

$$m_{c0} : m_{f0} : m_{w0} : m_{s0} : m_{g0} = 320.96 : 80.24 : 164.5 : 587 : 1247.4$$

②体积法

已知：水泥密度$\rho_c=3100\text{kg/m}^3$，粉煤灰密度$\rho_f=2200\text{kg/m}^3$，砂表观密度$\rho_s=2650\text{kg/m}^3$，碎石表观密度$\rho_g=2700\text{kg/m}^3$，由于采用非引气混凝土，因此$\alpha=1$，由式（3-20）：

$$\begin{cases} \dfrac{m_{c0}}{\rho_c} + \dfrac{m_{f0}}{\rho_f} + \dfrac{m_{g0}}{\rho_g} + \dfrac{m_{s0}}{\rho_s} + \dfrac{m_{w0}}{\rho_w} + 0.01\alpha = 1 \\ \beta_s = \dfrac{m_{s0}}{m_{g0}+m_{s0}} \times 100\% \end{cases}$$

解得：砂用量$m_{s0}=588.8\text{kg/m}^3$，碎石用量$m_{g0}=1251.1\text{kg/m}^3$。

按体积法计算得初步配合比：

$m_{c0} : m_{f0} : m_{w0} : m_{s0} : m_{g0} = 320.96 : 80.24 : 164.5 : 588.8 : 1251.1$（水胶比$=0.41$）

2) 调整工作性，提出基准配合比

(1) 计算试拌材料用量

按计算初步配合比（以绝对体积法计算结果为例），试拌25L混凝土拌合物，各种材料用量：

水泥：　$320.96 \times 0.025 = 8.024\text{kg}$

粉煤灰：$80.24 \times 0.025 = 2.01\text{kg}$

水：　　$164.5 \times 0.025 = 4.11\text{kg}$

砂：　　$588.8 \times 0.025 = 14.72\text{kg}$

碎石：　$1251.1 \times 0.025 = 31.28\text{kg}$

(2) 调整工作性

按计算材料用量拌制混凝土拌合物，测定其坍落度为 20mm，未满足题给的施工和易性要求。为此，保持水胶比不变，增加 5% 的水和胶凝材料用量。再经拌合测坍落度为 50mm，黏聚性和保水性亦良好，满足施工和易性要求。此时，混凝土拌合物各组成材料实际用量为：

水泥：$8.024 \times (1+5\%) = 8.43$ kg

粉煤灰：$2.01 \times (1+5\%) = 2.11$ kg

水：$4.11 \times (1+5\%) = 4.32$ kg

砂：14.72 kg

碎石：31.28 kg

(3) 提出基准配合比

根据调整工作性后，混凝土拌合物的基准配合比为：

$m_{ca} : m_{fa} : m_{wa} : m_{sa} : m_{ga} = 337.2 : 84.4 : 172.8 : 588.8 : 1251.1$（水胶比=0.41）

3) 检验强度，测定试验室配合比

(1) 检验强度

根据题意，以水胶比 0.41 为基准，采用水胶比相差 0.05 制成三组试件，分别为 $(W/B)_A = 0.36$，$(W/B)_B = 0.41$，$(W/B)_C = 0.46$，分别拌制三组混凝土拌合物。砂、碎石用量不变，基准用水量亦保持不变。除基准配合比一组外，其他两组亦经测定坍落度并观察其黏聚性和保水性均满足要求。

三组配合比经拌制成型，在标准条件养护 28d 后，按规定方法测定其立方体抗压强度值，见表 3-36；根据上表实验结果，绘制混凝土 28d 立方体抗压强度（$f_{cu,28}$）与胶水比（B/W）关系图 3-15。由图可知，相应混凝土配制强度 $f_{cu,0} = 36.58$ MPa 的胶水比 $B/W = 2.33$，即水胶比为 0.43。

不同水胶比的强度值　　　　　　表 3-36

组号	水胶比	胶水比	强度值
A	0.36	2.78	45.5
B	0.41	2.44	38.0
C	0.46	2.17	30.2

(2) 确定实验室配合比

① 按强度实验结果修正配合比，各材料用量为：

用水量　　　$m_{wb} = 164.5$ kg/m³

胶凝材料用量　$m_{bb} = 164.5 \div 0.43 = 382.56$ kg/m³

粉煤灰用量　　$m_{fb} = 382.56 \times 0.20 = 76.51$ kg/m³

水泥用量　　　$m_{fb} = 382.56 - 76.51 = 306.05$ kg/m³

砂、石用量根据下式按体积法计算：

$$\begin{cases} \dfrac{m_{c0}}{\rho_c} + \dfrac{m_{f0}}{\rho_f} + \dfrac{m_{g0}}{\rho_g} + \dfrac{m_{s0}}{\rho_s} + \dfrac{m_{w0}}{\rho_w} + 0.01\alpha = 1 \\ \beta_s = \dfrac{m_{s0}}{m_{g0} + m_{s0}} \times 100\% \end{cases}$$

解得：砂用量 $m_{s0}=594.27\text{kg/m}^3$，碎石用量 $m_{g0}=1262.83\text{kg/m}^3$

按体积法计算得初步配合比：

$m_{cb}:m_{fb}:m_{wb}:m_{sb}:m_{gb}=306.05:76.51:164.5:594.27:1262.83$

②混凝土表观密度计算值 $\rho_{c,c}=306.05+76.51+164.5+594.27+1262.83=2404.16\text{kg/m}^3$

实测表观密度 $\rho_{c,t}=2450\text{kg/m}^3$

修正系数 $\delta=2450/2404.16=1.02$

因为混凝土表观密度实测值与计

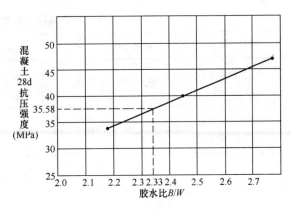

图 3-15　混凝土 28d 抗压强度与水胶比关系曲线

算值之差的绝对值超过计算值的 2%，则按实测表观密度校正各种材料用量：

水泥用量　　$m'_{cb}=306.05\times1.02=312.17\text{kg/m}^3$

粉煤灰用量　$m'_{fb}=76.51\times1.02=78.04\text{kg/m}^3$

用水量　　　$m'_{wb}=164.5\times1.02=167.79\text{kg/m}^3$

砂用量　　　$m'_{sb}=594.27\times1.02=606.16\text{kg/m}^3$

碎石用量　　$m'_{gb}=1262.83\times1.02=1288.09\text{kg/m}^3$

因此，实验室配合比为 $m'_{cb}:m'_{fb}:m'_{wb}:m'_{sb}:m'_{gb}=313.2:78.0:167.8:606.2:1288.1$ 换算施工配合比，根据工地现场实测，砂的含水率 $\omega_s=2\%$；碎石的含水率 $\omega_g=1\%$。各种材料的用量为：

水泥用量　　$m_c=313.2\text{kg/m}^3$

粉煤灰用量　$m_f=78.0\text{kg/m}^3$

用水量　　　$m_w=167.8-(606.2\times2\%+1288.1\times1\%)=142.8\text{kg/m}^3$

砂用量　　　$m_s=606.2\times(1+2\%)=618.32\text{kg/m}^3$

碎石用量　　$m_g=1288.1\times(1+1\%)=1300.98\text{kg/m}^3$

施工配合比为 $m_c:m_f:m_w:m_s:m_g=313.2:78.0:142.8:618.32:1301.0$

四、路面水泥混凝土配合比设计方法（以抗弯拉强度为指标的设计方法）

1. 计算试配抗弯拉强度值（f_c）

混凝土试配弯拉强度值应按式（3-26）确定：

$$f_c=\frac{f_r}{1-1.04c_v}+ts \tag{3-26}$$

式中　f_c——混凝土试配弯拉强度的均值（MPa）；

　　　f_r——混凝土弯拉强度标准值（MPa）；

　　　c_v——混凝土弯拉强度的变异系数，按表 3-37 取用；

　　　s——混凝土弯拉强度试验样本的标准差；

　　　t——保证率系数，按样本数 n 和判别概率 p 参照表 3-38 确定。

变异系数 c_v 的变化范围 表 3-37

公路技术等级	高速公路	一级公路	二级公路		三、四级公路
混凝土弯拉强度变异水平等级	低	低	中	中	中	高
弯拉强度变异系数 c_v 允许变化范围	0.05~0.10	0.05~0.10	0.10~0.15	0.10~0.15	0.10~0.15	0.15~0.20

保证率系数 表 3-38

公路等级	判别概率 p	样本数 n				
		3	6	9	15	20
高速公路	0.05	1.36	0.79	0.61	0.45	0.39
一级公路	0.10	0.95	0.59	0.46	0.35	0.30
二级公路	0.15	0.72	0.46	0.37	0.28	0.24
三、四级公路	0.20	0.56	0.37	0.29	0.22	0.19

计算的抗弯拉强度值应符合《公路水泥混凝土路面设计规范》JTG D40—2002 中的规定，见表 3-39。

混凝土弯拉强度标准值 表 3-39

交通等级	特重	重	中等	轻
水泥混凝土的弯拉强度标准值（MPa）	5.0	5.0	4.5	4.0
钢纤维混凝土的弯拉强度标准值（MPa）	6.0	6.0	5.5	5.0

2. 水灰（胶）比的计算和确定 $\left(\dfrac{W}{C}\right)$

根据粗集料的类型，水灰比可分别按式（3-27）、式（3-28）计算：

碎石和碎卵石混凝土： $\dfrac{W}{C} = \dfrac{1.5684}{f_c + 1.0097 - 0.3595 f_s}$ (3-27)

卵石混凝土： $\dfrac{W}{C} = \dfrac{1.2618}{f_c + 1.5492 - 0.4709 f_s}$ (3-28)

式中 f_c ——配制 28d 弯拉强度的均值（MPa）；

f_s ——水泥实测 28d 抗折强度（MPa）。

①掺用粉煤灰时应计入超量取代法中代替水泥的那一部分粉煤灰用量（代替砂的超量部分不计入），用水胶比 $\dfrac{W}{C+F}$ 代替水灰比 $\dfrac{W}{C}$。

②应在满足弯拉强度计算值和耐久性（表 3-33）两者要求的水灰（胶）比中取小值。

各交通等级路面混凝土满足耐久性要求的最大水灰（胶）比和最小单位水泥用量应符合表 3-40 规定。

混凝土满足耐久性要求的最大水灰（胶）比和最小单位水泥用量　　　表 3-40

公路技术等级		高速公路、一级公路	二级公路	三、四级公路
最大水灰（胶）比		0.44	0.46	0.48
抗冰冻要求最大水灰（胶）比		0.42	0.44	0.46
抗盐冻要求最大水灰（胶）比		0.40	0.42	0.44
最小单位水泥用量（kg/m³）	42.5 级	300	300	290
	32.5 级	310	310	305
抗冰（盐）冻时最小单位水泥用量（kg/m³）	42.5 级	320	320	315
	32.5 级	330	330	325
掺粉煤灰时最小单位水泥用量（kg/m³）	42.5 级	260	260	255
	32.5 级	280	270	265
抗冰（盐）冻掺粉煤灰最小单位水泥用量（42.5 级水泥）（kg/m³）		280	270	265

注：1. 掺粉煤灰，并有抗冰（盐）冻要求时，不得使用 32.5 级水泥；
　　2. 水灰（胶）比计算以砂石料的自然风干状态计（砂含水量≤1.0%；石子含水量≤0.5%）；
　　3. 处在除冰盐、海风、酸雨或硫酸盐等腐蚀性环境中，或在大纵坡等加减速车道上的混凝土，最大水灰（胶）比可比表中数值降低 0.01～0.02。

3. 确定砂率值（S_p）

砂率应根据砂的细度模数和粗集料种类，查表 3-41 取值。在做抗滑槽时，砂率在表 3-41 基础上可增大 1%～2%。

砂的细度模数与最优砂率关系　　　表 3-41

砂细度模数		2.2～2.5	2.5～2.8	2.8～3.1	3.1～3.4	3.4～3.7
砂率 S_p（%）	碎石	30～34	32～36	34～38	36～40	38～42
	卵石	28～32	30～34	32～36	34～38	36～40

注：碎卵石可在碎石和卵石混凝土之间内插取值。

4. 计算单位用水量（W）

1）根据粗集料种类，按下列经验式（3-29）、式（3-30）计算单位用水量（以自然风干状态计）：

$$碎石：W_0 = 104.97 + 0.309 S_L + 11.27 \frac{C}{W} + 0.61 S_P \tag{3-29}$$

$$卵石：W_0 = 86.89 + 0.370 S_L + 11.24 \frac{C}{W} + 1.00 S_P \tag{3-30}$$

式中　W_0——不掺外加剂与掺合料混凝土的单位用水量（kg/m³）；

　　　S_L——坍落度（mm）；

　　　S_P——砂率（%）；

　　　$\frac{C}{W}$——灰水比，水灰比之倒数。

2）掺外加剂的混凝土单位用水量应按式（3-31）计算：

$$W_{0w} = W_0 \left(1 - \frac{\beta}{100}\right) \tag{3-31}$$

式中 W_{0w}——掺外加剂混凝土的单位用水量（kg/m³）；

β——所用外加剂剂量的实测减水率（%）。

单位用水量应取计算值和表 3-42 的规定值两者中的小值。若实际单位用水量仅掺引气剂不满足所取数值，则应掺用引气（高效）减水剂，三、四级公路也可采用真空脱水工艺。

不同路面施工方式混凝土坍落度及最大单位用水量 表 3-42

摊铺方式	轨道摊铺机摊铺		三辊轴机组摊铺		小型机具摊铺	
出机坍落度（mm）	40~60		30~50		10~40	
摊铺坍落度（mm）	20~40		10~30		0~20	
最大单位用水量（kg/m³）	碎石 156	卵石 153	碎石 153	卵石 148	碎石 150	卵石 145

注：1. 表中的最大单位用水量系采用中砂、粗细集料为风干状态的取值，采用细砂时，应使用减水率较大的（高效）减水剂；

2. 使用碎卵石时，最大单位用水量可取碎石与卵石中值。

5. 计算单位水泥用量（C_0）

单位水泥用量应由式（3-32）计算，并取计算值与表 3-41 规定值两者中的大值。

$$C_0 = \left(\frac{C}{W}\right) \cdot W_0 \tag{3-32}$$

最大单位水泥用量不宜大于 400kg/m³；掺粉煤灰时，最大单位胶材总量不宜大于 420kg/m³。

6. 计算混凝土粗细骨料用量

砂石料用量可按密度法或体积法计算。按密度法计算时，混凝土单位质量可取 2400~2450kg/m³；按体积法计算时，应计入设计含气量。采用超量取代法掺用粉煤灰时，超量部分应代替砂，并折减用砂量。经计算得到的配合比，应验算单位粗集料填充体积率，且不宜小于 70%。

重要路面、桥面工程应采用正交试验法进行配合比优选。

【例 3-3】 以弯拉应力为设计指标的设计方法，试设计某二级公路路面用水泥混凝土初步配合比。原始资料如下：交通等级属中等，规范中规定，设计抗弯拉强度标准值 4.5MPa；混凝土由机械搅拌并振捣，采用三辊轴机组摊铺施工，施工要求坍落度 10~30mm，施工单位管理水平良好。所用原材料如下：

水泥：普通硅酸盐水泥 32.5，实测水泥抗弯强度 7.33MPa；密度 3.1g/cm³。

碎石：原岩石灰石，一级石料，最大粒径 40mm，饱和面干密度 2.75g/cm³。

砂：河砂，属中砂，饱和面干密度 2.70g/cm³。

【设计步骤】

（1）确定混凝土试配抗弯拉强度（f_c）

混凝土试配抗弯拉强度按下式确定：根据查表 3-36 和表 3-37，一级公路：中等 $c_v=0.12$；s 在无资料时可选 10%；保证率系数，常用样本 $n=6$，$t=0.59$，根据设计要求 $f_r=4.5$MPa，将各参数代入式（3-26），混凝土配制弯拉强度为：

$$f_c = \frac{f_r}{1-1.04c_v} + ts = \frac{4.5}{1-1.04 \times 0.12} + 0.10 \times 0.59 = 5.20 \text{MPa}$$

(2) 计算水胶比（W/C）及耐久性验算

将混凝土配制抗弯拉强度平均值 $f_c=5.20$MPa 和水泥实测抗折强度值 $f_s=7.33$MPa 代入式（3-27）进行计算。

$$\frac{W}{C} = \frac{1.5684}{f_c + 1.0097 - 0.3595 f_s} = \frac{1.5684}{5.20 + 1.0097 - 0.3595 \times 7.33} = 0.44$$

经查表 3-39，该水胶比小于表中值，可以满足二级公路耐久性最大水胶比要求。

(3) 确定砂率值（S_p）

根据中砂细度模数范围 2.3~3.0，查表 3-40 用插值法，取 33%。

(4) 计算单位用水量（W）

根据经验公式（3-29）计算：

$$W = 104.97 + 0.309Sl + 11.27\frac{C}{W} + 0.61 S_p$$

$$= 104.97 + 0.309 \times 20 + 11.27 \times \frac{1}{0.44} + 0.61 \times 33 = 157\text{kg}$$

经查表 3-41 摊铺坍落度 10~30mm，单位最大用水量不得超过 153kg，故取 153kg。

(5) 计算单位水泥用量（C）及耐久性验算

$$C = W \times \frac{C}{W} = 153 \times \frac{1}{0.44} = 348\text{kg}$$

查表 3-39 二级公路，水泥 32.5 等级，最小水泥用量 310kg/m³，故计算值满足耐久性要求。

(6) 计算粗细骨料用量（m_s, m_g）

假设混凝土湿表观密度 2430kg/m³，用质量法计算粗细骨料用量（没有加入外加剂和矿物掺合料），用式（3-19）得：

$$C + W + m_s + m_g = 2430$$

$$S_P = \frac{m_s}{m_s + m_g}$$

将已知数据代入方程组：$248 + 153 + m_s + m_g = 2430$

$$0.33 = \frac{m_s}{m_s + m_g}$$

计算得出：$m_s = 670$kg $m_g = 1359$kg

(7) 混凝土初步配合比：

水泥：水：砂：碎石 = 348：153：670：1359 = 1：0.44：1.93：3.90

五、混凝土的外加剂

混凝土外加剂是一种除水泥、砂石和水之外在混凝土拌制之前或拌制过程中以控制量加入的，用于混凝土能产生希望的变化的物质。混凝土外加剂按其成分可分为两类：化学外加剂和矿物外加剂。

实践证明，采用混凝土外加剂是改善其各种性能，满足这一要求的有力措施，而且对节约水泥和节省能源也有十分显著的效果。因此，外加剂已成为混凝土中必不可少的组成成分。不少国家使用掺外加剂的混凝土已占混凝土总量的60%～90%，有的甚至接近100%。

（一）外加剂的分类

不同的外加剂功能各异，也有一种外加剂具有多种效果的。根据国际标准，按外加剂的主要功能可归纳为以下六类。

(1) 改善新拌混凝土和易性的外加剂，如减水剂、引气剂等。

(2) 调节混凝土凝结硬化速度的外加剂，如早强剂、速凝剂、缓凝剂等。

(3) 调节混凝土中空气含量的外加剂，如引气剂、加气剂、泡沫剂、消泡剂等。

(4) 改善混凝土物理力学性能的外加剂，如引气剂、膨胀剂、抗冻剂、防水剂等。

(5) 增加混凝土中钢筋抗腐蚀性的外加剂，如阻锈剂等。

(6) 能为混凝土提供特殊性能的外加剂，如引气剂、着色剂、隔离剂等。

（二）常用的混凝土外加剂品种

1. 减水剂

减水剂是指在混凝土坍落度基本相同条件下，能减少其拌合水量的外加剂。

减水剂也是一种多功能型外加剂，如在用水量不变时，可增大坍落度10～20cm；保持混凝土和易性不变时，可减少用水量10%～15%，提高强度15%～20%，特别是早期强度提高显著；在保持混凝土强度不变时，可节约水泥用量10%～15%；还可以提高抗渗、抗冻、耐化学腐蚀等性能。可满足混凝土工程多方面要求，因此它是目前国内外使用量最大，效果最好的混凝土外加剂。

国内现在生产的减水剂品种很多，按掺入混凝土后所产生的效果来分，有普通型、早强型、引气型、缓凝型和高效型等。按化学成分不同分为：木质素磺酸盐类、多环芳香族磺酸盐类、水溶性树脂磺酸盐类、腐殖酸类及糖蜜类等。

常用减水剂的品种有：木质系和萘系减水剂，如木钙（木质素磺酸钙，又称M型减水剂）、NNO型减水剂和建Ⅰ型减水剂等。

2. 早强剂

早强剂是指能加速混凝土早期强度发展的外加剂。早强剂可促进水泥的水化和硬化进程，加快施工进度，提高模板周转率，特别适用于冬期施工或紧急抢修工程。

目前广泛使用的混凝土早强剂有三类，即氯化物（如 $CaCl_2$，$NaCl$ 等）、硫酸盐系（如 Na_2SO_4 等）和三乙醇胺系，但更多的是使用以它们为基材的复合早强剂。其中氯化物对钢筋有锈蚀作用，常与阻锈剂（$NaNO$）复合使用。

3. 引气剂

引气剂是指搅拌混凝土过程中能引入大量均匀分布、稳定而封闭的微小气泡的外加剂。引气剂属憎水性表面活性剂，能显著降低水的表面张力和界面能，使水溶液在搅拌过程中极易产生许多微小的封闭气泡，气泡直径多在50～250μm，同时因引气剂定向吸附在气泡表面，形成较为牢固的液膜，使气泡稳定而不破裂。按混凝土含气量3%～5%计（不加引气剂的混凝土含气量为1%），1m^3混凝土拌合物中含数百亿个气泡，由于大量微小、封闭并均匀分布的气泡的存在，使混凝土的某些性能在以下几个方面得到明显的改善或改变：如改善混凝土拌合物的和易性，封闭型气泡可起润滑作用；显著提高混凝土的抗渗性、抗冻性，小气泡可阻塞毛细管，切断进水通路；但也会降低混凝土强度，由于大量气泡的存在，减少了混凝土的有效受力面积，使混凝土强度有所降低。一般混凝土的含气量每增加1%时，其抗压强度将降低4%～5%，抗折强度约降低2%～3%。

引气剂可用于抗渗混凝土、抗冻混凝土、抗硫酸侵蚀混凝土、泌水严重的混凝土、轻混凝土以及对饰面有要求的混凝土等，但引气剂不宜用于蒸养混凝土及预应力钢筋混凝土。

引气剂的掺用量通常为水泥质量的0.005%～0.015%（以引气剂的干物质计算）。

常用的引气剂有松香热聚物、松香酸钠、烷基磺酸钠、烷基苯磺酸钠、脂肪醇硫酸钠等。

4. 缓凝剂

缓凝剂是指能延缓混凝土凝结时间，并对混凝土后期强度发展无不利影响的外加剂。缓凝剂主要有四类：糖类，如糖蜜；木质素磺酸盐类，如木钙、木钠；羟基核酸及其盐类，如柠檬酸、酒石酸；无机盐类，如锌盐、硼酸盐等。常用的缓凝剂是木钙和糖蜜，其中糖蜜的缓凝效果最好。

缓凝剂具有缓凝、减水、降低水化热和提高强度作用，对钢筋也无锈蚀作用。主要适用于大体积混凝土、炎热气候下施工的混凝土，以及需长时间停放或长距离运输的混凝土。缓凝剂不宜用于在日最低气温5℃以下施工的混凝土，也不宜单独用于有早强要求的混凝土及蒸养混凝土。

5. 防冻剂

防冻剂是指在规定温度下，能显著降低混凝土的冰点，使混凝土液相不冻结或仅部分冻结，以保证水泥的水化作用，并在一定的时间内获得预期强度的外加剂。常用的防冻剂有氯盐类（氯化钙、氯化钠）；氯盐阻锈类（以氯盐与亚硝酸钠阻锈剂复合而成）；无氯盐类（以硝酸盐、亚硝酸盐、碳酸盐、乙酸钠或尿素复合而成）。

氯盐类防冻剂适用于无筋混凝土；氯盐阻锈类防冻剂适用于钢筋混凝土；无氯盐类防冻剂可用于钢筋混凝土工程和预应力钢筋混凝土工程。硝酸盐、亚硝酸盐、碳酸盐易引起钢筋的腐蚀，故不适用于预应力钢筋混凝土以及与镀锌钢材或与铝铁相接触部位的钢筋混凝土结构。另外，含有六价铬盐、亚硝酸盐等有毒成分的防冻剂，严禁用于饮水工程及与食品接触的部位。

防冻剂用于负温条件下施工的混凝土。目前国产防冻剂品种适用于0～15℃的气温，当在更低气温下施工时，应增加混凝土冬期施工的措施，如暖棚法、原料（砂、石、水）预热法等。

6. 速凝剂

速凝剂是指能缩短混凝土拌合物由塑性到坚硬状态过渡时间的外加剂。速凝剂主要有无机盐类和有机物类两类。我国常用的速凝剂是无机盐类，主要型号有红星Ⅰ型、711型、728型、8604型等。

红星Ⅰ型速凝剂适宜掺量为水泥质量的2.5%～4.0%。711型速凝剂适宜掺量为水泥质量的3%～5%。

速凝剂掺入混凝土后，能使混凝土在5 min内初凝，10 min内终凝，1h就可产生强度，1d强度提高2～3倍，但后期强度会下降，28 d强度约为不掺时的80%～90%。速凝剂的速凝早强作用机理是使水泥中的石膏变成Na_2SO_4，失去缓凝作用，从而促使C_3A迅速水化，并在溶液中析出其水化产物晶体，导致水泥浆迅速凝固。

速凝剂主要用于矿山井巷、铁路隧道、引水涵洞、地下工程。

(三)外加剂的选择和使用

在混凝土中掺入外加剂,可明显改善混凝土的技术性能,取得显著的技术经济效果。若选择和使用不当,会造成事故。因此,在选择和使用外加剂时,应注意以下几点:

1)外加剂品种的选择

外加剂品种、品牌很多,效果各异,特别是对于不同品种的水泥效果不同。在选择外加剂时,应根据工程需要、现场的材料条件,并参考有关资料,通过试验确定。

2)外加剂掺量的确定

混凝土外加剂均有适宜掺量,掺量过小,往往达不到预期效果;掺量过大,则会影响混凝土质量,甚至造成质量事故。因此,应通过试验试配确定最佳掺量。

3)外加剂的掺加方法

外加剂的掺量很少,必须保证其均匀分散,一般不能直接加入混凝土搅拌机内。对于可溶于水的外加剂,应先配成一定浓度的溶液,随水加入搅拌机。对于不溶于水的外加剂,应与适量水泥或砂混合均匀后再加入搅拌机内。另外,外加剂的掺入时间对其效果的发挥也有很大影响,如为保证减水剂的减水效果,减水剂有同掺法、后掺法、分次掺入三种方法。

六、其他品种混凝土简介

(一)钢纤维混凝土

钢纤维混凝土属纤维增强混凝土中的一种。钢纤维混凝土是在普通混凝土中掺入乱向分布的短钢纤维所形成的一种新型的多相复合材料。这些乱向分布的钢纤维能够有效地阻碍混凝土内部微裂缝的扩展及宏观裂缝的形成,显著地改善了混凝土的抗拉、抗弯、抗冲击及抗疲劳性能,具有较好的延性。

钢纤维混凝土的研究历史可以追溯到20世纪。在1910年由美国P0rter首创,1911年美国的Graham正式将钢纤维掺合到混凝土中,并进一步验证了钢纤维混凝土的优越性。

1. 钢纤维的类型及特征参数

钢纤维按材质分,有普通碳钢钢纤维和不锈钢钢纤维,其中以普通碳钢钢纤维用量居多;按外形分有长形、压痕形、波浪形、弯钩形、大头形、扭曲形;按截面形状分有圆形、矩形、月牙形及不规则形;按生产工艺分有切断型、剪切型、铣削型及熔抽型;按施工用途分有浇筑用钢纤维和喷射用钢纤维(图3-16)。

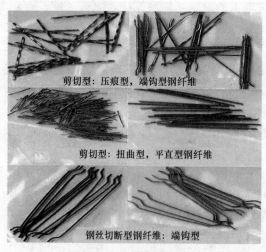

图3-16 各种钢纤维

用于公路混凝土路面和桥面的钢纤维除应满足《混凝土用钢纤维》YB/T 151的规定外,还应符合下列技术要求:①单丝钢纤维抗拉强度不宜小于600 MPa。②钢纤维长度应与混凝土粗集料最大公称粒径相匹配,最短长度宜大于粗集料最大公称粒径的1/3;最大长度宜大于粗集料最大公称粒径的2倍；钢纤维长度与标称值的偏差不应超过±10%。路面和桥面混凝土中，宜使用防锈蚀处理的钢纤维；宜使用有锚固端的钢纤维。不得使用表面磨损前后裸露尖端导致行车不安全的钢纤维；不宜使用搅拌易成团的钢纤维。

为满足钢纤维的增强效果与施工性能，通常采用钢纤维长度为15～60mm，直径或等效直径为0.3～1.2mm，长径比为30～100，纤维的体积掺量为0.5%～2%。

2. 钢纤维的主要性能

钢纤维的主要性能包括抗拉强度与粘结强度。试验表明，由于普通钢纤维混凝土主要是因钢纤维拔出而破坏，并不是因钢纤维拉断而破坏，因此钢纤维的抗拉强度一般能满足使用要求，而其与混凝土基体界面的粘结强度是影响钢纤维混凝土性能的主要因素。粘结强度除与基体的性能有关外，就钢纤维本身而言，与钢纤维的外形和截面形状有关。

普通钢纤维混凝土较之普通混凝土，抗拉强度提高40%～80%，抗弯强度提高60%～120%，抗剪强度提高50%～100%，抗压强度提高幅度较小，一般在0～25%之间，但抗压韧性却大幅度提高。

3. 钢纤维混凝土的基本性能

国内外对钢纤维的作用机理和钢纤维混凝土的基本性能做了大量的研究，现归纳如下：

钢纤维混凝土中乱向分布的短纤维主要作用是阻碍混凝土内部微裂缝的扩展和阻滞宏观裂缝的发生和发展。在受荷（拉、弯）初期，水泥基料与纤维共同承受外力，当混凝土开裂后，横跨裂缝的纤维成为外力的主要承受者。因此钢纤维混凝土与普通混凝土相比具有一系列优越的物理和力学性能。

1) **强度和重量比值增大** 这是钢纤维混凝土具有优越经济性的重要标志。

2) **具有较高的抗拉、抗弯、抗剪和抗扭强度** 在混凝土中掺入适量钢纤维，其抗拉强度提高25%～50%，抗弯强度提高40%～80%，抗剪强度提高50%～100%。

3) **具有卓越的抗冲击性能** 材料抵抗冲击或振动荷载作用的性能，称为冲击韧性，在通常的纤维掺量下，冲击抗压韧性可提高2～7倍，冲击抗弯、抗拉等韧性可提高几倍到几十倍。

4) **收缩性能明显改善** 在通常的纤维掺量下，钢纤维混凝土较普通混凝土的收缩值降低7%～9%。

5) **抗疲劳性能显著提高** 钢纤维混凝土的抗弯和抗压疲劳性能比普通混凝土都有较大改善。当掺有1.5%钢纤维，抗弯疲劳寿命为1×10^6次时，应力比为0.68，而普通混凝土仅为0.51；当掺有2%钢纤维混凝土，抗压疲劳寿命达2×10^6次时，应力比为0.92，而普通混凝土仅为0.56。

6) **耐久性能显著提高** 钢纤维混凝土除抗渗性能与普通混凝土相比没有明显变化外，由于钢纤维混凝土抗裂性、整体性好，因而耐冻融性、耐热性、耐磨性、抗气蚀性和抗腐蚀性均有显著提高。掺有1.5%的钢纤维混凝土经150次冻融循环，其抗压和抗弯强度下降约20%，而其他条件相同的普通混凝土却下降60%以上，经过200次冻融循环，钢纤维混凝土试件仍保持完好。掺量为1%、强度等级为CF35的钢纤维混凝土耐磨损失比普通混凝土降低30%。掺有2%钢纤维高强混凝土抗气蚀能力较其他条件相同的高强混凝土提高1.4倍。钢纤维混凝土在空气、污水和海水中都呈现良好的耐腐蚀性，暴露在污水和海水中5年后的试件碳化深度小于5mm，只有表层的钢纤维产生锈斑，内部钢纤维未锈蚀，不像普通钢筋混凝土中钢筋锈蚀后，锈蚀层体积膨胀而将混凝土胀裂。

4. 钢纤维混凝土的应用

钢纤维混凝土具有较好的性能，使用面很广，除在铁路、交通、建筑、海岸等工程中有广泛使用，在路桥工程方面，主要广泛应用于路面、桥梁、机场跑道等工程中，包括新建及修补工程。钢纤维混凝土较普通混凝土有较好的韧性，抗冲击、抗疲劳性。它可使面层厚度减少，伸缩缝间距加长，使用性能提高，维修费用减低、寿命延长。面层较普通混凝土可减少30%~50%，公路伸缩缝间距可达30~100m，机场跑道的伸缩缝间距可达30m。路面及桥面修补，其罩面厚度仅为3~5cm。如图3-17所示。目前钢纤维混凝土在应用中主要的问题是钢纤维生产成本较高，造成钢纤维混凝土初始造价较高。为了使钢纤维混凝土得到广泛应用，一方面应努力降低钢纤维生产成本从而降低钢纤维混凝土的造价，另一方面在应用时不应只计一次性投资，而应考虑钢纤维混凝土的优越使用性能、较低的维修费和使用寿命延长等综合经济效益。

图 3-17 钢纤维混凝土用于桥梁伸缩缝

（二）高性能混凝土

高性能混凝土（High performance concrete，简称HPC）是一种新型高技术混凝土，是20世纪80年代末90年代初，一些发达国家基于混凝土结构耐久性设计提出的一种全新概念的混凝土，它以耐久性为首要设计指标，这种混凝土有可能为基础设施工程提供100年以上的使用寿命。

《高性能混凝土应用技术规程》（CECS 207—2006）中对高性能混凝土定义为：采用常规材料和工艺生产，具有混凝土结构所要求的各项力学性能，具有高耐久性、高工作性和高体积稳定性及较高强度的混凝土。

高性能混凝土以耐久性作为设计的主要指标，针对不同用途要求，对下列性能重点予以保证：耐久性、工作性、适用性、强度、体积稳定性和经济性。高性能混凝土在配置上的特点是采用低水胶比，选用优质原材料，且必须掺加足够数量的矿物细掺料和高效外加剂。

1. 高性能混凝土与传统混凝土有如下区别：

1) 高性能混凝土具有一定的强度和高抗渗能力，但不一定具有高强度，中、低强度亦可。

2) 高性能混凝土具有良好的工作性，混凝土拌合物应具有较高的流动性，混凝土在成型过程中不分层、不离析，易充满模型；泵送混凝土、自密实混凝土还具有良好的可泵性、自密实性能。

3) 高性能混凝土的使用寿命长，对于一些特护工程的特殊部位，控制结构设计的不是混凝土的强度，而是耐久性。能够使混凝土结构安全可靠地工作50~100年以上，是高性能混凝土应用的主要目的。

4）高性能混凝土具有较高的体积稳定性，即混凝土在硬化早期应具有较低的水化热，硬化后期具有较小的收缩变形。

概括起来说，高性能混凝土就是能更好地满足结构功能要求和施工工艺要求的混凝土，能最大限度地延长混凝土结构的使用年限，降低工程造价。

2. 高性能混凝土的特性

1）自密实性

高性能混凝土的用水量较低，一般水胶比不大于0.38；流动性好，抗离析性高，从而具有较优异的填充性。因此，配合比恰当的大流动性高性能混凝土有较好的自密实性。

2）体积稳定性

高性能混凝土的体积稳定性较高，表现为具有高弹性模量、低收缩与徐变、低温度变形。普通混凝土的弹性模量为20~25GPa，采用适宜的材料与配合比的高性能混凝土，其弹性模量可达40~45GPa。采用高弹性模量、高强度的粗集料并降低混凝土中水泥浆体的含量，选用合理的配合比配制的高性能混凝土，90d龄期的干缩值低于0.04%。

3）强度

高性能混凝土的抗压强度已超过200MPa。目前，28d平均强度介于100~120MPa的高性能混凝土，已在工程中应用。高性能混凝土抗拉强度与抗压强度值比较高强混凝土有明显增加，高性能混凝土的早期强度发展加快，而后期强度的增长率却低于普通强度混凝土。

4）水化热

由于高性能混凝土的水灰比较低，会较早地终止水化反应，因此，水化热相应地降低。

5）收缩和徐变

高性能混凝土的总收缩量与其强度成反比，强度越高总收缩量越小。但高性能混凝土的早期收缩率，随着早期强度的提高而增大。相对湿度和环境温度，仍然是影响高性能混凝土收缩性能的两个主要因素。

高性能混凝土的徐变变形显著低于普通混凝土，高性能混凝土与普通强度混凝土相比较，高性能混凝土的徐变总量（基本徐变与干燥徐变之和）有显著减少。在徐变总量中，干燥徐变值的减少更为显著，基本徐变仅略有一些降低。而干燥徐变与基本徐变的比值，则随着混凝土强度的增加而降低。

6）耐久性

高性能混凝土除通常的抗冻性、抗渗性明显高于普通混凝土之外，高性能混凝土的Cl^-渗透率，明显低于普通混凝土。高性能混凝土由于具有较高的密实性和抗渗性，因此，其抗化学腐蚀性能显著优于普通强度混凝土。

我国上海东海大桥，地处杭州湾海域，常年气温较高、湿度大，季候风强烈，此处海水含盐度高、含氯度大，桥位处于出海口，涨落潮的干湿腐蚀效应和海洋大气的腐蚀效应都较强烈，为保证大桥的使用寿命，采用高性能混凝土建造大桥，解决了大桥耐久性的问题（图3-18）。

7）耐火性

图 3-18 上海东海大桥

高性能混凝土在高温作用下，会产生爆裂、剥落。由于混凝土的高密实度使自由水不易很快地从毛细孔中排出，再受高温时其内部形成几乎可达到饱和蒸汽压力。在 300℃ 温度下，蒸汽压力可达 8MPa，而在 350℃ 温度下，蒸汽压力可达 17MPa，这样的内部压力可使混凝土中产生 5MPa 拉伸应力，使混凝土发生爆炸性剥蚀和脱落。为克服这一性能缺陷，可在高性能和高强度混凝土中掺入有机纤维，在高温下混凝土中的纤维能熔解、挥发，形成许多连通的孔隙，使高温作用产生的蒸汽压力得以释放，从而改善高性能混凝土的耐高温性能。概括起来说，高性能混凝土就是能更好地满足结构功能要求和施工工艺要求的混凝土，能最大限度地延长混凝土结构的使用年限，降低工程造价。

第三节　普通水泥混凝土强度的检验和评定

一、混凝土质量波动的原因

在混凝土施工过程中，原材料、施工养护、试验条件、气候因素的变化，均可能造成混凝土质量的波动，影响到混凝土的和易性、强度及耐久性。

1. 原材料的质量波动

原材料的质量波动主要有：砂细度模数和级配的波动；粗骨料最大粒径和级配的波动；超粒径含量的波动；骨料含泥量的波动；骨料含水量的波动；水泥强度（不同批或不同厂家的实际强度可能不同）的波动；外加剂质量的波动（如液体材料的含固量、减水剂的减水率等）等。所有这些质量波动，均将影响混凝土的强度。在现场施工或预拌工厂生产混凝土时，必须对原材料的质量加以严格控制，及时检测并加以调整，尽可能减少原材料质量波动对混凝土质量的影响。

2. 施工养护引起的混凝土质量波动

混凝土的质量波动与施工养护有着十分紧密的关系。如混凝土搅拌时间长短；计量时未根据砂石含水量变动及时调整配合比；运输时间过长引起分层、析水；振捣时间过长或不足；浇水养护时间，或者未能根据气温和湿度变化及时调整保温保湿措施等。

3. 试验条件变化引起的混凝土质量波动

试验条件的变化主要指取样代表性，成型质量（特别是不同人员操作时），试件的养护条件变化，试验机自身误差以及试验人员操作的熟练程度等。

二、混凝土质量（强度）波动的规律

在正常的原材料供应和施工条件下，混凝土的强度有时偏高，有时偏低，但总是在配制强度的附近波动，质量控制越严，施工管理水平越高，则波动的幅度越小；反之，则波

动的幅度越大。通过大量的数理统计分析和工程实践证明，混凝土的质量波动符合正态分布规律，正态分布曲线见图 3-19。正态分布的特点：

（1）曲线形态呈钟形，在对称轴的两侧曲线上各有一个拐点。拐点至对称轴的距离等于 1 个标准差。

（2）曲线以平均强度为对称轴两边对称。即小于平均强度和大于平均强度出现的概率相等。平均强度值附近的概率（峰值）最高。离对称轴越远，出现的概率越小。

（3）曲线与横坐标之间围成的面积为总概率，即 100%。

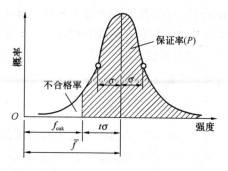

图 3-19 正态分布曲线

（4）曲线越窄、越高，相应的标准差值（拐点离对称距离）也越小，表明强度越集中于平均强度附近，混凝土匀质性好，质量波动小，施工管理水平高。若曲线宽且矮，相应的标准差越大，说明强度离散大、匀质性差、施工管理水平差。因此从概率分布曲线可以比较直观地分析混凝土质量波动的情况。

三、混凝土强度的匀质性评定

混凝土强度的均匀性，通常采用数理统计方法加以评定，主要评定参数有：

1. 强度平均值

混凝土强度平均值按式（3-33）计算：

$$f_{cu,m} = \frac{1}{N}(f_{cu,1} + f_{cu,2} + \cdots + f_{cu,N}) = \frac{1}{N}\sum_{i=1}^{N} f_{cu,i} \tag{3-33}$$

式中 $f_{cu,m}$——混凝土强度平均值（MPa）；

N——该批混凝土试件立方体抗压强度的总组数；

$f_{cu,i}$——第 i 组试件的强度值（MPa）。

理论上，平均强度与该批混凝土的配制强度相等，它只反映该批混凝土强度的总平均值，而不能反映混凝土强度的波动情况。例如平均强度 20MPa，可以由 15MPa、20MPa、25MPa 求得，也可以由 18MPa、20MPa、22MPa 求得，虽然平均值相等，但它们的均匀性显然后者优于前者。

2. 标准差

混凝土强度标准差按式（3-34）计算：

$$\sigma = \sqrt{\frac{\sum_{i=1}^{n} f_{cu,i}^2 - n \cdot m_{f_{cu}}^2}{n-1}} \tag{3-34}$$

式中 σ——混凝土强度标准差（N/mm²）；

$f_{cu,i}$——第 i 组混凝土试件的立方体抗压强度代表值（N/mm²）；

n——前一检验期内的样本容量。

由正态分布曲线可知，标准差在数值上等于拐点至对称轴的距离。其值越小，反映混凝土质量波动越小，均匀性越好。对于平均强度相同的混凝土而言，标准差能确切反映混凝土质量的均匀性，但当混凝土平均强度不等时，并不能确切反映其混凝土质量的均匀性。例如平均强度分别为20MPa和50MPa的混凝土，二者混凝土强度标准差均为等于5MPa时，对前者来说波动已很大，而对后者来说波动并不算大。因此，对不同强度等级的混凝土单用标准差值尚难以评判其匀质性，宜采用变异系数加以评定。

3. 变异系数 C_v

变异系数 C_v 根据式（3-35）计算：

$$C_v = \frac{\sigma}{f_{cu,m}} \tag{3-35}$$

变异系数亦即为标准差与平均强度的比值，实际上反映相对于平均强度而言的变异程度。其值越小，说明混凝土质量越均匀，波动越小。如上例中，前者的 $C_v=5/20=0.25$；后者的 $C_v=5/50=0.1$。显而易见，后者质量均匀性好，施工管理水平高。根据有关规定，混凝土的生产质量水平，用根据不同强度等级，用统计同期内混凝土强度的标准差和试件强度不低于设计等级的百分率来评定，并将混凝土生产单位质量管理水平划分为"优良"、"一般"及"差"三个等级，见表3-43。

混凝土生产质量水平　　　　　表3-43

生产质量水平		优良		一般		差	
评定指标	强度等级生产单位	<C20	≥C20	<C20	≥C20	<C20	≥C20
混凝土强度标准差 σ（MPa）	预拌混凝土和预制混凝土构件厂	≤3.0	≤3.5	≤4.0	≤5.0	>4.0	>5.0
	集中搅拌混凝土的施工现场	≤3.5	≤4.0	≤4.5	≤5.5	>4.5	>5.5
强度等于或高于要求强度等级的百分率 P（%）	预拌混凝土厂和预制构件厂及集中搅拌的施工现场	≥95		≥85		≤85	

4. 强度保证率（$P\%$）

根据数理统计的概念，在混凝土强度质量控制中，除了须考虑所生产的混凝土强度质量的稳定性之外，还必须考虑符合设计要求的强度等级的合格率，即强度保证率。它是指在混凝土强度总体中，不小于设计要求的强度等级标准值（$f_{cu,k}$）的概率 P（%）。根据我国JGJ 55—2011的规定，当混凝土的设计强度等级小于C60时，混凝土强度保证率必须达到95%以上。

5. 混凝土的配制强度

根据数理统计知识，如果混凝土的平均强度与设计强度等级相等，强度保证率系数 $t=0$，此时保证率为50%，亦即只有50%的混凝土强度大于等于设计强度等级，工程质量难以保证。因此，必须适当提高混凝土的配制强度，以提高保证率。这里指的配制强度实际上等于混凝土的平均强度。根据我国JGJ 55—2011的规定，混凝土强度保证率必须达到95%以上，此时对应的保证率系数 $t=1.645$，由下式得：

当混凝土的设计强度等级小于C60时，配制强度应按式（3-36）计算：

$$f_{cu,0} \geq f_{cu,k} + 1.645\sigma \tag{3-36}$$

式中　$f_{cu,0}$——混凝土配制强度（MPa）；
　　　$f_{cu,k}$——混凝土立方体抗压强度标准值（MPa）；
　　　σ——混凝土强度标准差（MPa）。

当生产单位或施工单位具有统计资料时，可根据实际情况自行控制取值，但强度等级小于等于C25时，σ不应小于2.5MPa；当强度等级不小于C30时，σ不应小于3.0 MPa；当无统计资料和经验时，可按表3-30取值。

四、混凝土强度检验评定标准

根据《混凝土强度检验评定标准》GB 50107—2010规定，混凝土强度检验评定分统计方法和非统计方法两种。

1. 统计方法（已知标准差的方法）

1）样本容量为连续三组试件时。当连续生产的混凝土。生产条件在较长时间内能保持一致，且同一品种、同一强度等级混凝土的强度变异性保持稳定时，一个检验批的样本容量应为连续的三组试件，可采用统计方法评定混凝土强度，其强度应同时满足式（3-37）、式（3-38）要求：

$$m_{f_{cu}} \geq f_{cu,k} + 0.7\sigma_0 \tag{3-37}$$

$$f_{cu,min} \geq f_{cu,k} - 0.7\sigma_0 \tag{3-38}$$

式中 $m_{f_{cu}}$——同一验收批混凝土强度平均值（N/mm²）；

$f_{cu,k}$——设计的混凝土强度的标准值（N/mm²）；

$f_{cu,min}$——同一检验批混凝土立方体抗压强度的最小值（N/mm²）；

σ_0——同一验收批混凝土强度的标准差。

当混凝土强度等级不高于C20时，其强度的最小值尚应满足式（3-39）要求：

$$f_{cu,min} \geq 0.85 \cdot f_{cu,k} \tag{3-39}$$

当混凝土强度等级高于C20时，其强度的最小值尚应满足式（3-40）要求：

$$f_{cu,min} \geq 0.90 \cdot f_{cu,k} \tag{3-40}$$

检验批混凝土立方体抗压强度的标准差，应根据前一个检验期内同一品种混凝土试件的强度数据，按式（3-41）计算：

$$\sigma_0 = \sqrt{\frac{\sum_{i=1}^{n} f_{cu,i}^2 - n \cdot m_{f_{cu}}^2}{n-1}} \tag{3-41}$$

式中 $f_{cu,i}$——第i组混凝土试件的立方体抗压强度代表值（N/mm²）；

n——前一检验期内的样本容量。

注：a. 上述检验期不应少于60d也不宜超过90d，且在该期间内样本容量不应少于45。

b. 当σ_0计算值小于2.5N/mm²时，取应2.5 N/mm²。

2）样本容量不少于10组时，其强度应同时满足式（3-42）、式（3-43）的要求：

$$m_f \geq f_{cu,k} + \lambda_1 S_{f_{cu}} \tag{3-42}$$

$$f_{cu,min} \geq \lambda_2 \cdot f_{cu,k} \tag{3-43}$$

式中 $S_{f_{cu}}$——同一检验批混凝土立方体抗压强度的标准差（N/mm²），按下式（3-44）计算：

$$S_{f_{cu}} = \sqrt{\frac{\sum_{i=1}^{n} f_{cu,i}^2 - n \cdot m_{f_{cu}}^2}{n-1}} \tag{3-44}$$

式中　n——本检验批的样本容量；
λ_1、λ_2——合格判定系数，按表 3-44 取用。

混凝土强度的统计法合格判定系数　　　　　　　　　　表 3-44

试件组类	10~14	15~19	≥20
λ_1	1.15	1.05	0.95
λ_2	0.90		0.85

【**例 3-4**】（采用统计法评定）一批 C30 混凝土，样本强度数据（MPa）如下：35.0，36.5，31.9，33.7，33.7，35.7，35.9，36.6，35.6，35.7，36.4，42.1，37.8，37.1，42.1，34.5，42.3，44.0，38.5，36.7。试对该批混凝土进行强度评定。

试件组 $n=20$，$f_{cu,min}=31.9$MPa，经计算，$f_{cu,m}=37.1$MPa，$S_{f_{cu}}=3.2$MPa

∵ $f_{cu,m}-\lambda_1 S_{f_{cu}}=37.1-0.95\times3.2=34.1$MPa $> f_{cu,k}=30$MPa

且 $f_{cu,min}=31.9$MPa $>\lambda_2 f_{cu,k}=0.85\times30=25.5$MPa

∴ 该验收批混凝土合格。

【**例 3-5**】（采用统计法评定）某混凝土构件厂生产的预应力空心板，设计强度等级 C30，某月强度数据 8 批见表 3-46，该厂前一检验期 16 批混凝土强度数据见表 3-45。试对该批混凝土进行强度评定。

某预应力空心板前一检验期 16 批混凝土强度代表值数据　　　　　表 3-45

检验批	1	2	3	4	5	6	7	8
强度代表值（MPa）	33.0	31.0	32.0	32.5	37.0	33.5	35.2	31.0
	32.0	36.2	30.0	32.0	35.0	35.5	32.0	36.0
	35.0	34.0	36.0	33.0	33.0	31.0	34.0	32.0
检验批	9	10	11	12	13	14	15	16
强度代表值（MPa）	34.7	34.0	37.5	38.8	38.0	32.0	31.0	32.0
	30.5	36.0	32.0	34.0	33.0	37.0	39.0	37.0
	33.0	30.0	33.0	35.0	34.0	34.0	34.0	30.0

（1）计算标准差：

标准差计算结果 $=2.36$MPa，取 $\sigma_0=2.50$MPa

（2）计算验收界限：

$$m_{f_{cu}}=30+0.7\times2.5=31.8\text{MPa}$$
$$f_{cu,min}=30-0.7\times2.5=28.3\text{MPa}$$

（3）合格评定：

预应力空心板某月强度数据 8 批评定结果　　　　　　　表 3-46

检验批	1	2	3	4	5	6	7	8
强度代表值（MPa）	34.1	29.5*	32.0	33.0	31.5*	34.5	37.0	34.5
	32.0	31.0	37.0	32.0*	33.5	33.0	32.0	30.5*
	32.0*	33.0	30.0*	36.0	34.6	29.5*	31.0*	31.6
平均值（MPa）	32.0	31.2	33.0	33.7	33.2	32.3	33.3	32.2
评定结果	合格	不合格	合格	合格	合格	合格	合格	合格

注：表中带 * 为最小值。

【**例 3-6**】（标准差未知统计法评定）：某混凝土搅拌站生产的 C60 混凝土，本批共留标准养护试件 10 组，28d 强度数据见表 3-47。请评定此批混凝土是否合格。

某混凝土搅拌站生产的 10 组 C60 混凝土强度代表值　　表 3-47

强度代表值 (MPa)	59.1	60.0	67.0	63.0	62.5	58.0	69.1	65.0	63.2	65.2

(1) 计算本批的平均值和标准差：$f_{cu,m}=63.2$ MPa　　$S_{f_{cu}}=3.51$ MPa

(2) 找出最小值：$f_{cu,min}=58.0$ MPa

(3) 选定合格判断系数：$n=10\sim14$　$\lambda_1=1.15$　$\lambda_2=0.90$

(4) 计算验收界限：$m_{f_{cu}}=60+1.15\times3.51=64.0$ MPa

$$f_{cu,min}=0.9\times60=54.0\text{MPa}$$

(5) 结果评定：$f_{cu,m}=63.2<m_{f_{cu}}=64.0$ MPa（平均值不合格）

$$f_{cu,min}=58.0>54.0\text{MPa（最小值合格）}$$

评定结果：该验收批混凝土不合格。

2. 非统计方法评定（未知标准差的方法）

当用于评定的样本容量小于 10 组时，可采用非统计方法评定混凝土强度。

按非统计方法评定混凝土强度时，其强度应同时满足式（3-45）、式（3-46）的要求：

$$f_{cu,m}\geqslant\lambda_3\cdot f_{cu,k} \tag{3-45}$$

$$f_{cu,min}\geqslant\lambda_4\cdot f_{cu,k} \tag{3-46}$$

式中　λ_3、λ_4——合格判定系数，按表 3-48 取用。

混凝土强度的非统计法合判评定系数　　表 3-48

强度等级	<C60	≥C60
λ_3	1.15	1.10
λ_4	0.95	

【**例 3-7**】（非统计法评定）有四批 C30 混凝土，评定情况见表 3-49，试对四个验收批混凝土进行评定。

混凝土强度评定表（MPa）　　表 3-49

批次	样本强度数据	n	$f_{cu,m}$	$f_{cu,min}$	$\lambda_3\cdot f_{cu,k}$	$\lambda_4\cdot f_{cu,k}$	评定
1	38.7, 42.5, 38.8	3	40.0	38.7	34.5	28.5	合格
2	39.1, 31.1, 31.0, 34.0	4	33.8	31.0			不合格
3	28.0, 38.9, 39.5	3	35.5	28.0			不合格
4	40.6, 40.9, 36.0, 33.9, 36.5	5	37.6	33.9			合格

3. 混凝土强度的合格性评定

当检验结果满足统计方法或非统计方法的规定时，则该批混凝土强度应评定为合格；当不能满足上述规定时，该批混凝土强度应评定为不合格。对评定为不合格批的混凝土，可按国家现行的有关标准进行处理。

第四节 建 筑 砂 浆

建筑砂浆在建筑工程中，是一项用量大、用途广泛的建筑材料。在道路、桥涵与隧道工程中砂浆主要用于砌筑重力式挡土墙、桥隧等砌体及砌体表面的抹面。在建筑业的砖石结构中，砂浆可以把单块的黏土砖、石块以至砌块胶结起来，构成砌体。砖墙勾缝和大型墙板的接缝也要用砂浆来填充。墙面、地面及梁柱结构的表面都需要用砂浆抹面，起到保护结构和装饰的效果。镶贴大理石、水磨石、贴面砖、瓷砖、陶瓷锦砖以及制作钢丝网水泥等都要使用砂浆。

一、建筑砂浆的分类

建筑砂浆按要求不同可有如下分类：

按胶凝材料不同有：水泥砂浆、石灰砂浆、混合砂浆、沥青砂浆和聚合物砂浆等。

按拌制方法不同有：施工现场拌制砂浆、专业生产厂的预拌砂浆（分湿拌砂浆、干混砂浆）。

按用途不同有：砌筑砂浆、抹面砂浆、粘结类砂浆（如界面处理砂浆、瓷砖粘结砂浆、外保温系统用粘结砂浆等）、地面类砂浆（如自流平砂浆、耐磨砂浆等）、特性砂浆（如防水砂浆、装饰砂浆、耐热砂浆和耐酸砂浆等）。

按体积密度不同有：轻质砂浆和重质砂浆等。

上述各类砂浆中，使用最普遍的是砌筑砂浆，这里重点阐述砌筑砂浆的组成、性能及配合比设计等内容。

二、砌筑砂浆

（一）组成材料

砌筑砂浆一般分为现场配制砂浆和预拌砂浆。现场配制砂浆又分为水泥砂浆和水泥混合砂浆。预拌砂浆（商品砂浆），是由专业生产厂生产的湿拌砂浆和干混砂浆，它的工作性、耐久性优良，生产时不分水泥砂浆和水泥混合砂浆。

目前现场配制水泥砂浆时，有单纯用水泥作为胶凝材料进行拌制的，也有掺入粉煤灰等活性掺合料与水泥一起作为胶凝材料拌制的。因此，水泥砂浆包括单纯用水泥为胶凝材料拌制的砂浆，也包括掺入活性掺合料与水泥共同拌制的砂浆。

砌筑砂浆是由胶凝材料（水泥、石灰等）、细骨料（砂）、掺合料和外加剂及水按一定比例配制而成的。为保证砌筑砂浆的质量，砂浆中的各组成材料均应满足一定的技术要求。

1. 水泥

水泥宜采用通用硅酸盐水泥或砌筑水泥，且应符合现行国家标准《通用硅酸盐水泥》GB175 和《砌筑水泥》GB/T 3183 的规定。水泥强度等级应根据砂浆品种及强度等级的要求进行选择。M15 及以下强度等级的砌筑砂浆宜选用 32.5 级的通用硅酸盐水泥或砌筑水泥，M15 以上强度等级的砌筑砂浆宜选用 42.5 级通用硅酸盐水泥。

2. 掺合料

为了改善砂浆的和易性和节约水泥用量,可在水泥砂浆中加入适量掺合料,配制成混合砂浆。为保证砂浆的质量,掺合料应符合以下要求:

(1) 生石灰熟化成石灰膏时,应用孔径不大于 3mm×3mm 的网过滤,熟化时间不得少于 7d。磨细生石灰粉的熟化时间不得少于 2d。沉淀池中储存的石灰膏,应采取防止干燥、冻结和污染的措施。严禁使用脱水硬化的石灰膏。消石灰粉不得直接用于砌筑砂浆中。

(2) 制作电石膏的电石渣应用孔径不大于 3mm×3mm 的网过滤,检验时应加热至 70℃后至少保持 20min,并应待乙炔挥发完后再使用。

(3) 采用黏土或粉质黏土制备黏土膏时,宜用搅拌机加水搅拌,通过孔径不大于 3mm×3mm 的网过筛。

(4) 制作电石膏的电石渣应用孔径不大于 3mm×3mm 的网过滤,检验时应加热至 70℃并保持 20 min,没有乙炔气味后,方可使用。

(5) 石灰膏、黏土膏和电石膏试配时,沉入度应为 120±5mm。如稠度不在规定范围可按表 3-50 进行换算。

石灰膏不同稠度的换算系数　　　　　　　　　　　　　　表 3-50

稠度	120	110	100	90	80	70	60	50	40	30
换算系数	1.00	0.99	0.97	0.95	0.93	0.92	0.90	0.88	0.87	0.86

(6) 粉煤灰、粒化高炉矿渣粉、硅灰、天然沸石粉应分别符合国家现行标准的规定。当采用其他品种矿物掺合料时,应有充足的技术依据,并应在使用前进行试验验证。

3. 砂

砌筑砂浆宜选用中砂,并应符合现行行业标准《普通混凝土用砂、石质量及检验方法标准》(JGJ 52) 的规定,且应全部通过 4.75mm 的筛孔。由于砌筑砂浆层较薄,对砂子的最大粒径应有所限制。对于毛石砌体所用的砂,可采用粗砂,一般砌体的砌筑结构,宜采用中砂;最大粒径应小于砂浆层厚度的 1/4~1/5。对于砖砌体,砂粒径不得大于 2.5mm。对于光滑抹面及勾缝用的砂浆则应使用细砂。

砂的含泥量对砂浆的强度、变形、稠度及耐久性影响较大。砂中含泥量不应大于 5%;对于强度等级为 M2.5 的水泥混合砂浆,砂中含泥量不得超过 10%,砂中硫化物(折合 SO_3^{2-} 计)含量应小于 2%。

4. 水

砂浆拌合用水的技术要求与混凝土拌合用水相同,应选用符合现行行业标准 JGJ 63—2006《混凝土用水标准》的洁净水来拌制砂浆。

5. 外加剂

砌筑砂浆中掺入的砂浆外加剂,应符合国家现行有关标准的规定,引气型外加剂还应有完整的型式检验报告。采用保水增稠材料时,应在使用前进行试验验证,并应有完整的型式检验报告。

(二) 砌筑砂浆的基本性质

目前随建筑业的发展,新型墙体材料的出现,对砌筑砂浆的性能要求也越来越高,这

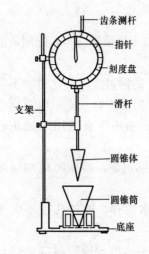

图 3-20 砂浆沉入度仪

里介绍的砂浆基本性能主要指施工现场拌制的、用于普通建筑、构筑物的砌筑和抹面砂浆所必备的性能。

1. 砂浆的稠度

指砂浆在自重或外力作用下是否易于流动的性能。砂浆的流动性实质上反映了砂浆的稀稠程度，其大小以砂浆稠度测定仪的圆锥体沉入砂浆深度的毫米数作为流动的指标，称为沉入度，见图 3-20。

砌筑砂浆拌合物施工时的稠度的选择与砌体种类有关，宜符合表 3-51 的规定。详见《砌筑砂浆的施工稠度》JGJ 98—2010。砂浆的流动性随用水量、胶凝材料的品种、砂子的粗细以及砂浆配合比而变化。实际上常通过改变胶凝材料的数量和品种来控制砂浆的沉入度。

2. 砂浆的密度

测定砂浆拌合物捣实后的单位体积质量（即质量密度），以确定每立方米砂浆拌合物中各组成材料的实际用量。

砌筑砂浆拌合物施工时的稠度选用表（沉入度 mm） 表 3-51

砌 体 种 类	施工稠度
烧结普通砖砌体、粉煤灰砖砌体	70～90
混凝土砖砌体、普通混凝土小型空心砌块砌体、灰砂砖砌体	50～70
烧结多孔砖砌体、烧结空心砖砌体、轻集料混凝土小型空心砌块砌体、蒸压加气混凝土砌块砌体	60～80
石砌体	30～50

砌筑砂浆密度的测定方法：将砂浆拌合物一次装满容量筒，使稍有富余，用捣棒由边缘向中心均匀地插捣 25 次，插捣过程中如砂浆沉落到低于筒口，则应随时添加砂浆，再用木锤沿容器外壁敲击 5～6 下。（采用振动法时，将砂浆拌合物一次装满容量筒连同漏斗在振动台上振 10s，振动过程中如砂浆沉入到低于筒口，应随时添加砂浆），见图 3-21。捣实或振动后将筒口多余的砂浆拌合物刮去，使砂浆表面平整，然后将容量筒外壁擦净，称出砂浆与容量筒总质量，精确至 5g。砂浆拌合物质量密度应按式（3-47）计算：

$$\rho = \frac{m_2 - m_1}{V} \times 1000 \quad (3-47)$$

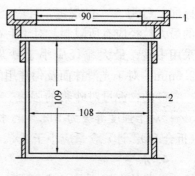

图 3-21 砂浆密度测定仪
1—漏斗；2—容量筒

式中 ρ——砂浆拌合物的质量密度（kg/m³）；
m_1——容量筒质量（kg）；
m_2——容量筒及试样质量（kg）；
V——容量筒容积（L）。

取两次试验结果的算术平均值，精确至 $10kg/m^3$。砌筑砂浆拌合物的表观密度宜符合表 3-52 的规定。

砌筑砂浆拌合物的表观密度（kg/m^3） 表 3-52

砂浆种类	表观密度	保水率
水泥砂浆	≥1900	≥80
水泥混合砂浆	≥1800	≥84

3. 砂浆的稳定性

砂浆在运输及停放时，拌合物的稳定性用分层度表示。

砂浆稳定性的试验是用分层度测定仪进行：将拌好的砂浆装入内径为 150mm、高为 300mm 的有底圆筒内测其沉入度，在筒周围距离大致相等的四个不同部位用木锤轻击 1～2 下，砂浆低于筒口时，添加砂浆至筒口。静置 30 min 后，去掉上节 200mm 砂浆，取圆筒底部 1/3 砂浆再测沉入度。两次沉入度的差值即为分层度（图 3-22）。

取两次试验结果的算术平均值作为该砂浆的分层度值；两次分层度试验值之差如大于 10mm，应重新取样测定。分层度大，表明砂浆有分层离析现象，稳定性不好。

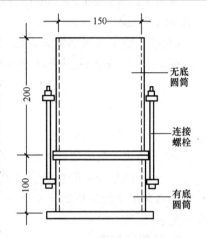

图 3-22 砂浆分层度测定示意图

4. 砂浆的保水性

测定砂浆保水性，以判定砂浆拌合物在运输及停放时内部组分的稳定性。砂浆的保水性用保水率表示。

图 3-23 砂浆保水性试验

砂浆保水性测定方法是：先称量下不透水片与干燥试模质量和 8 片中速定性滤纸质量；将砂浆拌合物一次性填入试模（图 3-23），并用抹刀插捣数次，当填充砂浆略高于试模边缘时，用抹刀以 45°角一次性将试模表面多余的砂浆刮去，然后再用抹刀以较平的角度在试模表面反方向将砂浆刮平；抹掉试模边的砂浆，称量试模、下不透水片与砂浆总质量；用两片医用棉纱覆盖在砂浆表面，再在棉纱表面放上八片滤纸，用不透水片盖在滤纸表面，以 2kg 的重物把不透水片压住；静止 2min 后移走重物及不透水片，取出滤纸（不包括棉砂），迅速称量滤纸质量；从砂浆的配比及加水量计算砂浆的含水率，若无法计算，可按规定的测定法测得砂浆的含水率（见附注）。砂浆保水性应按式（3-48）计算出保水率：

$$W = \left[1 - \frac{m_4 - m_2}{\alpha \times (m_3 - m_1)}\right] \times 100\% \tag{3-48}$$

式中 W——保水率（%）；
m_1——下不透水片与干燥试模质量（g）；
m_2——8 片滤纸吸水前的质量（g）；
m_3——试模、下不透水片与砂浆总质量（g）；
m_4——8 片滤纸吸水后的质量（g）；
α——砂浆含水率（%）。

取两次试验结果的平均值作为结果，如两个测定值中有一个超出平均值的 5%，则此组试验结果无效。

（附注）砂浆含水率测试方法：称取 100g 砂浆拌合物试样置于一干燥并已称重的盘中，在 105±5℃的烘箱中烘干至恒重，砂浆含水率应按式（3-49）计算：

$$\alpha = \frac{m_5}{m_6} \times 100\% \tag{3-49}$$

式中 α——砂浆含水率（%）；
m_5——烘干后砂浆样本损失的质量（g）；
m_6——砂浆样本的总质量（g）。

砂浆含水率值应精确至 0.1%。砌筑砂浆拌合物的表观密度、保水率应同时满足要求，见表 3-48。

5. 砂浆的强度

按《建筑砂浆基本性能试验方法》JGJ 70—2009 的规定，砂浆的强度是以边长为 70.7mm 的 3 个立方体试块，按规定方法成型并标准养护至 28d 后测定的抗压强度标准值来表示。用 70.7mm×70.7mm×70.7mm 的带底标准试模，按规定方法成型、标准养护 28d，进行压力试验，试验结果按下列要求确定：

1）以三个试件测值的算术平均值的 1.3 倍，作为该组试件的砂浆立方体试件抗压强度平均值（精确至 0.1MPa）。

2）当三个测值的最大值或最小值有一个与中间值的差值超过中间值的 15%时，应把最大值及最小值一并舍去，取中间值作为该组试件的抗压强度值。

3）当两个值与中间值的差值均超过中间值的 15%时，该组试件结果为无效。

根据《砌筑砂浆配合比设计规程》JGJ 98—2010 的规定，砂浆强度等级目前分为 M30、M25、M20、M15、M10、M7.5、M5 七个等级。水泥混合砂浆的强度等级可分为 M5、M7.5、M10、M15 四个等级。

因砌体材料多数为吸水材料（如砖或砌块），由于基层吸水性强，即使砂浆用水量不同，但因砂浆具有一定的稳定性，虽经基层吸水后，保留在砂浆中的水分几乎是相同的，因此砂浆的强度主要取决于水泥强度和水泥用量，而与用水量关系不明显。故强度可用式（3-50）计算：

$$f_{m,0} = \alpha \cdot f_{cc} \cdot \frac{Q_c}{1000} + \beta \tag{3-50}$$

式中 $f_{m,0}$——砂浆 28d 的抗压强度（MPa）；
f_{cc}——水泥 28d 的实测强度（MPa）；

Q_c——$1m^3$ 砂浆中的水泥用量（kg）；

α、β——砂浆的特征系数，配制水泥混合砂浆时，$\alpha=3.03$，$\beta=-15.09$（各地也可使用本地区实验资料确定 α、β 值，但统计用实验组数不得少于 30 组）。

6. 砂浆的粘结力

由于砂浆是与基层共同构成一个整体，如抹灰砂浆与墙体材料粘结在一起构成一面墙，地面砂浆与楼板等粘结在一起构成一层地坪；有的直接以粘结为使用目的，如砌筑砂浆是将各种砖、砌块等粘结为一个整体等，因而粘结强度是砂浆的一个非常重要的性能。只有砂浆本身具有一定的粘结力，才能与基层实现有效的粘结，并长期保持这种稳定性，否则，砂浆容易在由各种形变引起的拉应力或剪应力作用下，发生空鼓、开裂、脱落等质量问题。砂浆的粘结力是按《建筑砂浆基本性能试验方法》JGJ 70—2009 规定的"拉伸粘结强度试验"来确定的。一般砂浆粘结强度越大，则其与基材的粘结力越强。此外，砂浆的粘结力也与基层材料的表面状态、清洁程度、润湿状况及施工养护条件有关。因此在砌筑前应做好有关的准备工作，以提高砂浆粘结强度。

7. 砂浆的变形性

砂浆在承受荷载或温度情况变化时，容易变形。砂浆的变形性是通过《建筑砂浆基本性能试验方法》JGJ 70—2009 规定的"静力受压弹性模量试验"和"收缩试验"来确定。如果变形过大或不均匀则会降低砌体及层面质量，引起沉陷或开裂。在使用轻骨料拌制砂浆时，其收缩变形比普通砂浆大。为防止抹面砂浆收缩变形不均而开裂，可在砂浆中掺入麻刀、纸筋等纤维材料抵抗开裂。

8. 硬化砂浆的耐久性

砂浆的耐久性是指砂浆在各种环境条件作用下，具有经久耐用的性能。经常与水接触的水工砌体有抗渗及抗冻要求，故水工砂浆应考虑抗渗、抗冻性。具体应按《建筑砂浆基本性能试验方法》JGJ 70—2009 规定的标准实验方法进行检测。

（1）抗冻性　砂浆的抗冻性是指砂浆抵抗冻融循环作用的能力，用抗冻指标表示（即冻融循环的次数）。

砂浆抗冻试验的方法是：将砂浆强度等级大于 M2.5 的标准试件（70.7mm×70.7mm×70.7mm 的立方体），在 28d 龄期时放入 15～20℃ 的水中浸泡，两天后取出，并用拧干的湿毛巾轻轻擦去表面水分，称其质量。试件置入篮框内，放进冷冻室，试件冻结温度应控制在 -15～-20℃。每次冻结时间为 4h，冻后立刻取出并应立即放入能使水温保持在 15～20℃ 的水槽中进行溶化。试件在水中溶化的时间不应小于 4h。溶化完毕即为一次冻融循环。每五次循环，应进行一次外观检查，并记录试件的破坏情况；当该组试件 3 块中有 2 块出现明显破坏（分层、裂开、贯通缝）时，则该组试件的抗冻性能试验应终止；冻融试验结束后，将冻融试件从水槽取出，用拧干的湿布轻轻擦去试件表面水分，然后称其质量；同时进行抗压强度试验。

砂浆冻融试验后应分别计算其强度损失率和质量损失率。当冻融试件的抗压强度损失率不大于 25%，且质量损失率不大于 5% 时，则该组砂浆在试验的循环次数下，抗冻性能为合格，否则为不合格。

砌筑砂浆的抗冻性应符合表 3-53 的规定，且当设计对抗冻性有明确要求时尚应符合设计规定。

砌筑砂浆的抗冻性 表3-53

使用条件	抗冻指标	质量损失率（%）	强度损失率（%）
夏热冬暖地区	F15	≤15	≤25
夏热冬冷地区	F25		
寒冷地区	F35		
严寒地区	F50		

砂浆受冻遭损是由于其内部孔隙中水的冻结膨胀引起孔隙破坏而致。因此，密实的砂浆和具有封闭性孔隙的砂浆都具有较好的抗冻性能。此外，影响砂浆抗冻性的因素还有水泥品种及强度等级、水灰比等。

（2）抗渗性　砂浆的抗渗性是指砂浆抵抗压力水渗透的能力。它主要与密实度及内部孔隙的大小和构造有关。砂浆内部互相连通的孔以及成型时产生的蜂窝、孔洞都会造成砂浆渗水。

根据砂浆不同的使用需要，还应对砂浆进行不同的性能检测，如：含气量、吸水率、凝结时间等。

（三）砌筑砂浆的配合比设计

对于墙体来说，砌体强度主要取决于砌筑材料（如砖、石）的强度，砂浆强度居次要地位。实验证明，砂浆强度变化30%～40%，相应的砌体强度的变化仅为5%～7%，因而砌体对砂浆强度要求不高，通常是M2.5～M10。

砌筑砂浆应根据工程类别及砌体部位的设计要求来选择砂浆的强度等级，再通过配合比设计求得适用的施工配合比。

1. 砂浆配合比设计的基本要求

（1）砂浆拌合物的和易性应满足施工要求，且新拌砂浆堆积密度为水泥砂浆不应小于1900kg/m³，水泥混合砂浆不应小于1800kg/m³。

（2）砌筑砂浆的强度和耐久性应满足设计要求。

（3）经济上合理，水泥及掺合料的用量应较少。

2. 水泥混合砂浆配合比计算

（1）确定试配强度（$f_{m,0}$）

砂浆的试配强度应按式（3-51）计算：

$$f_{m,0} = kf_2 \tag{3-51}$$

式中　$f_{m,0}$——砂浆的试配强度（MPa），应精确至0.1MPa；

　　　f_2——砂浆强度等级值（MPa），应精确至0.1MPa；

　　　k——系数，按表3-54取值。

砂浆强度标准差（σ）和k选用表　　表3-54

施工水平	强度标准差 σ（MPa）							k
	M5	M7.5	M10	M15	M20	M25	M30	
优良	1.00	1.5	2.00	3.00	4.00	5.00	6.00	1.15
一般	1.25	1.88	2.30	3.75	5.00	6.25	7.50	1.20
较差	1.50	2.25	3.00	4.50	6.00	7.50	9.00	1.25

(2) 确定水泥用量（Q_c）

根据基层为吸水材料时，每立方米砂浆中的水泥用量可按式（3-52）计算：

$$Q_c = \frac{1000(f_{m,0} - \beta)}{\alpha \cdot f_{cc}} \quad (3-52)$$

式中　Q_c——每立方米砂浆的水泥用量（kg），应精确至1kg；

　　　f_c——水泥的实测强度（MPa），应精确至0.1MPa；

　　　α、β——砂浆的特征系数，其中α取3.03，β取-15.09。

在无法取得水泥的实测强度值时，可按式（3-53）计算：

$$f_{cc} = \gamma_c \cdot f_{cc,k} \quad (3-53)$$

式中　$f_{cc,k}$——水泥强度等级值（MPa）；

　　　γ_c——水泥强度等级值的富余系数。宜按实际统计资料确定，无统计资料时可取1.0。

(3) 计算混合砂浆掺合料用量

石灰膏用量应按式（3-54）计算：

$$Q_D = Q_A - Q_C \quad (3-54)$$

式中　Q_D——每立方米砂浆的石灰膏用量（kg），应精确至1kg，石灰膏使用时的稠度宜为120±5mm；

　　　Q_C——每立方米砂浆的水泥用量（kg），应精确至1kg；

　　　Q_A——每立方米砂浆中水泥和石灰膏总量（kg），应精确至1kg。

(4) 每立方米砂浆中的砂子用量

应按干燥状态（含水率小于0.5%）下的堆积密度值作为计算值，计量单位为kg。

(5) 确定用水量

每立方米砂浆中的用水量，根据砂浆稠度要求，一般为210~310kg，也可按表3-53与表3-54选用。

选用时注意：

①混合砂浆中的用水量，不包括石灰膏或黏土膏中的水。

②采用细砂或粗砂时，用水量分别取上限和下限。

③沉入度值<70mm时，用水量可以小于下限。

④施工现场气候炎热或者处于干燥季节，可酌量增加用水量。

3. 砌筑砂浆试配的配合比确定

(1) 水泥砂浆试配的材料用量选用，见表3-55。

每立方米水泥砂浆配合比选用表　　　　表3-55

强度等级	水泥用量（kg）	砂子用量（kg）	用水量（kg）
M5	200~230	砂子堆积密度值	270~330
M7.5	230~260		
M10	260~290		
M15	290~330		
M20	340~400		
M25	360~410		
M30	430~480		

注：1. M15及M15以下强度等级水泥砂浆，水泥强度等级为32.5级，M15以上强度等级水泥砂浆水泥强度等级为42.5级；

　　2. 根据施工水平合理选择水泥用量。

(2) 水泥粉煤灰砂浆材料用量选用,见表3-56。

每立方米水泥粉煤灰砂浆材料用量 (kg/m³)　　　　　　　　表3-56

强度等级	水泥用量 (kg)	粉煤灰用量 (kg)	砂子用量 (kg)	用水量 (kg)
M5	210～240	粉煤灰掺加量可占胶凝材料总量的15%～25%	砂子堆积密度值	270～330
M7.5	240～270			
M10	270～300			
M15	300～330			

4. 砌筑砂浆的试配、调整与确定

1) 试配：按计算或查表所得配合比进行试拌时，应按现行行业标准《建筑砂浆基本性能试验方法标准》JGJ/T 70—2009 测定砌筑砂浆拌合物的稠度和保水率。当稠度和保水率不能满足要求时，应调整材料用量，直到符合要求为止，然后确定试配时的砂浆基准配合比。

2) 调整：试配时至少应采用三个不同的配合比，其中一个配合比应为按本规程得出的基准配合比，其余两个配合比的水泥用量应按基准配合比分别增加及减少10%。在保证稠度、保水率合格的条件下，可将用水量、石灰膏、保水增稠材料或粉煤灰等活性掺合料用量作相应调整。

砂浆试配时稠度应满足施工要求，并应按现行行业标准《建筑砂浆基本性能试验方法标准》JGJ/T 70 分别测定不同配合比砂浆的表观密度及强度，并应选定符合试配强度及和易性要求、水泥用量最低的配合比作为砂浆的试配配合比。

3) 确定：砂浆试配配合比尚应按下列步骤进行校正。

(1) 应根据选用的砂浆配合比材料用量按式 (3-55) 计算砂浆的理论表观密度值：

$$\rho_t = Q_c + Q_D + Q_s + Q_w \tag{3-55}$$

式中　ρ_t——每立方米砂浆的理论表观密度值 (kg)，应精确至10kg；

Q_D——每立方米砂浆中掺合料的用量 (kg)，应精确至1kg；

Q_s——每立方米砂浆中砂子用量 (kg)，应精确至1kg；

Q_w——每立方米砂浆中用水量 (kg)，应精确至1kg。

(2) 应按式 (3-56) 计算砂浆配合比校正系数 δ：

$$\delta = \frac{\rho_c}{\rho_t} \tag{3-56}$$

式中　ρ_c——砂浆的实测表观密度值 (kg/m³)，应精确至10kg/m³。

(3) 当砂浆的实测表观密度值与理论表观密度值之差的绝对值不超过理论值的2%时，可将得出的试配配合比确定为砂浆设计配合比；当超过2%时，应将试配配合比中每项材料用量均乘以校正系数 δ 后，确定为砂浆设计配合比。

【例3-8】 现要配制砌筑砖墙用的M7.5等级的水泥石灰砂浆，稠度70～100mm。所用材料如下：

水泥：42.5级 P·O 普通硅酸盐水泥；

石灰膏：稠度120mm；

砂：中砂，堆积密度1450kg/m³，含水率2%；

施工水平：一般。

试作砂浆的试配配合比。

【解】 1. 计算砂浆试配强度（f_{mo}）

根据式（3-51）计算：查表 3-50，系数 k 选 1.20，砂浆等级 7.5。

$$f_{mo} = k \cdot f_2 = 1.20 \times 7.5 = 9.0 \text{MPa}$$

2. 计算水泥用量（Q_c）

根据式（3-52）计算：砂浆特征系数：α 取 3.03，β 取 −15.09；无统计资料时，水泥强度取等级值。

$$Q_c = \frac{1000(f_{mc} - \beta)}{\alpha \cdot f_{cc}} = \frac{1000(9.0 + 15.09)}{3.03 \times 42.5} = 187 \text{kg/m}^3$$

3. 计算石灰膏用量（Q_D）

根据式（3-54）计算：水泥和石灰膏总用量，取经验数值 350。

$$Q_D = Q_A - Q_c = 350 - 187 = 163 \text{kg/m}^3$$

4. 计算砂用量（Q_s）根据砂子的堆积密度和已知含水率计算：

$$Q_s = 1450 \times (1 + 2\%) = 1479 \text{kg/m}^3$$

5. 确定砂浆用水量（Q_w）配合比设计规范规定砂浆用水量 210～310kg/m³，根据稠度 70～100mm，结合表 3-51，取用水量 $Q_w = 300$kg/m³

6. 砂浆的试配配合比：

$$\text{水泥：石灰膏：砂：水} = 187 : 163 : 1479 : 300$$
$$= 1 : 0.87 : 7.90 : 1.60$$

(四) 砌筑砂浆的选用

1. 砌筑砂浆的种类选择

常用的砌筑砂浆有水泥砂浆、石灰砂浆、水泥石灰混合砂浆等。水泥砂浆适用于潮湿环境及水中的砌体工程；石灰砂浆仅用于强度要求低、干燥环境中的砌体工程；混合砂浆不仅和易性好，而且可配制成各种强度等级的砌筑砂浆，除对耐水性有较高要求的砌体外，可广泛用于各种砌体工程中（图 3-24）。

图 3-24 砌筑路缘带

2. 砌筑砂浆强度等级的选择

一般情况下，多层建筑物墙体选用 M1～M10 的砌筑砂浆；砖石基础、检查井、雨水井等砌体，常采用 M5 砂浆；工业厂房、变电所、地下室等砌体选用 M5.0～M10.0 的砌筑砂浆；二层以下建筑常用 M5.0 以下砂浆；简易平房、临时建筑可选用石灰砂浆。

三、聚合物水泥砂浆

早在 1923 年，英国人 Gresson 就把聚合物应用于路面材料而获得专利，1924 年出版了关于现代聚合物改性材料的正式文献。从那时起，近 70 年来，世界各国出现了大量的关于聚合物用于改性水泥砂浆和混凝土的研究,而且对聚合物用于水泥基材的兴趣也越来越大。在这一领域里研究开发走在世界前列的国家有日本、美国、苏联、德国等。我国在这一方面的研究相对起步较晚,还是近十几年发展起来的。

(一)聚合物水泥砂浆的材料

1. 聚合物

对能用于砂浆改性的聚合物,其性能要求十分重要。聚合物在发挥其优点的同时,不能对砂浆带来负面的影响,如不能影响水泥的充分水化,对水泥石的基体没有腐蚀作用,对环境没有污染作用等。现阶段用于改性砂浆的聚合物的种类不是很多,主要有以下几种:

最常用的有丁苯乳液(SBR)、聚丙烯酸酯(PAE)、聚乙烯醋酸酯(EVA),丙苯乳液(SAE)等。但由于单一品种乳液用于改性砂浆时会有一些不足,因此现阶段已经出现通过聚合物乳液的共混,综合不同乳液的优点,设计出能实现不同性能要求、适应不同用途需要的聚合物共混物用于改性砂浆。

2. 水泥

用于聚合物改性砂浆的水泥一般为普通硅酸盐水泥,它的早期强度高、凝结快、耐冻性好。另外还可用高铝酸盐水泥。近年来,出现了一种专门用于聚合物干粉改性砂浆的铝酸钙水泥,这种水泥是用一定比例含有三氧化二铝和氧化钙经熔化或煅烧,然后将获得的熟料磨细而成。

3. 矿物掺合料

矿物掺合料(硅灰、粉煤灰、矿渣等)本身就可以作为一种水泥砂浆的改性材料。把矿物掺合料和聚合物双掺在砂浆中,能综合利用两种改性材料的特点,优势互补,进一步改善砂浆的性能。

4. 消泡剂、稳定剂

在聚合物水泥砂浆中,水泥浆体中的钙离子或铝离子等多价阳离子及砂浆拌合时所产生的剪切力会导致乳液破乳凝聚,因此要选择合适的乳化剂和稳定剂。乳液中存在的表面活性剂导致砂浆气泡增加,影响性能,为此需要加入适当的消泡剂来抑制表面活性剂引起的泡沫。

5. 砂

一般用河砂,要求含泥量不能过高。

(二)聚合物水泥砂浆的性能

众所周知,作为水泥基材的一个显著的缺点就是脆性大,表现为抗拉强度比抗压强度低许多,抗裂性差,并且强度越高,脆性越大。这是因为水泥基材属于硅酸盐物质,其基本单元是硅氧四面体硅与氧以共价键相连,钙与铝等金属离子以离子键与硅相结合。由于在共价键、离子键发生断裂时几乎不发生任何变形,就表现出很大的脆性。而聚合物作为一种有机高分子,其长分子结构及大分子中的链节或链段的自旋转性,使其具有弹性和塑性。

1. 新拌砂浆的性能

1)流动性

由于聚合物具有减水的效果,因此大部分聚合物都能提高砂浆的流动性能。

2) 保水率

新拌砂浆的保水率是影响砂浆硬化及硬化后固体性能的重要因素。保水性好的砂浆有利于砂浆的运输、停放和摊铺,有重要的工程意义。掺入聚合物能有效的提高新拌砂浆的保水性能,聚合物的加入既可以防止砂浆的离析,又能在砂浆的养护初期防止水分过快散失,有利于水泥的水化。尽管聚合物水泥砂浆的凝结时间会延长。

2. 硬化聚合物砂浆的力学性能

1) 抗压强度

现有大部分研究都认为聚合物改性砂浆的抗压强度要低于普通砂浆的抗压强度,这是因为聚合物在砂浆体系中硬化成膜后,由于它的弹性模量要低于水泥石和骨料的弹性模量,另外聚合物的富集现象也会降低抗压强度,还有就是聚合物的活性,在搅拌砂浆时会产生大量的气泡从而降低了砂浆的抗压强度。但是还存在另外的一种观点,就是认为聚合物改性砂浆的抗压强度要高于普通砂浆的抗压强度,这是因为聚合物具有减水效应,能降低砂浆的用水量,从而提高砂浆的抗压强度、抗拉强度、抗折强度。

如前所述,高分子聚合物加入砂浆能改善材料的脆性。除有机高分子自身的特点外,它还能改善砂浆内部的界面结构,减少骨料处的微裂纹。此外,由于聚合物薄膜的弹性模量小、变形大,因而可以缓冲裂纹处在受力时的应力集中,从而提高了砂浆的抗拉与抗折强度。

2) 粘结强度

砂浆内部的粘结性能在前面已有介绍,即在界面处分为机械粘合、物理吸引、化学键合,正是因为有这样的效果才使得砂浆浆体的粘结强度增大。当聚合物改性砂浆作为一种修补材料时,与普通的砂浆相比也表现出有良好的粘结强度,之所以有比普通砂浆强的粘结强度,有可能是聚合物砂浆在新老界面处也能形成那样的界面结构,并且聚合物还能扩散到老砂浆中的空隙中成膜,进一步增强粘结强度。

3) 弹性模量

聚合物改性砂浆的弹性模量要低于普通砂浆的弹性模量,故聚合物砂浆比普通砂浆有更大的变形。

4) 耐久性

由于聚合物对砂浆的改性作用,提高了砂浆的耐久性。如砂浆的抗渗能力得到了提高,吸水性降低,砂浆承受冻融循环的能力也得到了提高。另外,砂浆长期暴露在野外,其力学性能没有降低反而提高。

3. 影响聚合物改性砂浆性能的因素

1) 原材料

原材料中水泥品种的选择余地较小,聚合物的品种相对来说要多一些,不同的聚合物能对砂浆的性能有不同的影响。如氯偏乳液改性砂浆抗渗能力强,丁苯乳液改性砂浆的抗折强度较高等。因此需要通过试验来确定聚合物的选取。

2) 配合比设计

在确定了材料的种类后,材料之间的配比就尤为重要。由前面所述的改性机理可知,要得到质量好的聚合物砂浆,聚合物在浆体中的成膜尤其重要,即要形成一个一致、均匀、没有缺陷和富集现象、膜不能过厚的网状薄膜。因此水、水泥、砂、聚合物这几者的搭配就很重要了。

3) 养护条件

现在有多种养护方法，在国外常用的养护方法是将砂浆试件拆模后，首先在温度20℃、相对湿度80%的环境下养护2d，然后在20℃的水中养护5d，再在20℃、50%相对干燥的环境下养护21d。在国内并没有定型的养护方法，但有研究表明乳液的掺量越小，试件所需在水中养护的时间越长；乳液的掺量越大，试件所需在水中养护的时间越短；当乳液的掺量达到一定值时，无需在水中养护，只需在空气中，干养即可。

4. 聚合物水泥砂浆的应用

1) 混凝土修补材料

聚合物水泥砂浆（修补砂浆）已经广泛应用于混凝土结构加固，选用聚合物改型砂浆作为混凝土结构的修补材料主要有以下理由：

(1) 聚合物水泥砂浆具有良好的粘结性和耐水性；

(2) 聚合物水泥砂浆不需要潮湿养护，尽管最初两天保持潮湿会更好；

(3) 聚合物水泥砂浆的收缩和普通混凝土相同或略低一些；

(4) 聚合物水泥砂浆的抗折强度、抗拉强度、耐磨性、抗冲击能力比普通混凝土高，而弹性模量更低；

(5) 聚合物水泥砂浆的抗冻融性能更好。

2) 防水材料

聚合物水泥砂浆既可以用于刚性防水材料，又可以作为柔性防水材料。聚合物水泥砂浆作为柔性防水材料应用时，主要是以防水涂料形式使用。

3) 胶粘剂

由于聚合物水泥砂浆具有良好的粘结能力和良好的协调性，可以作为一种良好的胶粘剂，如瓷砖胶粘剂、界面处理剂等。

4) 防腐蚀

聚合物水泥砂浆比普通混凝土的抗渗性、耐介质性能好得多，能阻止介质渗入，从而提高砂浆结构的耐腐蚀性能。因此在许多防腐蚀场合得到应用，主要有防腐蚀地面（如化工厂地面、化学试验室地面等）、钢筋混凝土结构的防腐涂层、温泉浴池、污水管等。

5) 其他

聚合物水泥砂浆还可以应用于如表面装饰和保护、铺面材料和道路路面等（图3-25）。

图3-25 聚合物水泥耐磨砂浆地坪

思 考 与 计 算 题

1. 普通混凝土的组成材料有哪几种？在混凝土硬化前后各起什么作用？
2. 混凝土用骨料的技术性能有哪些方面的要求？不符合要求时对混凝土性质有何影响？
3. 混凝土的和易性如何衡量？试述影响和易性的主要因素及改善措施。
4. 何谓混凝土"立方体抗压强度标准值"？它与混凝土强度等级有何关系？

5. 现行规范规定普通水泥混凝土的强度等级分为哪些级？
6. 混凝土强度检验评定方法有哪两种？根据哪些条件选用？
7. 为节约水泥，在配制混凝土时应采取哪些措施？
8. 混凝土配合比设计的基本要求有哪几方面？
9. 何谓砂率？何谓最佳砂率？它对混凝土有何影响？砂率选择原则是什么？
10. 混凝土常用外加剂有哪几种类型和品种？各种外加剂的功能是什么？
11. 建筑砂浆与普通混凝土在组成上有何异同点？
12. 混凝土耐久性的概念是什么？一般指哪些性质？提高混凝土耐久性的措施主要有哪些？
13. 砌筑砂浆为什么要满足保水性要求？影响砌筑砂浆强度的主要因素有哪些？
14. 试述用于砌筑砌块的石灰水泥砂浆的配合比设计过程。
15. 现用强度等级的普通水泥拌制的混凝土试块（甲）尺寸为 $15\times15\times15\text{cm}^3$，标准条件下养护 7d 后测得其破坏荷载为 205kN、192kN、197kN。用强度等级 32.5 级矿渣水泥拌制的混凝土试块（乙）尺寸为 $10\times10\times10\text{cm}^3$，标准条件下养护 7d 后测得其破坏荷载为 90.5kN、88kN、54kN。试计算两种水泥混凝土强度值，试估计相应的强度等级。
16. 某工地用普通水泥制作钢筋混凝土屋架，按设计要求，混凝土强度等级为 C30，并要求混凝土必须达到设计强度的 70% 方可起吊，试估计需经过几天养护后才能起吊？（参考答案：约等于 13 天）
17. 某底层框架混凝土，设计强度等级 C20，制作试件 6 组，测得强度值如表中所示：

试件编号	一	二	三	四	五	六
Ⅰ（MPa）	22.2	20.0	19.4	22.4	22.2	21.0
Ⅱ（MPa）	22.3	18.8	19.6	16.8	16.8	24.3
Ⅲ（MPa）	19.0	23.0	21.4	21.2	19.8	20.4

试按非统计方法，进行混凝土强度检验评定，计算各组试件强度，并评定此批混凝土是否合格。
（参考答案：两个条件中，只能满足一个，不合格。）

18. 某工程设计强度等级 C20。
(1) 已知混凝土强度标准差 $\sigma=5.5\text{MPa}$，混凝土的配制强度应是多少？
(2) 如提高施工管理水平，标准差下降，$\sigma=3.0\text{MPa}$ 时，混凝土的配制强度应是多少？
(3) 如用矿渣硅酸盐水泥强度等级 32.5 和卵石配制混凝土，用水量 180kg/m^3，水泥富余系数 1.0，试算标准差下降后，每 m^3 混凝土可节约多少水泥用量？

（参考答案：a. 29MPa；b. 25MPa；c. 43kg）

19. 已知混凝土水胶比为 0.6，每 m^3 混凝土拌合水量 180kg，采用砂率 33%，水泥密度 $\rho_c=3.1\text{g/cm}^3$，砂和石子的表观密度分别为 $\rho_s=2.62\text{g/cm}^3$ 和 $\rho_g=2.70\text{g/cm}^3$。试用体积法计算 1m^3 混凝土各材料用量。

（参考答案：水=180kg；水泥=300kg；砂子=635kg；石子=1270kg）

20. 试用抗弯拉强度为指标的方法，设计某高速公路路面用水泥混凝土的初步配合比，原材料如下：
(1) 交通量为特重级，混凝土设计抗弯拉强度 $f_r=5.0\text{MPa}$，施工水平较高。
(2) 施工要求坍落度 10～30mm。
(3) 普通硅酸盐水泥 42.5 级，实测抗弯拉强度 8.45MPa，密度 $\rho_c=3.1\text{g/cm}^3$。
(4) 碎石：最大粒径 40mm，饱和面干密度 $\rho_g=2.75\text{g/cm}^3$。
(5) 河砂：细度模数为 2.6，饱和面干密度 $\rho_s=2.70\text{g/cm}^3$。

（参考答案：初步配合比：水泥∶砂子∶石子=1∶1.74∶3.88；水胶比 0.44）

第四章 沥青材料

【本章学习要点】 掌握石油沥青、改性沥青、乳化沥青、液体沥青等材料的技术特性、常温存在状态、分类、用途，重点掌握石油沥青材料的技术性质与技术指标的关系及检测方法与评定要求。能根据不同工程设计要求、使用环境、施工过程特点选用沥青的标号。了解其他品种的沥青材料。

第一节 概 述

沥青材料主要是由复杂的高分子碳、氢化合物，及其非金属（氧、硫、氮）衍生物，有时还含有一些微量的金属元素（钒、镍、锰、铁等）的烃类等所组成的混合物。

沥青是一种黏弹性材料，也就是说沥青既有黏性材料的特性（如机油），也有弹性材料的特性（如橡胶）。沥青材料在常温状态下呈固体、半固体、液态三种状态，其物体的颜色呈黑色或暗褐色。沥青材料具有粘结性好、塑性好、防水性能好及防腐性好的特性，因而广泛用于道路工程、铁路工程、防水工程、水利工程、防腐工程等领域。

从油井开采出来的石油，它形成的三个主要条件是：①要有良好的保存条件，不至于腐化变质；②要有一定的温度，起到热催化作用（50℃左右）；③要有相当长的时间（1000万年以上）。地壳中的原油，开采后经常温蒸馏、减压蒸馏后，常采用溶剂脱沥青或氧化等工艺过程得到黏稠状的物质，即为道路石油沥青。沥青材料按自然界中获取方式及生产工艺，分为地沥青和焦油沥青两大类，见表4-1。

沥青按自然界获取方式及生产工艺分类　　　　　表4-1

沥青	地沥青	石油沥青	由石油经蒸馏、吹氧、调合等工艺加工得到的产物
		天然沥青	石油在自然界长期受地壳挤压、变化，并与空气、水接触逐渐变化而形成的，以天然状态存在的石油沥青即为天然沥青，其中常混有一定比例的矿物质，如：湖沥青、岩沥青、海底沥青等
	焦油沥青	煤沥青	烟煤得到的煤焦油，煤焦油经分馏提炼出油品后的残留物，再加工而得到的产物即煤沥青
		木沥青	木材干馏得到木焦油，木焦油经加工后得到的沥青
		页岩沥青	油页岩干馏得到页岩焦油，页岩焦油经加工后得到的沥青

在工程中应用广泛的是石油沥青，及焦油沥青中的煤沥青（防腐）。而随着国民经济的发展，交通量迅速猛增、汽车重载增加，及节约能源和环保要求，原有沥青原材料已不能满足要求。为了保持和提高沥青原材料良好的使用性能，在沥青原材料中通过加入聚酯纤维改性剂而得到各种改性沥青，如加入乳化剂而得到的乳化沥青，使沥青能冷态施工；以及加入填加料而形成的SMA沥青玛琋脂，大大提高了沥青的使用寿命；采用物理方式

得到的泡沫沥青提高了原有沥青的粘结性等,石油沥青类材料已得到了更广泛应用。

沥青材料按用途分为道路沥青、建筑沥青、机场沥青、水工沥青、防腐沥青、油漆沥青、阻燃沥青、电池沥青、电缆沥青等。

第二节 石 油 沥 青

一、石油沥青的生产和分类

(一)按石油加工方法分类

从油井开采出来的石油,又称原油。石油的精制是在炼油厂中,将液化的原油在蒸汽设备中提炼,因为石油中不同的成分会在不同的温度下沸腾和汽化,汽油最先沸腾,最先冷却后,变成液态的纯汽油,按照不同的温度和冷却凝结的高度取得不同的液体,并将它们分开,就获得汽油(30~180℃)、煤油(170~250℃)、柴油(240~350℃)、重油、沥青(350℃以上)等。

炼油厂将原油提取汽油、煤油、柴油和润滑油等石油产品后所剩的残渣,再进行加工可制得各种石油沥青。石油沥青按其生产加工方法可分为直馏沥青、氧化沥青、溶剂沥青、调合沥青、稀释沥青、乳化沥青等,石油沥青生产工艺流程示意图,如图4-1所示。

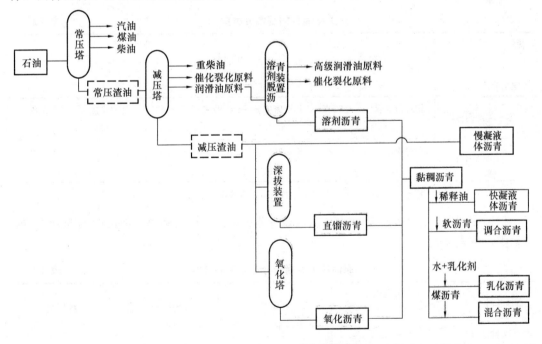

图 4-1 石油沥青生产工艺流程示意图

为了改变沥青洒布的施工工艺,可将黏稠沥青配制成液体沥青和乳化沥青;为了改善沥青使用性能,可将其加工成调合沥青和改性沥青。沥青材料属于有机胶凝材料,使之产生流动状态的方法有:加热、乳化、稀释。而无机胶结材料使之产生流动性的方法,是采用加水及加入外加剂调整其稠度。

SMA 是一种由沥青、纤维和少量的细骨料组成的沥青玛琋脂，填充间断级配粗集料的骨料间隙，而组成的沥青混合料。SMA 路面耐久性好，故养护工作少，使用寿命长，综合效益和环境效益好。

（二）按原油的性质分类

1. 石油基属分类

原油是生产石油沥青的原料，石油沥青的性质首先与石油基属有直接的关系。原油一般依据"两个关键馏分"和"含硫量"的不同分类。

（1）关键馏分特性分类

石油在半精馏装置中，于常压下蒸得 250~275℃（$1.01×10^2$ kPa）的馏分称为"第一关键馏分"；于 5.33kPa 的压力下减压蒸馏，取得 275~300℃ 的馏分称为'第二关键馏分'。测定以上两个关键馏分的相对密度（相对 4℃ 时水的密度），并对照表 4-2 所列相对密度范围或特性因素，决定两个关键馏分的基属，如石蜡基、中间基或环烷基。

（2）含硫量的分类

含硫量分为两类：含硫量小于 0.5% 者为低硫原油；含硫量高于 0.5% 者为含硫原油。如含硫为 0.22% 的石蜡基原油称为低硫石蜡基原油，含硫为 0.85% 的中间基原油称为含硫中间基原油。按现行常规工艺，作为生产沥青原料基属的选择，最好选用环烷基原油，其次选用中间基原油，最好不选用石蜡基原油。

关键馏分的基属分类指标 表 4-2

指标＼基属＼关键馏分	石蜡基（P）	中间基（M）	环烷基（N）
第一关键馏分	相对密度 $\rho_4^{20} < 0.8207$（$k > 11.5$）	相对密度 $\rho_4^{20} < 0.8207 \sim 0.8506$（$k = 11.5 \sim 11.9$）	相对密度 $\rho_4^{20} < 0.8506$（$k < 11.5$）
第二关键馏分	相对密度 $\rho_4^{20} < 0.8721$（$k > 12.2$）	相对密度 $\rho_4^{20} < 0.8721 \sim 0.9302$（$k = 11.5 \sim 12.2$）	相对密度 $\rho_4^{20} < 0.9302$（$k < 11.5$）

注：K 为特性因素，根据关键馏分的沸点和密度指数查有关诺模图而求得。

根据原油两个关键馏分的相对密度由表 4-2 决定其隶属的基属，国内的原油分类命名共七类，见表 4-3。

原油按关键馏分分类基属的分类 表 4-3

石油基属＼第二关键馏分＼第一关键馏分	石蜡基（P）	中间基（M）	环烷基（N）
石蜡基（P）	石蜡基（P）	中间—石蜡基（M-P）	—
中间基（M）	中间—石蜡基（P-M）	中间基（M）	环烷—中间基（N-M）
环烷基（N）	—	中间—环烷基（M-N）	环烷基（N）

2. 沥青按原油的基属和含蜡量分类

石油沥青按其基属和含蜡量可分为环烷基沥青（含蜡量一般低于 3%，黏性好）、中间基沥青（含蜡量约为3%～5%）、石蜡基沥青（含蜡量一般都大于5%）三大类。优质道路沥青大多采用环烷基沥青，普通道路沥青大多采用中间基沥青。石蜡常以结晶析出的形式存在于沥青表面、粘结性差，使沥青失去黑色光泽，软化点虽高，但热稳性差，温度稍高黏度就会降低。因此蜡含量的存在将给沥青性能带来不良的影响，但是石蜡基原油通过现代工艺亦能生产出优质沥青。

二、石油沥青的组成和结构

1. 元素组成

沥青中碳和氢的含量较多，与其技术性质（物理性质）的关系并不密切，但碳氢元素的存在对沥青的界面性质、对电性能和加工性能有重大影响。石油沥青中还含有少量的氧、硫、氮等非金属元素和其他的微量金属元素，但因其数量甚微，对沥青的影响和使用性能影响不显著。也就是说，沥青材料中的碳和氢元素，与其衍生物组成的混合物，从各自组成元素和微量元素分析，不能反映其使用性质。

2. 石油沥青的化学组分

沥青元素由十分复杂的烃类和非烃类混合物组成，很难将沥青分离为单纯的化学单体。为了研究石油沥青与使用性质之间的关联性，必须寻找其他的分析方法，将沥青进行分离。目前采用化学特性和物理状态相近，而且路用性能有一定联系的化合物集中分离的组分分析法，将沥青分为几个"沥青化学组"，简称为"组分"。

早年，丁·马尔库松（德国）就提出采用'溶解－吸附'的方法将沥青进行分离，就是将沥青利用不同的选择吸附物进行吸附，或在不同的有机溶液中进行选择性溶解等分离方法测其性质。现在常用的有三组分和四组分分析方法。

我国目前广泛采用四组分分析方法。采用液相色谱和溶剂分离，将沥青的组分大致分为饱和分、芳香分、胶质、沥青质四个组分。石油沥青各组分的性状见表4-4。

石油沥青四组分分析法的各组分性状 表4-4

性状 组分	外观特征	平均分子量（MW）	碳氢原子比例（C/H）	颗粒的粒径（nm）	在沥青中的比例（%）
沥青质	深褐色至黑色无定形物质	1000～10000	1.16～1.28	5～30	5%～25%
胶质	半固体或液体状的黄色至褐色的黏稠状物质	1300～1800	1.30～1.47	1～5	15%～30%
芳香分	深棕色的黏稠液体	800～1000	1.56～1.67	/	20%～50%
饱和分	非极性稠状油类	500～800	2.0左右	/	5%～20%

（1）沥青质

由于沥青质分子的缔合作用，沥青质的分子总是几个分子结合在一起。沥青质决定沥青有耐热性、黏性和脆性。当沥青中沥青质含量多时，其软化点高，针入度小，粘结性好，延度高，塑性好，但低温易脆裂。沥青质含量对沥青的流变特性有很大的影响，改变沥青质的含量，便生产出不同标号、不同黏度的沥青。

（2）胶质

胶质赋予沥青可塑性、流动性和粘结性，并能改善沥青的脆裂性和提高其延度。胶质的化学性质不稳定，易被氧化转变为沥青质。沥青质与胶质含量的比例，决定沥青的胶体结构。如道路工程上采用的溶凝胶、凝胶等。

（3）芳香分

芳香分是由沥青中最低分子量的环烷芳香化合物组成，是胶溶沥青质分散介质的主要部分。

（4）饱和分

饱和分的组分对温度较为敏感。芳香分和饱和分都作为油分，在沥青中起着润滑和柔软（塑化）作用。黏稠沥青的油分含量愈多，沥青的软化点愈低，针入度愈大，稠度愈低，粘结性差。

沥青的性质在很大程度上取决于四组分的组合比例和沥青质在分散介质中胶溶度或分散度。也就是说道路优质沥青四组分的组成要有一个合理的搭配。

（5）蜡分

沥青中的蜡分（又称为蜡）是指沥青除去沥青质和胶质之后，在油分中含有的物质。蜡分为石蜡和地蜡，地蜡是微结晶，沥青中所含的蜡主要是地蜡。在常温下蜡是以固体形式存在，在高温时融化，使沥青黏度降低；蜡在低温时易析出结晶，分散在沥青质中，能减少沥青分子之间的紧密联系。沥青中的含蜡多少，主要与原油的产源和基属有关。

3. 沥青的胶体结构

现代胶体理论认为，沥青胶体结构的分散相是以固态超细微粒的沥青质为核心，逐渐向外扩散，胶质裹覆在沥青质表面形成胶团，沥青质胶团溶于分散介质（饱和分和芳香分）的油分中，这种结构就是沥青胶体组成结构单元。

根据沥青中各个组分的比例不同和流变特性，沥青胶体的结构类型可以分为溶胶（液态）、溶—凝胶（半固态）和凝胶（固态）三种结构，如图4-2所示。

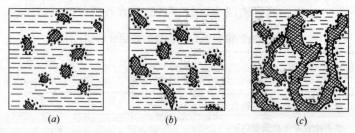

图4-2 石油沥青胶体结构示意图
(a) 溶胶型结构；(b) 溶—凝胶型结构；(c) 凝胶型结构

（1）溶胶型结构

当油分和胶质足够多，沥青质较少时，形成的胶团全部分散，胶团能在分散介质中，在黏度许可的范围内自由移动，这种沥青称为溶胶型沥青。如直馏沥青，其特点是沥青的黏滞度小，流动性大，塑性好，温度稳定性差。这种沥青弹性效应很小或完全没有，如图4-2 (a) 所示。

（2）溶—凝胶型结构

在沥青中沥青质含量适当，并有很多胶质作为其保护物质。它所形成的胶团之间有一定吸引力。在常温下，这种沥青比溶胶型沥青稠度大，粘结性和感温性都较好。其特点是介于其他两种结构的沥青性质之间。大多数优质路用沥青都属于溶—凝胶型沥青。它具有黏弹性和触变性，也称弹性溶胶，如图 4-2（b）所示。

（3）凝胶型结构

沥青质含量很高，油分和胶质很少时，胶团浓度相对增加，胶团会形成不规则的空间网络结构，油分分散在空间网络结构中，胶团相互之间吸引力增大，胶团移动比较困难。这种沥青称为凝胶型沥青。这种沥青的特点是弹性好，温度稳定性好，流动性和塑性较低，而且具有触变现象，如图 4-2（c）所示。

沥青的胶体结构与路用性能有密切的关系，但从化学元素的组成来评价胶体结构是很困难的，而且沥青胶体结构范围很大，为了工程方便应用，常采用针入度指数（PI）等方法来评价胶体结构类型及其感温性能。

4. 组分的转化

沥青路面使用是暴露在空气、水分中，加之施工中加热拌合、运输中保温的温度高、时间长等均会使沥青胶结料老化硬化，使沥青的组分和结构发生变化，沥青组分转化可以简单表示成芳香分→胶质→沥青质；同时沥青的胶体结构转化为溶胶型→溶凝胶型→凝胶型。老化后的沥青，外观变为暗黑色、产生网裂，失去黏性和塑性，因此沥青类路面设计使用年限比水泥混凝土路短。如：沥青混凝土路面设计年限一般为 15 年，而水泥混凝土路面设计年限可达 30 年以上。

三、石油沥青的技术性质

沥青胶结料在大多数环境条件下，表现出黏性材料或弹性固体的特性，并对冲击荷载有吸收作用，因此成为道路工程中粘结性极好的材料。沥青的主要物理特性（密度、膨胀系数、介电常数等）和技术性质直接影响其使用性能，如粘结性、塑性、温度稳定性、加热稳定性、耐久性、安全性等。技术规范开发相应的技术指标试验，都是在标准的温度和标准试验条件下进行。用于现代沥青路面的沥青材料，应具备下列主要技术性质。

（一）物理特征常数

1. 沥青的密度

沥青的密度是沥青在规定温度下单位体积所具有的质量，以 g/cm³ 或 kg/m³ 计。我国现行试验法 T0 603—2011 规定沥青密度以试验温度 15℃ 为标准。也可用相对密度表示，沥青相对密度是指在规定温度下，沥青质量与同体积水的质量之比值，是沥青 25℃ 的相对密度。通过密度测定，可以概略了解沥青的化学组成。通常黏稠石油沥青的密度波动在 0.96～1.04 范围。石蜡沥青，其特征为含硫量低、含蜡量高、沥青质含量少，所以相对密度常在 1.00 以下。

2. 热胀系数

沥青在温度上升 1℃ 时的单位长度或单位体积的变化，分别称为线膨胀系数和体膨胀系数，统称热胀系数。沥青热膨胀系数并非常数，而是随着品种不同而有所变化，一般在 $(2\times10^{-4}\sim6\times10^{-4})$/℃。在夏季，体膨胀系数越大，沥青路面越容易出现泛油，而冬季容易出现收缩开裂。体膨胀系数是线膨胀系数的 3 倍。

沥青混凝土路面的开裂与温缩系数有关，沥青混凝土是一种热胀冷缩型材料，其温度收缩系数为 $(25\times10^{-6}\sim40\times10^{-6})$/℃，在较高的温度下具有良好的应力吸收功能。但在冬季,当气温下降特别是急骤降温时,产生拉应力可能达到($300\times10^{-6}\sim500\times10^{-6}$)/℃之间,此种收缩应力变化已远远超出沥青混凝土的极限拉应力,从而,在沥青面层薄弱处就会产生低温横向间隔性裂缝和温度疲劳开裂、反射裂缝等,严重时才发展为纵向裂缝,这些裂缝从表层开始向下逐渐延伸,并形成对应裂缝。

3. 介电常数

沥青的介电常数与沥青路面使用的耐久性有关。研究的电介质经常是绝缘体,或者说一切绝缘体统称为电介质。或者是在外电场的作用下内部结构发生变化,并且反过来影响外电场的物质。材料的介电性通常用介电常数或介电损耗两个指标来衡量。

介电损耗是指在交变电场中,介质消耗一部分的电能,使其本身产生发热现象。产生介电损耗有两个原因:电导损耗和松弛损耗。

通常,介电常数大于3.6为极性物质,介电常数在2.8~3.6为弱极性物质,介电常数小于2.8为非极性物质。沥青材料的介电常数在2.6~3.0范围内,沥青在25℃时介电常数为2.7,在100℃时介电常数增大为3.0,故属于非极性或弱极性材料。用介电常数可以判断两种物质是否相容。

在配制改性沥青时,采用的改性剂多数属于高聚物材料。不论极性还是非极性高聚物材料,在电场作用下很容易被极化,但沥青与高聚物的相容性与介电常数关系很大。如:配制环氧改性沥青时,解决环氧树脂与沥青的相容性问题是成功制备环氧沥青的关键技术之一,双酚A环氧树脂的介电常数为3.9,属于极性材料,沥青材料是非极性或弱极性材料,介电常数在2.6~3.0范围内,二者介电常数差距大,不相容。要解决这二者的相容性,必须采取增加可容性中间相(相容性好的相容剂)的方法,从而提高环氧沥青拉伸强度和环氧沥青混凝土路用性能。乳化沥青生产也应考虑同样的问题。

4. 比热

比热容又称比热容量,简称比热,是单位质量物质的热容量,即单位质量物质升高1℃所吸收(放出)的热量叫做物质的比热容。比热容是物质的基本物理属性,其值由物质种类决定。如:沥青的比热容液态1.34J/(kg·℃),固态1.67J/(kg·℃)。

青藏公路改建中遇到了难以想象的冻土工程问题,如路基的不均匀冻胀隆升和融化下降、黑色路面的热平衡等。青藏高原冻土区冻土是一种对温度极为敏感的土质介质,长期观察表明,如果某地平均低温高于-15℃,那么仅用加高路基的方法不能保证其稳定性,必须采取综合治理方法来解决问题。路基材料(及混凝土、沥青)的比热容,也为冻土工程研究提供物理性数据,在青藏高原冻土区修建铁路目前采用解决问题的方法有"以桥代路"和"改降温为保温"的措施。

5. 沥青的减振性

振动会对路面施加冲击力,会产生噪声。在城市建设中,交通噪声已成为环境噪声污染的重要来源之一,交通噪声主要由车辆噪声和汽车轮胎与路面摩擦噪声构成。这种声音基本上属于低音而且伴随着振动,这种噪声在水泥混凝土路面比沥青路面严重得多。

沥青是黏弹性物质,塑性好,在沥青路面受力以后,其对冲击荷载有吸收和减振作用。

为了提高减振效果,沥青混合料路面配比设计中掺入一定量的、一定粒径的橡胶颗粒后减振、降噪性能明显提高。原因是加入橡胶颗粒,路面的阻尼和振动衰减系数增大,则路面的减振、降噪能力增强。试验结果表明：路面中掺加橡胶颗粒可以有效的衰减车辆轮胎在路面垂直方向上的振动，从而提高和进一步改善了沥青路面的使用性能。

（二）黏滞性（黏度）

沥青的黏滞性是沥青在外力作用下抵抗剪切变形的能力，沥青的黏滞性通常用黏度表示，黏滞性是与沥青路面力学性质联系最紧密的一种性质。

在道路工程中沥青黏度是首要考虑选择的技术参数。通常稠度高的沥青，其黏度也高；但稠度低的沥青，其黏度不一定低。从高温稳定性来说，需采用高稠度和高黏度的沥青；从沥青混合料的低温抗裂性能来说，则需要采用低稠度、高黏度的沥青。

沥青黏度根据其常温下的存在状态，测定方法可分为两大类：绝对黏度和相对黏度测定（条件黏度）方法。测定方法见《公路工程沥青及沥青混合料试验》JTGE 20—2011，技术要求见现行《公路沥青路面施工技术规范》GB F40—2004，以及《道路石油沥青》NB/SH/T 0522—2010、《重交通道路石油沥青》GB/T15180—2010，沥青黏度测定方法见表 4-5。

沥青黏度测定方法　　　　　　　　　　　表 4-5

方法分类	存在状态	测定方法种类	试验条件和适用于
绝对黏度	固态 半固态 液态	毛细管法（运动黏度）	试验温度为 135℃时适用于黏稠石油沥青，试验温度为 60℃时适用于液体石油沥青
		真空减压毛细管法（运动黏度）	试验温度为 60℃，真空度为 40kPa，适用于测定黏稠石油沥青动力黏度
		沥青恩格黏度试验	常用恩格黏度测定乳化沥青、煤沥青的黏度
		沥青旋转黏度试验（布洛克菲尔德黏度试验）	用于确定各种沥青混合料的拌合温度和压实温度
		沥青标准黏度试验	用于液体石油沥青、煤沥青、乳化沥青流动状态时的稠度评定（流出型黏度计——条件黏度）
相对黏度（条件黏度）	固态 半固态	针入度	标准试验条件：$P_{(25℃,100g,5S)}$，适用于在规定温度下测定黏稠石油沥青稠度

1. 黏滞度

（1）动力黏度

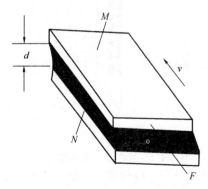

图 4-3　沥青剪切变形示意图

沥青作为胶结料，在路面工程中，将松散的矿质材料胶结成一个整体，使之不产生位移，在沥青混凝土中，胶结料的受力可以用剪切变形模型来描述。如图 4-3 所示，在两个平行的金属平面板之间填满一层厚度为 d 的沥青材料，此时这层沥青与金属平面的吸引力远大于沥青层内部胶团之间的作用力。当下层板 N 固定，对上层板 M 施加 F 力，使其以恒定速度 V 平行位移，沥青将会随之运动，从而沥青受到剪应力的作用，剪应力为 $\tau = \dfrac{F}{A}$。经过一段时间，速度自下板传至上板逐渐增加，在 y 方向上形成速度梯度，也即剪变率 $\gamma' = \dfrac{v}{d}$。剪应力与剪变率之比即为沥青黏度（又称动力黏度），则得式（4-1）：

$$\eta = \dfrac{\tau}{\gamma'} \tag{4-1}$$

式中　η——沥青的动力黏度（Pa·s），若用"泊"（P）表示，则 1P＝0.1Pa·s；

　　　τ——剪应力（Pa）；

　　　γ'——剪变率（s^{-1}）。

通常，溶胶型沥青在高温条件时或加热至沥青施工温度时才接近牛顿液体，其剪切力与剪变率之比为常数，黏度与剪变率的大小无关。而沥青在大多数路面使用的环境温度时，则表现为黏弹性体，故在不同的剪变率时表现出不同的黏度，**即剪应力与剪变率并非线性关系**。如凝胶型或溶胶型沥青的剪切力与剪变率之比不为常数，黏度随剪变率大小而变，通常以表观黏度表示，如式（4-2）：

$$\eta_a = \dfrac{\tau}{(\gamma')^c} \tag{4-2}$$

式中　η_a——沥青表观黏度，即在某一剪变率 γ' 时的黏度（Pa·s）；

　　　c——复合流动系数，与沥青的黏流性质有关，也称牛顿反常系数或流变指数。

（2）绝对黏度的测定方法（运动黏度）

①真空减压毛细管法

我国现行 T 0620—2000 试验方法是沥青技术要求的关键试验，不得以其他试验方法替代，适用于测定黏稠石油沥青的动力黏度。非经注明，试验温度为 60℃，真空度为 40kPa。图 4-4 为真空减压毛细管黏度计示意图。

在一定试验条件下，将热沥青试样自装料管 A 注入毛细管黏度计，试样应不致粘在管壁上，并使液面在 E 标线处±2mm 之内。然后放回电烘箱（135±5.5℃）中保温 10±2min，以使管内产生的气泡逸出。开动真空减压系统与黏度计连接，关闭活塞或阀门。开动真空泵或抽气泵，使真空度达到 40±66.5kPa（300±0.5mmHg）的压力。装有沥青试样的毛细黏度计在恒温水槽中保持 30min 后，打开连接减压系统的阀门，当试样吸到第一标线时，同时开动两个秒表（平行试验），测定通过连续的一对标线间隔时间，准确至 0.1s，记录第一超过 60s 的标线符号及间隔时间。测试沥青在毛细管中流动一定量所需要的时间，即为该温度下的黏度。沥青试样的动力黏度可按式（4-3）计算：

$$\eta = k \times t \tag{4-3}$$

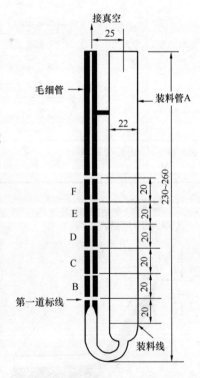

图 4-4　真空减压毛细管黏度计
（尺寸单位：mm）

式中　η——沥青试样在测定温度下的动力黏度（Pa·s）；

　　　k——黏度计结构系数，选择的第一对超过 60s

的一对标线间的黏度计常数(Pa·s/s)；

t——通过第一对超过60s标线的时间（s）。

由于60℃沥青的黏度比较高，所以必须使用减压真空系统，测试时间要严格控制，一次试验的3支黏度计平行试验结果的误差应不大于平均值的7%，否则，应重新试验。符合要求时，取3支黏度计测定结果的平均值作为沥青动力黏度的测定值。当测定所用时间多，则稠度大，粘结性好；测定所用时间少，则沥青稠度小，粘结性差。

②沥青标准黏度试验

我国现行沥青标准稠度试验方法 T 0621—1993，属于道路标准黏度计法，沥青标准黏度计仪器，属于流出型黏度计（也称为杯式黏度计），见图4-5、图4-6所示，可测定液体石油沥青、煤沥青、乳化沥青等材料流动状态的黏度。

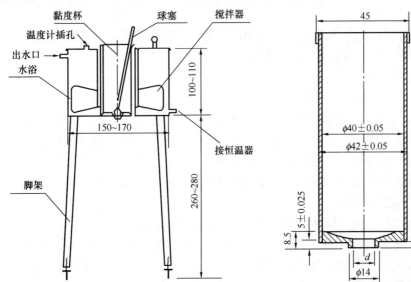

图4-5 沥青标准黏度试验仪器　　　　图4-6 盛样管（尺寸单位：mm）

d—流孔直径

规定液体状态的沥青试样，将沥青注入一个金属杯中，记录其在规定的温度条件下（20±0.1℃、25±0.1℃、30±0.1℃或60±0.1℃），通过规定的流孔直径（3±0.025mm、4±0.025mm、5±0.025mm及10±0.025mm），流出50mL体积所需要的时间（s），间接地表示沥青流体的黏度。以$C_{t,d}$表示试验条件，其中C为黏度，t为试验温度（℃），d为流孔直径（mm）。例如某沥青60℃时，自5mm孔径流出50mL，所需要时间为120s，可表示为$C_{60,5}=120$s。在相同的温度和相同流孔条件下，液体沥青流出时间愈长，表示沥青黏度越大，粘结性越好。

2. 沥青的相对黏度（沥青针入度试验）

沥青针入度试验，是国际上普遍测定黏稠石油沥青稠度的一种方法，采用针入度的测定平均值（取整）作为试验结果来划分沥青的标号（质量指标）。

针入度是在规定的温度和时间内，附加一定质量的标准针垂直贯入沥青试样的深度，以0.1mm计。我国现行沥青针入度试验按《公路工程沥青及沥青混合料试验》JTGE 20—2011中的 T 0604—2011规定：为了提高测试精度，针入度试验宜采用能够自动计时的针入度仪进行测定，要求针和针连杆必须在无明显摩擦下垂直运动，针的贯入深度必须准确至 0.1mm。沥青针入度试验示意图，如图 4-7 所示。

沥青针入度试验温度一般以 25℃ 为准，常规标准试验条件为：标准针、针连杆组合件总质量为 50±0.05g，另附加 50±0.05g 砝码一只，试验总质量为 100±0.05g。试验温度为 25±0.1℃，时间为 5s，特定试验可采用其他条件。参见教材第二篇试验部分。

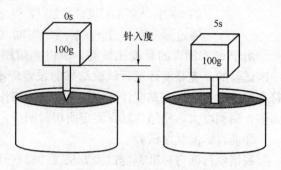

图 4-7　沥青针入度试验

试验条件以代号 $P_{T,m,t}$ 表示，其中 P 为针入度，下脚标表示试验条件，其中 T 为试验温度，m 为标准荷载，t 为贯入时间。常规试验条件为 $P_{25,100g,5s}$。

例如某沥青在常规试验条件 $P_{25,100g,5s}$ 时测得结果为 68（0.1mm），可表示为：

$$P_{(25℃,100g,5S)}=68（0.1mm）。$$

采用针入度试验仪测定黏稠状态沥青的稠度。针入度值愈大，标号愈大，表示沥青越软，稠度越小，粘结性差；反之针入度越小，标号愈小，表示沥青越硬，稠度越大，黏度亦高，粘结性好。黏稠石油沥青标号划分是以针入度指标实测值的平均值为依据。

本方法适用于测定道路石油沥青、聚合物改性沥青针入度及液体石油沥青蒸馏或乳化沥青蒸发后残留物的针入度。

针入度指数（PI）用以描述沥青的温度敏感性，宜在 15℃、25℃、30℃ 等 3 个以上温度条件下测定针入度后按规定方法计算得到，若 30℃ 时的针入度过大，可采用 5℃ 代替。当软化点 T_{800} 是相当于沥青针入度为 800 时的温度，用以评价沥青的高温稳定性。当量脆点 $T_{1.2}$ 是相当于沥青针入度为 1.2 时的温度，用以评价沥青的低温抗裂性。

（三）塑性

塑性是指黏稠沥青在外力的作用下产生变形而不破坏的性能。沥青的塑性用"延度"技术指标来表征。我国现行沥青延度试验 T 0605—2011 规定：用如图 4-8 所示的延度仪来测定。延度试验方法是将沥青制成形态是"8"字形标准试件（中间最小断面 1cm²），在规定温度下以一定速度受拉伸至断开时的长度，以 cm 计，称为延度。

沥青延度的试验温度与拉伸速度可根据要求采用，常用试验温度为 25℃、15℃、10℃ 或 5℃，拉伸速度为 5±0.25cm/min。当低温采用 1±0.5cm/min 拉伸速度时，应在报告中加以说明。非经特殊说明，试验温度采用 25℃。沥青延度小，粘结性好；沥青延度大，塑性好。

研究表明：当沥青化学组分不协调，胶体结构不均匀，含蜡量增加时，沥青材料的延度值相对降低。当温度升高，塑性增大。在常温下，塑性好的沥青不易产生裂缝，能减少轮胎与地面间的摩擦噪声，并对冲击荷载有吸收作用，所以汽车在沥青类路面上行驶，乘客感觉较为舒适。延度大的沥青，在低温时能降低沥青开裂现象。

本方法适用于测定道路石油沥青、聚合物改性沥青延度及液体石油沥青蒸馏或乳化沥青蒸发后残留物等材料的延度。

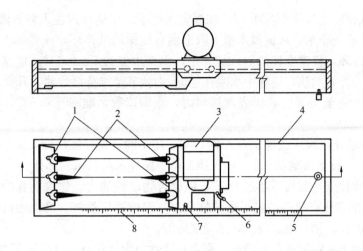

图 4-8 延度仪

1—试模;2—试样;3—电机;4—水槽;
5—泄水孔;6—开关柄;7—指针;8—标尺

(四) 温度稳定性 (感温性)

温度稳定性是指沥青的粘结性和塑性随温度升高而变化的性能。在温度升高时,沥青由固态、半固态逐渐软化成黏流状态,当温度降低时,则黏流状态转变成固态直至变脆。沥青材料的温度感应性与沥青路面施工和使用性能都有密切的关系,所以它是评价沥青技术性质的一个重要指标。

1. 软化点

我国现行规范沥青软化点试验 T 0606—2011 规定:以"环球法"为标准软化点试验方法。高温敏感性用"软化点"技术指标来表示,软化点试验仪如图 4-9、图 4-10 所示。

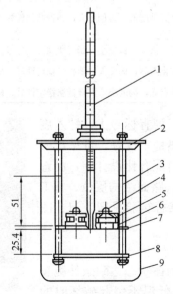

图 4-9 软化点试验仪

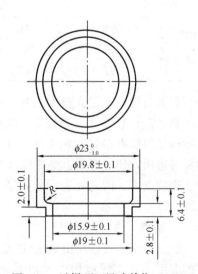

图 4-10 试样环 (尺寸单位:mm)

1—温度计;2—上盖板;3—立杆;4—钢球;5—钢球定位环;
6—金属环;7—中间层;8—下底层;9—烧杯

1) 沥青试样软化点小于80℃时，在规定条件下，往烧杯内注入新煮沸并冷却至5±0.5℃的蒸馏水或纯净水，从恒温水槽中取出盛有试样的试样环，放置在支架中层板的圆孔中，套上定位环，将整个杯架放入烧杯中，保持水温为5±0.5℃。钢球放在定位环中间的试样中央，开始加热，使杯中水温在3min内调节至维持每分钟上升5±0.5℃，试样受热软化逐渐下坠至与下层底板表面接触时，立即读数，准确至0.5℃，即为软化点的温度。

2) 当试样软化点大于或等于80℃时，与上述不同点是：加热介质采用甘油，恒温槽温度为32±1℃，读数准确至1℃。详见第二篇道路建筑材料试验部分。

道路沥青软化点一般均不超过80℃，但聚合物改性沥青、建筑沥青的软化点可能高于80℃。沥青的软化点愈高，表示耐热性愈好，温度稳定性好。高温地区，应选用标号偏低的沥青，沥青较稠，黏度较大，热稳定性好。

本方法适用于测定道路石油沥青、聚合物改性沥青软化点，也适用于测定液体石油沥青、煤沥青蒸馏物或乳化沥青蒸发后残留物的软化点。

道路石油沥青路用性能的粘结性、塑性、温度稳定性，通常用针入度、延度、软化点三大技术指标来评价，并用针入度的平均值来划分道路石油沥青的标号（质量指标），与表4-10、表4-11比较后确定。当量软化点 T_{800} 是相当于沥青针入度为800时的温度，用以评价沥青的高温稳定性，故软化点是人为的"等粘温度"。沥青的技术性质、技术标准及与标号之间的关系，见表4-6。

沥青的技术性质与技术指标的关系 表 4-6

技术性质		技术指标及单位	常温下状态	技术指标、技术性质及与标号的关系
粘结性	条件粘结性	黏滞度（s）	液态	黏滞度值大，稠度大，沥青粘结性好、标号低
		针入度（0.1mm）	固态、半固态	针入度值大，稠度小，沥青粘结性差、标号低
	绝对黏度	动力黏度（Pa·s）	液态、固态、半固态	动力黏度值大，稠度大，沥青粘结性好、标号低
塑性		延度（cm）	固态、半固态	延度值大，稠度小，沥青塑性好、标号高
温度稳定性		软化点（℃）	固态、半固态	软化点高，稠度大，沥青热稳定性好、标号低
		脆点（℃）	固态、半固态	脆点低，稠度小，沥青低温稳定性好、标号高

黏稠石油沥青三大技术指标之间的关系：沥青标号大，针入度大，黏性差；延度大，塑性好；软化点高，热稳定性好。可见这三项指标之间没有很好的相关性。在沥青混合料配合比设计中，沥青的标号选用，还应考虑道路环境（气候特点）、路面结构层位、施工的工程特点等，因此沥青标号要适中。三大指标试验见图4-11、图4-12、图4-13所示。

2. 脆点（弗拉斯脆点）

脆点是指沥青材料由黏-塑状态，转变为固体状态达到条件脆裂时的温度。在实际应用中脆点是测量沥青在低温不引起破坏时的温度。

图 4-11 自动针入度仪器

我国现行标准沥青脆点试验（弗拉斯法）T 0613—1993规定，采用脆点仪测定沥青的脆点。脆点试验是在一块洁净的弹性薄钢片上，称取沥青试样 0.4±0.01g 后，将薄钢片慢慢加热；当沥青流动时，用镊子夹住薄钢片前后左右摆动，使试样均匀布满薄钢片表面时，形成光滑的薄膜（也可采用特殊大压模设备制备沥青试样薄膜按长度贴在不锈钢薄片上，并微加热）。置于有冷却设备的脆点仪内，当温度到达预计的脆点前 10℃时，开始以 60r/min 的速度摇动脆点仪摇把，直到摇不动为止（一般转动摇把 10～20 转），能使涂有沥青的钢片产生弯曲。随着冷却设备中制冷剂控制温度下降以 1℃/min 的速度，当涂有试样的薄钢片在规定条件和连续递减的温度下被弯曲，直至沥青冻层出现一个或多个裂缝时的温度，即作为试验的脆点。脆点仪如图 4-14、图 4-15 所示。

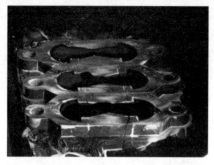

图 4-12 延度试验的"8"字试模

图 4-13 沥青软化点试验（环球法）

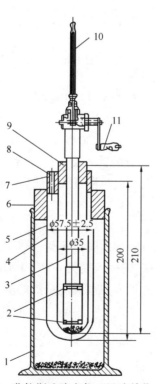

图 4-14 弗拉斯法脆点仪（尺寸单位：mm）
1—外筒；2—夹钳；3—硬塑料管；4—真空玻璃管；
5—试样管；6、7、8、9—橡胶管；通冷却液管；
10—温度计；11—摇把

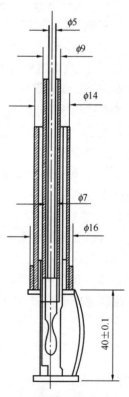

图 4-15 弯曲器
（尺寸单位：mm）

161

沥青路面在寒冷天气收缩时，会在结构层内产生拉应力，当拉应力超过抗拉强度，沥青层就会形成低温裂缝。这种开裂特征是产生间断横缝，并且间隔非常一致。另一种开裂是沥青在低温下是一个弹性固体，但仍会变得很脆弱，当承受过大的荷载后就会发生开裂，这就是沥青路面在冬天出现低温开裂的原因。为了克服低温开裂，在路面设计中应该选用较软不易老化的沥青胶结料，并控制现场空隙率和路面密度，使得胶体结料不会过度氧化，在寒冷地区，易选用较高的沥青标号，则针入度较大、塑性好、抗老化性能好、可减少沥青低温开裂的可能性。

3. 针入度指数（PI）

在沥青的常规试验方法中，软化点试验也可以作为反映沥青敏感性的方法。只用软化点作为一个条件状态分界点，并不能全面反映沥青的性能随温度变化的规律。由于沥青胶体结构的差异，沥青的感温性是采用"黏度"随"温度"而变化的行为（黏度—温度关系曲线）来表达，目前常用针入度指数（PI）法和修正针入度指数—黏度（PVN）法等方法表征沥青感温性和胶体结构的指标。现以针入度指数（PI）法为例进行讲述。

针入度指数（PI）是评价沥青感温性的指标。建立这一指标的基本思路是：沥青针入度值的对数值（lg P）与温度（T）具有线性关系，如图4-16所示，即用式（4-4）表示：

$$\lg P = AT + K \tag{4-4}$$

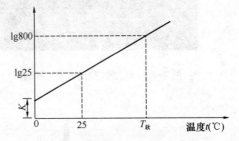

图4-16 针入度—温度关系图

式中 P——沥青针入度，单位0.1mm；

K——回归系数（截距—常数）；

A——针入度温度感应性系数，由针入度和软化点确定（直线的斜率）。

由于沥青达到软化点温度时的针入度与800相距甚大，因此斜率A应根据不同温度的针入度值确定，采用软化点温度计算时仅仅是简化或近似。

测定针入度指数（PI）试验时，应在15℃、25℃、30℃（5℃）3个或3个以上（必要时增加10℃、20℃等）温度条件下分别测定沥青的针入度，但仲裁试验条件应为5个。并将试验结果点画在半对数坐标纸上，它应该很接近一根直线。然后用回归分析法计算直线的斜率A。

(1) 针入度温度敏感系数A（基本公式）

据试验研究认为，沥青达到软化点时，此时的针入度在600~1000之间，若已知针入度值$P_{(25℃,100g,5s)}$和软化点$T_{R\&B}$，并假定软化点时的针入度为800（0.1mm），由此可绘出针入度—温度感应系数图（图4-17）并建立针入度—温度感应系数的基本公式，见式（4-5）：

$$A = \frac{\lg 800 - \lg P_{25}}{T_{R\&B} - 25} \tag{4-5}$$

式中 P_{25}——在25℃、100g、5s条件下测定的针入度值（0.1mm）；

$T_{R\&B}$——环球法测定的软化点温度（℃）。

(2) 针入度指数（PI）的确定（实用公式）

针入度指数（PI）是根据沥青在25℃时的针入度值（0.1mm）和软化点（℃）提出

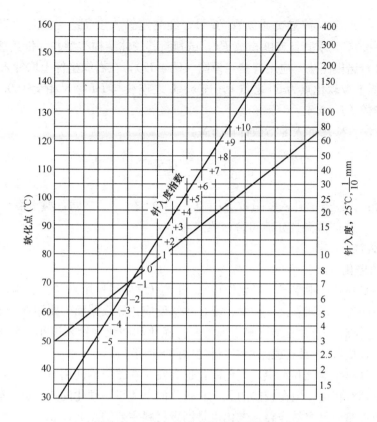

图 4-17 确定针入度指数用诺模图

的一种判断沥青胶体结构状态的方法。

a. 实用公式。按式（4-5）计算的 A 值均为小数，为使用方便，费普等作了一些处理，推导出针入度指数（PI）的计算公式如式（4-6）：

$$PI = \frac{30}{1+50A} - 10 = \frac{30}{1+50\dfrac{\lg 800 - \lg P_{25}}{T_{R\&B} - 25}} - 10 \tag{4-6}$$

b. 针入度指数亦可根据针入度和软化点求针入度指数 PI 的诺模，如图 4-17 求得。

c. 表 4-7 为根据针入度指数（PI）值，将沥青划分为三种胶体结构类型以及沥青的特性。沥青针入度指数的变化范围是：$-10 \sim +20$，PI 值大表示沥青的感温性小，一般认为沥青 PI 值在 $-1 \sim +1$ 之间的溶、凝胶型沥青，适宜铺筑沥青路面。

沥青胶体结构类型及特性　　　　表 4-7

针入度指数 PI	<-2	$-2 \sim +2$	$>+2$
胶体结构类型	溶胶型结构	溶—凝胶型结构	凝胶型结构
沥青特性及应用	低温变形能力好，温度敏感性强	高温敏感性低，低温变形能力好、路用性能广泛	温度敏感性低，低温变形能力差

针入度温度敏感系数 A 越大，表示沥青对温度的变化越敏感，其路用性能则不好。针入度温度敏感系数 A 大致可划分为：$A \leqslant 0.045$，性能优；$0.045 < A < 0.055$，性能一般；$A \geqslant 0.055$，性能劣。

【例 4-1】 现有一种重交通沥青 70 号，经测定针入度 $P_{(25℃,100g,5s)}=70$（0.1mm），软化点 $T_{R\&B}=50℃$，求其针入度指数 PI，试判断其胶体结构类型并评价其感温性。

【解】 （1）诺模图法 应用普费诺模图（图 4-17），在右纵坐标上取针入度为 70 之点 a，在左纵坐标上取软化点为 50 之点 b，连 a、b 之连线与 PI 标尺相交于 0.4，即为该沥青的针入度指数 $PI=0.4$。

（2）计算法 应用针入度指数计算公式：

$$PI = \frac{30}{1+50\dfrac{\lg 800 - \lg 70}{50-25}} - 10 = 0.38$$

（3）评价：该沥青的针入度指数 $PI=0.4$，在 $-2 \sim +2$ 之间，属于溶-凝胶型沥青；同时在 $-1 \sim +1$ 之间感温性亦能符合一般要求。

（五）耐久性

1. 沥青的老化

沥青材料受到环境中空气（氧化作用）、日光（紫外线作用）、气温、降水及车辆重复荷载等作用，产生一系列氧化、挥发、聚合化学反应，导致路面的路用性能劣化称之为沥青"老化"。老化后的沥青胶结材料表现为变得脆化和硬化（针入度小、延度降低、软化点升高、脆点降低），不具有道路沥青材料良好的使用品质。

由于路面暴露在空气和水中，氧化硬化也会发生在路面的使用寿命期间。路面老化过程产生的速率相对较慢，但在较热的天气和较热的季节里，硬化的速率就会较快。这种硬化，使旧的沥青路面更容易开裂，老化也是沥青材料主要缺点之一。

2. 加热稳定性

由于沥青胶结料是由有机分子组成，在加工、贮存、施工、使用过程中，都会产生加热后的老化。如在热拌沥青混合料生产过程中，集料首先在沥青拌合楼的烘干筒中加热，经过拌合楼的热谷筛分机，输送到沥青混合料搅拌容器中，再将已加热到一定温度产生流动性的沥青胶结料加到热集料中，在一定的时间内，沥青混合料在相当高的温度下进行拌合。而储运过程中沥青也都要达到一定的温度，这两种加热情况都会使沥青比自然环境中变硬老化快。沥青加热变硬的程度称为沥青加热稳定性，在这个过程中发生轻质馏分挥发、氧化、裂化、聚合等一系列物理及化学变化，使沥青的化学组分、技术性质相应地发生变化。由于此时沥青胶结料是裹覆在集料上的一层薄膜，沥青加热温度越高，氧化的越快，老化越严重，会直接影响沥青路面的耐久性。

在实践中，沥青大量的氧化硬化发生在沥青摊铺前。加热温度过高，在较高温度下不仅会改变沥青组分的结构链接，还会导致沥青变质，加速沥青变硬老化，因此沥青混合料适宜在气温较高的季节施工，并要严格控制加热温度、拌合温度、拌合时间。

3. 耐久性评定

为评定沥青在路面施工及使用过程中的耐久性，测定技术指标的方法分为短期老化试验和长期老化试验两类。现行规范规定，要进行沥青的加热质量损失和加热后残留性质的试验。对于道路石油沥青采用沥青薄膜加热试验，对于液体石油沥青采用沥青蒸馏试验等。

1）短期老化试验

（1）沥青薄膜烘箱试验法（简称 TFOT）

本标准适用于测定热和空气对石油沥青薄膜的影响。薄膜烘箱（TFOT）试验模拟沥青混合料拌合料在生产过程中的老化。如图 4-18、图 4-19 所示。

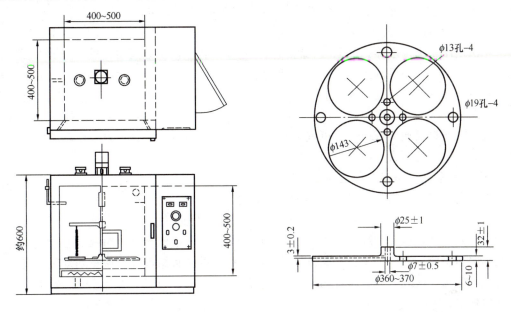

图 4-18　薄膜加热烘箱（尺寸单位：mm）　　图 4-19　圆盘架（尺寸单位：mm）

道路石油沥青薄膜加热试验 T 0609—2011 中规定，薄膜加热方法是将沥青试样分别注入 4 个已称质量的不锈钢盛样皿（直径 140±1mm，深 9.5～10mm 的不锈钢盛样皿）中，形成沥青厚度的均匀薄膜，在 163±1℃ 通风烘箱的条件下以 5.5±1r/min 的速率旋转，保持 5h，取出冷却后，测其的质量损失，并按规定方法测定残留物的针入度、延度指标等技术指标。TFOT 方法是预测石油在通常热拌合过程中（约 150℃）性质的变化情况，这种影响是通过测定试验前后石油沥青的某些性质变化确定的，为短期老化试验。

同时采用沥青或聚合物改性沥青蒸发损失试验 T 0608—1993 方法，测定蒸发损失后的残留物的针入度试验，试算残留物针入度占原试样针入度的百分率，并根据需要测定沥青残留物的针入度、延度、软化点等，与对应的规范比对以评定沥青受热时性质的变化。

（2）旋转薄膜加热试验（简称 RTFOT）

适用于测定道路石油沥青、聚合物改性沥青旋转薄膜加热后的质量变化，并根据需要测定旋转薄膜加热后，沥青残留物的针入度、延度、软化点及脆点等性质的变化，以评价沥青的老化性能。详见沥青旋转薄膜加热试验 T 0610—2011。

2）长期老化试验（简称 PAV）

美国提出压力老化试验"PAV"，用来评价不同沥青在试验温度和压力条件下的抗老化能力。详见《公路工程沥青及沥青混合料试验规程》JTG E20—2011 中的压力老化容器加速沥青老化试验（T 0630—2011）。此试验过程相当于模拟沥青在道路使用过程中发生的氧化老化，属于模拟沥青长期老化。本方法采用高温和压缩空气在压力容器中对沥青进行加速老化。标准老化温度视沥青标号不同规定为 90～110℃，向标准薄膜烘箱试验盛样盘中加入 50±0.5g 的沥青，使沥青薄膜厚度约 3.2mm，将准备好的盛样盘放入压力容器试架上,关闭压力容器。容器内供给 2.1±0.1MPa 的空气压力,保持压力容器和空气压力(老化时间为)20h±10min。然后取出试样残留物倒入一个容器中,加热并搅拌除去气泡后,立刻进行压力老化(PAV)残留物的性能测定。研究成果表明,对沥青老化的影响相当于使用期路面表层沥青老化 5～7 年的情况。

3)液体石油沥青蒸馏试验

本法适用于测定液体石油沥青材料的馏分含量。根据需要,残留物可进行针入度、黏度、延度、浮漂度等各种试验。道路用液体石油沥青技术要求见表 4-12。该法是测定试样受热时,在规定的温度内蒸馏出的馏分含量,以占试样体积百分率表示。除非特殊需要,各馏分的标准切换温度为 225℃、316℃、360℃。通过此试验可了解液体沥青含各温度范围内轻质挥发油的数量,并可根据残留物的性质测定预估液体沥青在道路路面中的性质,详见液体石油沥青蒸馏试验 T 0632—1993。

(六)安全性(与施工有关的性质)

沥青属于有机材料,常采用加热的方法使之产生一定的流动性后才能与矿物集料拌合。加热到一定温度时,沥青中挥发出的油分蒸汽与周围空气组成混合气体,当混合气体达到一定浓度后,遇火种能发生闪火。若继续加热,油分蒸汽与空气组成的混合气体饱和度继续增加,此种混合气体遇火焰极易燃烧,而产生的明火熔油,能使车间发生火灾、使沥青烧坏变质,造成损失。沥青闪点与燃点试验按 T 0611—2011 规定进行,采用克利夫兰开口杯法。

1. 闪点和燃点

沥青的闪点是各国沥青质量的安全指标,同样沥青的燃点是施工安全的一项参考指标。闪点是指沥青在规定的盛样器内,按规定的升温速度受热时所蒸发的气体以规定的方法与试焰接触,第一次液面上方出现一瞬间的蓝色火焰时的温度,以℃计。盛样器对黏稠沥青是克利夫兰开口杯(简称 COC),对液体沥青是泰格开口杯(简称 TOC)。

燃点(着火点)指沥青继续保持试样升温速度 5.5±0.5℃/min,并要求用点火器点火点燃,当试样接触火焰立即着火,并能持续燃烧不少于 5s 时,停止加热,此时温度计上读记温度,作为的燃点。

一般闪点和燃点温度相差 10℃左右。热沥青混合料施工过程中,沥青加热温度应控制在低于沥青闪点温度 14～28℃以下,可避免火灾发生。我国规定闪点是不低于 230℃。本方法适用于测定黏稠石油沥青、聚合物改性沥青及闪点在 79℃以上的液体石油沥青的闪点和燃点,以评定施工的安全性。

2. 含水量

沥青中含有水分,在施工中挥发太慢,影响施工速度,所以要求沥青中含水量不宜过多。如沥青中含水过多,在沥青加热过程中,水的沸点比沥青高,易产生"溢锅"现象,引起加油车间火灾,使沥青材料受损。所以应采取措施促进水分蒸发、排除,并控制加热温度。详见沥青含水量试验 T 0612—1993 规程。

(七)溶解度

沥青的溶解度是在规定溶剂中可溶物的含量,以质量百分率表示,指石油沥青在溶剂为三氯乙烯中溶解的百分率(即有效物质的含量)。那些不溶解的物质为有害物质,会降低沥青的性质,应加以限制。此方法适用于测定石油沥青、聚合物改性沥青、液体石油沥青或乳化沥青蒸发后残留物的溶解度。详见沥青溶解度试验 T0 607—2011。

(八) 沥青的黏附性

1. 黏附性

沥青与粗集料之间相互作用产生吸附，将松散材料凝结为整体，沥青与矿料之间的这种作用即为沥青的黏附性。影响沥青混合料的黏附性原因很多，不仅与沥青本身的性质、集料的性质（酸碱性）、表面的粗糙程度、集料表面的潮湿干燥状态有关，而且与沥青路面施工拌合条件有关。有水煮法和水浸法等，这两种方法要求采用干燥集料检测沥青与粗集料黏附性，评定粗集料的抗水剥离能力。参见教材第一章第二节和第二篇道路建筑材料试验部分。

2. 沥青黏附性改善

通常情况下，石油沥青与石灰岩碱性骨料黏附性好，但耐磨性较差，表面构造深度及摩擦系数很快衰减，不能满足沥青路面表面的抗滑及耐磨耗要求。

酸性骨料是一种良好的路面材料。但是酸性骨料 SiO_2 含量高，与石油沥青产生的吸附属于物理吸附，形成的沥青黏附薄膜很容易被水剥离，这种沥青路面结构在汽车轴载的作用下，易出现松散、坑槽（坑洞）、麻面等损坏现象，不能满足沥青路面的技术要求。

对于高速公路、一级公路、城市快速路和主干沥青路面，需要使用坚硬的粗集料，为使花岗石、石英岩等酸性岩石轧制粗集料达到黏附性等级要求，必须采用抗剥落措施。在沥青混凝土工程中提高黏附性常采用的措施有：为了提高沥青材料的高黏度，在沥青中掺加胺类表面活性抗剥落剂；为使酸性集料表面碱性化，采用掺入一定量碱性材料，对粗集料表面进行处理（如添加消石灰粉、生石灰粉或水泥作为添料的一部分，其用量宜为矿料用量的 1%~2%)；对于黏度要求高的沥青，拌合时添加沥青抗剥落剂的方法。

(九) 沥青的黏弹性

在低温或瞬间荷载作用下，沥青表现为明显的弹性性质，而当沥青在高温或长期荷载作用下，则表现为复杂的黏弹性。使用中的沥青路面的大多数环境处于酷热和严寒之间，沥青表现出既有弹性固体的特性，又有黏性液体的特性，因此沥青的性状被定义为黏弹性。沥青路面在大多数荷载作用下，沥青的黏弹性表现为在一定的时间内，应力变形是可恢复的，对汽车可以起到减振效果。因此在沥青路面上行驶的汽车，旅客感到较为舒适。黏弹性沥青材料在受力状态下有其特殊的应变特性，这就是蠕变和松弛。

1. 蠕变和松弛

所谓蠕变就是物体在应力保持不变的情况下，应变随时间的延长而增大的现象，蠕变是不可恢复的变形。

松弛与蠕变相反，松弛是物体在恒定的应变条件下，应力随时间逐渐减小的力学行为。应力松弛对沥青路面有时也是有利的，例如沥青路面在冬季温度降低时，由于冷缩物理特征，形成收缩变形，从而产生温度应力，但由于沥青混合料有应力松弛能力，当温度回升时，使温度应力逐渐衰减消失，使沥青路面不致由于温度应力而产生开裂，这就是一般沥青路面不设置伸缩缝的原因。

2. 沥青的劲度模量

研究路面黏弹性具有很重要的实用价值，在荷载作用下，应力和应变关系呈现非线性关系，为了描写沥青处于黏弹性状态下的力学特性，采用劲度模量的概念。颈度模量与弹性模量不同,它是取决于温度和荷载作用时间而变化的参数,是表征沥青黏性—弹性联合效应的指标。

范·德·波尔采用荷载时间 t 和 T 为函数据的应力应变之比来表示黏弹性沥青抵抗变形的性能劲度模量表达式为式(4-7):

$$S_{T,t} = \left(\frac{\sigma}{\varepsilon}\right)_{T,t} \tag{4-7}$$

式中 S——沥青的劲度模量(Pa);
   σ——应力(Pa);
   ε——应变;
   T——温度(℃);
   t——荷载作用时间(s)。

在应用中,沥青的劲度模量随着温度升高而降低,但随着荷载作用时间的延长,劲度模量降低较为缓慢。随着针入度指数 PI 值的增大,在同样的荷载作用时间内,针入度指数 PI 值小,其劲度模量大。沥青的劲度模量($S_{T,t}$)与温度(T)、荷载作用时间(t)和沥青流变类型(针入度指数 PI)等参数有关,如式(4-8)。

$$S_{T,t} = f(T,t,PI) \tag{4-8}$$

式中 T——路面温度与沥青软化点之差值(℃);
   t——荷载作用时间(s);
   PI——针入度指数。

范·德·波尔等根据荷载作用时间(t)、频率(ω)、路面温度差(T)、沥青胶体结构类型(PI)等参数绘制成实用工程的沥青劲度模量诺谟图(图4-20)。运用此诺谟图求沥青劲度模量时,只需要有3个参数:

(1)荷载作用时间或频率。
(2)温度差(路面实际温度与沥青环球法软化点之间的温差,带正负符号计算)。
(3)针入度指数 PI 值。

【例4-2】 已知沥青的软化点为75℃,针入度指数为+1.0,路面温度 T 为-5℃,荷载作用时间为 10^{-1}s,求沥青劲度模量。

【解】

(1)查图4-20,在A线上找到加载时间为 10^{-1}s 的点 a。
(2)已知路面温度与软化点之间的温差为80℃,在B线上找到温度差80℃之点 b。
(3)在针入度指数的纵向标尺上找到+1,作一条水平线。
(4)连接 a 与 b 两点并延长,与针入度指数为+1画得的水平线相交,此交点按劲度模量曲线顺势画一条曲线至顶端,则得所求劲度模量值,即 $S_{T,t} = 3 \times 10^8 \text{N/m}^2$ =300MPa。

四、石油沥青的技术要求

(一)道路石油沥青技术要求

石油沥青按用途分为道路石油沥青、建筑石油沥青、防水防潮沥青和普通石油沥青。

1. 道路石油沥青分级

道路石油沥青是沥青路面混合料组成材料中的胶结材料,它的性能直接影响沥青路面

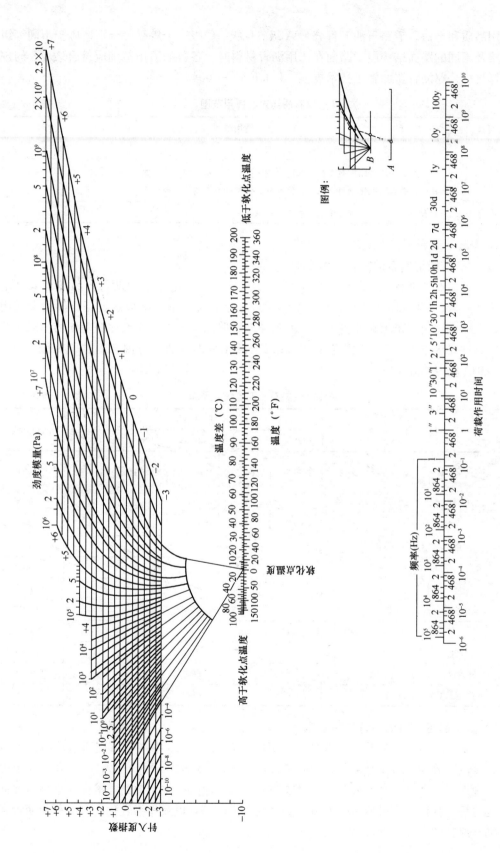

图 4-20 沥青劲度模量诺模图

的使用品质和寿命。道路石油沥青分为 A 级、B 级、C 级三个等级，分别适应于不同等级的公路及不同的路面结构层。路面在选用沥青材料时，各自的适用范围应符合表 4-8 的规定。详见《公路沥青路面施工技术规范》JTGF 40—2004。

道路石油沥青的适用范围　　　　　　　　　　表 4-8

沥青等级	适用范围
A 级沥青	各个等级的公路，适用于任何场合和层次
B 级沥青	高速公路、一级公路沥青下面层及以下的层次、二级及二级以下公路的各个层次；用作改性沥青、乳化沥青、改性乳化沥青、稀释沥青的基质沥青
C 级沥青	三级及三级以下公路的各个层次

2. 道路石油沥青技术要求

1）中、低级道路石油沥青技术要求

在《道路石油沥青》NB/SH/T 0522—2010 规范中，道路石油沥青产品按针入度范围分为 200 号、180 号、140 号、100 号、60 号 5 个牌号。本标准规定道路石油沥青适用于中、低级道路及城市道路非主干道路的道路沥青路面，也可作为乳化沥青和稀释沥青的原料。具体要求见表 4-9。其测定方法采用《公路工程沥青及沥青混合料试验规程》JTG E20—2011 规定的方法。

中低级道路石油沥青技术要求　　　　　　　　　表 4-9

项　目	质量指标					试验方法
	200 号	180 号	140 号	100 号	60 号	
针入度（25℃，100g，5s）（1/10mm）	200～300	150～200	110～150	80～110	50～80	T0604
延度注（25℃）(cm)，不小于	20	100	100	90	70	T 0605
软化点（℃）	30～48	35～48	38～51	42～55	45～58	T 0606
溶解度（%），不小于	99.0					T 0607
闪点（开口）（℃），不小于	180	200	230			T 06011
密度（25℃）（g/cm³）	报告					T 0603
蜡含量（%），不大于	4.5					T 06015
薄膜烘箱试验（163℃，5h）						T 0609
质量变化（%），不大于	1.3	1.3	1.3	1.2	1.0	T 0609
针入度比（%），不小于	报告					T 0604
延度（25℃）(cm)，不小于	报告					T 0605

2）重交通道路石油沥青技术要求

在《重交通道路石油沥青技术要求》GB/T 15180—2010 中规定重交通道路石油沥青按针入度范围分为 AH-130、AH-110、AH-90、AH-70 号、AH-50、AH-30 号等 6 个牌号。本标准适用于修筑高速公路、一级公路和城市快速路、主干道路等重交通道路石油沥青，也适用于其他各等级公路、城市道路、机场道面等，以及作为乳化沥青、稀释沥青和改性沥青原料的石油沥青，具体见表 4-10。

重交通道路石油沥青技术要求 表 4-10

项 目	质量指标						试验方法
	AH-130	AH-110	AH-90	AH-70	AH-50	AH-30	
针入度（25℃，100g，5s）1/10mm	120～140	100～120	80～100	60～80	40～60	20～40	T 0604
延度注（15℃）(cm)，不小于	100	100	100	100	80	报告	T 0605
软化点（℃）	38～51	40～53	42～55	44～57	45～58	50～65	T 0606
溶解度（%），不小于	99.0	99.0	99.0	99.0	99.0	99.0	T 0607
闪点（开口）（℃），不小于	230					260	T 06011
密度（25℃）(g/cm³)	报告						T 0603
蜡含量（%），不大于	3.0	3.0	3.0	3.0	3.0	3.0	T 06015
薄膜烘箱试验（163℃，5h）							T 0609
质量变化（%），不大于	1.3	1.2	1.0	0.8	0.6	0.5	T 0609
针入度比（%），不小于	45	48	50	55	58	60	T 0604
延度（15℃）(cm)，不小于	100	50	40	30	报告	报告	T 0605

在表中对各标号道路石油沥青的延度、软化点、闪点、含蜡量、薄膜加热试验等技术指标提出了相应的要求。在应用中，同一品种的石油沥青，标号越高，则粘结性越小（针入度越大），塑性越好（即延度越大），温度敏感性越大（即软化点越低）。道路石油沥青按针入度平均值来划分标号，依据针入度、延度、软化点三大指标来确定。

3）道路石油沥青的标号

现行《公路沥青路面施工技术规范》JTG F40—2004 规定，我国道路石油沥青按针入度划分为 160 号、130 号、110 号、90 号、70 号、50 号、30 号 7 个标号，同时对各标号的延度、软化点、闪点、含蜡量、薄膜加热试验等技术指标也提出了相应的要求。具体要求见表 4-11（其中气候分区见表 5-14）。

选用道路石油沥青等级和标号的原则是：根据公路等级（交通量）、所处路面结构层位（如上、中、下层），查表（表 4-8）选定沥青的等级（A、B 或 C 级）；然后根据公路和城市道路等级、交通特点、环境温度要求，初步根据表 4-8 或表 4-11 确定道路石油沥青标号。采购沥青材料时可参考表 4-9 及表 4-10。

当选择沥青标号时，高温要求与低温要求发生矛盾时应优先考虑满足高温性能的沥青。两种以上沥青掺配时，应通过试验确定其配合比例，并符合道路石油沥青技术要求。

黏稠石油沥青必须按品种、标号分开存放。除长期不使用的沥青可放在自然温度下存储外，沥青在储罐中的贮存温度不宜低于 130℃，并不得高于 170℃。桶装沥青应直立堆放，加盖苫布。道路石油沥青在贮运、使用及存放过程中应有良好的防水措施，避免雨水或加热管道蒸汽进入沥青中。

表 4-11

道路石油沥青技术要求

指标	单位	等级	160号④	130号④	110号	90号	70号④	50号④	30号④	试验方法①
针入度 (25℃, 5s, 100g)	0.1mm		140~200	120~140	100~120	80~100	60~80	40~60	20~40	T0604
适用的气候分区⑤			注④	注④	2-1 2-2 3-2	1-1 1-2 1-3 2-2 2-3	1-1 1-2 1-3 1-4 2-2 2-3 2-4	1-3 1-4 2-2 2-3 2-4	注④	T0604
针入度指数 PI②		A				-1.5~+1.0				
		B				-1.8~+1.0				
软化点 (R&B), 不小于	℃	A	38	40	43	45	46	49	55	T0606
		B	36	39	42	43	44	46	53	
		C	35	37	41	42	43	45	50	
60℃动力黏度② , 不小于	Pa·s	A	—	60	120	160	180	200	260	T0620
10℃延度② , 不小于	cm	A	50	50	40	45	25	15	10	T0605
		B	30	30	30	30	20	10	5	
15℃延度, 不小于	cm	A, B	80	80	60	50	40	30	20	
蜡含量 (蒸馏法), 不大于	%	A				2.2				T0615
		B				3.0				
		C				4.5				

续表

指标	单位	等级	沥青标号						试验方法[1]
			160号[4]	130号[4]	110号	90号	70号[3]	50号[3]	30号[4]	
闪点，不小于	℃				230	245	260			T0611
溶解度，不小于	%					99.5				T0607
密度（15℃）	g/cm³					实测记录				T0603
薄膜加热试验 TFOT（或旋转薄膜加热试验 RTFOT）后[5]										T0610 或 T0609
质量变化，不大于	%					±0.8				
残留针入度比（25℃）不大于	%	A	48	54	55	57	61	63	65	T0604
		B	45	50	52	54	58	60	62	
		C	40	45	48	50	54	58	60	
残留延度（10℃），不小于	cm	A	12	12	10	8	6	4	—	T0605
		B	10	10	8	6	4	2	—	
残留延度（15℃），不小于	cm	C	40	35	30	20	15	10	—	T0605

①试验方法按照现行《公路沥青路面施工技术规范》（JTG F40—2004）规定的方法执行，10℃延度可作为选择性指标，求针入度指数 PI 的5个温度与针入度回归关系的相关系数不得小于0.997。
②经建设单位同意，表中 PI，60℃动力黏度，10℃延度可作为选择性指标，也可不作为施工验收指标。
③70号沥青可根据需要要求生产厂家提供针入度范围为60~70 或 70~80 的沥青；50号沥青可要求提供针入度范围为40~50 或 50~60 的沥青。
④30号沥青仅适用于沥青稳定基层。130号和160号沥青除寒冷地区可直接在中低级公路上直接应用外，通常用作乳化沥青、稀释沥青及改性沥青的基质沥青。
⑤老化试验以薄膜试验（TFOT）为准，也可以旋转薄膜试验（RTFOT）代替。
⑥气候分区表见表5-14。

表 4-12

道路用液体石油沥青技术要求

序号	项目		快凝		中凝						慢凝						试验方法 JTJ 052—2000
			AL(R)-1	AL(R)-2	AL(M)-1	AL(M)-2	AL(M)-3	AL(M)-4	AL(M)-5	AL(M)-6	AL(S)-1	AL(S)-2	AL(S)-3	AL(S)-4	AL(S)-5	AL(S)-6	
1	黏度(s)	$C_{25,5}$	<20	—	<20	—	—	—	—	—	<20	—	—	—	—	—	T0621
		$C_{60,5}$	>20	—	—	5~15	16~25	26~40	41~100	101~200	—	5~15	16~25	26~40	41~100	101~200	
2	蒸馏体积(%)	225℃	>35	>15	<10	<7	<3	<2	0	0	—	—	—	—	—	—	T0632
		315℃	>45	>30	<35	<25	<17	<14	<8	<5	—	—	—	—	—	—	
		360℃	—	—	<50	<35	<30	<25	<20	<15	<40	<35	<25	<20	<15	<5	
3	蒸馏后残留物性质	针入度(25℃)(0.1mm)	60~200	60~200	100~300	100~300	100~300	100~300	100~300	100~300	—	—	—	—	—	—	T0604
		延度(25℃)(cm)	—	—	>60	>60	>60	>60	>60	>60	—	—	—	—	—	—	T0605
		浮漂物(5℃)(s)	—	—	—	—	—	—	—	—	<20	<20	<30	<40	<45	<50	T0631
4	闪点(TOC)(℃)		>30	>30	>65	>65	>65	>65	>65	>65	>70	>70	>100	>100	>120	>120	T0633
5	含水量(%) 不大于		0.2	0.2	0.2	0.2	0.2	0.2	0.2	0.2	0.2	0.2	0.2	0.2	0.2	0.2	T0612

注: 1. 本表引自中华人民共和国交通行业标准 JTJ F40—2004;
2. 黏度使用道路石油沥青黏度计测定, $C_{T,d}$ 的下脚标第一个字母 T 代表温度(℃), 第二个字母 d 代表孔径(mm);
3. 闪点(TOC)为泰格开口杯(Tag Open Cup)法。

(二) 我国液体石油沥青的技术要求

道路液体石油沥青特别适用于透层、粘层及拌制冷拌沥青混合料。在《公路沥青路面施工技术规范》JTJ F40—2004 中规定，根据使用目的与场地，可选用快凝、中凝、慢凝液体石油沥青，其质量应符合表 4-12 规定。液体石油沥青的黏度指标采用"标准黏度"分类。除黏度外，对不同温度的蒸馏馏分含量及残留物性质，闪点和水分等亦提出相应的要求。

液体石油沥青在制作、贮存、使用的全过程中必须通风良好，并有专人负责，确保安全。基质沥青的加热温度严禁超过 140℃，液体石油沥青的贮存温度不得高于 50℃。

第三节 改性沥青

一、概述

随着国民经济高速发展，带来了公路交通量迅速增长、车辆轴载重、交通量特别大的路段，以及对于气候条件恶劣的环境，采用普通的道路石油沥青已经不能满足使用要求时，易出现的低温车辙、高温变形、局部龟裂、不耐老化等问题。使用改性沥青通常对于改善沥青路面的使用性质有明显的效果。

所谓改性沥青是指掺入橡胶、树脂、高分子聚合物、磨细的橡胶粉或其他填料等外掺剂（改性剂），经过充分混熔，使之均匀分散在沥青中，或采取对沥青轻度加工等措施，使沥青或沥青混合料的性能得到改善。沥青的改性剂分为天然的或人工的或有机的或无机的材料，可熔融、分散在沥青中，改善或提高沥青路面的路用性能的材料。

二、改性剂及其种类

改性剂与沥青发生反应或裹覆在集料表面，而产生其特性。按照改性沥青中改性剂的不同，一般将其分为树脂、橡胶、热塑性橡胶以及其他改性剂几类，见表 4-13。

沥青改性剂性能及其种类　　　　　　　表 4-13

分类	改性剂品种（代号）	改性剂的性能及特性
树脂	聚乙烯（简称 PE）	强度高、耐寒性好、与沥青相容性好，可制得优良改性沥青
	聚丙烯（缩写 PP）	其中聚丙烯（APP），常作为道路和防水沥青改性剂
	聚氯乙烯（简称 PVC）	与焦油沥青具有较好的相容性，改善煤沥青的热稳性
	聚苯乙烯（简称 PS）	通过共聚、共混、添加助剂等方法生产改性聚苯乙烯
	乙烯-醋酸乙烯酯共聚物（缩写 EVA）	不仅耐候性好、耐热性优越、耐寒性良好，还具有一定的刚度、耐磨性和冲击韧性等力学特性。是常采用的沥青改性剂
橡胶	丁苯橡胶（简称 SBR）	综合性能好，强度较高、延伸率大，抗磨性和耐寒性亦较好
	氯丁橡胶（缩写 CR）	耐磨性好，且耐寒，硫化后不易老化，是一种常用改性剂
	乙丙橡胶（EPDM）	橡胶粉是废旧轮胎经加工磨细而成的粉末，可作沥青改性剂

续表

分类	改性剂品种（代号）	改性剂的性能及特性
热塑橡胶类	苯乙烯-丁二烯-苯乙烯（简称SBS）	兼顾橡胶和树脂的特性，在高温下具有较高的抗拉伸能力，可提高沥青的高温稳定性和低温抗裂性，是沥青优良的改性剂
	苯乙烯-异戊二烯-苯乙烯（简称SIS）	兼有塑料和橡胶特性，被称为"第三代橡胶"，明显改善沥青的耐候性、耐负载性能及路面防水
其他改性剂	纤维类改性剂	加入玄武岩矿物纤维、木质素纤维、土工布等，掺入纤维类改性剂后，沥青高温稳定性显著提高，但注意这类物质对健康的影响
	固体颗粒改性剂	主要有废橡胶粉、炭黑等，这类固体颗粒的级配、表面性质和孔隙状态等影响沥青混合料高温流变性和低温变形能力
	硫磷类改性剂	硫磷的加入，在沥青中起链桥作用，但是应采用"预熔法"，否则改善了高温稳定性，但低温抗裂性明显降低
	粘附性改性剂	加入水泥、石灰、电石渣等，将这类改性剂预处理集料表面或直接加入沥青混合料进行拌合，可提高沥青与集料的粘附性如加入醚胺、醇胺类等应通过试验，用于粘附性很高的沥青路面
	耐老化改性剂	常采用炭黑，其粒径小、表面积大，吸附沥青热氧化作用产生的游离基，炭黑又是一种屏蔽剂，阻止紫外线进入，抑制沥青老化
	抗车辙剂	在正常拌合温度下，能迅速混熔于沥青中，提高沥青胶结料的黏度和对集料的粘附性，提高路面高温抗车辙和抗水损坏能力
	阻燃剂	按化学结构分为无机阻燃剂和有机阻燃剂两大类。沥青阻燃剂机理主要有吸收、覆盖、抑制链反应及不燃气体窒息等几种作用

按照改性沥青中的聚合物改性剂不同，一般将其分为三类：

橡胶类：SBR（丁苯橡胶）、CR（氯丁橡胶）、EPDM（乙丙橡胶）；

热塑橡胶类：SBS（苯乙烯-丁二烯-苯乙烯）、SIS（苯乙烯-异戊二烯-苯乙烯）；

热塑性树脂类：PE（聚乙烯）、EVA（乙烯-乙酸乙烯酯共聚物）

SBS 是一种热塑性弹性体，在路面使用温度下为固体，具有高拉伸强度，在高温下具有高的抗拉伸能力。SBS 在通常加工温度下呈塑性流动状态，而在常温下无需硫化即呈橡胶性能的特点，使 SBS 作为道路的改性剂具有极好的使用性能。

改性沥青制作方法有两种：固定式工厂生产法、现场生产法。规范规定一般加工温度不宜超过 180℃。

改性沥青可以说对所有道路都是适用的，都可以起到延长使用寿命的目的。改性沥青和 SMA 可以用在新修道路的底面层、中面层、表面层的任何一层，可以用于旧路维修和罩面。改性沥青的技术要求，详见《公路沥青路面施工技术规范》JTG F40—2004。

三、沥青改性方法

1. 改性沥青相容性机理

改性沥青是由高分子聚合物改性剂作为相容分散物理的方法，以一定的粒径均匀网状地分散到粒径连续相重新构成的体系。聚合物之间存在部分的吸附，极易发生两相之间的离析现象。相容性好是指作为分散相的聚合物以一定粒径均匀分布在沥青相，改性沥青效果显著。所以改性沥青生产问题就是沥青与改性剂的相容性问题。如果两者的相容性不好，则沥青会发生分离，改性沥青的技术指标会受到很大的影响。

影响相容性的因素主要有聚合分子量、分子结构、分散度、溶解度参数。基质沥青与聚合物改性剂基本上遵循化学组成结构相似相容的原则。

2. 生产原料的选择

生产改性沥青的原材料，主要包括基质沥青、改性剂、稳定剂三大类材料。

1) 基质沥青的选择

通常选用基质沥青一般考虑以下几方面：

(1) 要考虑基质沥青与改性剂的配伍性

石油沥青的差异，归根到底是原油的组成和性质差异，优质沥青由于其含有适宜的饱和烃、芳香烃、胶质、沥青质组成一定比例，当掺入改性剂时，能形成沥青体系均匀结构的混合物。

但是机制沥青通常所说的三大指标并不能完全反映沥青功能的组分性质。因此在生产实践中结合试验用高速剪切机、溶胀、分散、发育工艺过程等，对机制改性沥青取样，考察不同改性剂品种，最终选定合适材料的配比及工艺。

(2) 选用合适的机制沥青标号

一般来说基质沥青通常采用工艺手段改性后，其针入度下降 20°～25°。如 70 号重油沥青改性后，针入度一般在 45°～50°，故能符合Ⅰ-D级要求。所以改性沥青Ⅰ-D级一般选用 70 号沥青，而Ⅰ-C级一般选用 90 号沥青，Ⅰ-B级一般选用 110 号沥青。而且在选择基质沥青时，含蜡量高低，直接与改性沥青的感温性能及相容性有关系。

2) 改性剂的选择

改性沥青的主要功能之一，就是增强沥青混合料在高温下抵抗永久变形并减小温度敏感性的能力，而在其他温度下对沥青或沥青混合料的特性无不利作用。因此改性剂应具有良好的抗高温变形能力、与骨料的黏附能力、抗老化能力等等，并与基质沥青具有良好的配伍性，改性沥青容易加工并能批量生产，在使用过程中能够始终保持原有的优良的性能，且经济合理。

3) 稳定剂的选择

现场生产加工，一般是改性沥青设备与沥青拌合楼的设备配合使用，生产出的改性沥青在储存罐中保温存放后，即输入拌合楼。这种工艺一般不需要加入稳定剂，只要保温搅拌即可。而工厂生产法生产的成品改性沥青，因需要存储、运输，放置时间长，为避免沥青与改性剂分离，应加入稳定剂。同样稳定剂的选用也需要根据沥青的型号而选择，在生产前必须进行试验，选用合适的稳定剂。

3. 改性沥青的制作方式

改性沥青的生产过程，实际上就是将改性剂与沥青均匀地混溶到一起的过程。目前我国改性沥青的生产方法有以下两种。

1) 工厂生产法

将改性剂在沥青生产厂或沥青储运仓库就与沥青混合好，形成改性沥青定型产品，再运到拌合场生产改性沥青混合料。这种方法使改性沥青的生产实现了工厂化，但由于成品改性沥青需要长时间储运，生产厂家在制作改性沥青时必须加入一些稳定剂，以防止改性剂与沥青离析，影响改性效果。

2）现场生产法

在沥青混合料拌合场采用专用的改性沥青生产设备现场生产改性沥青，然后送入拌合机生产改性沥青混合料。这种方法的好处是能够保证改性沥青的生产质量，基本上不存在改性剂与沥青的离析问题。

4. 制备方法

改性沥青的加工制作及使用方式可分为预混法和直接投入法两大类。直接投入法是制改性沥青混合料的工艺，只有预混法才是名副其实的制作改性沥青。

改性沥青生产方法除传统的母体法、直接投入法、机械搅拌法外，目前我国正在开发、推广的是胶体磨法和高速剪切法，以及溶胀发育过程中机械搅拌、剪切、分散工艺。

橡胶粉改性沥青的生产分为湿法、干法两大类。

1）湿法 是先将废橡胶粉在特定温度（一般160～180℃）的热沥青中拌合规定的时间，使橡胶粉充分溶胀，制成改性沥青悬浮液，或者再经过高速剪切所得的混合物称为橡胶粉改性沥青。如果橡胶粉剂量太大，改性沥青的黏度太大，泵送有困难，所以从技术、经济的角度出发，橡胶粉的用量一般不能超过沥青质量的20%。

2）干法 是将剂量为混合料总量的2%～3%的改性剂直接喷入搅拌锅中，再拌合废橡胶粉改性沥青混合料的方法。干法仅适合用于现场生产的热拌沥青混合料。

5. 工艺流程

制备改性沥青的传统工艺主要分为：溶胀、分散、发育三个步骤。在改性剂配比相同情况下，溶胀温度及控制时间是制备聚合物改性沥青的重要因素。

案例：某公司为高速公路加工SBS改性沥青，其施工工艺流程及施工控制要点，如图4-21所示。

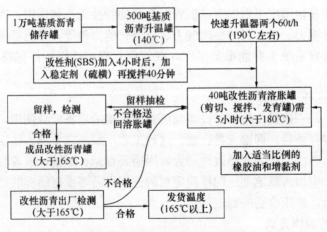

图4-21 改性沥青生产工艺流程

四、评价指标及技术性质

1. 评价指标

现行评价改性沥青性能的方法有以下三大类：

1）用沥青性能指标的变化程度来衡量，如针入度、软化点、延度、黏度、脆点的变化程度、抗老化试验指标。变化值越大，改性效果越好。这是目前常采用的方法。

2）针对改性沥青的特点开发的试验方法，①如弹性恢复试验适用于评价热塑性橡胶（SBS）等聚合物改性沥青的弹性恢复性能；②聚合物改性沥青离析试验，用以评价改性剂与基质沥青的相容性；③黏韧性试验用以评价沥青掺加改性剂后，韧性方面的改性效果；④冲击板试验用以评价改性沥青与集料的低温粘结性能；⑤还有测力延度试验；⑥沥青混合料的老化试验等等。

沥青弯曲蠕动劲度试验、沥青流变性质试验、沥青断裂性能试验等测定方法采用《公路工程沥青及沥青混合料试验规程》JTG E20—2011 规定的方法。

3）美国的 SHEP 沥青胶结料的评价方法，根据沥青材料各种路用性能模拟实际试验条件的基础上提出评价指标，它不仅适合于普通沥青，也适用于改性沥青。

新的 SHEP 主要贡献在于提出了一套沥青胶结料的试验规程。沥青胶结料标准，其分级直接采用设计使用温度表示适用范围，其物理要求对各种胶结料是一个常数。参见第五章第七节其他沥青混合料。

2. 改性沥青评价标准

根据聚合物类型将改性沥青分为Ⅰ、Ⅱ、Ⅲ类，按照软化点的不同，将聚合物改性沥青分为 A、B、C、D 四个等级。同一类型中 A、B、C、D 主要反映基质沥青标号及改性剂含量不同，由 A 至 D 表示改性沥青针入度减小，黏度增加，即高温性能提高，但低温性能下降。聚合物改性沥青等级划分以改性沥青的针入度作为主要依据。

由于改性沥青具有不同的技术特点，除沥青常规试验针入度、延度、软化点、黏度等指标外，还采用几项与评价基质沥青不同的技术指标。如聚合物改性沥青储存稳定性离析试验等。我国聚合物改性沥青技术要求见表 4-14。

聚合物改性沥青技术要求　　　　　　　　　　　　　　　表 4-14

指标	单位	SBS类（Ⅰ类）				SBR类（Ⅱ类）			EVA、PE类（Ⅲ类）			
		Ⅰ—A	Ⅰ—B	Ⅰ—C	Ⅰ—D	Ⅱ—A	Ⅱ—B	Ⅱ—C	Ⅲ—A	Ⅲ—B	Ⅲ—C	Ⅲ—D
针入度（25℃，100g，5s）	0.1mm	>100	80~100	60~80	30~60	>100	80~100	60~80	>80	60~80	40~60	30~40
针入度指数 PI ⩾		−1.2	−0.8	−0.4	0	−1.0	−0.8	−0.6	−1.0	−0.8	−0.6	−0.4
延度（5℃，5cm/min）⩾	cm	50	40	30	20	60	50	40	—	—	—	—
软化点 $T_{R\&B}$ ⩾	℃	45	50	55	60	45	48	50	48	52	56	60
运动黏度（135℃）⩽	Pa·s	3										
闪点 ⩾	℃	230				230			230			
溶解度 ⩾	%	99				99						
弹性恢复(25℃) ⩾	%	55	60	65	75	—	—	—	—	—	—	—
黏韧性 ⩾	N·m	—				5			—			
韧性 ⩾	N·m	—				2.5			—			
贮存稳定性，离析，48h 软化点差 ⩽	℃	2.5				—			无改性剂明显析出、凝聚			

续表

指标	单位	SBS类（Ⅰ类）				SBR类（Ⅱ类）			EVA、PE类（Ⅲ类）			
		Ⅰ—A	Ⅰ—B	Ⅰ—C	Ⅰ—D	Ⅱ—A	Ⅱ—B	Ⅱ—C	Ⅲ—A	Ⅲ—B	Ⅲ—C	Ⅲ—D
薄膜加热试验（或旋转薄膜试验）后残留物												
质量变化 ≤	%	±1.0										
针入度比（25℃）≥	%	50	55	60	65	50	55	60	50	55	58	60
延度（5℃）≥	cm	30	25	20	15	30	20	10	—			

注：1. 表中135℃运动黏度可采用《公路工程沥青及沥青混合料试验规程》JTJ 052—2000中的"沥青布氏旋转黏度试验方法"进行测定。若在不改变沥青物理力学性质并符合安全条件的温度下易于泵送和搅拌，或经证明适当提高泵送和拌和温度时能保证改性沥青的质量，容易施工，可不要求测定；
2. 贮存稳定性指标使用于工厂生产的改性沥青。现场制作的改性沥青对储存稳定性指标可不作要求，但必须在制作后，保持不间断的搅拌或泵送循环，保证使用前没有明显的离析。

五、改性沥青的选择

1. 考虑因素

改性沥青选择时，必须考虑地理位置、气候条件、道路等级、路面结构层位等多方面因素。对于SBS热塑性橡胶类聚合物改性沥青、SBR橡胶类聚合物改性沥青、EVA、PE热塑性树脂类聚合物改性沥青的选择可参见表4-15。

改性沥青的选择及适用地区　　　　　表4-15

聚合物材料	最 大 特 点	选　　择	适 用 地 区
SBS类改性沥青	高温、低温性能好、良好的弹性恢复性能	炎热地区、温暖地区、寒冷地区都适用	Ⅰ—C型适用于较热地区；Ⅰ—D型适用于炎热地区及重交通路段
SBR类改性沥青	低温柔软性好	主要适用于寒冷气候条件	Ⅱ—A型适用于寒冷地区；Ⅱ—B和Ⅱ—C型适用于较热地区
EVA、PE类改性沥青	EVA不宜在寒冷地区使用；PE一般温暖地区也不宜用，在西欧、北美日趋淘汰	EVA炎热地区和一般温暖地区都可以使用；PE主要适用于炎热地区、寒冷地区不适用	Ⅲ类适用于较热和炎热地区（要求软化点温度比最高月使用温度的最大日空气温度要高20℃左右）

2. 专门的设备

改性沥青的选择还与制备设备的条件有关，SBS、PE改性沥青的制备必须使用专门的加工设备，故一般只有大型工程才有条件采用。

3. 要点

如EVA类改性沥青与沥青有较好的相容性，在沥青中只要用对流式搅拌器或者简单的高剪切混溶机械就能使EVA分散开来，制备方便，一般单位都可以用。

用废旧轮胎磨细的橡胶粉制备改性沥青，设备简单，尤其适合用于道路养护工程。

六、改性沥青的应用

1. 依据

改性沥青可以用在新修道路的底面层、中面层、表面层的任何一层，可以用于旧路维修和罩面。改性沥青的技术要求，详见《公路沥青路面施工技术规范》JTG F40—2004。

2. 适用范围

改性沥青可以说对所有道路都是适用的，都可以起到延长使用寿命的目的。如：改性沥青可以用于做排水和吸声磨耗层及其下面的防水层；在老路面上做应力吸收膜中间层，以减少反射裂缝，在重载交通道路的老路面上加铺薄和超薄改性沥青层，以提高耐久性。同样在使用改性沥青时，应当特别注意路基、路面的施工质量，以避免道路结构层产生沉降和早期损坏，而不能达到改性沥青应有的效果。

第四节 乳化沥青

一、概述

1. 定义

乳化沥青是将黏稠沥青热熔后，加热至流动状态，再经机械力的作用后，以细小的微粒（$2\sim5\mu m$），且以此状态分散于含有乳化剂和稳定剂的水溶液中，形成的水包油型的沥青乳液。这种分散体系的沥青为分散相，水为连续相，常温下具有良好的流动性。应用中乳化沥青颜色从茶褐色变为黑色，在常温下具有较好的流动性。

2. 应用

乳化沥青技术已大规模地推广应用于道路路面，它是黏稠石油沥青稀释方法之一。主要应用于透层油和粘层油、撒布封层、稀浆封层、改性封层、冷拌坑槽修补、粘结封层、道路裂缝修补、防护层等方面。

3. 特性

乳化沥青其主要特性表现为它的贮存稳定性，可以冷态施工，与湿料拌合，具有足够的粘结力，无毒、无嗅，减少污染，施工安全，如图4-22所示。

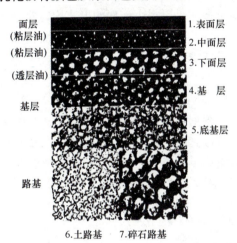

图4-22 沥青结构层间的粘层和透层油

4. 设计

如图4-23、图4-24所示，在沥青类路面结构设计中，透层油、粘层油属于辅助层（不计厚度），但是在设计图上必须标明其位置，

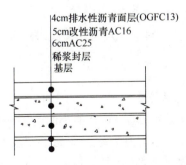

图4-23 排水性沥青路面结构图
（稀浆封层-下封层）

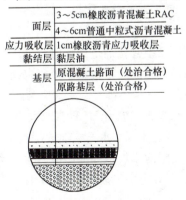

图4-24 橡胶沥青混凝土路面
结构图（粘层油）

它是不可缺少的辅助层次。而透层油（增加沥青层与半刚性基层之间的黏结，应较稀）、粘层油（增加沥青层之间的黏结，应较稠）在施工中大多数采用的是乳化沥青。而沥青路面结构的透层油和粘层油一般采用乳化沥青、稀释沥青、或稀浆封层材料。

二、乳化沥青的组成材料

乳化沥青主要是由沥青、乳化剂、稳定剂和水等成分组成。

1. 沥青

沥青是乳化沥青组成的主要材料，占 55%～70%。在选择用于制备乳化沥青的沥青时，首先要考虑它的易乳化性。沥青易乳化，与它的化学结构有密切的关系。一般认为，易乳化性与沥青中的沥青酸含量有关。通常认为，沥青酸总量大于 1% 的沥青，采用通用的乳化剂和一般采用胶体磨研磨（胶体磨）、剪切工艺，即易于形成乳化沥青。

2. 乳化剂

乳化剂含量虽低，但它是乳化沥青形成的关键材料，它是一种表面活性剂的物质。其分子化学结构具有不对称性，由极性部分和非极性部分组成。它能降低液体间的界面张力，使互不相容的液体易于乳化。乳化时，沥青质分散相是以很小液珠的形式均匀地分布在连续相（介质）中，乳化剂在沥青质液珠的表面，形成薄膜或双电层，使得分散相带有相同电荷，以阻止分散相的小液珠互相凝结，保持乳状液的稳定。

乳化剂按亲水基的结构分类方法有以下几类：

（1）按离子类型分类

沥青乳化剂分子中有亲水基和亲油基两个部分。根据其亲水基在水中是否电离分为离子型乳化剂和非离子型乳化剂两大类。离子型乳化剂按其离子的电性，又分为阴（负）离子型、阳（正）离子型、和两性离子型三类。其分类如下：

$$
\text{沥青乳化剂}\begin{cases}\text{离子型}\begin{cases}\text{阴离子型（如十二烷基磺酸钠）HLB 值}\\ \text{阳离子型（如十六烷基三甲基溴化铵）}\\ \text{两性离子型（如氨基酸两性乳化剂）}\end{cases}\\ \text{非离子型（如辛基酚聚氧乙烯醚）}\end{cases}
$$

① 阴离子型乳化剂，在水中电离生成带负离子亲水基团的乳化剂；
② 阳离子型乳化剂，在水中电离生成带正离子亲水基团的乳化剂；
③ 两性离子型乳化剂，与亲油基相连接的亲水基团，既带正电又带负电；
④ 非离子型乳化剂，在水中不电离，它的亲水基是各种极性基团。

阳离子型乳化剂是当前应用最广泛的乳化剂，国内生产较多，使用效果较好。

阴离子乳液（沥青微滴带负电荷）与带正电荷碱性集料（石灰岩、玄武岩）有较好的黏结性。

（2）按乳化能力 HLB 值的大小

HLB 值（即亲水—亲油的平衡值）用来表示乳化剂亲油亲水能力的大小。这是以乳化剂的吸附薄膜被水和油湿润程度的差异来决定的分类法。当 HLB 值小时为油包水型，HLB 值大时为水包油型。HLB 值越小越亲油；HLB 值越大越亲水。非离子型表面活性剂的 HLB 值在 1～20 之间，而阴离子和阳离子型表面活性剂的 HLB 值处于 1～40 之间。当 HLB 值在 4～6 之间，形成油包水型乳化剂。应用中，掺入油包水型乳化剂后，就产生以水为分散相，以不溶于水的有机液体为连续相，形成油包水乳形的乳液。当 HLB 值在 8～18 时，为水包油型乳化剂，此时形成以不溶于水的有机液体为分散相的水包油型乳液。道路工程中所用的沥青乳化液大部分为水包油型乳液。

(3) 按破乳速度分类

施工中乳化沥青破乳是必然的。按沥青乳化液与矿物接触后分解破乳恢复沥青性能的速度快慢，可分为：快裂型、中裂型、慢裂型。分裂速度不同，乳化剂种类不同。根据分裂的快慢程度，可为道路铺筑提供不同的途径。

3. 稳定剂

稳定剂适量的掺入，使乳液增稠，可使乳液具有良好的储存稳定性，减缓颗粒之间的凝聚速度，提高喷洒或拌和机械作用下的稳定性。稳定剂可分为，有机稳定剂和无机稳定剂两类。

稳定剂的用量不宜过多，一般为沥青乳液的 0.1%～0.15% 为宜。

4. 水

水是乳化沥青的主要组成部分。乳化沥青使用的水，一般分为可饮用的自来水。水在乳化沥青中起着润湿、溶解及化学反应的作用。由于水中常含有各种矿物质，或其他影响乳化沥青形成的物质，因此，不可忽视水对乳化沥青性能的影响。生产乳化沥青的水，应不含其他杂质。还应考虑水的 pH 值和水的硬度及离子类型。

自然界的水应慎用。自然界的水，如果含有可溶解或悬浮各种物质，外观混浊，会对沥青的乳化造成不良的影响，使沥青乳液不稳定，严重时甚至使乳化不成功。

三、乳化沥青的形成和分裂机理

(一) 乳化沥青的形成机理

1. 降低界面张力作用

在沥青和水的分散系（乳化沥青）中，水为沥青的分散介质，为连续相，沥青是非连续的分散相。在常温下，水的表面张力较大，沥青的表面张力较小，沥青与水的界面张力大小随沥青的性质不同而变化。

从化学结构上来看，乳化剂是一种"两亲性"分子，分子的一部分具有亲水性质，另一部分具有亲油性质。这两个基团具有使互不相溶的沥青与水连接起来的特殊功能。

乳化剂在沥青-水的体系中，具有不对称分子结构，非极性端朝向沥青、极性端朝向水，这样定向排列可使沥青与水的表面张力差降低。

2. 界面膜的保护作用

在沥青和水的分散系中，乳化剂亲油部分一般由碳氢原子团组成，沥青微粒被乳化剂分子的亲油基吸引，此时以沥青微粒为固体核，乳化剂包裹在沥青颗粒表面形成吸附层。乳化剂另一端与水分子吸引，形成水膜，它可以机械地阻碍颗粒聚集。而且在沥青-水的界面上，乳化剂定向排列，降低沥青与水的界面张力的同时，还在沥青微滴的周围形成"界面膜"，使得沥青微滴在相互碰撞时，不致产生聚结。见图 4-25，界面膜紧密程度和强度，与乳化剂在水中的浓度有密切的关系，当乳化剂在最佳用量时，界面膜由密排的定向分子组成，此时界面膜的强度最高。

3. 双电子层的稳定作用

通常在稳定的沥青乳液中，沥青微滴都带有电荷，其来源于电离、吸附沥青微滴和水之间的摩擦。电离与吸附带电同时发生，沥青-水界面上电荷层的结构，一般是扩散双电子层分布，双电子层由两部分组成：第一部分为单分子层，基本上固定在界面上，这层电荷与沥青微滴的电荷相反，因此称为吸附层；第二部分由吸附层外的电荷向水介质中扩散，此层称为扩散层。如图 4-26 所示，由于每一沥青微滴界面都带相同电荷，并有扩散双电子层的作用，因而使沥青-水体系形成稳定的分散系。

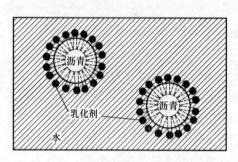

图 4-25 乳化剂在沥青微滴表面形成的界面膜

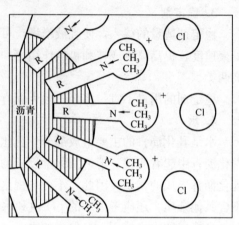

图 4-26 乳化剂形成的双电子层的稳定

综上所述，沥青乳液之所以能形成高稳定性的分散体系，主要是由于乳化剂降低了体系的界面能、界面膜的形成和界面电荷的作用。

(二) 乳化沥青的分裂机理

乳化沥青洒布在路面上或与集料拌合时，经过一段时间，沥青的颜色是由棕褐色变成黑色。这种沥青微滴从乳化沥青中分裂出来，在集料表面产生一层连续的凝结沥青薄膜的现象称为分裂（破乳）。沥青乳液只有分裂后才能表现出沥青原有的性质。乳化沥青破乳主要由以下两方面完成：

1. 乳液与集料作用后浓度的变化

乳化沥青与集料接触后，乳化沥青中的水首先与集料接触，集料被乳化沥青中的水溶液所浸润，在集料与乳化沥青接触的区域，由于集料的电性作用，使得水相中的带电乳化剂离子吸附在集料表面，乳化剂因集料的吸附而浓度降低，沥青微滴表面的乳化剂分子发生迁移。造成乳化剂分子减少，沥青微粒包封的乳化剂界面膜受到破坏变成不稳定状态，其均衡系统被破坏，沥青微滴开始从乳化沥青中分裂出来。亲水性的沥青微粒变为亲油微粒而吸附于集料表面，凝结成密实的薄膜。乳化沥青这种分裂现象的产生，不是由于集料的毛细管吸附所致，而是由于乳液与集料作用出现乳化浓度的改变而发生的，分裂是自发形成过程。

2. 水分的蒸发作用

乳化沥青经机械或人工洒布施工后，水分蒸发快慢与温度、湿度、风速等条件有关，有风的条件、高温环境，水分蒸发较快；反之较慢。通常水分蒸发到沥青乳液的 80%～

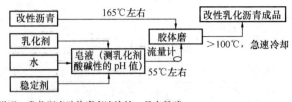

图 4-27 乳化改性沥青的生产流程

90%，乳化沥青即开始凝结。

四、乳化沥青的生产流程

乳化沥青按照设备配置、布局和机动性进行分类，分为移动式、可搬式和固定式三种。一般乳化改性沥青的生产流程如下图 4-27 所示。

五、乳化沥青的技术性质和技术要求

乳化沥青破乳成膜后，才具有一定的耐热性、黏结性、抗裂性、韧性及防水性。根据现行《公路沥青路面施工技术规范》JTGF40—2004 规范规定，在高温条件下宜采用黏度较大的乳化沥青，寒冷地区宜采用黏度较小的乳化沥青。质量要求见表 4-16。

道路用乳化沥青技术要求　　　　表 4-16

试验项目		单位	品种及代号										试验方法
			阳离子				阴离子				非离子		
			喷洒用			拌和用	喷洒用			拌和用	喷洒用	拌和用	
			PC-1	PC-2	PC-3	BC-1	PA-1	PA-2	PA-3	BA-1	PN-2	BN-1	
破乳速度			快裂	慢裂	快裂或中裂	慢裂或中裂	快裂	慢裂	快裂或中裂	慢裂或中裂	慢裂	慢裂	T0658
粒子电荷			阳离子（+）				阴离子（-）				非离子		T0653
筛上残留物（1.18mm 筛）不大于		%	0.1				0.1				0.1		T0652
黏度	恩格拉黏度计 E_{25}		2~10	1~6	1~6	2~30	2~10	1~6	1~6	2~30	1~6	2~30	T0622
	道路标准黏度计 $C_{25,3}$	S	10~25	8~20	8~20	10~60	10~25	8~20	8~20	10~60	8~20	10~60	T0621
蒸发残留物	残留分含量，不小于	%	50	50	50	55	50	50	50	55	50	55	T0651
	溶解度，不小于	%	97.5				97.5				97.5		T0607
	针入度（25℃）	0.1mm	50~200	50~300	45~150	50~200	50~300	45~150			50~300	60~300	T0604
	延度（15℃），不小于	cm	40				40				40		T0605
	与粗集料的黏附性，裹面积，不小于		2/3			—	2/3			—	2/3	—	T0654

续表

试验项目	单位	品种及代号										试验方法
		阳离子				阴离子				非离子		
		喷洒用			拌和用	喷洒用			拌和用	喷洒用	拌和用	
		PC-1	PC-2	PC-3	BC-1	PA-1	PA-2	PA-3	BA-1	PN-2	BN-1	
与粗、细式集料拌和试验		—			均匀	—			均匀	—		T0659
水泥拌和试验的筛上剩余，不大于	%	—				—				—	3	T0657
常温储存稳定性 1d 不大于 5d 不大于	%	1 5				1 5				1 5		T0655

注：1. P 为喷洒型，B 为拌和型，C、A、N 分别为阳离子、阴离子、非离子乳化沥青；
2. 黏度可选用恩格拉黏度计或沥青标准黏度计之一测定；
3. 表中的破乳速度集料和黏附性、拌和试验的要求、所使用的石料品种有关，质量检验时应采用工程上实际的石料进行试验，仅进行乳化沥青产品质量评定时可不要求此三项标准；
4. 储存稳定性根据施工实际情况选用试验时间，通常采用 5d，乳液生产后能当天使用时也可用 1d 的稳定性；
5. 当乳化沥青需要在低温冰冻条件下储存或使用时，尚需按 T0656 进行-5℃低温进行储存稳定性试验，要求没有粗颗粒、不结块；
6. 如果乳化沥青是将高浓度产品运到现场经稀释后使用时，表中的蒸发残留物等各指标指稀释前乳化沥青的要求。

六、乳化沥青适用范围

乳化沥青在常温下具有较好的流动性，可以在常温下进行喷洒、贯入或拌和摊铺，现场无需加热，简化了施工程序，环保、节能。乳化沥青品种及适用范围应符合表 4-17 规定。乳化沥青适用于沥青表面处治路面、沥青贯入式路面、冷拌沥青混合料路面、修补裂缝、喷洒透层、粘层与封层等。乳化沥青修补路面成型期较长。

乳化沥青品种及适用范围　　　　表 4-17

分类	品种及代号	适用范围
阳离子乳化沥青	PC-1	表处、贯入式路面及下封层用
	PC-2	透层油及基层养护用
	PC-3	粘层油用
	BC-1	稀浆封层或冷拌沥青混合料用
阴离子乳化沥青	PA-1	表处、贯入式路面及下封层用
	PA-2	透层油及基层养护用
	PA-3	粘层油用
	BA-1	稀浆封层或冷拌沥青混合料用
非离子乳化沥青	PN-2	透层油用
	BN-1	与水泥稳定集料同时使用（基层路拌或再生）

乳化沥青稠度的选择应考虑施工工艺和用途，一般用于拌和法施工时，采用较大的稠度；用于喷洒法施工，采用较小的稠度。制备乳化沥青用的基质沥青，对高速公路和一级公路，应符合道路石油沥青 A、B 级沥青的要求，其他情况可采用 C 级沥青。乳化沥青宜存放在立式罐中，并保持适当搅拌。贮存期以不离析、不冻结、不破乳为度。

改性乳化沥青可以提高吸浆封层的高温稳定性、低温抗裂性、内聚力、黏附性、抗剥落能力、早期强度、防水性能，从而延长使用寿命，因此具有非常可观的经济效益和社会效益。

第五节 其他沥青简介

一、泡沫沥青

泡沫沥青是指使用专门的沥青发泡设备，向高温沥青中加入少量的水和气，使沥青产生微细的泡沫，形成一种膨胀状态的沥青。泡沫沥青能提高沥青与集料的黏附性、且性能稳定，混合料可以长时间储存，可以冷碾压，既环保、又节能。

1. 工艺过程简述

泡沫沥青生成的工艺过程，就是通过向热沥青中加入一定量的经过精确计量的冷水（通常为沥青质量的 1%～2%）而制成的。当注入的冷水遇到热的沥青时，沥青体积发生膨胀，因而会产生大量的泡沫，表面活性进一步增强。对于黏度值较大或高等级的沥青，通常需要加入一定的压力，促进泡沫的生成。如图 4-28 所示。

图 4-28 沥青发泡基本过程

沥青与集料粘结形成结构沥青薄膜时，粘结性能好。在发泡的过程中，沥青的黏度显著降低，使之能在蒸汽加热高速搅拌状态下，形成较薄沥青膜，对冷湿集料也具有很好的裹覆性能，而且这种裹覆作用在常温下只针对集料中的细集料，通过裹覆细料形成高黏度的沥青胶浆，并在压实作用下粘结粗集料形成强度，增加了混合料的黏聚性。

泡沫沥青产生的过程中并没有化学反应，所以不改变沥青本身的各种物理性质，仅是利用汽化阶段使沥青的表面积大量增加，体积大大膨胀，黏度暂时降低的有利条件，增加沥青同矿料的裹覆面，改善沥青与矿料拌合的和易性，减少沥青混合料中自由沥青的厚度，从而节省沥青用量。详见《公路泡沫沥青冷再生路面设计与施工技术规程》DB33/T 715—2008。

2. 两个评价参数

评价沥青发泡效果的两个参数是膨胀率和半缩期。膨胀率是指沥青与水拌和发泡后达到的最大体积与沥青未发泡前体积的比值（单位：倍）；半缩期是指自发泡的最大体积为准起算，至体积缩减至一半所经过的时间（单位：s）。膨胀率越大，泡沫沥青与集料的接触就越充分，拌制的泡沫沥青混合料质量就越好。半缩期越慢，施工中能提供的有效拌和时间越长，同时带来较好的沥青性能。所以生产泡沫沥青的关键在于控制使用准确的用水量以获得最佳的膨胀率。

泡沫沥青是一种新的沥青混合料冷拌技术，将其用于道路冷再生工程，与传统技术相比，泡沫沥青冷再生技术具有明显的四大优势：

1) 旧路面废料能回收再生，既利于环保，又节约大量投资。
2) 泡沫沥青混合料存贮时间长，不需加热，碾压成型迅速。
3) 运用这项新技术铺筑的路面，强度、抗疲劳度、抗水性效果更好，使用寿命更长。
4) 采用泡沫沥青修筑路面，路面标高可以不抬高或抬高较少，从而减少挡墙、边沟、路侧石、绿化带等附属设施的加高费用。

泡沫沥青作为一种新型的道路材料已引起许多国家道路界的重视，应用泡沫沥青混凝土作为路面底层，就可以解决半刚性基层沥青路面结构带来的问题，既能有效避免早期病害的发生，又能解决大量路面材料废弃后造成的污染和浪费问题。

二、煤沥青

1. 定义

煤沥青是由煤干馏炼焦炭和制备煤气的副产品。烟煤在干馏过程中的挥发物质冷凝而成的煤焦油（黑色黏稠状液体）再分馏加工所得的残渣，即为煤沥青。根据煤干馏的温度不同，可分为高温煤焦油（700℃）和低温煤焦油（450～700℃）两类。路用煤沥青主要是从高温焦油加工而获得，属于软煤沥青类。

2. 化学组分

煤沥青的化学组分有：油分、树脂、游离碳等。煤沥青的油分中还含有酚油、萘油、蒽油等。萘属于碱性物质在常温下易挥发。蒽油含量低于15%～20%时，可降低煤沥青的粘结性，若超过此含量，温度低于10℃时蒽油结晶，也使煤沥青黏度提高。

3. 比较技术性质

煤沥青与石油沥青相比，由于组分性能不同，技术性质差异如下：

1) 温度敏感性大（含可溶性树脂较多，受热易软化，冬季易脆裂）；
2) 气候稳定性差（含挥发性成分和化学稳定性差的成分多）；
3) 塑性较差；
4) 与矿料黏附性好（煤沥青中含有酸性、碱性表面活性物质较多）；
5) 防腐性能好（煤沥青中有酚、萘、蒽油等有毒和臭味成分，适于木材防腐处理）。

煤沥青的技术要求详见《公路沥青路面施工技术规范》JTG F40－2004。

4. 应用

煤沥青的主要技术性能多数都比石油沥青差，所以道路工程中较少使用。道路煤沥青属于液体，测定方法是采用道路黏度计测定。道路煤沥青适用于透层，但不能用于热拌沥青混合料。煤沥青有毒，可用于地下隐蔽构件有防腐要求的工程，但不宜在暴露的环境中使用。

三、彩色沥青

彩色沥青路面作为一种新型的路面技术，具有美化环境、诱导交通等特殊功能，逐渐广泛应用于市政道路、公园及社区道路。

目前浅色沥青的工程应用较为广泛。彩色沥青路面最好用浅色胶结料或者彩色胶结料。浅色沥青结合料绝大部分是采用现代石油工业产品，如芳香油、聚合物、树脂等产品，调配出与普通沥青性能相当的结合料，通常这类产品为半透明状。如福建厦门环岛旅游道路采用的就是浅色沥青加入红色石子的路面。当石子是浅色时，可以将颜料先加入到浅色沥青中，使之成为彩色沥青，然后与石子一起拌合，形成彩色沥青路面。

浅色沥青结合料有热塑性和热固性两类。热固性是指材料加热固化形成较高强度，通常是通过添加环氧树脂和固化剂的方法制备。日本对之研究较多，技术已经成熟。热塑性浅色沥青与普通沥青具有基本相同的路用性能与施工工艺，而且价格相对较低，因此应用较多。

四、改性乳化沥青

改性乳化沥青是乳化沥青为基料，以高分子聚合物（一般为橡胶乳）为添加改性材料，同时掺入适量的分散稳定剂或其他微量配合剂，在一定的工艺条件下，经过掺配混合制备成具有某种特性的稳定沥青橡胶混合乳液，这种配合混合乳液被称为橡胶改性乳化沥青。

沥青橡胶微粒的形成过程，与乳化沥青一样，由于界面膜的保护作用和界面电荷的稳定作用，同样形成稳定体系。改性乳化沥青的技术性质，详见我国《公路沥青路面施工技术规范》(JTG F40—2004)。

五、环氧沥青

环氧沥青是将少量环氧树脂加入沥青中，经与固化剂发生固化反应，形成网状交联不可逆的固化物，其固化反应使沥青从热塑性转变为热固性。环氧沥青组分中主要含有环氧树脂、沥青、固化剂、相溶剂及增韧剂等。

普通石油沥青均可作配制环氧沥青的基质材料。其使用性质取决于环氧树脂和固化剂的种类与性质。热拌环氧沥青混凝土通常使用高温固化剂和中温固化剂，冷拌环氧沥青混凝土需要采用常温固化剂。环氧沥青混凝土常用于大跨径钢桥面铺装。

六、阻燃沥青

沥青材料大量用于交通运输、建筑业、水利工程，用到的防水卷材、涂料、电缆均是易燃的，沥青一旦引燃，燃烧时会产生大量的热气和浓烟，特别是在隧道发生火灾的危险性极大。因此用于基本建设的沥青材料、防水卷材等都要考虑在沥青中加入阻燃剂。

常用的沥青阻燃剂有卤系阻燃剂及其协效剂、镁铝阻燃剂、硼酸锌及消烟剂。

沥青的阻燃剂主要是有吸烟作用、覆盖作用、抑制链反应作用及不燃气体窒息等几种作用。

思 考 与 计 算 题

1. 无机胶结材料和有机胶结材料有何不同点？
2. 按自然中获取沥青的方式分哪两大类？
3. 沥青常温下存在状态是哪三种？黏稠石油沥青在常温下存在的状态有哪几种？
4. 沥青稀释的方法有哪三种？

5. 什么是沥青组分？沥青的胶体类型有哪三种？
6. 试述什么是沥青的老化？沥青老化过程中三种胶体的转化过程？
7. 黏滞度的测定方法有哪两种？
8. 黏稠石油沥青的标号是根据什么来划分的？
9. 写出流出性黏度符号，并说出其意义？
10. 写出黏稠石油沥青的三大指标？写出其测值大小与技术性质之间的关系？
11. 填空题：某黏稠石油沥青，沥青标号小，针入度_____，黏性_____；延度_____，塑性_____；软化点_____，温度稳定性_____抗老化_____。
12. 写出黏稠石油沥青针入度、延度、软化点技术指标的单位。
13. 改性沥青定义。与普通沥青有何不同点？
14. 举例说明乳化沥青在道路与桥梁工程上的应用？简述乳化沥青分裂的机理？
15. 泡沫沥青为什么能提高沥青的粘结性？
16. 泡沫沥青冷再生技术具有的四大优势是什么？

第五章 沥青混合料

【本章学习要点】 热拌沥青混合料的结构组成、技术性质、组成材料和设计方法。掌握沥青混合料的配合比，包括矿质材料配合比的设计和配制，建议在弄懂各步骤的基础上，完成相关的练习题，通过实践来掌握其设计。了解其他沥青混合料。

第一节 概　　述

沥青混合料是由矿料与沥青结合料拌合而成的混合料的总称。按材料组成及结构分为连续级配、间断级配混合料。按矿料级配组成及空隙率大小分为密级配、半开级配、开级配混合料。按制造工艺分为热拌沥青混合料、温拌沥青混合料、冷拌沥青混合料、再生沥青混合料等。

一、沥青路面简介

20世纪20年代我国上海开始铺设沥青路面，新中国成立后，随着国产路用沥青材料工业的发展，沥青路面已广泛应用于城市道路和公路干线，成为目前中国铺筑面积最多的一种高级路面。

沥青路面的沥青类结构层本身，属于柔性路面范畴，但其基层除柔性材料外，也可采用刚性的水泥混凝土，或半刚性的水硬性材料。沥青路面有多种分类方法，按集料种类不同分为：沥青砂、沥青土、沥青碎（砾）石混合料等；按沥青材料品种不同分为：石油沥青路面、煤沥青路面、天然沥青路面和渣油路面。但较普遍的分类方法是按其施工方法、技术品质和使用特点分为：沥青混凝土路面、厂拌沥青碎石路面、沥青贯入式路面、路拌沥青碎（砾）石混合料路面和沥青表面处治路面。

当前，世界各国的高等级公路大多采用沥青路面，其原因是它具有下列诸多固有的良好使用品质：

（1）足够的力学强度，能很好地承受车辆荷载施加到路面上的各种作用力；
（2）一定的弹性和塑性变形能力，因而能承受荷载而不破坏；
（3）路面平整、有一定的粗糙度，与汽车轮胎的附着力较好，可保证雨天行车安全；
（4）有高度的减振性，可使汽车快速行驶，平稳而无噪声，行车舒适、安全；
（5）不扬尘、容易清扫和冲洗；
（6）养护期短、维修简便。且沥青路面可再生利用，节约能源；
（7）加入沥青改性剂、外掺料（木质纤维、聚酯纤维）稳定剂，可提升沥青的使用品质和延长使用寿命。

沥青路面的设计，应满足《公路沥青路面设计规范》JTG D40—2006要求。沥青混合料施工过程中，应符合《公路沥青路面施工技术规范》JTG F40—2004要求。

二、沥青混合料的分类

1. 按矿质材料级配类型分类

按矿质材料级配类型不同,可分为连续级配沥青混合料和间断级配沥青混合料。

2. 按公称最大粒径分类

热拌沥青混合料（HMA）适用于各种等级公路的沥青路面或基层。按沥青混合料集料的最大粒径分为五大类,主要有特粗式、粗粒式、中粒式、细粒式、砂粒式。

沥青混合料按公称最大粒径分类及适用层位（均为方孔筛）:
(1) 特粗式:公称最大粒径≥31.5mm,用于沥青路面的基层;
(2) 粗粒式:公称最大粒径为 26.5mm,用于面层的下面层或基层;
(3) 中粒式:公称最大粒径为 16mm 或 19mm,用于面层的上面层、中层、下面层;
(4) 细粒式:公称最大粒径为 9.5mm 或 13.2mm,用于上面层、中层、下面层;
(5) 砂粒式:公称最大粒径≤4.75mm,用于面层的上面层,下封层。

现行《公路工程集料试验规程》JTG E42—2005 规定,集料最大粒径是指混合料中筛孔通过率为 100% 的最小筛孔尺寸。集料公称最大粒径是指混合料中筛孔通过率为 90%～100% 的最小筛孔尺寸（一般筛余不超过 10%）。例:级配类型为 AC-13,其公称最大粒径为 13.2mm（集料在 13.2mm 筛孔上的筛余量小于 10%）,最大粒径为 16mm（集料在 16mm 筛孔的通过百分率为 100%）。在选定沥青混合料公称最大粒径时,应比计算出集料的最大粒径小一级,作为公称最大粒径（通过率不超过 10%）。沥青混合料类型见表 5-1。

热拌沥青混合料种类　　　　表 5-1

混合料类型	密级配			开级配		半开级配	公称最大粒径 (mm)	最大粒径 (mm)
	连续级配	间断级配		间断级配		沥青稳定碎石		
	沥青混凝土	沥青稳定碎石	沥青玛琋脂碎石	排水式沥青磨耗层	排水式沥青碎石基层			
特粗式	—	ATB-40	—	—	ATPB-40	—	37.5	53.0
粗粒式	—	ATB-30	—	—	ATPB-30	—	31.5	37.5
	AC-25	ATB-25	—	—	ATPB-25	—	26.5	31.5
中粒式	AC-20	—	SMA-20	—	—	AM-20	19.0	26.5
	AC-16	—	SMA-16	OGFC-16	—	AM-16	16.0	19.0
细粒式	AC-13	—	SMA-13	OGFC-13	—	AM-13	13.2	16.0
	AC-10	—	SMA-10	OGFC-10	—	AM-10	9.5	13.2
砂粒式	AC-5	—	—	—	—	AM-5	4.75	9.5
设计空隙率注 (%)	3～5	3～6	3～4	>18	>18	6～12		

注:SMA 用于夏热区或重交通、特重交通公路时,设计空隙率高限可适当放宽至 4.5%。

3. 按级配类型和设计空隙率分类

现行《公路沥青路面施工技术规范》JTG F40—2004 规定，将热拌沥青混合料按级配类型和设计空隙率大小分为密级配、开级配、半开级配三大类。

1) 密级配分为密实式沥青稳定碎石混合料（AC）和密实式沥青混凝土混合料（ATM）。

密级配沥青混合料又按关键性筛孔 4.75mm 和 2.36mm 通过率（％）分为细型密级配沥青混合料（AC-F）和粗型密级配沥青混合料（AC-C），见表5-2。此种级配的设计空隙率较小，在不同交通及气候情况下层位可作适当调整。

2) 半开级配沥青碎石混合料。由适当比例的粗集料、细集料及少量填料（或不加填料）与沥青结合料拌合而成，经马歇尔标准击实仪成型。剩余孔隙率在 6％～12％ 的半开级配沥青碎石混合料（以 AM 表示），因空隙率较高，渗水性较大，不宜做面层。但半开级配排水沥青碎石具一定承载能力，以及缓解反射裂缝、排除路面结构内部滞留水的作用，可选用于柔性基层、底基层（排水基层）。半开级配沥青碎石 AM-16 等主要用于调平层。

3) 开级配沥青混合料。矿料级配主要由粗集料嵌挤组成，细集料较少，设计空隙率为 18％ 的混合料。各热拌沥青混合料的特征及种类代号见表5-1。

粗型和细型密级配沥青混凝土的关键性筛孔通过率 表 5-2

混合料类型	公称最大粒径（mm）	用以分类的关键性筛孔（mm）	粗型密级配		细型密级配	
			名称	关键性筛孔通过率（％）	名称	关键性筛孔通过率（％）
AC-25	26.5	4.75	AC-25C	<40	AC-25F	>40
AC-20	19	4.75	AC-20C	<45	AC-20F	>45
AC-16	16	2.36	AC-16C	<38	AC-16F	>38
AC-13	13.2	2.36	AC-13C	<40	AC-13F	>40
AC-10	9.5	2.36	AC-10C	<45	AC-10F	>45

4. 按沥青混合料制造工艺分类

按混合料制造工艺可分为：热拌沥青混合料、温拌沥青混合料、冷拌沥青混合料、热再生沥青混合料、冷再生沥青混合料等。图5-1为大型间歇式沥青混合料拌合站构造。

5. 按沥青路面技术特性分类

按沥青路面的技术特性分为：热拌沥青混凝土（AC）、热拌沥青稳定碎石（简称沥青碎石）、冷拌沥青混合料路面、沥青贯入式路面、沥青表面处治路面5种类型。近年来，我国在工程实践中，已采用沥青玛琋脂碎石（SMA）路面、多孔隙沥青混凝土（PAWC）的开级配磨耗层，多孔隙碎石沥青混凝土（SAC）的排水基层等新型沥青混凝土。其中 SMA 路面在我国已得到广泛的应用。

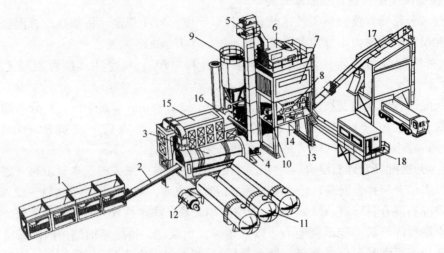

图 5-1 大型间歇式沥青混合料拌合站构造

1—集料配料装置；2—皮带输送机；3—加热烘干筒；4—喷气式燃烧器；5—热矿料提升机；6—热谷筛分装置；7—热矿料储料器仓；8—热矿料称量斗；9—矿粉筒仓；10—矿粉称量斗；11—沥青保温罐；12—导热油加热装置；13—沥青称量筒；14—搅拌器（矿粉称量斗的下面）；15—消烟除尘装置；16—鼓风机；17—成品仓；18—操纵控制室

第二节 热拌沥青混合料

一、沥青混合料的组成结构

沥青混合料是典型的多相多成分的复杂体系。主要由矿质集料（骨架）、沥青（胶结）、填料（填充和提高粘结力）经人工配成密实的级配矿质骨架，此矿物骨架由一定稠度的沥青胶分布其表面，而将矿质骨架胶结成具有一定强度的整体。从胶浆体理论出发，认为沥青混合料是多级空间网络状结构，是分散相逐级填充的多级分散。它是以粗集料为分散相而分散在沥青砂浆的介质中的一种粗分散系；同样，砂浆细集料为分散相，属于分散在沥青胶浆的介质中的一种细分散系；而胶浆又是以填料为分散相而分散在高稠度的沥青质中的一种微分散系。

沥青混合料的力学强度，主要由矿质颗粒之间的内摩阻力和嵌挤力，以及沥青胶结料及其与矿料之间的粘结力所构成。按级配原则构成的沥青混合料，根据粗、细集料的比例不同，其结构组成通常有三种形式，即悬浮密实结构、骨架空隙结构和骨架密实结构。如图 5-2 所示。

1. 悬浮—密实结构

按密级配形成的沥青混合物料通常采用此种结构，集料的含量从小到大各尺寸都有，而含有细集料较多，粗集料较少，粗集料彼此互相不接触，悬浮在细集料中。这种由次级集料填充前级集料（较次级集料粒径稍大）空隙的沥青混合料，具有很大的密度，但由于各级集料被次级集料和沥青胶浆所分离，不能直接互相嵌锁形成骨架，因此该结构具有较

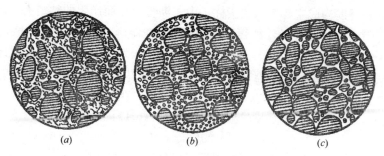

图 5-2 沥青混合料的组成结构
(a) 悬浮密实型 (AC)；(b) 骨架密实型 (SMA)；(c) 骨架空隙型 (OGFC)

高的黏聚力，但内摩擦角较小，不透水性好、耐久性好，高温稳定性较差，是目前我国应用最为普遍的沥青混合料。但缺点是由于粗骨料形成骨架不稳定，受沥青材料性质影响较大、低温抗裂性能差、在重交通荷载作用下，路面可能因热稳定性不足而产生车辙、波浪、推移等病害。

2. 骨架—空隙结构

连续开级配的沥青混合料属于这种结构类型。此结构粗集料所占比例大，细集料很少甚至没有。粗集料可互相嵌锁形成骨架；但细集料较少，残余空隙率较大，容易在粗集料之间形成空隙。这种结构内摩擦角较高，但黏聚力较低。在这种结构中，粗集料之间内摩擦力与嵌挤力起着决定作用。其特点是：强度较高、热稳定性好。但由于空隙率较大，其透水性、耐老化性能、低温抗裂性能、耐久性较差。

3. 骨架—密实结构

是一种较为理想的结构类型。它综合以上两种结构的特点，一方面混合料中有较多数量的粗集料形成空间骨架，又根据粗集料骨架的空隙的多少加入足够的较细的沥青填料，填充骨架间的空隙形成连续级配，形成较大的密实度和较小的残余空隙率，因此矿料级配是一种非连续的间断级配。这种沥青混合料的内摩阻力和粘结力均比较高。结构的特点：是强度高、热稳定性好、耐久性好。现在国际上普遍得到重视的沥青玛琋脂碎石混合料(SMA)是典型的骨架密实结构。这种结构不仅内摩擦角较高，黏聚力也较高。

二、沥青混合料强度形成原理

沥青路面按强度构成原理可分为嵌挤类和密实类两大类：

1) **嵌挤类**

嵌挤类沥青路面要求采用矿质集料尺寸均一，路面强度和稳定性的形成以骨料相互嵌挤所产生的内摩阻力为主，粘结力为辅而构成。按嵌挤原则修筑路面，其热稳性好，但因孔隙率大、易渗水，因而耐久性差。

2) **密实类**

密实类沥青路面要求组成的矿料按最大密实原则设计，如：AC—25F 属于细型密级配，其强度形成以沥青混合料的黏聚力为主，矿料颗粒之间嵌挤力和内摩阻力为辅而构成。密实型沥青路面空隙率大于 6% 时，其热稳定性较好。

3) **沥青混合料抗剪强度指标**

沥青混合料强度构成主要有两项指标：由于沥青存在而产生的粘结力；由于骨料存在而产生的内摩阻力。对沥青混合料强度构成研究时，普遍采用库仑内摩擦理论分析其强度，并将两个强度参数——粘结力 C 和内摩阻角 φ，作为理论分析指标。通过三轴直剪强度实验，直观表明沥青混合料的剪切强度（τ）主要取决于沥青与矿物集料的物理和化学交互作用而产生的黏聚力（C），以及矿质集料在沥青混合料中因分散程度不同而产生的内摩阻角（φ）。库仑理论抗剪强度一般表达式为式（5-1）：

$$\tau=\sigma\tan\varphi+c \tag{5-1}$$

沥青混合料的强度理论要求，当沥青混合料高温时，必须具有高温抗剪强度和抵抗变形的能力，否则抗剪强度不足，将引起沥青路面破坏。如当高温时，塑性变形过剩而产生推挤、波浪、拥包，低温产生脆裂等破坏现象。

设计要求：破裂面上实际产生的剪切应力 τ_a，不大于沥青混合料的允许剪应力 τ_R。

三、影响沥青混合料抗剪强度的因素

1. 集料的性状与级配类型对沥青混合料抗剪强度的影响

集料颗粒表面的粗糙度和颗粒形状，对沥青混合料的强度有很大影响。集料表面越粗糙、凹凸不平，制成的沥青混合料的强度越高。集料颗粒的形状以接近立方体、呈多棱角为好。

间断密级配沥青混合料内摩擦力大，因而具有较高的强度；连续级配的沥青混合料，由于其粗集料的数量太少，呈悬浮状态分布，因而它的内摩擦力较小，强度较低。

2. 沥青材料的黏度与用量

沥青的黏度越大，抵抗剪切变形的能力越强。适当增加沥青用量，将会改善混合料的胶结性能，但当沥青用量进一步增加时，就会出现塑性变形。因此，混合料中存在最佳沥青用量。

3. 沥青与矿料在界面上的交互作用

研究表明，沥青混合料粘结力与两个因素有关：沥青自身的内聚力及沥青与矿料的交互作用。沥青与矿料相互作用后，沥青在矿料表面产生化学组分的重新排列，在矿料表面形成一层扩散吸附膜（图5-3），在此膜厚度之内的沥青称为结构沥青。此膜厚度以外的沥青称为自由结构沥青。当与矿料相互作用形成结构沥青膜后，可使沥青的性质有所改变，即能提高沥青原有的

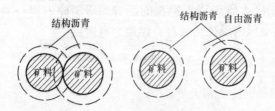

图 5-3 沥青与矿料交互作用示意图

粘结力。而自由沥青与矿料距离较远，仅将分散的矿粉粘结起来，并保持原来沥青的粘结力。一般沥青膜较薄，粘结性好。

吸附作用可分为两种形态：物理吸附和化学吸附。当物质间的吸附仅有分子作用力存在时，则产生物理吸附；当接触的两种物质（沥青与矿料）形成新化合物时则产生化学吸附。沥青中的表面活性物质在沥青和矿料的接触面上，形成了新的化合物，此化合物不溶于水，所以吸附产生后是不可逆的，形成的沥青具有较高的抗水能力。而沥青与酸性岩石粘结时，属于物理吸附，不会产生化学吸附化合物，粘结强度较低，这种结合遇水

剥离。

因此加入一定量矿粉能提高沥青混合料粘结性。利用沥青膜减薄可提高粘结性的特点，产生了泡沫沥青冷再生的新工艺。

4. 沥青与矿粉的用量比例

沥青用量对沥青混合料的粘结力与内摩阻角的影响趋势，如图5-4所示。沥青用量过少，沥青不足以在矿物颗粒表面形成一层薄膜，形成的混合料遇水剥落严重。随着沥青用量增加，形成了"结构沥青"薄膜时粘结性好。当沥青用量继续增多，沥青将矿料颗粒推开，此时沥青形成"自由沥青"黏附膜，粘结力下降，沥青混合料抗剪强度降低。在密级配沥青混合料中，矿粉的表面积通常占到矿料总表面积的80%以上，所以矿粉的性质及数量对沥青混合料的强度影响非常大。矿粉的含量比例，能控制沥青膜的厚度，对增加"结构沥青"的比例有着重大的作用。矿粉的含量不能过多，也不能过少，特别是含0.075mm的应控制，否则在施工中沥青混合料易结团成块均匀性差。

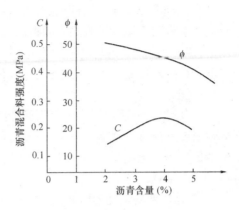

图5-4 沥青用量对沥青混合料强度的影响

碱性矿粉（如：石灰石）与沥青亲和性良好，能形成较强的粘结性能；而由酸性石料磨成的矿粉则与沥青亲和性较差。适量提高矿粉掺量，有利于提高沥青混合料的强度。一般来说，矿粉与沥青质量之比以在0.8~1.2范围内为宜。

第三节 沥青混合料的技术性质

一、技术性质

（一）高温稳定性

1. 定义

高温稳定性是指沥青混合料在夏季高温（通常为60℃）的条件下，经车辆荷载长期重复作用后，抵抗车辙和波浪等病害的性能。沥青混合料的强度随着温度升高而降低。沥青混凝土路面在高温时，在重交通的重复作用下产生车辙，这是高等级沥青路面最常见的病害。

高温稳定性评定指标，通常采用马歇尔试验的稳定度、流值来评价。高速公路、一级公路密级配的沥青混合料、SMA、OGFC，必须进行车辙试验检验其动稳定度。

2. 标准马歇尔试验

采用标准法制作沥青混合料试件，以供试验室进行沥青混合料物理力学性质试验使用。将沥青混合料按一定的比例在规定的温度下拌合均匀、进行击实。一般采用石油沥青时，拌合温度为140~160℃。改性沥青的拌合温度通常在普通沥青的基础上提高10~20℃；掺加纤维时，尚需再提高10℃左右。沥青混合料的击实方法有：标准击实（公称粒径≤26.5mm）和大型标准击（公称粒径>26.5mm）实法制作。标准击实适用于标准马歇尔试验、间接抗拉试验（劈裂法）等成型后所使用的标准尺寸为：直径 101.6mm±0.2mm，高度为 63.5mm±1.3mm 的圆柱体。并在 60±1℃的恒温水槽中保温 30～40min，然后置于马歇尔试验仪上，以 50±5mm/min 的速度加荷，直至荷载达到最大值。

1）稳定度（MS）：指沥青混合料进行马歇尔试验时所能承受的最大荷载（kN）。是反映沥青混合料高温时承载能力的指标，值愈大，承载能力愈大。

2）流值（FL）：指马歇尔试验时相应于最大荷载时试件的垂直变形（mm）。是评价沥青混合料抗塑性变形能力的指标。其值太小，变形能力较差，抗裂性较差。反之其值太大，变形能力过剩，热稳定性较差。

3）车辙试验方法：用一块碾压成型的板块试件（通常为 300mm×300mm×50mm），在规定温度（通常 60℃）下，以一个轮压为 0.7MPa 的实心橡胶轮胎在其上往返行走，试件变形进入稳定期后，每产生 1mm 轮辙变形所需试验轮行走的次数，即为动稳定度（DS）（次/mm）。

3. 影响高温稳定性的因素

沥青混合料属松散介质范畴，其强度可用抗剪强度表征，即其强度取决于黏聚力和内摩阻力。黏聚力主要取决于沥青结合料的性能，而内摩阻力则主要取决于集料的性能。当然，其强度还与沥青混合料的组成、结构及物理状态密切相关。

1）沥青结合料

沥青混合料的高温稳定性主要取决于沥青结合料的黏度及其感温性。黏度越大，感温性越好的沥青，其高温性能就越好。

采用塑料类（PE、EVA）以及 SBS 等聚合物改性的沥青，其高温性能会得到明显的改善。

2）集料

集料的尺寸、形状及表面构造对沥青混合料的高温性能起着重要的作用。集料粒径增大，形状近似于立方体（有棱角），表面粗糙的集料都对提高沥青混合料的高温性能有利。

3）沥青混合料

沥青混合料中矿料的级配类型对沥青混合料的高温性能有着至关重要的影响，骨架（嵌挤）型结构的高温性能要优于密实型级配；沥青混合料中，采用粗糙粗大的碎石可以提高内摩阻角 ϕ，有利于提高其高温稳定性；沥青用量略低于设计用量有利于沥青混合料高温性能的提高；严格控制沥青与矿料的比值，均能提高沥青混合料的粘结力 C 值，粉胶比稍大的沥青混合料，其高温性能较好。稍大的剩余空隙率对提高沥青混合料的高温性能有利。

（二）低温抗裂性能

1. 定义

沥青混合料在季节性冰冻地区，冬季低温时抵抗沥青路面低温收缩裂缝的性能。

随着温度的下降沥青混合料的变形能力降低，以致路面的柔性逐渐消失而发脆，在冬季低温和车辆荷载的反复作用下路面可能产生裂缝。因此，要求沥青混合料应具有一定的低温抗裂性。低黏度（或高针入度）级的沥青低温下开裂的可能性会减小。空隙度大的沥青混合料，温度应力有所减小。

2. 评定指标

采用沥青混合料低温弯曲试验破坏应变试验测定。通常宜在$-10℃$、加载速率$50mm/min$下进行弯曲试验,测定破坏强度、破坏应变、破坏劲度模量,并根据应力应变曲线的形状,综合评价沥青混合料的低温抗裂性能。

(三) 耐久性

1. 定义

指其在各种因素(如日光、空气、水、车辆荷载等)的长期作用下,仍能基本保持原有的路用性能。为保证沥青路面具有较长的使用寿命,要求沥青混合料必须具有较好的耐久性。

2. 评定指标

采用马歇尔试验后,可计算出空隙率、饱和度、残留稳定度、残留强度比等。

3. 影响程度

1) 空隙率(VV)偏小,有利于提高耐久性和低温抗裂性。但VV不能过小,一般沥青混合料中均留有一定的空隙,以供夏季沥青体积的膨胀。空隙率(VV)的大小与沥青混合料矿料级配类型、沥青用量以及施工压实度有关。

2) 饱和度(VFA)偏大,有利于提高耐久性和低温抗裂性。但VFA不能过大,夏季沥青体积膨胀引起路面泛油,降低路面的高温稳定性和抗滑性。因此饱和度要适当。

3) 残留稳定度(MS_0)是沥青混合料标准试件在规定温度下浸水$48h$后的稳定度与标准马歇尔稳定度的百分比。反映沥青混合料受水损害时抵抗剥落的能力。MS_0值越大,水稳定性越好。

4) 残留强度比(TSR)是在规定条件下对沥青混合料进行冻融循环,测定试件在受到水损害前后劈裂破坏的强度比。浸水马歇尔试验残留稳定度和冻融劈裂试验的残留强度比是评价沥青混合料水稳定性的指标,它在很大程度上表征了耐久性。

(四) 抗滑性

1) 定义

沥青路面应具有足够的抗滑能力,以保证在最不利的情况下,车辆能够高速安全地行驶,而且在外界因素作用下其抗滑能力不致很快降低。

2) 影响因素

沥青混凝土中矿质集料的粗度、形状和表面粗糙度对沥青混凝土路面的抗滑性能有较明显的影响。矿质集料的硬度、耐磨性对沥青混凝土路面的抗滑性能的影响更为显著,硬度较低,耐磨性较差的矿料虽然在路面施工初期也可形成较粗糙的表面,但经行车碾压和磨耗作用,将不能保证行车安全。

沥青在沥青混凝土中起粘合作用,沥青用量过大,沥青除在混凝土中形成结构沥青外还将有自由沥青存在,自由沥青在夏季高温状态下较不稳定,会溢出路面表面,形成路面沥青膜;另外在高温时的重交通情况下,由于沥青高温强度较低,也会使路面表面矿料向下层压入,而使沥青挤出表面,形成沥青膜,混凝土路面的沥青膜抗滑性能极差。

3) 检测抗滑性的方法

沥青混合料抗滑性评价方法有:表面纹理构造深度与路表面摩擦系数两种。

构造深度(TD)采用铺砂法进行测定,如图5-5(a)所示,其方法是:采用规定体

  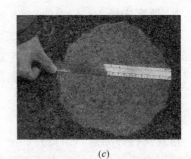

(a) (b) (c)

图 5-5 路面抗滑性构造深度测定

积,规定粒径范围的砂,以一定的方法均匀地摊铺在路面上,使砂填入凸凹不平路表面的空隙中,并尽可能形成一个圆形平面,如图 5-5（b）所示,此圆平面和路表面总体外露集料的顶面平齐,然后用专用尺量取此圆的直径 D（mm）,如图 5-5（c）所示,路面构造深度的公式为式（5-2）。

$$TD = 1000V/(\pi D^2/4) = 31231/D^2 \tag{5-2}$$

然后用摆式摩擦系数测定仪测定路表面的摩擦系数,本方法是在路表面有水情况下测定,如图 5-6 所示。

实际检测路面的抗滑性能时,沥青路面可以采用两种方法测量评定,而水泥混凝土路面只能采用表面构造深度方法测定,其结果应符合表 5-3 要求。

各级公路水泥混凝土面层的表面构造深度（mm）要求　　表 5-3

公路等级	高速公路、一级公路	二、三、四级公路
一般路段	0.70~1.10	0.50~0.90
特殊路段	0.80~1.20	0.60~1.00

图 5-6 摆式摩擦系数测定仪

（五）施工和易性

温拌沥青混合料的和易性是用于表征沥青混合料摊铺和碾压难易程度特性的一个重要指标,如果沥青混合料和易性良好,则易于摊铺和碾压,因此沥青混合料的和易性将直接影响到沥青路面行驶的舒适性及压实度等指标。

要保证室内配料在现场施工条件下顺利的实现,沥青混合料除了应具备前述的技术要求外,还应具备适宜的施工和易性。影响沥青混合料施工和易性的因素很多,诸如当地气温、施工条件及混合料性质等。单纯从混合料材料性质而言,影响沥青混合料施工和易性的首先是混合料的级配情况,如粗细集料的颗粒大小差距过大、缺乏中间尺寸,混合料容易分层（粗粒集中于表面,细粒集中于底部）；细集料太少,沥青层就不容易均匀地分布在粗颗粒表面；细集料过多则使拌合困难。

此外,当沥青用量过少或矿粉用量过多时,混合料容易产生疏松不易压实。反之,如果沥青用量过多或矿粉质量不好,则容易使混合料粘结成团块,不易摊铺。

二、沥青混合料组成材料及要求

(一) 沥青混合料组成材料要求

1. 沥青

沥青类路面通常采用的沥青材料有：道路石油沥青（表4-9、表4-10、表4-11）；改性沥青（表4-14）、液体石油沥青（表4-12）、乳化沥青（表4-16）等。各类沥青选用质量要求应根据公路等级、路面类型、结构层次、气候区划和施工季节等因素综合考虑，经论证后选用确定。而煤沥青不适宜作沥青面层。

2. 粗集料

在沥青混合料中，粗集料是指在集料中粒径大于等于2.36mm的那部分材料，沥青层用粗集料包括碎石、破碎砾石、筛选砾石、钢渣、矿渣等，但高速公路和一级公路不得使用筛选砾石和矿渣。粗集料必须由具有生产许可证的采石场生产或施工单位自行加工。

粗集料应洁净、干燥、表面粗糙，形状接近立方体，且无风化杂质，具有足够的强度和耐磨性能。质量应符合表5-4的规定。当单一规格集料的质量指标达不到表中要求，而按照集料配比计算的质量指标符合要求时，在工程上允许使用。沥青混合料用粗集料的规格应符合表5-5的规定。

沥青混合料用粗集料质量技术要求　　　表5-4

指　　标	高速公路及一级公路		其他等级公路
	表面层	其他层次	
石料压碎值 不大于（%）	26	28	30
洛杉矶磨耗损失 不大于（%）	28	30	35
表观相对密度 不小于（%）	2.60	2.50	2.45
吸水率 不大于（%）	2.0	3.0	3.0
坚固性 不大于（%）	12	12	—
针片状颗粒含量（混合料）不大于（%）	15	18	20
其中粒径大于9.5mm 不大于（%）	12	15	—
其中粒径小于9.5mm 不大于（%）	18	20	—
水洗法<0.075mm 颗粒含量 不大于（%）	1	1	1
软石含量 不大于（%）	3	5	5

粗集料与沥青的黏附性应符合规范的要求，当使用不符合要求的粗集料时，宜掺加消石灰、水泥或用饱和石灰水处理后使用，必要时可同时在沥青中掺加耐热、耐水、长期性能好的抗剥落剂，也可采用改性沥青的措施，使沥青混合料的水稳定性检验达到要求。掺加外加剂的剂量由沥青混合料的水稳定性检验确定。

沥青混合料用粗集料规格　　　　　表 5-5

规格名称	公称粒径(mm)	通过下列筛孔(mm)的质量百分率(%)											
		106	75	63	53	37.5	31.5	26.5	19.0	13.2	9.5	4.75	2.36	0.6
S1	40~75	100	90~100	—	—	0~15	—	0~5						
S2	40~60		100	90~100	—	0~15	—	0~5						
S3	30~60		100	90~100	—	—	0~15	—	0~5					
S4	25~50			100	90~100	—	—	0~15	—	0~5				
S5	20~40				100	90~100	—	—	0~15	—	0~5			
S6	15~30					100	90~100	—	—	0~15	—	0~5		
S7	10~30					100	90~100	—	—	—	0~15	0~5		
S8	10~25						100	90~100	—	—	0~15	0~5		
S9	10~20							100	90~100	—	0~15	0~5		
S10	10~15								100	90~100	0~15	0~5		
S11	5~15								100	90~100	40~70	0~15	0~5	
S12	5~10									100	90~100	0~15	0~5	
S13	3~10									100	90~100	40~70	0~20	0~5
S14	3~5										100	90~100	0~15	0~3

破碎后的粗集料在符合质量技术要求前提下,表面粗糙,具有较多的凹凸平面,能吸附较多的沥青结合料,能提高混合料的耐久性。也就是说,粗集料的破碎面状况,直接影响其与沥青黏附后的路用性能。《公路沥青路面施工技术规范》JTG F40—2004 规定,破碎砾石应采用粒径大于 50mm、含泥量不大于 1% 的砾石轧制,破碎砾石的破碎面应符合表 5-6 的要求。

粗集料对破碎面的要求　　　　　表 5-6

路面部位或混合料类型	具有一定数量破碎面颗粒的含量(%)	
	1 个破碎面	2 个或 2 个以上破碎面
沥青路面表面层		
高速公路、一级公路	100	90
其他等级公路	80	60
沥青路面中下面层、基层		
高速公路、一级公路	90	80
其他等级公路	70	50
SMA 混合料	100	90
贯入式路面	80	60

3. 细集料

在沥青混合料中细集料是指在集料中粒径小于 2.36mm 的骨料,在沥青混合料中主要起骨架和填充粗骨料空隙作用的材料。沥青路面的细集料包括天然砂、机制砂、石屑。细集料应洁净、干燥、无风化、无杂质,并有适当的颗粒级配,其质量应符合表 5-7 的规定。

沥青混合料用细集料质量要求　　　　　　　　　　　　　　　表 5-7

项　目	单位	高速公路一级公路	其他等级公路
表观相对密度 不小于	t/m³	2.50	2.45
坚固性（>0.3mm部分）不小于	%	12	—
含泥量（小于0.075mm的含量）不大于	%	3	5
砂当量 不小于	%	60	50
亚甲蓝值 不大于	g/kg	25	—
棱角性（流动时间）不小于	s	30	—

　　细集料的洁净程度，天然砂以小于0.075mm含量的百分数表示，石屑和机制砂以砂当量（适用于0～4.75mm）或亚甲蓝值（适用于0～2.36mm或0～0.15mm）表示。亚甲蓝MB值试验目的在于检测含泥量和石粉含量，并区分机制砂中的土和石粉。按《公路工程集料试验规程》（JTG E42—2005）规定进行。

　　采用河砂或海砂等天然砂作为细集料时，通常宜采用粗、中砂，其规格应符合表5-7的规定，砂的含泥量超过规定时应水洗后使用，如表5-8所示，用水洗法得出小于0.075mm的颗粒含量，对于高速公路和一级公路不大于3%。海砂中的贝壳类材料必须筛除。热拌密级配沥青混合料中天然砂的用量通常不宜超过集料总量的20%，SMA和OGFC混合料不宜使用天然砂。

沥青混合料用天然砂规格　　　　　　　　　　　　　　　表 5-8

筛孔尺寸(mm)	通过各孔筛的质量百分率（%）		
	粗　砂	中　砂	细　砂
9.5	100	100	100
4.75	90～100	90～100	90～100
2.36	65～95	75～90	85～100
1.18	35～65	50～90	75～100
0.6	15～30	30～60	60～84
0.3	5～20	8～30	15～45
0.15	0～10	0～10	0～10
0.075	0～5	0～5	0～5

　　石屑是采石场破碎石料时通过4.75mm或2.36mm的筛下部分，作为细骨料时，其规格应符合表5-9的要求。采石场在生产石屑的过程中应具备抽吸设备，高速公路和一级公路的沥青混合料，宜将S14与S16组合使用，S15可在沥青稳定碎石基层或其他等级公路中使用。

沥青混合料用机制砂或石屑规格　　　　　　　　　　　　　　　表 5-9

规格	公称粒径(mm)	水洗法通过各筛孔的质量百分率（%）							
		9.5	4.75	2.36	1.18	0.6	0.3	0.15	0.075
S15	0～5	100	90～100	60～90	40～75	20～55	7～40	2～20	0～10
S16	0～3	—	100	80～100	50～80	25～60	8～45	0～25	0～15

　　注：当生产石屑采用喷水抑制扬尘工艺时，应特别注意含粉量不得超过表中要求。

4. 填料

粒径小于 0.075mm 的材料称为填料。沥青胶浆具有最优的粘结力，因此矿粉的用量要适量，且矿粉的粒度范围要符合要求，尤其是 0.075mm 以下的细粒料含量的限制要求应提高，但小于 0.005mm 部分含量不宜过多，否则宜成团结块。原石料中的泥土杂质不大于 1%。矿粉应干燥、洁净，能自由地从矿粉仓流出，其质量应符合表 5-10 技术要求。

高速公路沥青路面的表层往往选用非碱性石料（包括玄武岩）作为粗集料，此时应采用石灰岩石屑，若采用酸性的石屑，则石屑中有较多的 0.075mm 以下成分，相当于用了非石灰岩成分的矿粉，是不允许的。

粉煤灰作为填料使用时，用量不得超过填料总量的 50%，粉煤灰的烧失量应小于 12%，与矿粉混合后的塑性指数应小于 4%，其余质量要求与矿粉相同。高速公路、一级公路的沥青面层不宜采用粉煤灰作填料。

沥青混合料用矿粉质量要求　　　　　　　　　　　　　　表 5-10

项目	单位	高速公路、一级公路	其他等级公路
表观相对密度 不小于	t/m³	2.50	2.45
含水量 不大于	%	1	1
粒度范围 <0.6mm	%	100	100
<0.15mm	%	90~100	90~100
<0.075mm	%	75~100	70~100
外观		无团粒结块	
亲水系数		<1	
塑性指数		<4	
加热安定性		实测记录	

5. 纤维稳定剂

在沥青混合料中掺加的纤维稳定剂宜选用木质素纤维、矿物纤维、聚酯纤维等，木质素纤维的质量应符合表 5-11 的技术要求。

木质素纤维质量技术要求　　　　　　　　　　　　　　表 5-11

项　　目	单位	指　　标	试　验　方　法
纤维长度，不大于	mm	6	水溶液用显微镜观测
灰分含量	%	18±5	高温 590~600℃燃烧后测定残留物
pH 值		7.5±1.0	水溶液用 pH 试纸或 pH 计测定
吸油率，不小于		纤维质量的 5 倍	用煤油浸泡后放在筛上经振荡后称量
含水率（以质量计）不大于	%	5	105℃烘箱烘 2h 后冷却称量

纤维应在 250℃的干拌温度下不变质、不发脆，使用纤维必须符合环保要求，不危害身体健康。纤维稳定剂的掺加比例以沥青混合料总量的质量百分率计算，通常情况下用于 SMA 路面的木质素纤维不宜低于 0.3%，矿物纤维不宜低于 0.4%。

三、沥青混合料工程设计级配范围

沥青混合料的矿料级配应符合工程设计规定的级配范围。密级配沥青混合料宜根据公路等级、气候及交通条件按表 5-2 选择采用粗型（C 型）或细型（F 型）混合料，在沥青混合料路面结构层设计中，结构层中要求至少有一层应为密级配沥青混合料。并在表 5-12、表 5-13 范围内确定工程设计级配范围，通常情况下工程设计级配范围不宜超出表中的要求。其他沥青混合料的级配范围，详见《公路沥青路面施工技术规范》JTG F40—2004。

密级配沥青混凝土混合料矿料级配范围　　　　　　　　表 5-12

级配类型		通过下列筛孔（mm）的质量百分率（%）											
		31.5	26.5	19	16	13.2	9.5	4.75	2.36	1.18	0.6	0.3	0.15	0.075
粗粒式	AC-25	100	90~100	75~90	65~83	57~76	45~65	24~52	16~42	12~33	8~24	5~17	4~13	3~7
中粒式	AC-20		100	90~100	78~92	62~80	50~72	26~56	16~44	12~33	8~24	5~17	4~13	3~7
	AC-16			100	90~100	76~92	60~80	34~62	20~48	13~36	9~26	7~18	5~14	4~8
细粒式	AC-13				100	90~100	68~85	38~68	24~50	15~38	10~28	7~20	5~15	4~8
	AC-10					100	90~100	45~75	30~58	20~44	13~32	9~23	6~16	4~8
砂粒式	AC-5						100	90~100	55~75	35~55	20~40	12~28	7~18	5~10

沥青玛琋脂碎石混合料矿料级配范围　　　　　　　　表 5-13

级配类型		通过下列筛孔（mm）的质量百分率（%）											
		26.5	19	16	3.2	9.5	4.75	2.36	1.18	0.6	0.3	0.15	0.075
中粒式	SMA-20	100	90~100	72~92	62~82	40~55	18~30	13~22	12~20	10~16	9~14	8~13	8~12
	SMA-16		100	90~100	65~85	45~65	20~32	15~24	14~22	12~18	10~15	9~14	8~12
细粒式	SMA-13			100	90~100	50~75	20~34	15~26	14~24	12~20	10~16	9~15	8~12
	SMA-10				100	90~100	28~60	20~32	14~26	12~22	10~18	9~16	8~13

四、马歇尔试验技术标准

（一）沥青路面使用性能的气候分区

在我国地域广阔，气候差异大。气候对沥青路面使用性能影响很大。高温时易产生车辙；低温时易产生缩裂；湿度大时易产生水损害。在沥青路面设计时，为了综合考虑气候特征，规范规定了气候分区指标：高温指标、低温指标、雨量指标，见表 5-14。各气候分区指标确定要求如下：

1. 高温指标

采用最近 30 年内最热月平均日最高气温的平均值，作为反映高温和重载条件下出现车辙等流动变形的气候因子，并作为气候区划的一级指标。按照设计高低温区指标，高低温区划分为 3 个一级区。

2. 低温指标

采用最近 30 年内极端最低气温最小值，作为反映路面温缩裂缝的气候因子，并作为气候区划的二级指标。按照设计低温区指标，低温区划分为 4 个二级区。

3. 雨量指标

采用最近 30 年内的年降雨量的平均值作为反映沥青路面受雨（雪）水影响的气候因

子,并作为气候区划的三级指标。按照设计雨量低温区指标,雨量区划分为4个三级区。

沥青路面使用性能气候分区 表 5-14

气候分区指标		气候分区			
按照高温指标	高温气候区	1		2	3
	气候区名称	夏炎热区		夏热区	夏凉区
	七月平均最高温度	>30		20~30	<20
按照低温指标	低温气候区	1	2	3	4
	气候区名称	冬严寒区	冬寒区	冬冷区	冬温区
	极端最低气温	<-37.5	-37.5~-21.5	-21.5~-9.0	>-9.0
按照雨量指标	雨量气候区	1	2	3	4
	气候区名称	潮湿区	湿润区	半干区	干旱区
	年降雨量	>1000	1000~500	500~250	<250

沥青路面温度分区由高温和低温组合而成,第一个数字代表高温分区,第二个数字代表低温分区,第三个数字代表雨量分区,数字越小表示气候因素越严重。例:气候区名为 2—4—2,属于夏热冬温湿润。

(二)沥青混合料的技术性质

现行规范规定,采用马歇尔试验配合比设计方法,沥青混合料技术要求应符合表 5-15~表 5-18 的规定,并有良好的施工性能。当采用其他方法设计沥青混合料时,应按本规范规定进行马歇尔试验及各项配合比设计检验,并报告不同设计方法的试验结果。二级公路宜参照一级公路的技术标准执行。重载交通是指设计交通量在 1000 万辆以上的路段,长大坡度的路段按重载交通路段考虑。

密级配沥青混凝土混合料马歇尔试验技术标准 表 5-15
(本表适用于公称最大粒径≤26.5mm 的密级配沥青混凝土混合料)

试验指标		单位	高速公路、一级公路				其他等级公路	行人道路
			夏炎热区(1-1、1-2、1-3、1-4 区)		夏热区及夏凉区(2-1、2-2、2-3、2-4、3-2 区)			
			中轻交通	重载交通	中轻交通	重载交通		
击实次数(双面)		次	75				50	50
试件尺寸		mm	φ101.6mm×63.5mm					
空隙率 W	深约 90mm 以内	%	3~5	4~6	2~4	3~5	3~6	2~4
	深约 90mm 以下	%	3~6		2~4	3~6	3~6	—
稳定度 MS 不小于		kN	8				5	3
流值 FL		mm	2~4	1.5~4	2~4.5	2~4	2~4.5	2~5
矿料间隙率 VMA(%) 不小于	设计空隙率(%)	相应于以下公称最大粒径(mm)的最小 VMA 及 VFA 技术要求(%)						
		26.5	19	16	13,2	9.5	4.75	
	2	10	11	11.5	12	13	15	
	3	11	12	12.5	13	14	16	
	4	12	13	13.5	14	15	17	
	5	13	14	14.5	15	16	18	
	6	14	15	15.5	16	17	19	
沥青饱和度 VFA(%)			55~70		65~75		70~85	

注:1. 对空隙率大于 5%的夏炎热区重载交通路段,施工时应至少提高压实度 1 个百分点。
2. 当设计的空隙率不是整数时,由内插确定要求的 VMA 最小值。
3. 对改性沥青混合料,马歇尔试验的流值可适当放宽。

沥青稳定碎石混合料马歇尔试验配合比设计技术标准　　　　表 5-16

试验指标	单位	密级配基层（ATB）		半开级配面层（AM）	排水式开级配磨耗层（OGFC）	排水式开级配基层（ATPB）
公称最大粒径	mm	26.5mm	等于或大于 31.5mm	等于或小于 26.5mm	等于或小于 26.5mm	所有尺寸
马歇尔试件尺寸	mm	φ101.6mm× 63.5mm	φ152.4mm× 95.3mm	φ101.6mm× 63.5mm	φ101.6mm× 63.5mm	φ152.4mm× 95.3mm
击实次数（双面）	次	75	112	50	50	75
空隙率 VV	%	3～6		6～10	不小于 18	不小于 18
稳定度，不小于	kN	7.5	15	3.5	3.5	—
流值	mm	1.5～4	实测			
沥青饱和度 VFA	%	55～70		40～70		
密级配基层 ATB 的矿料间隙率 VMA，不小于（%）	设计空隙率（%）	ATB-40	ATB-30	ATB-25		
	4	11	11.5	12		
	5	12	12.5	13		
	6	13	13.5	14		

注：在干旱地区，可将密级配沥青稳定碎石基层的空隙率适当放宽到 8%。

SMA 混合料马歇尔试验配合比设计技术要求　　　　表 5-17

试验项目	单位	技术要求		试验方法
		不使用改性沥青	使用改性沥青	
马歇尔试件尺寸	mm	φ101.6mm×63.5mm		T0702
马歇尔试件击实次数①	—	两面击实 50 次		T0702
空隙率 VV②	%	3～4		T0708
矿料间隙率 VMA②，不小于	%	17.0		T0708
粗集料骨架间隙率 VCA_{min}③，不大于	—	VCA_{DRC}		T0708
沥青饱和度 VFA	%	75～85		T0708
稳定度④，不小于	kN	5.5	6.0	T0709
流值	mm	2～5	—	T0709
谢伦堡沥青析漏试验的结合料损失	%	不大于 0.2	不大于 0.1	T0732
肯塔堡飞散试验的混合料损失或浸水飞散试验	%	不大于 20	不大于 15	T0733

注：①对集料坚硬不易击碎，通行重载交通的路段，也可将击实次数增加为双面 75 次。
②对高温稳定性要求较高的重交通路段或炎热地区，设计空隙率允许放宽到 4.5%，VMA 允许放宽到 16.5%（SMA-16）或 16%（SMA-19），VFA 允许放宽到 70%。
③试验粗集料骨架间隙率 VCA 的关键性筛孔，对 SMA-19、SMA-16 是指 4.75mm，对 SMA-13、SMA-10 是指 2.36mm。
④稳定度难以达到要求时，容许放宽到 5.0kN（非改性）或 5.5kN（改性），但动稳定度检验必须合格。

OGFC 混合料技术要求 表 5-18

试验项目	单位	技术要求	试验方法
马歇尔试件尺寸	mm	$\phi 101.6mm \times 63.5mm$	T0702
马歇尔试件击实次数	—	两面击实 50 次	T0702
空隙率	%	18~25	T0708
马歇尔稳定度，不小于	kN	3.5	T0709
析漏损失	%	<0.3	T0732
肯特堡飞散损失	%	<20	T0733

五、使用性能技术要求

对用于高速公路和一级公路的公称最大粒径等于或小于 19mm 的密级配沥青混合料（AC），及 SMA、OGFC 混合料，需在配合比设计的基础上按下列步骤进行各种使用性能检验。不符合要求的沥青混合料，必须更换材料或重新进行配合比设计。二级公路参照此要求执行。

1. 动稳定度检验技术要求

车辙是沥青路面主要损坏类型之一。如何减少车辙病害的发生，是我们一直关注和需要解决的问题。必须在规定的试验条件下进行车辙试验，并符合表 5-19 的要求。

沥青混合料车辙试验动稳定度技术要求 表 5-19

气候条件与技术指标		相应于下列气候分区所要求的动稳定度（次/mm）								试验方法
七月平均最高气温（℃）及气候分区		>30				20~30				<20	
		1. 夏炎热区				2. 夏热区				3. 夏凉区	
		1-1	1-2	1-3	1-4	2-1	2-2	2-3	2-4	3-2	
普通沥青混合料，不小于		800		1000		600		800		600	T0719
改性沥青混合料，不小于		2400		2800		2000		2400		1800	
SMA 混合料	非改性，不小于	1500									
	改性，不小于	3000									
OGFC 混合料		1500（一般交通路段）、3000（重交通量路段）									

注：1. 如果其他月份的平均最高气温高于七月时，可使用该月平均最高气温。

2. 在特殊情况下，如钢桥面铺装、重载车特别多或纵坡较大的长距离上坡路段、厂矿专用道路，可酌情提高动稳定度的要求。

3. 对因气候寒冷确需使用针入度很大的沥青（如大于 100），动稳定度难以达到要求，或因采用石灰岩等不很坚硬的石料，改性沥青混合料的动稳定度难以达到要求等特殊情况，可酌情降低要求。

4. 为满足炎热地区及重载车要求，在配合比设计时采取减少最佳沥青用量的技术措施时，可适当提高试验温度或增加试验荷载进行试验，同时增加试件的碾压成型密度和施工压实度要求。

5. 车辙试验不得采用二次加热的混合料，试验必须检验其密度是否符合试验规程的要求。

6. 如需要对公称最大粒径等于和大于 26.5mm 的混合料进行车辙试验，可适当增加试件的厚度，但不宜作为评定合格与否的依据。

2. 水稳定性检验技术要求

必须在规定的试验条件下进行浸水马歇尔试验和冻融劈裂试验检验沥青混合料的水稳定性，并同时符合表 5-20 中的要求。

沥青混合料水稳定性检验技术要求　　　　　表 5-20

气候条件与技术指标	相应于下列气候分区的技术要求（%）				试验方法
年降雨量（mm）及气候分区	>1000	500~1000	250~500	<250	
	1. 潮湿区	2. 湿润区	3. 半干区	4. 干旱区	
浸水马歇尔试验残留稳定度（%），不小于					
普通沥青混合料	80		75		
改性沥青混合料	85		80		T0790
SMA 混合料　普通沥青	75				
SMA 混合料　改性沥青	80				
冻融劈裂试验的残留强度比（%），不小于					
普通沥青混合料	75		70		
改性沥青混合料	80		75		T0729
SMA 混合料　普通沥青	75				
SMA 混合料　改性沥青	80				

3. 低温弯曲试验技术要求

宜对密级配沥青混合料在温度 −10℃、加载速率 50mm/min 的条件下进行弯曲试验，测定破坏强度、破坏应变、破坏劲度模量，并根据应力应变曲线的形状，综合评价沥青混合料的低温抗裂性能。其中沥青混合料的破坏应变不宜小于表 5-21 的要求。

沥青混合料低温弯曲试验破坏应变（$\mu\varepsilon$）技术要求　　　　　表 5-21

气候条件与技术指标	相应于下列气候分区所要求的破坏应变（$\mu\varepsilon$）								试验方法
年极端最低气温（℃）及气候分区	<−37.0		−21.5~−37.0			−9.0~−21.5		>−9.0	
	1. 冬严寒区		2. 冬寒区			3. 冬冷区		4. 冬温区	
	1-1	2-1	1-2	2-2	3-2	1-3	2-3	1-4　2-4	
普通沥青混合料，不小于	2600		2300			2000			T0728
改性沥青混合料，不小于	3000		2800			2500			

4. 渗水系数（mL/min）技术要求

室内成型后的沥青混合料渗水系数试验，宜利用轮碾机成型的车辙试验试件，脱模后用支架架起且保持试件水平，然后进行渗水试验，其试验结果符合表 5-22 的要求。

沥青混合料试件渗水系数（mL/min）技术要求　　　　表 5-22

级配类型	渗水系数要求（mL/min）	试验方法
密级配沥青混凝土，不大于	120	
SMA 混合料，不大于	80	T0730
OGFC 混合料，不小于	实测	

第四节　沥青混合料的组成设计

沥青混合料的配合比设计是施工过程中一件十分重要的工作，是本章的核心内容之一。配合比设计不满足于达到规范的技术要求，满足规范指标是一个起码要求，并不一定是最优化的设计。一个好的设计应该具有良好的使用性能，施工操作性好及变异性小、容易压实，尤其是经得起实践考验，确保沥青路面不产生损坏。

本节介绍的方法适用于密级配沥青混凝土及沥青稳定碎石混合料。高速公路、一级公路沥青混合料的配合比设计应在调查以往同类材料的配合比设计经验和使用效果的基础上，按以下步骤进行。二级及二级以下其他等级公路热拌沥青混合料的配合比设计也可按以下步骤进行，当材料与同类道路完全相同时，也可直接引用成功的经验。

热拌沥青混合料的配合比设计包括目标配合比设计、生产配合比设计和生产配合比验证三个阶段。热拌沥青混合料施工案例简介详见配套教程光盘。

热拌沥青混合料的目标配合比设计宜按图 5-6 所示步骤进行，工程实际使用的材料按《公路沥青路面施工技术规范》JTG F40—2004 规定的方法，优选矿料级配、确定最佳沥青用量，使设计的沥青混合料符合配合比设计技术标准和配合比设计检验要求。配合比设计的试验方法必须遵照现行试验规程的方法执行。

一、目标配合比设计方法

目标配合比设计可分为矿料配合比设计和确定最佳沥青用量（或油石比）两部分。

（一）矿料配合比设计

1. 基本要求

根据各组成材料的试验结果，可采用计算机的专业设计软件或电子表格进行试算，求出各组成材料用量的比例关系，并使合成的配合比符合以下要求：

1）沥青路面工程的混合料设计级配范围由工程设计文件或招标文件规定，工程设计级配范围是配合比设计的依据，不得随意变更。

2）合成级配曲线宜尽量接近设计级配中限，尤其应使 0.075mm、2.36mm 和 4.75mm 筛孔的通过量接近设计级配范围的中限。

3）对交通量大、轴载重的道路，宜偏向级配范围的下限。对中小交通或人行道路等，宜偏向级配范围的上限。

4）合成的级配曲线应接近连续级配或有合理的间断级配，不得有过多的犬牙交错。当经过再三调整，仍有两个以上的筛孔超出级配范围时，必须对原材料进行调整或更换原材料重新设计。密级配沥青混合料目标配合比设计流程见图 5-7。

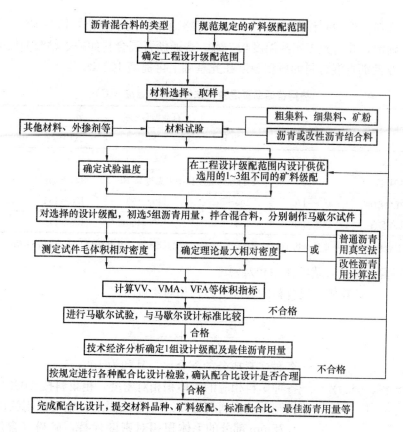

图 5-7 密级配沥青混合料目标配合比设计流程图

2. 材料选择与准备

1）配合比设计的各种矿料必须按现行《公路工程集料试验规程》JTG E42—2005 规定的方法，从工程实际使用的材料中取代表性样品。

2）配合比设计所用的各种材料必须符合气候和交通条件的需要，其质量应符合技术要求。当单一规格的集料某项指标不合格，但不同粒径规格的材料按级配组成的集料混合料指标能符合规范要求时，允许使用。

3. 矿料配合比设计

1）高速公路和一级公路沥青路面矿料配合比设计宜借助电子计算机的电子表格用试配法进行。其他等级公路沥青路面也可参照进行。

2）对高速公路和一级公路，宜在工程设计级配范围内计算 1～3 组粗细不同的配合比，绘制设计级配曲线，分别位于工程设计级配范围的上方、中值及下方。设计合成级配不得有太多的锯齿形交错，且在 0.3～0.6mm 范围内不出现"驼峰"。当反复调整不能满意时，宜更换材料设计。

3）根据当地的实践经验选择适宜的沥青用量，分别制作几组级配的马歇尔试件，测定 VMA，初选一组满足或接近设计要求的级配作为设计级配。

（二）确定最佳沥青用量（或油石比）

1. 马歇尔试验

1）试件的制作温度

沥青混合料试件的制作温度按《公路沥青路面施工技术规范》JTG F40—2004 5.2.2规定的方法确定,并与施工实际温度相一致,普通沥青混合料如缺乏粘温曲线时可参照表5-23执行,改性沥青混合料的成型温度在此基础上再提高10~20℃。

热拌普通沥青混合料试件的制作温度（℃） 表5-23

施工工序	石油沥青的标号				
	50号	70号	90号	110号	130号
沥青加热温度	160~170	155~165	150~160	145~155	140~150
矿料加热温度	集料加热温度比沥青温度高10~30（填料不加热）				
沥青混合料拌合温度	150~170	145~165	140~160	135~155	130~150
试件击实成型温度	140~160	135~155	130~150	125~145	120~140

注：表中混合料温度,并非拌合机的油浴温度,应根据沥青的针入度、黏度选择,不宜都取中值。

2) 矿料混合料的合成毛体积相对密度

按式（5-3）计算矿料混合料的合成毛体积相对密度 γ_{sb}。

$$\gamma_{sb} = \frac{100}{\frac{P_1}{\gamma_1} + \frac{P_2}{\gamma_2} + \cdots + \frac{P_n}{\gamma_n}} \tag{5-3}$$

式中 P_1、P_2、…、P_n——各种矿料成分的配合比,其和为100；

γ_1、γ_2、…、γ_n——各种矿料相应的毛体积相对密度,粗集料按T0304方法测定,机制砂及石屑可按T0330方法测定,也可以用筛出的2.36~4.75mm部分的毛体积相对密度代替,矿粉（含消石灰、水泥）以表观相对密度代替。

注：沥青混合料配合比设计时,均采用毛体积相对密度（无量纲）,不采用毛体积密度,故无需进行密度的水温修正。

3) 矿料混合料的合成表观相对密度

按式（5-4）计算矿料混合料的合成表观相对密度 γ_{sa}。

$$\gamma_{sa} = \frac{100}{\frac{P_1}{\gamma'_1} + \frac{P_2}{\gamma'_2} + \cdots + \frac{P_n}{\gamma'_n}} \tag{5-4}$$

式中 P_1、P_2、…、P_n——各种矿料成分的配合比,其和为100；

γ'_1、γ'_2、…、γ'_n——各种矿料按试验规程方法测定的表观相对密度。

4) 确定矿料的有效相对密度

①对非改性沥青混合料,宜以预估的最佳油石比拌合2组的混合料,采用真空法实测最大相对密度,取平均值。然后由式（5-5）反算合成矿料的有效相对密度 γ_{se}。

$$\gamma_{se} = \frac{100 - P_b}{\frac{100}{\gamma_t} - \frac{P_b}{\gamma_b}} \tag{5-5}$$

式中 γ_{se}——合成矿料的有效相对密度；

P_b——试验采用的沥青用量（占混合料总量的百分数）（%）；

γ_t——试验沥青用量条件下实测得到的最大相对密度,无量纲；

γ_b——沥青的相对密度（25℃/25℃）,无量纲。

②对改性沥青及SMA等难以分散的混合料，有效相对密度宜直接由矿料的合成毛体积相对密度与合成表观相对密度按式（5-6）计算确定，其中沥青吸收系数C值根据材料的吸水率由式（5-7）求得，材料的合成吸水率按式（5-8）计算：

$$\gamma_{se} = C \times \gamma_{sa} + (1-C) \times \gamma_{sb} \tag{5-6}$$

$$C = 0.033 w_X^2 - 0.2936 w_X + 0.9339 \tag{5-7}$$

$$w_X = \left(\frac{1}{\gamma_{sb}} - \frac{1}{\gamma_{sa}}\right) \times 100 \tag{5-8}$$

式中 γ_{se}——合成矿料的有效相对密度；

C——合成矿料的沥青吸收系数，可按矿料的合成吸水率从式（5-7）求取；

w_X——合成矿料的吸水率，按式（5-8）求取（%）；

γ_{sb}——材料的合成毛体积相对密度，按式（5-3）求取，无量纲；

γ_{sa}——材料的合成表观相对密度，按式（5-4）求取，无量纲。

5）选取若干组沥青用量

以预估的油石比为中值，按一定间隔（对密级配沥青混合料通常为0.5%，对沥青碎石混合料可适当缩小间隔为0.3%～0.4%），取5个或5个以上不同的油石比分别成型马歇尔试件。每一组试件的试样数按现行试验规程的要求确定，对粒径较大的沥青混合料，宜增加试件数量。

注：5个不同油石比不一定选整数，例如预估油石比4.8%，可选3.8%、4.3%、4.8%、5.3%、5.8%等。

6）测定毛体积相对密度和吸水率

测定压实沥青混合料试件的毛体积相对密度γ_f和吸水率，取平均值。测试方法应遵照以下规定执行：

①通常采用表干法测定毛体积相对密度（详见第二篇第五节，5-2部分）。

②对吸水率大于2%的试件，宜改用蜡封法测定毛体积相对密度。

注：对吸水率小于0.5%的特别致密的沥青混合料，在施工质量检验时，允许采用水中重法测定的表观相对密度作为标准密度，钻孔试件也采用相同方法。但配合比设计时不得采用水中重法。

7）确定沥青混合料的最大理论相对密度

①对非改性的普通沥青混合料，在成型马歇尔试件的同时，用真空法实测各组沥青混合料的最大理论相对密度γ_{ti}。当只对其中一组油石比测定最大理论相对密度时，也可按式（5-9）或式（5-10）计算其他不同油石比的最大理论相对密度γ_{ti}。

②对改性沥青或SMA混合料宜按式（5-9）或式（5-10）计算各个不同沥青用量混合料的最大理论相对密度。

$$\gamma_{ti} = \frac{100 + P_{ai}}{\frac{100}{\gamma_{se}} + \frac{P_{ai}}{\gamma_b}} \tag{5-9}$$

$$\gamma_{ti} = \frac{100}{\frac{P_{si}}{\gamma_{se}} + \frac{P_{bi}}{\gamma_b}} \tag{5-10}$$

式中 γ_{ti}——相对于计算沥青用量P_{bi}时沥青混合料的最大理论相对密度，无量纲；

P_{ai}——所计算的沥青混合料中的油石比（%）；

P_{bi}——所计算的沥青混合料的沥青用量，$P_{bi}=P_{ai}/(1+P_{ai})$（%）；

P_{si}——所计算的沥青混合料的矿料含量，$P_{si}=100-P_{bi}$（%）；

γ_{se}——矿料的有效相对密度，按式（5-5）或式（5-6）计算，无量纲；

γ_b——沥青的相对密度（25℃/25℃），无量纲。

8）计算马歇尔试件物理指标

按式（5-11）~式（5-13）计算沥青混合料试件的空隙率 VV、矿料间隙率 VMA、有效沥青的饱和度 VFA 等体积指标，取 1 位小数，进行体积组成分析。

压实沥青混合料的空隙率，即矿料及沥青以外的空隙（不包括矿料自身内部的孔隙）的体积占试件总体积的百分率。

压实沥青混合料的矿料间隙率，即试件全部矿料部分以外的体积占试件总体积的百分率。

压实沥青混合料中的沥青饱和度，即试件矿料间隙中扣除被集料吸收的沥青以外的有效沥青结合料部分的体积在 VMA 中所占的百分率。

$$VV = \left(1 - \frac{\gamma_f}{\gamma_t}\right) \times 100 \tag{5-11}$$

$$VMA = \left(1 - \frac{\gamma_f}{\gamma_{sb}} \times P_s\right) \times 100 \tag{5-12}$$

$$VFA = \left(\frac{VMA - VV}{VMA}\right) \times 100 \tag{5-13}$$

式中　VV——试件的空隙率（%）；

VMA——试件的矿料间隙率（%）；

VFA——试件的有效沥青饱和度（有效沥青含量占 VMA 的体积比例）（%）；

γ_f——试件的毛体积相对密度，无量纲；

γ_t——沥青混合料的最大理论相对密度，无量纲；

P_s——各种矿料占沥青混合料总质量的百分率之和，即 $P_s=100-P_b$（%）；

γ_{sb}——矿料混合料的合成毛体积相对密度，按式（5-3）计算。

9）马歇尔稳定度及流值测定

完成上述内容后，进行马歇尔试验，测定马歇尔稳定度及流值。

2. 确定最佳沥青用量（或油石比）

1）马歇尔试验结果汇总并绘图

以油石比或沥青用量为横坐标，以马歇尔试验的各项指标为纵坐标，将试验结果点入图中，连成圆滑的曲线，确定均符合《公路沥青路面施工技术规范》JTG F40—2004 规定的沥青混合料技术标准的沥青用量范围 $OAC_{min} \sim OAC_{max}$。选择的沥青用量范围必须涵盖设计空隙率的全部范围，并尽可能涵盖沥青饱和度的要求范围，并使密度及稳定度曲线出现峰值。如果没有涵盖设计空隙率的全部范围，试验必须扩大沥青用量范围重新进行。

注：绘制曲线时含 VMA 指标，且应为下凹型曲线，但确定 $OAC_{min} \sim OAC_{max}$ 时不包括 VMA。

2）确定沥青混合料的最佳沥青用量方法

根据试验曲线的走势，按下列方法确定沥青混合料的最佳沥青用量 OAC_1。

①在曲线图（图 5-8）上求取相应于密度最大值、稳定度最大值、目标空隙率（或中值）、沥青饱和度范围的中值的沥青用量 a_1、a_2、a_3、a_4。按式（5-14）取平均值作

为 OAC_1。

$$OAC_1 = (a_1 + a_2 + a_3 + a_4)/4 \tag{5-14}$$

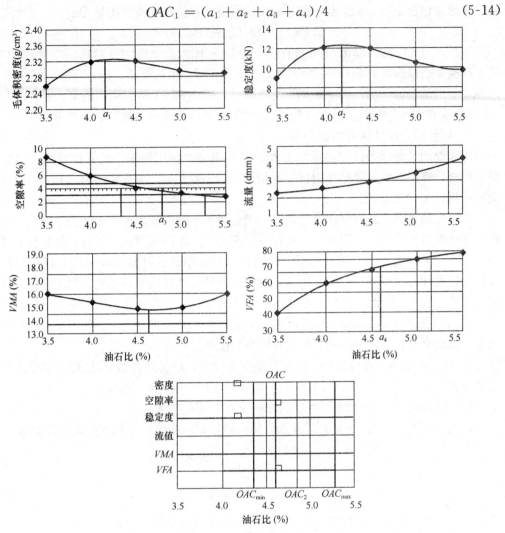

图 5-8 马歇尔试验结果示例

注：图中 $a_1=4.2\%$，$a_2=4.25\%$，$a_3=4.8\%$，$a_4=4.7\%$，$OAC_1=4.49\%$（由 4 个平均值确定），$OAC_{min}=4.3\%$，$OAC_{max}=5.3\%$，$OAC_2=4.8\%$，$OAC=4.64\%$。此例中相对于空隙率 4% 的油石比为 4.6%。

②如果在所选择的沥青用量范围未能涵盖沥青饱和度的要求范围，按式（5-15）求取 3 者的平均值作为 OAC_1。

$$OAC_1 = (a_1 + a_2 + a_3)/3 \tag{5-15}$$

③对所选择试验的沥青用量范围，密度或稳定度没有出现峰值（最大值经常在曲线的两端）时，可直接以目标空隙率所对应的沥青用量 a_3 作为 OAC_1，但 OAC_1 必须介于 $OAC_{min} \sim OAC_{max}$ 的范围内，否则应重新进行配合比设计。

④以各项指标均符合技术标准（不含 VMA）的沥青用量范围 $OAC_{min} \sim OAC_{max}$ 的中值作为 OAC_2。

$$OAC_2 = (OAC_{\min} + OAC_{\max})/2 \tag{5-16}$$

⑤通常情况下取 OAC_1 及 OAC_2 的中值作为计算的最佳沥青用量 OAC。

$$OAC = (OAC_1 + OAC_2)/2 \tag{5-17}$$

⑥按式（5-17）计算的最佳油石比 OAC，从图 5-7 中得出所对应的空隙率和 VMA 值，检验是否能满足表 5-16 或表 5-10 关于最小 VMA 值的要求。OAC 宜位于 VMA 凹形曲线最小值的贫油一侧。当空隙率不是整数时，最小 VMA 按内插法确定，并将其画入图 5-7 中。检查图 5-7 中相应于此 OAC 的各项指标是否均符合马歇尔试验技术标准。

3）调整确定最佳沥青用量 OAC。

①调查当地各项条件相接近的工程的沥青用量及使用效果，论证适宜的最佳沥青用量。检查计算得到的最佳沥青用量是否相近，如相差甚远，应查明原因，必要时重新调整级配，进行配合比设计。

②对炎热地区公路以及高速公路、一级公路的重载交通路段，山区公路的长大坡度路段，预计有可能产生较大车辙时，宜在空隙率符合要求的范围内将计算的最佳沥青用量减小 0.1%～0.5%作为设计沥青用量。此时，除空隙率外的其他指标可能会超出马歇尔试验配合比设计技术标准，在配合比设计报告或设计文件必须予以说明。但配合比设计报告必须要求采用重型轮胎压路机和振动压路机组合等方式加强碾压，以使施工后路面的空隙率达到未调整前的原最佳沥青用量时的水平，且渗水系数符合要求。如果试验段试拌试铺达不到此要求时，宜调整所减小的沥青用量的幅度。

③对寒区公路、旅游公路、交通量很少的公路，最佳沥青用量可以在 OAC 的基础上增加 0.1%～0.3%，以适当减小设计空隙率，但不得降低压实度要求。

4）计算沥青结合料被集料吸收的比例及有效沥青含量。

按式（5-18）及式（5-19）计算沥青结合料被集料吸收的比例及有效沥青含量。

$$P_{ba} = \frac{\gamma_{se} - \gamma_b}{\gamma_{se} \times \gamma_{sb}} \times \gamma_b \times 100 \tag{5-18}$$

$$P_{be} = P_b - \frac{P_{ba}}{100} \times P_s \tag{5-19}$$

式中　P_{ba}——沥青混合料中被集料吸收的沥青结合料比例（%）；

P_{be}——沥青混合料中的有效沥青用量（%）；

γ_{se}——集料的有效相对密度，按式（5-7）计算，无量纲；

γ_{sb}——材料的合成毛体积相对密度，按式（5-5）计算，无量纲；

γ_b——沥青的相对密度（25℃/25℃），无量纲；

P_b——沥青含量（%）；

P_s——各种矿料占沥青混合料总质量的百分率之和，即 $P_s = 100 - P_b$（%）。

如果需要，可按式（5-20）及式（5-21）计算有效沥青的体积百分率 V_b 及矿料的体积百分率 V_g。

$$V_b = \frac{\gamma_f \times P_{be}}{\gamma_b} \tag{5-20}$$

$$V_g = 100 - (V_{be} + VV) \tag{5-21}$$

5）检验最佳沥青用量时的粉胶比和有效沥青膜厚度。

①按式（5-22）计算沥青混合料的粉胶比，宜符合 0.6～1.6 的要求。对常用的公称

最大粒径为 13.2~19mm 的密级配沥青混合料，粉胶比宜控制在 0.8~1.2 范围内。

$$FB = \frac{P_{0.075}}{P_{be}} \qquad (5-22)$$

式中　FB——粉胶比，沥青混合料的矿料中 0.075mm 通过率与有效沥青含量的比值，无量纲；

　　　$P_{0.075}$——矿料级配中 0.075mm 的通过率（水洗法）（%）；

　　　P_{be}——有效沥青含量（%）。

②按式（5-23）的方法计算集料的比表面积，按式（5-24）估算沥青混合料的沥青膜有效厚度。各种集料粒径的表面积系数按表 5-24 采用。

$$SA = \Sigma(P_i \times FA_i) \qquad (5-23)$$

$$DA = \frac{P_{be}}{\gamma_b \times SA} \times 10 \qquad (5-24)$$

式中　SA——集料的比表面积（m²/kg）；

　　　P_i——各种粒径的通过百分率（%）；

　　　FA_i——相应于各种粒径的集料的表面积系数，如表 5-24 所列；

　　　DA——沥青膜有效厚度（μm）；

　　　P_{be}——有效沥青含量（%）；

　　　γ_b——沥青的相对密度（25℃/25℃），无量纲。

注：各种公称最大粒径混合料中大于 4.75mm 尺寸集料的表面积系数 FA 均取 0.0041，且只计算一次，4.75mm 以下部分的 FA_i 如表 5-24 所示。该例的 $SA=6.60$ m²/kg。若混合料的有效沥青含量为 4.65%，沥青的相对密度为 1.03，则沥青膜厚度为 $DA=4.65/(1.03\times6.60)\times10=6.83\mu m$。

集料的表面积系数计算示例　　　　表 5-24

筛孔尺寸（mm）	19	4.75	2.36	1.18	0.6	0.3	0.15	0.075	集料比表面总和 SA (m²/kg)
表面积系数 FA_i	0.0041	0.0041	0.0082	0.0164	0.0287	0.0614	0.1229	0.3277	
通过百分率 P_i（%）	100	60	42	32	23	16	12	6	
比表面 $FA_i \times P_i$ (m²/kg)	0.41	0.25	0.34	0.52	0.66	0.98	1.47	1.97	6.60

3. 配合比设计检验

对用于高速公路和一级公路的密级配沥青混合料，需在配合比设计的基础上按《公路沥青路面施工技术规范》JTG F40-2004 要求进行各种使用性能的检验，不符合要求的沥青混合料，必须更换材料或重新进行配合比设计。其他等级公路的沥青混合料可参照执行。

二、沥青混合料目标配合比设计实例

根据工程设计文件要求，辽宁省某高速公路路面合同段，在路面技术组及驻地监理工程师的大力协助下，已完成下面层 AC-20 型沥青混合料目标配合比设计工作。

【工程范例】

(一) 设计依据

(1)《公路沥青路面施工技术规范》JTG F40—2004；

(2)《公路工程集料试验规程》JTG E42—2005；

(3)《公路工程沥青及沥青混合料试验规程》JTG E20—2011；

(4)《某高速公路沥青混凝土面层施工作业指导意见》。

(二) 原材料试验检测

1. 沥青

沥青采用中国石油辽河石化公司（基质沥青）生产的 SBS4303-2（道改2号）改性沥青。试验检测项目及检测结果见表5-25。试验结果表明，该沥青的性能符合某高速公路的技术要求。

沥青试验结果汇总　　　　　　　表 5-25

委托单位	某公路建设总公司	合同编号	SYHT20120008	
试验单位	公路工程质量检测中心	分项工程	中面层	
试验规程	JTG E20-2011	试验日期	2012-05-7	
试样描述	A-90、SBS改性沥青	报告日期	2012-05-8	
沥青种类	A-90 #	沥青产地	中国石油辽河石化公司	
改性剂种类	SBS4303-2（道改2号）	改性剂产地	中国石化燕山石油化工有限责任公司	
沥青种类		SBS改性沥青		A-90 沥青
技术指标	技术要求	试验结果	技术要求	试验结果
针入度 25℃、100g、5s (0.1mm)	≥50	88	80～100	88
针入度指数 PI	≥−0.2	2.37	−1.5～+1.0	0.94
延度 5℃、5cm/min (cm)	≥45	47.5	—	
延度 10℃、5cm/min (cm)			≥30	44
延度 15℃、5cm/min (cm)			≥100	134
软化点 $T_{R\&B}$ (℃)	≥70	88.0	≥44	47.0
含蜡量（蒸馏法）(%)			≤2.2	2.0
60℃动力黏度 (Pa·s)			≥140	241.4
135℃运动黏度 (Pa·s)	≤3	1.305	—	
闪点（COC）(℃)	≥230	288	≥245	267
溶解度（三氯乙烯）(%)	≥99	99.20	≥99.5	99.61
离析、软化点差（℃）	≤2.5	0.8	—	
弹性恢复 25℃ (%)	≥85	91.7	—	
薄膜烘箱试验 TFOT（或 RTFOT）后残留物				
质量损失	±1.0	0.3	±0.8	0.15
针入度比 25℃ (%)	≥60	65.2	≥57	63.2
延度 5℃ (cm)	≥25	27	—	
延度 10℃ (cm)			≥8	8.8

结论：试验结果满足设计要求。

2. 集料

集料采用北票北山石厂生产的石灰岩碎石。包括粗集料、细集料和填料。集料的试验分析结果见表5-26、表5-27。

粗集料试验结果汇总 表5-26

委托单位	某公路建设总公司		合同编号	SYHT20120008	
试验单位	公路工程质量检测中心		分项工程	中面层	
试验规程	JTG E42-2005		试验日期	2012-05-10	
试样描述	碎石（2.36～26.5mm）		报告日期	2012-05-11	
材料产地	北票北山石厂			材料种类	石灰岩
压碎值	指标	≤24	粘附性	指标	≥5
	试验结果	17.1		试验结果	5
项目	洛杉矶磨耗损失（%）	表观密度（g/cm³）	吸水率（%）	坚固性（%）	
指标	≤30	≥2.5	≤2.0	≤8	
试验结果 16～19mm	18.3	2.788	0.30	3	
13.2～16mm	16.1	2.788	0.29	3	
9.5～13.2mm	16.1	2.792	0.32	3	
4.75～9.5mm	16.1	2.814	0.41	2	
项目	细长扁平颗粒含量（%）	<0.075颗粒含量（%）	软石含量（%）	磨光值	
指标	≤10	≤1.0	≤5	≥42	
试验结果 16～19mm	2.5	0.2	0.4	—	
13.2～16mm	3.6	0.3	0.5	—	
9.5～13.2mm	5.5	0.3	0.5	—	
4.75～9.5mm	8.1	0.3	0.8	—	

结论：结果满足设计要求。

细集料试验结果汇总

工程名称：某高速路面工程第三合同段 编号：HZ201200014 表5-27

委托单位	某公路建设总公司		合同编号	SYHT20120008
试验单位	公路工程质量检测中心		分项工程	中面层
试验规程	JTG E42-2005		试验日期	2012-05-13
试样描述	机制砂（0～5mm）		报告日期	2012-05-13
材料产地	北票北山石厂		材料种类	机制砂
项目	表观相对密度	毛体积相对密度	坚固性（%）	含泥量（%）
指标	≥2.5	—	≤12	≤3
试验结果 2.5～5mm	2.799	2.739	1.5	0.6
1.2～2.5mm	2.797	2.765	1.5	1.3
0～1.2mm	2.752	2.764	1.5	2.2

续表

项目	砂当量（%）	亚甲蓝值（g/kg）	棱角性（s）
指 标	≥60	≤25	≥30
试验结果 2.5～5mm	93	—	52
试验结果 1.2～2.5mm	83	13	49
试验结果 0～1.2mm	83	14.2	42.6

结论：试验结果满足设计要求。

水泥、矿粉试验结果汇总

工程名称：<u>某高速路面工程第三合同段</u> 编号：<u>HZ201200015</u>　　表 5-28

委托单位	某公路建设总公司	合同编号	SYHT20120008
试验单位	公路工程质量检测中心	分项工程	中面层
试验规程	JTG E42-2005	试验日期	2012-05-13
试样描述	水泥、矿粉	报告日期	2012-05-13

水泥试验

项 目	表观密度（g/cm³）	含水量（%）	外观	加热安定性
指 标	≥2.5	≤1.0	无团粒结块	实测
试验结果	2.945	0.9	无团粒结块	良好

项 目	粒度范围		
	<0.6mm	<0.15mm	<0.075mm
指 标	100	90～100	75～100
试验结果	100	100	99.7

矿粉试验

项目	表观密度（g/cm³）	含水量（%）	亲水系数	外观	塑性指数	加热安定性
指 标	≥2.3	≤1.0	<1.0	无团粒结块	<4	实测
试验结果	2.731	0.5	0.788	无团粒结块	4.0	良好

项 目	粒度范围（%）		
	<0.6mm	<0.15mm	<0.075mm
指 标	100	90～100	75～100
试验结果	100	100	99.9

结论：试验结果满足设计要求。

（三）确定各种矿料用量比例

根据沥青路面中面层工程设计级配范围，采用电子表格进行试算确定比例见表 5-29，级配情况见图 5-9。

沥青混合料类型：LAC-201 表5-29

矿质材料	筛孔孔径		通过下列筛孔(mm)的质量百分率（%）									
			26.5	19.0	16.0	13.2	9.5	4.75	2.36	1.18	0.6	0.3	0.15	0.075
矿质组成材料	16~19mm		100.	95.1	14.3	0.0	0.0	0.0	0.0	0.0	0.0	0.0	0.0	0.0
	13.2~16mm		100.	100	97.0	3.8	0.1	0.1	0.0	0.0	0.0	0.0	0.0	0.0
	9.5~13.2mm		100.	100	99.8	97.4	3.6	0.1	0.0	0.0	0.0	0.0	0.0	0.0
	4.75~9.5mm		100.	100	100	100	93.9	2.7	0.0	0.0	0.0	0.0	0.0	0.0
	2.36~4.75mm		100.	100	100	100	100	97.5	3.2	0.1	0.0	0.0	0.0	0.0
	1.18~2.36mm		100.	100	100	100	100	100.	96.1	11.1	0.6	0.0	0.0	0.0
	0.075~1.18mm		100.	100	100	100	100	100.	100	96.7	66.4	31.3	14.2	3.3
	矿粉		100.	100	100	100	100	100.	100	100	100	100	99.4	96.4
	水泥		100.	100	100	100	100	100.	100	100	100	100	100	99.7
矿质组成材料在混合料中所占比例	16~19mm	10.0	10.0	9.5	1.4	0.0	0.0	0.0	0.0	0.0	0.0	0.0	0.0	0.0
	13.2~16mm	20.0	20.0	20.0	19.4	0.7	0.0	0.0	0.0	0.0	0.0	0.0	0.0	0.0
	9.5~13.2mm	13.0	13.0	13.0	13.0	12.6	0.5	0.0	0.0	0.0	0.0	0.0	0.0	0.0
	4.75~9.5mm	20.0	20.0	20.0	20.0	20.0	18.8	0.5	0.0	0.0	0.0	0.0	0.0	0.0
	2.36~4.75mm	13.0	13.0	13.0	13.0	13.0	13.0	12.7	0.4	0.0	0.0	0.0	0.0	0.0
	1.18~2.36mm	7.0	7.0	7.0	7.0	7.0	7.0	7.0	6.7	0.7	0.0	0.0	0.0	0.0
	0.075~1.18mm	11.0	11.0	11.0	11.0	11.0	11.0	11.0	11.0	10.6	7.1	2.2	0.3	0.0
	矿粉	3.0	3.0	3.0	3.0	3.0	3.0	3.0	3.0	3.0	3.0	3.0	3.0	2.9
	水泥	3.0	3.0	3.0	3.0	3.0	3.0	3.0	3.0	3.0	3.0	3.0	3.0	3.0
	矿料合成级配		100.	99.5	90.7	70.4	56.2	37.2	24.1	17.4	13.1	8.2	6.3	5.9
工程设计级配范围	级配中值		100.	97.5	90.0	68.5	58.5	39.0	28.0	19.0	14.0	10.0	7.5	5.0
	下限		100.	95.0	87.0	62.0	52.0	33.0	22.0	14.0	10.0	7.0	5.0	3.0
	上限		100.	100	93.0	75.0	65.0	45.0	34.0	24.0	18.0	13.0	10.0	7.0

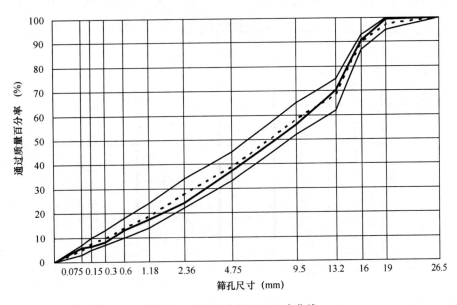

图5-9 矿质混合料级配组成曲线

（四）确定目标配合比最佳油石比

油石比按0.3%间隔，从4.1%、4.4%、4.7%、5.0%、5.3%分别进行马歇尔击实，其结果如表5-30。最佳沥青用量选定报告见表5-31。

LAC20I沥青混合料物理力学指标试验结果综合报告

表 5-30

试组序号	油石比（%）	实测毛体积相对密度	理论最大相对密度	空隙率（%）VV	矿料间隙率（%）VMA	沥青饱和度（%）VFA	稳定度（kN）	流值（mm）
	1	2	3	4	5	6	7	8
1	4.1	2.451	2.622	6.5	13.2	50.5	9.3	2.66
2	4.4	2.476	2.609	5.1	12.5	59.5	11.5	3.31
3	4.7	2.498	2.597	3.8	12.0	68.3	11.3	3.70
4	5.0	2.511	2.586	2.9	11.8	75.5	10.2	4.29
5	5.3	2.504	2.574	2.7	12.3	77.9	9.7	4.85

沥青混合料中沥青用量选定报告

工程名称： 某高速路面工程第三合同段　　**报告编号：** 201201352

表 5-31

承包单位	某公路建设总公司	合同编号	SYHT20120008
监理单位	公路工程监理有限公司	分项工程	中面层
试验单位	公路工程质量检测中心	试验日期	2012-05-15
试样描述	SBS-A改性沥青混合料LAC20-I沥青用量选定	报告日期	2012-05-15

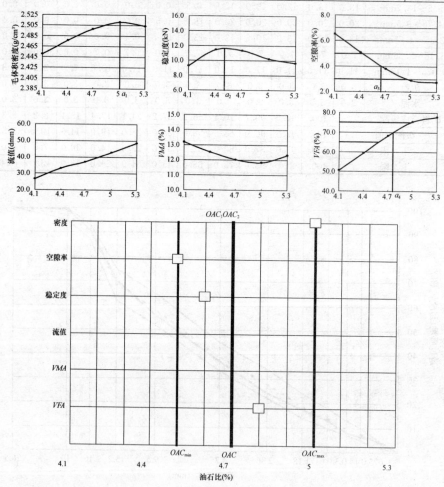

注：图中 $a_1=5.0\%$，$a_2=4.5\%$，$a_3=4.6\%$，$a_4=4.8\%$，$OAC_1=4.7$（由4个平均值确定），$OAC_{min}=4.5\%$，$OAC_{max}=5.0\%$，$OAC_2=4.7$。$OAC=4.7\%$。

结论：油石比采用4.7%。	技术负责人意见： 签名：

第五节 其他沥青混合料

一、SMA 混合料

沥青玛𤧛脂碎石混合料（StoneMasticAsphalt）简称 SMA，是由沥青、纤维稳定剂、矿粉及少量细集料组成的沥青玛𤧛脂结合料填充粗集料骨架间隙而形成的一种间断级配沥青混合料。

1. SMA 概述

SMA 路面起源于 20 世纪 60 年代中期的德国，随后欧洲其他国家也先后引进并推广该技术，制定了符合各自国情的 SMA 规范。20 世纪 90 年代初被美国引进，并在短短几年内得到大面积推广，同时对 SMA 路面技术进行改进，增加粗集料粒径，减少沥青的用量，使 SMA 路面适合美国气候条件的需要。我国于 1993 年在首都机场高速公路中率先采用 SMA 路面，随后我国许多高速公路及城市道路相继采用 SMA 路面。1997 年 SMA 正式列入我国公路沥青路面设计规范，我国在分析德国和美国 SMA 路面经验的基础上，根据我国气候条件、材料和机械设备条件，提出了我国 SMA 路面有关规范，对我国 SMA 路面的推广起到促进作用。

近年来，我国新建高速公路和城市道路大多采用 SMA 路面作为沥青路面的面层，有效延长了沥青路面的寿命和使用质量。

2. SMA 混合料的组成

SMA 的结构组成特点可概括为"三多一少"，即：粗集料多、矿粉多、沥青多、细集料少。具体讲，SMA 沥青混合料 5mm 以上的粗集料比例高达 70%～80%，矿粉的用量达 7%～13%（"粉胶比"超出通常值 1.2 的限制），很少使用细集料。为加入较多的沥青，一方面增加矿粉用量，同时使用纤维作为稳定剂。沥青用量较多，有的甚至高达 6.5%～7%，粘结性要求高，并希望选用针入度小、软化点高、温度稳定性好的沥青（最好采用改性沥青）。

SMA 沥青玛𤧛脂混合料是当前国际上公认的一种抗变形能力强、耐久性能较好的沥青面层混合料，由于粗集料的良好嵌挤，混合料有非常好的高温抗车辙能力。同时由于沥青玛𤧛脂的粘结作用，低温变形性能和水稳定性也有较多的改善。添加纤维稳定剂，使沥青结合料保持高黏度，其摊铺和压实效果较好，间断级配在表面形成大孔隙，构造深度大，抗滑性能好，同时混合料的空隙又很小，耐老化性能及耐久性都很好。

3. SMA 混合料的形成机理

将 SMA 混合料与普通的密级配沥青混凝土（AC）相比，AC 的组成中，细集料以下的部分大体上约占到一半，粗集料实际上是悬浮在沥青砂浆中，彼此互相并未紧密接触。由于粗集料之间有相当大的空隙，故而交通荷载主要是由沥青砂浆承受，AC 抵抗荷载变形的能力很大程度上受到矿料级配、矿料间隙率（VMA）、空隙率以及沥青砂浆的比例的影响。在高温条件下，沥青砂浆的黏度变小，承受变形的能力急剧降低，很容易产生永久变形，造成车辙、推拥等。

SMA 混合料的组成中，粗集料骨架占到 70% 以上，混合料中粗集料相互之间的接触面（或支撑点）很多，细集料很少，玛琋脂部分仅仅填充了粗集料之间的孔隙，交通荷载主要由粗集料骨架承受，由于粗集料颗粒之间有互相良好的嵌挤作用，沥青混合料产生非常好的抵抗荷载变形的能力，即使在高温条件下，沥青玛琋脂的黏度下降，这种抵抗能力也不会减小，因而有较强的高温抗车辙能力。在低温条件下，抗裂性能主要由结合料的拉伸性能决定，由于SMA的集料之间填充了相当数量的沥青玛琋脂，它包在粗集料表面，随着温度的下降，混合料收缩变形使集料被拉开时，玛琋脂有较好的粘结作用，它的韧性和柔性使混合料有较好的低温变形性能，如果再同时使用提高沥青性能的措施，则混合料的低温抗裂性能更可大幅度提高。

二、温拌沥青混合料

温拌沥青混合料（WMA）是一类使用特定的技术或添加剂，使拌合及施工温度介于热拌沥青混合料 HMA（170℃）和冷拌（常温）沥青混合料之间，性能达到热拌沥青混合料的新型沥青混合料的统称。

1995年在欧洲首先应用了沥青混合料的温拌技术。它在不满足性能要求的基础上，可通过减低沥青混合料的拌合和摊铺的温度实现降低燃料成本和减少排放。对于这种与HMA具有基本相等的路用性能，但拌合和摊铺等施工环节所需温度相对较低的混合料，我们称之为温拌沥青混合料（WarmMixAsphalt）。它是一种环保型材料，能减少能源消耗，降低污染气体排放。同时，WMA也可应用于在受气候和施工条件的限制下沥青混凝土路面的新建和维修的低温作业。

2004年，在美国举行的世界沥青大会对HMA和WMA进行了现场试验，WMA通过添加特定的外加剂，可以在不降低压实的前提下，便拌合、摊铺和压实的温度低于HMA30℃左右。两者的混合料级配设计方法以及拌合、摊铺和碾压等施工设备要求和方法都是相同的，但WMA有更多的优点：

（1）降低能源消耗，WMA能减少30％左右的能源消耗；

（2）减少排污，能减少CO_2和粉尘等有害物质的排放，减少对环境的污染和对人的身体健康损害；

（3）利于施工组织，低排放利于搅拌场的设置，同时，运输距离允许更长；

（4）可在较冷天气时施工，同时铺好后冷却到可通车温度条件时较快，缩短开放时间，比如临时紧急施工或修补；

（5）提高路面性能。相对低温拌合施工可以减少沥青的氧化，由此可减少温度裂缝，网裂等。

三、改性SMA沥青混合料案例简介

图5-10 改性沥青混凝土面层的结构

- 5(4)cm 改性沥青混凝土 AC-13（PG76-22）
- 8cm 改性沥青混凝土（PG76-22，掺2.5‰聚酯纤维）
- 8cm 普通沥青混凝土
- 原有路面基层

江苏高速公路工程养护有限公司，对京沪高速公路主线原沥青混凝土路面某路段进行养护，因有病害，提出了路面铣刨重修方案，并已实施。重修采用的路面结构层如图5-10所示，上面层采用了5(4)cm

改性沥青混凝土 AC-13（PG76-22），其中改性沥青为 PG76-22；中面层采用了 8cm 改性沥青混凝土（PG76-22，掺 2.5‰聚酯纤维）；下面层采用普通沥青混凝土。

京沪高速公路补强采用重修面层路段，充分吸收国内外 SMA 路面的成功经验及美国 SHRP 计划的科研成果，自行进行配合比设计，采用适应 SMA 特点的合理的施工工艺与严格的质量管理进行施工，在重型交通荷载与炎热潮湿的气候条件下，路面具有优良的服务性能。

1. 改性沥青混凝土应用

现行评价改性沥青性能的方法有三大类：一是采用沥青性能指标的变化程度来衡量，如针入度、软化点、延度的变化程度；二是针对改性沥青的特点开发的试验方法，如弹性恢复试验、黏韧性试验、离析试验等；三是美国公路战略研究计划（SHRP）提出的沥青结合料性能规范。参见美国 SHEP 沥青路面性能规范（AASHTO MP1，1995）。

根据京沪高速公路交通情况，按 SHRP 沥青分级标准，确定采用 PG76-22 级改性沥青结合料，标准符合江苏地区气候特点，使用 PG76-22 级沥青结合料拌制的 SMA 混合料达到设计要求，高温和低温改善效果明显。

其中 SHRP 计划提出的沥青路用性能规范（PG）试验与以往规范相比，其分级直接采用设计使用温度表示适用范围，如 PG76-22，表示该沥青适用于最高路面设计温度不超过 76℃，最低路面设计温度不低于－22℃的地区。沥青 PG 分级试验还具有明确的力学概念，各项指标与各项路用性能直接相关。如：动态剪切流变仪运用黏弹力学理论检测沥青的高温抗车辙性能及抗疲劳性能；弯曲梁流变仪运用小梁低温蠕变来评价沥青的低温抗裂性能；通过旋转薄膜老化来模拟施工短期老化，通过压力老化试验来评价沥青的长期耐久性能。SHRP 的沥青 PG 规范更具有科学性，推动了改性沥青的研究与应用。

2. 聚酯纤维的应用

1）沥青混凝土加筋材料种类

主要有聚酯纤维、木质纤维、玻璃纤维、尼龙纤维、聚丙烯腈纤维等。其中聚酯纤维性能较好，价格略高于其他纤维材料，纤维掺加量、原材料性能都满足《公路沥青路面施工技术规范》JTG F40—2004 的要求。

2）聚酯纤维的特点

聚酯纤维除了具有其他合成纤维的优点外，还具有更高的熔点温度（≥230℃），以及更大的断裂延伸率（40%）。纤维作为添加剂在沥青混凝土路面中的应用在国外已经有 60 多年的历史，我国自 20 世纪 90 年代开始生产，目前也已经有了广泛的应用，SMA、OGFC 等新型路面结构形式的使用，增加了人们对纤维性能的了解。

思 考 与 计 算 题

1. 沥青混合料的技术性质有哪些？用什么指标表示？
2. 矿粉在沥青混凝土混合料中起何作用？如何选择矿粉？
3. 沥青混合料耐久性的指标有哪些？压实的沥青混合料为什么要留一定的空隙率？
4. 确定最佳沥青用量需要马歇尔试验的哪些技术指标？
5. 某沥青混合料的实测密度是 $2.38g/cm^3$，理论密度是 $2.48g/cm^3$，油石比是 4.5%，沥青的相对密度是 1.008。求：混合料的空隙率、沥青体积百分率、矿料间隙率、沥青饱和度。

6. 现有 A、B、C、D 四种矿质材料的通过百分率和设计要求的级配范围，试进行矿料配合比的设计，并画图表示出级配范围和合成级配曲线。

矿质材料	筛孔尺寸（mm）							
	9.5	4.75	2.36	1.18	0.6	0.3	0.15	0.075
	通过百分率							
A	100	38	4	0	0	0	0	0
B	100	100	96	50	20	0	0	0
C	100	100	100	90	80	60	20	0
D	100	100	100	100	100	100	100	90
要求的级配范围	95～100	55～75	38～58	26～43	17～33	10～24	6～16	4～9

第六章 工程高分子聚合物材料

【本章学习要点】 本章介绍了高分子聚合物材料的基础知识，主要工程高分子聚合物的组成和性能，以及在道路与桥梁工程中的应用。应掌握高分子聚合物的一般结构和性能，几种常用高分子聚合物的特性；并会应用高分子聚合物材料改善水泥混凝土和沥青混合料性能的基本方法。

高等级公路的快速发展，对路面和桥梁建筑用的材料提出了更高的要求。工程高分子聚合物材料在道路工程中的应用，不仅提供了代替传统材料的新材料，而且可以作为改性剂来改善和提高现有材料的技术性能。

第一节 概 述

高分子聚合物按国际理论化学和应用化学协会的定义是组成单元相互多次重复连接未构成的物质。通常认为聚合物材料包括塑料、合成橡胶、合成纤维和胶粘剂等。

高分子材料有许多优良性能，如质轻、比强度高、耐腐蚀、耐磨、绝缘性好，同时经济效益高，不受地域、气候限制，目前被广泛地应用于工程实际中。

一、高分子聚合物的基本概念

1. 单体、链节、聚合物、聚合度

高分子聚合物虽然分子量大、原子数较多，但都由许多低分子化合物聚合而成，例如聚乙烯（⋯—CH_2—CH_2—CH_2—CH_2—⋯）是由低分子化合物乙烯（$CH_2=CH_2$）聚合而成，若将—CH_2—CH_2—看作聚乙烯大分子中的一个重复结构单元，则聚乙烯可写成 $\text{{—CH}_2\text{—CH}_2\text{—}}_n$。

"单体"是指可以聚合成高分子聚合物的低分子化合物，如上例中的乙烯（$CH_2=CH_2$）；"链节"是指组成高分子聚合物最小的重复结构单元，如上例中的—CH_2—CH_2—；"聚合物"是指相应组成的大分子，如上例中的 $\text{{—CH}_2\text{—CH}_2\text{—}}_n$；"聚合度"以重复单元为基数，是指聚合物大分子链上所含链节的次数的平均值，以 n 表示；当聚合度很大（10^3 以上）时聚合物称为"高聚物"。

2. 聚合物的命名

1）根据单体的名称命名。以形成聚合物的单体为基础，在单体名称之前加"聚"字命名，如聚乙烯、聚丙烯等。如单体有两种或两种以上时，常把单体的名称（或其缩写）写在前面，在其后按用途加"树脂"或"橡胶"名称。如丁苯橡胶（由丁二烯和苯乙烯聚合而成）等。

2）习惯上命名或商品名称。如聚乙二酰乙二胺，习惯上称为聚酰胺66，商品名称为尼龙。为简化起见也以聚合物英文名称缩写符号表示。如聚乙烯（polyethylene）缩写为 PE 等。

二、高分子聚合物的分子结构

高分子聚合物是由不同结构层次的分子有规律的排列、堆砌而成。按分子几何结构形态来分，可分线形、支链形和体形三种，高分子聚合物结构如图 6-1 所示。

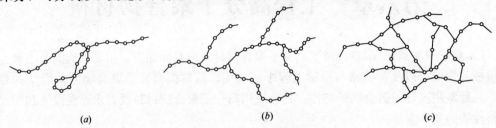

图 6-1 高分子聚合物分子结构示意图
(a) 线形；(b) 支链形；(c) 体形

1. 线形

线形高聚物的分子为线状长链分子，大多数呈卷曲状，由于高分子链之间的范德华力很微弱，使分子容易相互滑动，在适当的溶剂中能溶解，溶解后的溶液黏度很大。当温度升高时，它可以熔融而不分解，成为黏度较大、能流动的液体。利用此特性，在加工时可以反复塑制。塑性树脂大部分属于线形高聚物。

线形高聚物具有良好的弹性、塑性、柔顺性，还有一定的强度，但硬度小。

2. 支链形

支链形高聚物的分子在主链上带有比主链短的支链，它可以溶解和熔融。但当支链的支化程度和支链的长短不同时，高聚物的结构和性能有差异。如低密度聚乙烯属于支链形结构，它与线形高密度聚乙烯相比，密度小，抗拉强度低，而溶解性增大，这是由于其分子间的作用较弱而造成的。

3. 体形

体形高聚物的分子，是由线形或支链形高聚物分子以化学键交联形成，呈空间网状结构。它不能溶解于任何溶剂，最多只能溶胀。加热后不软化，也不能流动，加工时只能一次塑制。热固性树脂属于体形高聚物。

由于体形高聚物是一个巨型分子，所以塑性和弹性低，但硬度与脆性较大，耐热性较好。

三大合成材料中的合成纤维是线形高聚物，而塑料可以是线形高聚物，也可以是体形高聚物。

三、高分子聚合物的分类

高聚物的分类方法很多，经常采用的方法有如下几种：

1) 按高分子聚合物的合成材料分为塑料、合成橡胶和合成纤维，此外还有胶粘剂、涂料等。

2) 按高分子聚合物的分子结构分为线形、支链形和体形三种。

3) 按高分子聚合物反应类别分为加聚反应和缩聚反应，其反应产物为加聚物和缩聚物。

四、高分子聚合物的发展简史及其工程应用

1. 发展简史

人类利用天然聚合物的历史久远，直到19世纪中叶才跨入对天然聚合物的化学改性工作，1839年C. Goodyear发现了橡胶的硫化反应，从而使天然橡胶变为实用的工程材料的研究取得关键性的进展。1870年J. W. Hyatt用樟脑增塑硝化纤维素，使硝化纤维塑料实现了工业化。1907年L. Baekeland报道了合成第一个热固性酚醛树脂，并在20世纪20年代实现了工业化，这是第一个合成塑料产品。1920年H. Standinger提出了聚合物是由结构单元通过普通的共价键彼此连接而成的长链分子，这一结论为现代聚合物科学的建立奠定了基础。随后，Carothers把合成聚合物分为两大类，即通过缩聚反应得到的缩聚物和通过加聚反应得到的加聚物。20世纪50年代K. Ziegler和G. Natta发现了配位聚合催化剂，开创了合成立体规整结构聚合物的时代。在大分子概念建立以后的几十年中，合成高聚物取得了飞速的发展，许多重要的聚合物相继实现了工业化。

2. 工程应用

工程高分子聚合物材料，除了直接作为道路与桥梁结构物构件或配件的材料外，更多的是作为改善水泥混凝土或沥青混合性能的组分，为此必须掌握高分子聚合物材料的组成、性能和配制，才能正确选择和应用这类材料。

第二节 土工合成材料

一、土工合成材料概述

土工合成材料是工程建设中应用的以人工合成或天然聚合物为原料制成的工程材料的总称，其主要品种有土工织物、土工膜、土工复合材料、土工特种材料等。

土工合成材料品种多，选用基材复杂，制造方式也千差万别，因此，很难从某一角度（如基材种类、制作方法、组成形式或作用等）给土工合成材料以确切定义，其分类也存在同样困难。本定义参照《公路土工合成材料应用技术规范》JTG/T D32—2012。

二、土工合成材料的种类和特点

根据《公路土工合成材料应用技术规范》JTG/T D32—2012，土工合成材料可按表6-1进行分类。

土工合成材料类型 表6-1

大类		亚类	典型品种
土工合成材料	土工织物	有纺（织造 woven）	机织（含编织）、针织等
		无纺（非织造 non-woven）	针刺、热粘、化粘等
	土工膜	聚合物土工膜	
	土工复合材料	复合土工膜	一布一膜、两布一膜等
		复合土工织物	
		复合防排水材料	排水板（带）、长丝热粘排水体、排水管、防水卷材、防水板等

续表

土工合成材料	土工特种材料	土工格栅	塑料土工格栅（单向、双向、三向土工格栅）、经编土工格栅、粘结（焊接）土工格栅等
		土工带	塑料土工加筋带、钢塑土工加筋带等
		土工格室	有孔型、无孔型
		土工网	平面土工网、三维土工网（土工网垫）等
		土工模袋	机织模袋、针织模袋等
		超轻型合成材料	如泡沫聚苯乙烯板块（EPS）
		土工织物膨润土垫（CCL）	
		植生袋	

1. 土工织物

"土工织物"，透水性的平面土工合成材料，俗称"土工布"。织物的成分是人造聚合物，常用的有聚丙烯（丙纶）、聚酯（涤纶）、聚乙烯、聚酰胺（锦纶）、尼龙和聚偏二氯乙烯等。土工织物主要特点是重量轻、整体连续性好、施工简便、抗拉强度高、耐腐蚀和抗微生物侵蚀性好；缺点是未经特殊处理，则抗紫外线能力低，如暴露受到紫外线直接照射容易衰老，但如不直接暴露，抗老化及耐久性能仍是较高的。其性能与其聚合物原料、土工织物的种类及加工制造方法密切相关。土工织物如图 6-2 所示。

图 6-2 土工织物

主要包括无纺（非织造 non-woven）土工织物、有纺（织造 woven）土工织物。

1）有纺织物

是由纤维纱长丝按一定方向交织而成的织物，与日用布相似可分为平纹织物（经、纬线相互垂直）和斜纹织物。

（1）单丝有纺织物。织物的成分大多为聚酯或聚丙烯，单丝的横截面为圆形或长方形。单丝有纺织物一般为中等强度，主要用作反滤材料。

（2）复丝有纺织物。由许多细纤维的纱线织成。纤维原料多为聚丙烯和聚酯，薄膜丝原料为聚乙烯。主要用于加筋，在铺设时应注意使其最大强度方向与最大应力方向一致。此种织物价格较高，应用受到限制。

（3）扁丝有纺织物。由宽度大于厚度许多倍的纤维织造而成。常见的扁丝织物是聚丙烯薄膜织物，扁丝之间不经粘合易撕裂。但此织物具有较高强度和弹性模量，主要用作分隔材料。

2）无纺织物

由短纤维或长丝按定向排列或非定向排列结合在一起的织物。无纺织物的原料几乎全是聚酯、聚丙烯或由聚丙烯与尼龙纤维混纺制成。其价格较低，具有中、低强度和中等至较大的破坏延伸率，已广泛用作反滤、隔离和加筋材料。

2. 土工膜

由聚合物制成的一种相对不透水的薄膜。

3. 土工复合材料

将其两种或两种以上的材料互相组合起来就成为土工复合材料。土工复合材料可将不同性质的材料结合起来，更好地满足具体工程的需要，能起到多种功能的作用。主要有复合土工膜、复合土工织物和复合防排水材料三类。

复合土工膜，就是将土工膜和土工织物按一定要求制成的一种土工织物组合物，其形式有一布一膜、二布一膜。复合土工膜如图6-3所示。

4. 土工特种材料

1) 土工格栅

具有较高强度，其开孔可容周围土、石或其他土工材料穿入，用于加筋的平面材料。土工格栅按受力性能一般分为单向、双向、三向格栅，按制造方法一般分为整体拉伸格栅、经编格栅、粘结或焊接格栅。

图6-3 复合土工膜

整体拉伸格栅为聚合物材料经过定向拉伸形成的平面网状材料；经编土工格栅为采用玻璃纤维、高强度聚酯长丝等经过编织形成的平面网状材料；粘结、焊接土工格栅为合成材料条带或其复合材料（如钢塑复合）通过粘结、焊接形成的平面网状材料。双向塑料土工格栅如图6-4所示。

2) 土工带

经挤压拉伸或再加筋制成的条带抗拉材料。包括塑料土工带、钢塑土工带等。

3) 土工格室

由长条形塑料片材或在其中加入钢丝、玻璃纤维、碳纤维的片材，通过焊接、插件或扣件等方法连接，展开后构成蜂窝状或网格状的立体结构材料。土工格室如图6-5所示。

图6-4 双向塑料土工格栅

图6-5 土工格室

4) 土工网

高分子聚合物经挤出制成的网状材料或其他材料经编织形成的网状材料。土工网按制造方法一般分为挤出网、经编网，按形状一般分为平面网、三维网。土工网如图6-6所示。

塑料平面土工网，是以高密度聚乙烯或其他高分子聚合物为原料，经挤出成型的平面网状材料。

经编平面土工网，是采用玻璃纤维或高强聚酯长丝经编织机制并经表面涂覆而成的平面网状材料。

塑料三维土工网，是由一层或多层双向拉伸或挤出平面的网，表面点焊一层或多层非拉伸挤出网，形成表面凹凸泡状的多层网状材料。

编三维土工网，是以塑料长丝或可降解纤维为原料经编织而成的三维网状材料。

5）土工模袋

双层聚合化纤织物制成的连续或单独的袋状材料。可用高压泵将混凝土或砂浆灌入其中，形成板状或其他形状的防护结构。土工模袋如图6-7所示。

图6-6 土工网

图6-7 土工模袋

其特点是可以在水下施工，无需做围堰或断流，可按工程要求预制成不同大小和不同厚度的几何形状，尤其适合于复杂起伏地形。

6）泡沫聚苯乙烯板块

由聚苯乙烯加入发泡剂膨胀经模塑或挤压制成的轻型板块。

泡沫聚苯乙烯板块具有密度小、易安装的特点，其密度一般为$20\sim40kg/m^3$，是一般压实填土密度的$1/100\sim1/50$。

7）植生袋

采用孔隙率为70%～99.5%的多功能过滤毯状纤维，运用针刺法和喷胶法生产出的，内含草种、灌木种、培养料、保水剂和肥料等绿化辅料的袋状材料。

8）土工织物膨润土垫

土工织物或土工膜间包入膨润土或其他低透水性材料，并通过针刺、缝接或化学粘结制成的一种防水材料。

三、土工合成材料的工程应用

土工合成材料用于土木工程始于20世纪50年代末，最早是美国人R·J·Barrett在佛罗里达州将透水性合成纤维有纺织物铺设在混凝土块下，作为防冲刷保护层。20世纪

70年代以后，国外织物的应用从公路、铁路的路基工程逐步扩展到挡土墙、土坝等大型永久性工程。20世纪80年代初，我国铁道部门开始试用无纺织物，自20世纪80年代中期，水利、港建、航道和公路部门开始推广使用。

1. 土工合成材料的作用

土工合成材料埋在土体之中，可以分布土体应力，增加土体的模量，传递拉应力，限制土体侧向位移；还可增加土体和其他材料之间的摩擦阻力，提高土体及有关建筑物的稳定性。

具体作用如下：

1）排水作用

织物是多孔隙透水介质，埋在土中可以汇集水分，并将水排出土体。织物不仅可以沿垂直于其平面的方向排水，也可以沿其平面方向排水，即具有水平排水功能。

2）反滤作用

为防止土中细颗粒被渗流潜蚀（管涌现象），传统上使用级配粒料滤层。而有纺和无纺织物都能取代常规的粒料，起反滤层作用。工程中往往同时利用织物的反滤和排水两种作用。

3）分隔作用

在岩土工程中，不同的粒料层之间经常发生相互混杂现象，使各层失去应有的性能。将织物铺设在不同粒料层之间，可以起分隔作用。例如，在软弱地基上铺设碎石粒料基层时，在层间铺设织物，可有效地防止层间土粒相互贯入和控制不均匀沉降。织物的分隔作用在公路软土路基处理中效果很好，如图6-8所示。

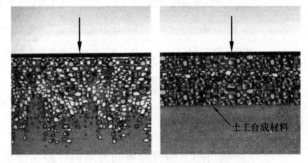

图6-8 软土地基在层间有无铺设织物隔离层的比较示意图

4）加筋作用

织物具有较高的抗拉强度和较大的破坏变形率，以适当方式将其埋在土中，作为加筋材料，可以控制土的变形，增加土体稳定性，也可用于加筋土挡墙中。在一项工程中，可要求织物发挥多种作用，见表6-2。

织物在工程中的各种作用　　　　　表6-2

主要作用	工程	次要作用	主要作用	工程	次要作用
分隔	道路和铁路路基	反滤、排水、加筋	加筋	沥青混凝土路面	
	填土、预压稳定	排水、加筋		路面底基层	反滤
	边坡防护、运动场、停车场	反滤、排水、加筋		挡土结构	排水
排水	挡土墙、垂直排水	分隔、反滤		软土地基	分隔、排水、反滤
	横向排水（铺在薄膜下）	加筋		填土地基	排水
	土坝	反滤	反滤	沟渠、基层、结构和坡脚排水	分隔、排水
	铺在水泥板下			堤岸防护	分隔

2. 土工合成材料的工程应用

土工合成材料可应用于公路路基、挡墙、路基防排水、路基防护、路基不均匀沉降防治、路面裂缝防治、特殊土和特殊路基处治、地基处理等工程中。根据《公路土工合成材料应用技术规范》JTG/T D32—2012，可按表6-3选择合适的土工合成材料。

土工合成材料的工程应用　　　　　　　　表6-3

应用场合	宜采用的土工合成材料
路基加筋	土工格栅、土工织物、土工格室
地基处理	排水带、土工格栅、无纺土工织物、土工格室、泡沫聚苯乙烯板块（EPS）
路基防排水	排水板、排水管、长丝热粘排水体、缠绕式排水管、透水软管、透水硬管、复合土工膜、无纺土工织物、土工织物膨润土垫
路基防护	三维土工网、平面土工网、土工格室、土工模袋、植生袋
路基不均匀沉降防治	土工格栅、土工织物、土工格室、泡沫聚苯乙烯板块（EPS）
防沙固沙	土工格室、土工织物、土工格栅
膨胀土路基处治	土工格栅、无纺土工织物、复合土工膜
盐渍土路基处治与构筑物表面防腐	复合土工膜、土工织物、土工格栅
路面裂缝防治	无纺土工织物、玻璃纤维格栅

1）土工织物的工程应用

土工织物可用于两种介质间的隔离、路基排水、防沙固沙、构筑物表面防腐、路面裂缝防治等场合；高强度的土工织物可用于加筋。

2）土工复合材料的工程应用

（1）复合土工膜可用于路基防水、盐渍土隔离等场合。

单纯的土工膜厚度薄、强度低，易刺破损伤，因此在公路路基防水、盐渍土隔离等场合主要采用与土工织物复合的土工膜。

（2）复合排水材料可用于地基处理和路基排水等场合。

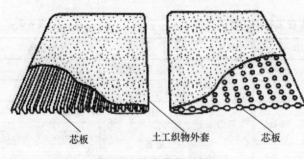

图6-9　排水带典型断面

排水带，是我国常用的排水材料，主要用于插入软弱地基中加速地基的固结排水，增强地基强度。排水带典型断面如图6-9所示。

排水板宽度可达50cm，不同芯材构成不同的排水板。其中帽状芯材复合排水板比较典型，主要用于路侧排水、支挡结构内部排水。

长丝热粘排水体，由高分子聚合物长丝热粘堆缠成不同形状的排水芯体，外包土工织物作滤材组成，即通常所称的速排龙或塑料盲沟，其强度低，适应变形能力较差。图6-10为圆形断面长丝热粘排水体。

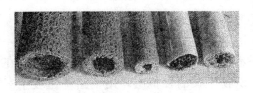 

图 6-10　圆形横断面长丝热粘排水体　　　　图 6-11　缠绕式圆形单孔型排水管

缠绕式排水管，具有较高的环刚度，适应变形能力强，可形成各种不同的口径，主要用于工程内部排水。缠绕式排水管如图 6-11 所示。

透水软管，一般以镀塑的弹簧钢丝或其他高强材料丝圈为骨架，外包土工织物制成，即通常所称的软式透水管，其具有环刚度高、适应能力强、易于安装的特点，主要用于路基边坡仰斜排水、路基支挡结构内部排水，以及与碎石渗沟联合使用增强渗沟排水能力等场合。透水软管如图 6-12 所示。

透水硬管，以高分子聚合物或其他材料制成的多孔管材为排水芯体，外包土工织物作为滤材，组合成圆形排水体，目前在公路工程中应用不多。图 6-13 为合成树脂多孔硬管。

图 6-12　透水软管　　　　图 6-13　合成树脂多孔硬管

3）土工特种材料的工程应用

（1）土工格栅

土工格栅可用于路基加筋、路基不均匀沉降防治、特殊土路基处治、地基处理等场合。其中单向格栅纵向抗拉强度大，横向抗拉强度小，主要用于受力方向比较明确的加筋场合；双向格栅两个方向强度比较一致，主要用于需要考虑多方向受力或主受力方向不明确的场合。图 6-14 为单向拉伸整体土工格栅，图 6-15 为双向拉伸整体土工格栅。

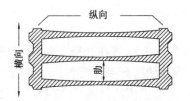 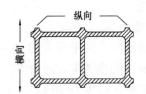

图 6-14　单向拉伸整体土工格栅　　　　图 6-15　双向拉伸整体土工格栅

（2）土工带

土工带可用于有面板的加筋土挡墙。

(3) 土工格室

土工格室可用于路基加筋、防沙固沙、路基防护等场合。

在公路工程中,土工格室主要有两种用途:一是在格室内回填岩土后形成具有一定厚度、整体性较好的复合垫层,用于软基等不良地基顶部,形成施工平台;二是在格室内回填种植土,形成具有一定厚度、利于织物生长的种植层,用于路基边坡生态防护。

(4) 土工网和植生袋

土工网和植生袋可用于边坡生态防护。

(5) 土工模袋

土工模袋可用于路基冲刷防护等场合。

(6) 泡沫聚苯乙烯板块

泡沫聚苯乙烯板块可用于桥头或软基路段,以及需要减载的场合。

第三节 高分子聚合物改性水泥混凝土

水泥混凝土具有许多优良技术品质,所以广泛应用于高等级路面和大型桥梁工程。但它最主要的缺点是抗拉(或抗弯)强度与抗压强度之比值较低,相对延伸率小,是一种典型的强而脆的材料。如能借助高聚物的特性,采用高聚物改性水泥混凝土,则可弥补上述缺点,使水泥混凝土成为强而韧的材料。

一、聚合物浸渍混凝土(简称 PIC)

聚合物浸渍混凝土是已硬化的混凝土(基材)经干燥后浸入聚合物有机单体,用加热或辐射等方法使混凝土孔隙内的单体聚合而成的一种混凝土。

1. 基本工艺

1) 干燥。为使聚合物能渗填混凝土基材的孔隙,必须使基材充分干燥,温度为 100~105℃。

2) 浸渍。是使配制好的浸渍液掺填入混凝土孔隙中的工序。最常用的浸渍聚合物材料有甲基丙烯酸甲酯(MMA)、苯乙烯(S),此外还需加入引发剂、催化剂及交联剂等浸渍液。

3) 聚合。是使浸渍在基体孔隙中的单体聚合固化的过程。目前采用较多的是掺加引发剂的热聚合法。

2. 技术性能

聚合物浸渍混凝土由于聚合物浸渍充盈了混凝土毛细管孔和微裂缝所组成的孔隙系统,改变了混凝土的孔结构,因而使其物理—力学性状得到明显改善。一般情况下,聚合物浸渍混凝土的抗压强度为普通混凝土 3~4 倍,抗弯强度约提高 2~3 倍,抗拉强度约提高 3 倍,弹性模量约提高 1 倍,抗冲击强度约提高 0.7 倍。此外,徐变大大减少,抗冻性、耐硫酸盐、耐酸和耐碱等性能有很大改善。主要缺点是耐热性差,高温时聚合物易分解。

二、聚合物水泥混凝土（简称 PCC）

聚合物水泥混凝土是以聚合物（或单体）和水泥共同起胶结作用的一种混凝土。它是在拌合混凝土混合料时将聚合物（或单体）掺入的，因此生产工艺简单，便于现场使用。

1. 材料组成

聚合物水泥混凝土的材料组成，基本上与普通水泥混凝土相同，只增加了聚合物组分。常用的聚合物有下列三类：

1) 橡胶乳液类：天然胶乳（NR）、丁苯胶乳（SBR）、氯丁胶乳（CR）等。
2) 热塑性树脂类：聚丙烯酸酯（PAE）、聚醋酸乙烯酯（PVAC）等。
3) 热固性树脂类：环氧树脂（PE）类。

2. 技术性能

1) 抗弯拉强度高。掺加聚合物后，作为路面混凝土强度指标的抗弯拉强度提高更为明显。
2) 冲击韧性好。掺加聚合物后，其脆性降低，柔韧性增加，因而抗冲击能力提高，这对作为承受动荷载的路面和桥梁用混凝土是非常有利的。
3) 耐磨性好。聚合物对矿质集料具有优良的黏附性，因而可以采用硬质耐磨的岩石作为集料，这样可提高路面混凝土的耐磨性和抗滑性。
4) 耐久性好。聚合物在混凝土中能起到阻水和填隙的作用，因而可提高混凝土的抗水性、耐冻性和耐久性。

三、聚合物胶结混凝土（简称 PC）

聚合物胶结混凝土是完全以聚合物为胶结材料的混凝土，常用的聚合物为各种树脂或单体，所以亦称"树脂混凝土"。

1. 材料组成

1) 胶结材。用于拌制聚合物混凝土的树脂或单体，常用的有环氧树脂（PE）、苯乙烯（S）等。
2) 集料。应选择高强度和耐磨的岩石，轧制的集料要有良好的级配，集料最大粒径不大于 20mm。
3) 填料。其粒径宜为 $1\sim30\mu m$，矿物成分有碱性的碳酸钙（$CaCO_3$）系和酸性的氧化硅碳酸钙（SiO_2）系，需根据聚合物特性确定。

2. 技术性能

聚合物混凝土是以聚合物为结合料的混凝土，由于聚合特征，其具有以下特点：

1) 表观密度轻。由于聚合物的密度较水泥的密度小，所以聚合物混凝土的表观密度亦较小，通常在 $2000\sim2200kg/m^3$，如采用轻集料配制混凝土，更能减小结构断面和增大跨度，达到轻质高强的要求。
2) 力学强度高。聚合物混凝土的抗压、抗拉或抗折强度比普通水泥混凝土要高，特别是抗拉和抗折强度尤为突出，这对减薄路面厚度或减少桥梁结构断面都有显著效果。
3) 与集料的黏附性强。由于聚合物与集料的黏附性强，可采用硬质石料作成混凝土路面抗滑层，提高路面抗滑性。此外，还可作成空隙式路面防滑层，以防止高速公路路面的漂滑和减小噪声。

4）结构密实。由于聚合物不仅可填密集料间的空隙，而且可浸填集料的孔隙，使混凝土的结构密度增大，提高了混凝土的抗渗性、抗冻性和耐久性。

聚合物混凝土具有许多优良的技术性能，除了用于特殊要求的道路与桥梁工程结构外，也经常使用于路面和桥梁的修补工程。

第四节　高分子聚合物改性沥青混合料

一、高分子聚合物改性沥青的性能

目前，应用于改善沥青性能的高分子聚合物，主要有树脂类、橡胶类和树脂—橡胶共聚物等三类，各类常用聚合物名称分别列于表6-4。

改性沥青常用高聚物　　　　　　表6-4

树脂类高聚物	橡胶类高聚物	树脂—橡胶共聚物
聚乙烯（PE） 聚丙烯（PP） 聚乙烯—乙酸乙烯酰共聚物（EVA）	丁苯橡胶（SBR） 氯丁橡胶（CR） 丁腈橡胶（NBR） 苯乙烯—异戊二烯橡胶（SIR） 乙丙橡胶（EPDR）	苯乙烯—丁二烯嵌段共聚物（SBS） 苯乙烯—异戊二烯嵌段共聚物（SIS）

1. 热塑性树脂类改性沥青

用作沥青改性的树脂，主要是热塑性树脂，较常用的有聚乙烯（PE）和聚丙烯（PP）。它们所组成的改性沥青性能，主要是提高沥青的黏度、改善高温抗流动性，同时可增大沥青的韧性，所以它们对改善沥青高温性能是有效的，但是低温性能改善有时并不明显。

2. 橡胶类改性沥青

橡胶沥青的性能，不仅取决于橡胶的品种和掺量，而且取决于沥青的性质。

当前合成橡胶类改性沥青中，通常认为改性效果较好的是丁苯橡胶（SBR）。丁苯橡胶改性沥青的性能主要表现为：

1）在常规指标上，针入度值减小，软化点升高，常温（25℃）延度稍有增加，特别是低温（5℃）延度有较明显的增加；

2）不同温度下的黏度均有所增加，随着温度降低，黏度差逐渐增大；

3）热流动性降低，热稳定性明显提高；

4）韧度明显提高，黏附性亦有所提高。

3. 热塑性弹性体改性沥青

热塑性弹性体由于兼具有树脂和橡胶的特性，所以它对沥青性能的改善优于树脂和橡胶改性沥青。现以苯乙烯-丁二烯嵌段共聚物（SBS）为例，说明其改善沥青性能的优越性。以90号沥青为基料，掺入5%的SBS改性沥青的技术性能列于表6-5。

SBS 改性沥青的技术性质 表 6-5

沥青名称	高温指标		低温指标		耐久性指标
	绝对黏度 60℃ (Pa·s)	软化点 $T_{R\&B}$ (℃)	低温延度 5℃ (cm)	脆点 (℃)	TFOT 前后黏度比
原始沥青 (针入度 86 (0.1mm))	115	48	3.8	−10.0	2.18
改性沥青① (针入度 90 (0.1mm))	224	51	36.0	−23.0	1.08

注：①改性沥青由原始沥青与 5%SBS 及助剂组成。

从表中可知，改性沥青较原始沥青在路用性能上，主要有下列改善：

1）提高了低温变形能力。改性沥青 5℃时的延度增加，脆点降低。

2）提高了高温时的黏度。改性沥青 60℃时的黏度增加，软化点提高。

3）提高了温度感应性。改性沥青在低温时的黏度较原始沥青降低（具有较好的变形能力），而高温（60℃）时的黏度提高（具有较好的抗变形能力）。在更高温度（90℃以上），黏度与原始沥青相近（具有较好的易施工性）。

4）提高了耐久性。掺加聚合物后沥青的耐久性指标 A 值变化小，表明其耐久性有了提高，这主要取决于聚合物中助剂（防老剂）的作用。

二、改性沥青混合料的性能

采用不同高聚物的改性沥青配制成沥青混合料，可以考察其使用于路面中的使用性能。以改性沥青为例，将该沥青配制沥青混合料，然后测定其技术性能，试验结果列于表 6-6。

SBS 改性沥青混合料的技术性能 表 6-6

混合料名称	高温指标（$T=60℃$）			低温指标（$T=-10℃$）			
	稳定度 MS (kN)	流值 FL (1/10mm)	视劲度 T (kN/mm)	劈裂抗拉强度 σ_1 (MPa)	竖向应变 ε_h ($\times 10^2$mm/mm)	侧向应变 ε_L ($\times 10^2$mm/mm)	断裂能 E_g (n/mm)
原始沥青混合料	8.30	31	2.72	2.90	6.9	2.0	1.00
改性沥青混合料①	8.45	29	2.87	2.75	16.0	9.0	2.19

注：①改性沥青混合料为中粒式 LH-10，Ⅰ；改性沥青由原始沥青 5%SBS 及助剂组成。

从表中试验结果，可以看出改性沥青混合料在技术性能上有如下几点改善：

1）提高了高温时的稳定性。表中 SBS 改性沥青混合料的马歇尔稳定度有所提高，流值有所减少，视劲度也有提高。

2）提高了低温时的变形能力。从表中看出 SBS 改性沥青混合料的抗拉强度稍有降低，变形量增大，断裂能增加，这就表明在低温下，它变得较原始沥青混合料更为柔韧，因此抵抗低温裂缝的能力也有所提高。

聚合物改性沥青可改善混合料的性能，树脂类改性沥青对提高混合料的稳定性都有明显的效果，橡胶类改性沥青对提高混合料的低温抗裂性都有一定的效果，树脂—橡胶高聚物能适当程度地兼顾高温稳定性和低温抗裂性两方面的性能。改性沥青制备的混合料应用于高等级路面，对防止高温车辙和低温裂缝有一定的效果。

第五节 环氧沥青混凝土

一、环氧沥青混凝土概述

环氧沥青是一种由环氧树脂、固化剂与基质沥青经复杂的化学改性所得的混合物。环氧沥青混凝土是利用熔融的环氧沥青代替水和水泥加入砂和碎石搅拌成的混凝土。混凝土的强度不同，配合比也不同。

环氧沥青为双组分材料，A 组分是环氧树脂，B 组分是均匀稳定的多组分混合物。将基质沥青进行化学改性，在沥青分子上引入具有与环氧树脂能够进行交联反应的功能基团，保证沥青能够参与和环氧树脂的固化反应，再配合优选树脂制得环氧沥青 B 组分，与 A 组分反应时形成三维立体互穿网络结构聚合物，从根本上改变了普通沥青的热塑性，大幅提高了高温稳定性，同时显著提高了材料的粘附力、拉伸强度、断裂延伸率和低温性能。

1. 环氧沥青混凝土的特性

环氧沥青既不是沥青材料，也不是环氧树脂材料，而是兼具两者优点的热固性高强度、高粘结力、高延伸率的新型路桥建筑材料。

1) 环氧沥青混凝土具有优良的力学性能，较目前采用的其他沥青混合料有着无法比拟的优点和良好的可变形能力；

2) 环氧沥青混凝土的高温稳定性比其他沥青混合料要好得多，抵抗车辙变形能力非常优越，高温季节不会发生车辙、拥包等病害；

3) 环氧沥青混凝土的线收缩系数与钢板的比较接近，当温度变化时只会在层间产生微小的剪应力，因此低温时不会发生铺装层的破坏；

4) 环氧沥青混凝土是一种热固性材料，高温时只会变软而不会有多余的沥青渗出，其固化后已不是普通意义上的沥青混凝土，抗油侵蚀的能力比其他沥青混合料要强得多，尤其在高温条件下不易产生破坏。

它的主要缺点是：环氧沥青混合料的配制工艺比较复杂，施工中对时间和温度的要求十分严格，施工难度大；环氧沥青价格高；相关技术资料在国外多为专利产品。

2. 环氧沥青混凝土材料的应用

国外从 20 世纪 60 年代开始研究并推广使用环氧沥青混合料。国内道桥行业对环氧沥青的研究起步较晚。1992~1995 年，上海市市政部门和同济大学研究了热拌、冷拌环氧沥青混合料路面的设计和施工，并修筑了 $200m^2$ 的试验路。2000 年年底通车的南京长江第二大桥，是我国首次在钢桥面铺装中采用环氧沥青混凝土技术，桥面铺装已达到设计要求。经过将近 4 年的运营，环氧沥青混凝土铺装层表现出了优良的路用性能。

利用环氧沥青拌制沥青混凝土，与普通沥青混凝土相比，不仅强度高，而且柔韧性好，具有极好的耐疲劳性能，因此作为一种高性能的铺面材料，可应用于城市干道、公共汽车停靠站、大型桥梁的桥面铺装以及机场道面。虽然成本较高，但由于其卓越的性能可以经久耐用而得以补偿。

二、环氧沥青混凝土配置原理

1. 环氧树脂性质

环氧树脂是泛指分子中含有两个或两个以上环氧基团的有机高分子化合物。环氧树脂的分子结构是以分子链中含有活泼的环氧基团为其特征,环氧基团可以位于分子链的末端、中间或成环状结构。由于分子结构中含有活泼的环氧基团,使它们可与多种类型的固化剂发生交联反应而形成不溶、不熔的具有三向网状结构的高聚物。

环氧树脂主要由环氧氯丙烷和多酚类等缩聚而成。根据不同比例和制法,可得分子量大小不同的产品。环氧树脂对金属和非金属都具有较强的粘合力。固化后的环氧树脂还具有较好的耐热性,能经受一般酸、碱及溶剂的侵蚀,收缩率、吸水率和膨胀系数都较小,且不易老化。环氧树脂也可用于生产防水、防腐蚀涂料和增强塑料,是工程上常用的一种合成高分子材料。

根据分子结构,环氧树脂大体上可分为五大类:
①缩水甘油醚类环氧树脂;
②缩水甘油酯类环氧树脂;
③缩水甘油胺类环氧树脂;
④线型脂肪族类环氧树脂;
⑤脂环族类环氧树脂。

目前我国大规模工业生产的主要是双酚A环氧树脂,其产量几乎占环氧树脂总产量的90%。

2. 环氧树脂与沥青的相容性

直接将环氧树脂和固化剂加入沥青中,与砂石料拌合成沥青混合料,是不能形成高强度的。这是因为环氧树脂与石油沥青不相容。不仅如此,石油沥青还起着阻隔作用,妨碍环氧树脂形成胶结强度。

沥青与环氧树脂均是高分子物质,它们之间的相容性与其极性有关。根据物质的介电常数 ε(F/m)可以判断高分子物质的极性,$\varepsilon>3.6$ 为极性物质,$2.8\leqslant\varepsilon\leqslant3.6$ 为弱极性物质,$\varepsilon<2.8$ 为非极性物质。双酚A环氧树脂的介电常数 $\varepsilon=3.7$,属极性物质。沥青的介电常数 $\varepsilon=2.6\sim3.0$,属非极性或弱极性物质。因此,环氧树脂与沥青不相容,或者相容不良。

为增进环氧树脂与沥青的相容性,采取在沥青中添加介质的办法,而介质的选择也就成为配置环氧沥青的关键技术。

3. 固化剂的性质与选择

固化剂的性质会显著地影响环氧树脂固化物的物理力学性质。

常用环氧树脂固化剂有脂肪胺、脂环胺、芳香胺、聚酰胺、酸酐、树脂类、叔胺,另外在光引发剂的作用下,紫外线或光也能使环氧树脂固化。常温或低温固化一般选用胺类固化剂,加温固化则常用酸酐、芳香类固化剂。

它们常用掺量(占树脂重量)是:乙二胺为60%~80%,间苯二胺为14%~16%,二乙烯三胺为8%~11%,酮亚胺为20%~30%。固化剂使用过多,将产生暴聚,而失去粘结力。

三、环氧沥青混凝土的配制

环氧沥青混凝土分冷拌和热拌两种。环氧沥青混凝土施工技术较复杂，对环境、施工时间、施工温度要求较高，但施工方法与普通沥青混凝土的施工方法基本相同。主要生产的设备仍为通常的沥青混合料间隙式拌合机、摊铺机、压路机，但拌合机需要配备专用的环氧树脂、沥青加入设备和计量仪器，而粘结层施工也必须配备专门的喷洒设备和环氧沥青混合设备。

热拌环氧沥青混凝土的配制如下：

热拌环氧沥青混合料的配置与普通沥青混合料相似，但由于增加了环氧树脂、介质和固化剂，且对剂量、温度和时间的控制比较严格，这就增加了配制工艺的复杂性。

一般来说，环氧树脂用量越多，其强度越高。从技术经济综合考虑，在沥青中掺加15%的环氧树脂作为基本配合比例，固化剂用量从有关手册中查得。

采用沥青的针入度为 80（10^{-1}mm），软化点为 48℃，延度为 58cm。

先将沥青与介质预混，并保持 80～90℃ 的温度，然后加入预热至 90～110℃ 的砂石料中，加以拌合。同时，将环氧树脂加热至 80℃ 左右，固化剂加热至 60℃，环氧树脂与固化剂混合后加入砂石料中，继续拌合直至均匀即可出料。出料温度为 90～110℃。在这样的温度下，环氧沥青混合料可以有 2h 的操作时间。超过 2h，混合料开始硬化。

小结：

高分子聚合物是由一种或几种低分子化合物（单体）聚合而成的。其中的塑料、合成橡胶和合成纤维被称为三大合成材料。由于其原料来源广泛、品种不断增多，性能愈来愈优异。

工程高分子聚合物材料在道路与桥梁工程中，除了直接作为道路与桥梁结构物构件或配件的材料外，更多的是作为改善水泥混凝土或沥青混合料性能的组分，因此必须掌握高分子聚合物材料的组成、性能和配制，才能正确选择和应用这类材料。

思 考 题

1. 什么是土工合成材料？土工合成材料有哪些主要类别？
2. 土工合成材料有哪些作用？
3. 举例说明土工织物、土工复合材料和土工特种材料各自的工程应用？
4. 什么是高分子聚合物材料，并简述其特征。
5. 聚合物浸渍混凝土、聚合物水泥混凝土和聚合物胶结混凝土在组成和工艺上有什么不同？简述它们在道路与桥梁工程中的用途。
6. 常用于改性沥青的聚合物有哪几类？并分析它们在改善沥青性能方面各有什么优点和不足之处。
7. SBS改性沥青混合料与原始沥青混合料相比技术性能有何改善？

第七章 建筑钢材

【本章学习要点】 了解钢材的分类方法、掌握建筑钢材的力学性能、工艺性能、化学成分对钢材技术性能的影响、掌握道桥工程中钢结构用钢，钢筋混凝土结构用钢，以及钢牌号的含意、了解市政排水管材中钢材的应用、了解钢材的腐蚀与防治方法。

建筑钢材是土木建筑工程建设必不可少的重要材料，无论是在钢结构，还是钢筋混凝土结构中，都要使用大量的钢材。钢材的优点是组织均匀密实、强度高（抗拉、抗压）、弹性模量大、塑性及韧性好、承受冲击荷载和动荷载能力大，可加工性能好，可切割、可焊接和铆接，且便于加工装配，品质均匀，性能可靠因此在建筑结构工程中广泛应用。缺点是易锈蚀。

第一节 钢 的 分 类

钢材是一种以铁为主要元素，含碳量一般在2%以下，并含有其他元素（磷P、硫S、氧O、氮N、硅Si和锰Mn）的金属材料。建筑钢材是指建筑工程中用的各种钢材。

一、黑色金属和有色金属

按冶金工业分类法，金属材料分为黑色金属和有色金属两大类。

1. 黑色金属

指以铁和碳元素为主的合金，如钢、生铁、铁合金、铸铁等。通常钢铁表面常覆盖着一层黑色的四氧化三铁，所以把铁、锰、铬及它们的合金叫做黑色金属。

含碳量低于2%的铁碳合金称为钢，把炼钢用的生铁放到钢炉内按一定工艺熔炼，即得到钢。生铁一般含碳量大于2%。通常所说的钢，一般是轧制成各种钢材的钢。

2. 有色金属

又称非铁金属，指除黑色金属以外金属的合金，如铜、锡、铅、铝以及黄铜、铝合金和轴承合金等。另外在工业上还采用铬、锰、钼、钴、钒、钨、钛等，这些金属主要用作合金附加物，以改善金属的性能。

二、按化学成分分类

1) 碳素钢：a. 低碳钢（C≤0.25%）；b. 中碳钢（C≤0.25%～0.60%）；c. 高碳钢（C≤0.60%）

2) 合金钢：a. 低合金钢（合金元素总含量≤5%）；b. 中合金钢（合金元素总含量＞5%～10%）；c. 高合金钢（合金元素总含量＞10%）。为了改善钢的性能，有意向钢中加入一种或几种合金元素，加入的合金量元素总量超过碳素钢正常生产方法所具有的一般含量时，称这种钢为合金钢。

三、按钢的品质分类

钢的主要元素除铁、碳外，还含有在炼钢过程中，为了脱氧使钢材获取其他元素的材料，如锰、硫、磷等。钢的分类方法多样，其主要方法有以下几种：
1) 普通钢（P≤0.045%，S≤0.050%）
2) 优质钢（P、S均≤0.035%）
3) 高级优质（P≤0.035%，S≤0.030%）

四、按冶炼方法分类

1. 按设备不同分

可分为转炉钢、平炉钢、电炉钢三类。
1) 转炉钢：以熔融的铁水为原料，由转炉的底部或侧面向转炉中吹入高压热空气（或氧气）进行冶炼而得到的钢，叫做转炉钢；
2) 平炉钢：以固态或液态的生铁、铁矿石或废钢为原料，用煤气或重油为燃料在平炉中冶炼而得到的钢，叫做平炉钢；
3) 电炉钢：用电热进行高温冶炼而得到的钢；一般用高压电弧作为热源，故熔炼的温度高，且温度可以自由调节，清除杂质则容易得多，故电炉钢的质量最好。

2. 按冶炼时脱氧的程度和浇铸制度分类

可分为沸腾钢（F）、镇静钢（Z）、半镇静钢（b）、特殊镇静钢（TZ）四类。
1) 沸腾钢（F）的特点：浇铸时钢液在钢锭模内产生沸腾现象（气体逸出），钢锭凝固后，蜂窝气泡分布在钢锭中，在轧制过程中这种气泡空腔会被粘合起来。含杂质较多，质量较差，致密性差，但成本低。
2) 镇静钢（Z）的特点：浇铸前钢水进行了充分脱氧，浇铸时钢液平静、又不沸腾的钢。其组织致密，偏析小，质量均匀。优质钢和合金钢一般都是镇静钢。
3) 半镇静钢（b）的特点：脱氧较完全，脱氧程度以及钢的质量介于沸腾钢和镇静钢之间。
4) 特殊镇静钢（TZ）的特点：特殊镇静钢的质量最好，适用于特别重要的结构工程。

五、按加工方法分类

1. 热轧带肋钢筋

热轧带肋钢筋是指横截面通常为圆形，且表面带有两条纵肋和沿长度方向均匀分布的横肋的钢筋。例如：HRB400为热轧带肋钢筋。热轧带肋钢筋牌号由字母HRB和钢筋屈服点最小值构成。H、R、B分别为热轧（Hot rolled）、带肋（Ribbed）、钢筋（Bars）三个词的英文首位字母。

2. 热轧光圆钢筋

热轧光圆钢筋是指横截面通常为圆形且表面光滑的钢筋。例如：HPB300为热轧光圆钢筋。热轧光圆钢筋牌号由字母 HPB 和钢筋屈服点最小值构成。H、P、B 分别为热轧（Hot rolled）、光圆（Plain）、钢筋（Bars）三个词的英文首位字母。

3. 冷轧带肋钢筋

热扎圆盘条经冷轧后，在其表面带有沿长度方向均匀分布的三面或两面横肋的钢筋。

4. 余热处理钢筋

余热处理钢筋是利用热处理原理进行表面控制冷却，并利用芯部余热自身完成回火处理所得的成品钢筋。

5. 预应力混凝土用钢丝和钢绞线

预应力混凝土钢绞线分为：标准型钢绞线、刻痕型钢绞线、模拔型钢绞线。

六、按形状分类

钢材按外形可分为型钢类、钢板类、钢管类、钢线材类金属制品四大类。

1）型钢类。型钢是一种具有一定截面形状和尺寸的实心长条钢材。型钢按其形状不同分为简单和复杂断面两种。前者包括角钢、工字钢、方钢、圆钢、扁钢、六角钢和角钢；后者包括钢轨、工字钢、槽钢、窗框钢和异型钢等。

2）钢板类。钢板是一种宽厚比和表面积都很大的扁平钢材。包括薄板、中板、厚板、特厚板，主要用于桥梁、钢桥和交通工程设施。钢带也归属为此类。

3）钢管类。是一种中空截面的长条钢材。按其截面形状不同可分为圆管、方形管、六角形管和各种异形截面钢管。按加工工艺不同又分无缝钢管和焊管两大类。

4）线材类。线材又称之盘条，包括圆钢和普通钢筋、预应力钢筋、高强钢丝、钢绞线，用于钢筋混凝土结构和预应力钢筋混凝土。普通线材主要用于建筑、拉丝、包装、焊条及制造螺栓、螺帽、铆钉等。

5）异型材。异型材指专为特殊用途（如锚具、夹片）方面制作的钢材。

七、按外观形特征分类

1. 热轧带肋钢筋

钢筋混凝土用热轧带肋钢筋是横截面通常为圆形，且表面通常带有两条纵肋和沿长度方向均匀分布的横肋的钢筋。根据其表面特征分为：光圆钢筋和带肋钢筋，带肋钢筋又分为：月牙肋和等高肋钢筋两种。图 7-1（a）、（c）为热轧带肋钢筋外形特征图。

月牙肋钢筋它表面带有两条纵肋和沿长度方向均匀分布的横肋。当横肋的纵截面呈月牙形，且与纵肋不相交时，称为月牙形钢筋；当横肋的纵截面高度相等，且与纵肋相交时，称为等高肋钢筋。两种带肋钢筋的外形区别在于纵肋与横肋是不是相交。

2. 冷轧带肋钢筋

冷轧带肋钢筋是用热轧盘条经多道冷轧减径，压肋并经消除内应力后形成的一种带有两面或三面月牙形的钢筋。图 7-1（d）、（e）为冷轧带肋钢筋外形特征图。

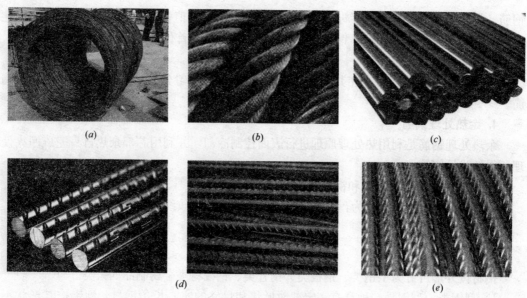

图 7-1 钢筋外形特征图
(a) 光圈钢筋线材；(b) 钢绞线；(c) 热轧光圆钢筋；
(d) 冷轧双面月牙形横肋钢筋；(e) 冷轧三双面月牙形横肋钢筋

八、按用途分类

1. 结构用钢

建筑钢材通常可分为钢结构用钢和钢筋混凝土结构用钢筋。一般为低碳、中碳钢。

1）普通碳素结构钢；2）桥梁用结构钢；3）低合金高强结构钢；4）冷轧带肋钢筋；5）热轧光圆及热轧带肋钢筋；6）预应力混凝土用钢丝和钢绞线等。

2. 工具用钢

用于各种工具，一般为高碳钢。

1）碳素工具钢；2）合金工具钢；3）高速工具钢；4）电工钢。

3. 特殊性能钢材

1）不锈耐酸钢；2）耐热钢；3）电热合金钢；4）耐磨钢；5）低温用钢；6）电工用钢。

总之，建筑钢材主要指用于钢结构中的各种型材（如角钢、槽钢、工字钢、圆钢）、钢板、钢管和用于混凝土结构中的各种钢筋、钢丝等。

第二节 建筑钢材的技术性能

影响钢材的技术性质主要包括力学性能、工艺性能、化学成分三个方面。工艺性能则包括冷弯性能和焊接性，而化学成分对钢材的各项技术性能均有很重要的影响。

一、力学性质

钢筋混凝土构筑物是作为一个整体结构来承受着外力，一般混凝土在构筑物中主要承受压应力,而抗拉应力全部由钢筋来承担。对于受力构件截面来讲,受拉的钢筋离受压越远,其单位面积的钢筋所受的外部弯矩也越大,这样钢筋发挥效率也就越高。从而在钢筋混凝土结构中,由于其受力的特点,在不同的部位采用钢筋种类和数量是不同的。钢材主要的力学性能有屈服强度、抗拉强度、断后伸长率、断面收缩率、冲击韧性、冷弯和硬度等。

(一)钢筋的强度

抗拉性能是建筑钢材最重要的性质。建筑钢材的抗拉性能(机械性能)可用低碳钢在拉伸试验机上,通过拉伸形成的应力—应变(延伸)曲线来描述,如图7-1所示。根据受拉曲线特征,低碳钢在受拉过程中经历了四个阶段:弹性阶段、屈服阶段、强化阶段和颈缩阶段。其力学性能可由屈服强度、抗拉极限和断面伸长率等指标来反映。拉伸试验机在设计时应考虑能够通过软件提供不加处理的模拟信号的输出。

1. 弹性阶段(O~A段)

钢材受拉后的技术指标可以用低碳钢的应力—延伸(应变)这两个变量构成的关系曲线图(R-e 曲线)来反映。在图7-2中直线 OA 段为弹性阶段,应力与应变呈直线关系,随着荷载的增加,应变成比例增加。若取消荷载,试件可恢复原状,称为弹性变形。A 点所对应的应力称为弹性极限。应力是试验期间任一时刻的力除以试样原始横截面积 S_0 之商。OA 段的应力 R 与应变 e 比值为一常数,称为弹性模量,用 E 表示,即 $E=R/e$。弹性模量反映钢材的刚度,常用的弹性模量 $E=(2.2\sim2.1)\times10^5$ MPa,应力 $R=180\sim200$ MPa。

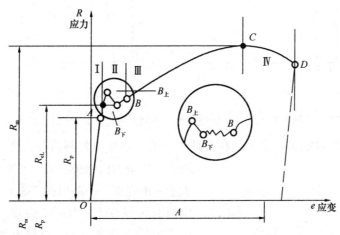

图7-2 低碳钢的应力—延伸曲线图

2. 屈服阶段(A~B段)

当应力超过弹性阶段,进入屈服阶段后,从图7-2曲线上可见,变形增加较快,此时除了产生弹性变形外,还产生部分塑性变形。应力应变出现微小波动,或者说在试验期间塑性变形增加,而力不增加的应力点,这点称之为屈服强度或屈服点(这种现象称为屈服)。若在这个阶段卸载,试件的变形将不能完全恢复。

如图7-3(a)、(b)所示,当金属材料呈现屈服现象时,这一阶段的应力区分为上屈服强度 R_{eH} 与下屈服强度 R_{eL}。在《金属材料 拉伸试验 第1部分:室温试验》GB/T

228.1—2010 规范中，提出了上、下屈服强度位置判定的基本原则：当试样发生屈服，在屈服阶段力首次下降前的最大应力，称为上屈服强度 R_{eH}。如图 7-2 最高点 $B_上$，也就是屈服前的第一个峰值应力判定为上屈服强度，不管其后应力大或比它小。在屈服期间，不计初始瞬时效时的最小应力，称为下屈服强度 R_{eL}，也就是屈服阶段中如呈现两个或两个以上谷值应力，舍去第一个谷值应力不计，取其余谷值应力中最小值判定为下屈服强度，如图 7-3 (a)、(b)。若屈服阶段中呈现平台，平台应力判定为下屈服强度，如图 7-3 (d) 所示。并且下屈服强度一定低于上屈服强度。

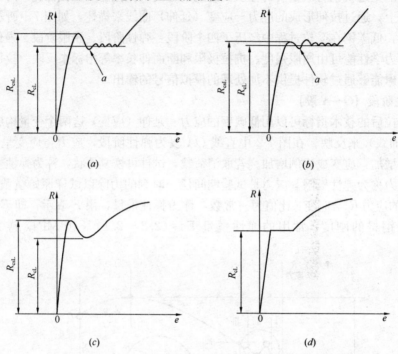

图 7-3 不同类型曲线的上屈服强度和下屈服强度（a：初始瞬时效应力）

由于屈服点的数值比较稳定，在设计中一般以屈服点的标准强度作为强度取值的依据，从安全方面考虑，要求实测的屈服强度必须大于标准强度，一般以图 7-3 (a)、(b) 所示对应的下屈服点 R_{eL} 为屈服强度。钢材受力达到 R_{eL} 后，变形迅速发展，已经不能满足使用要求。常用低碳钢的屈服强度为 195～275MPa。

有些钢材（如高碳钢）无明显的屈服现象，采用规定塑性延伸强度 $R_{p0.2}$，$R_{p0.2}$ 表示规定塑性延伸率为 0.2% 时的应力作为该钢材的屈服强度，称为条件屈服强度，见图 7-4。常用碳素结构钢 HPB235 屈服强度为 R_{eL}，低于 235MPa，按式 (7-1) 计算。

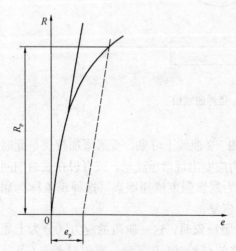

图 7-4 规定塑性延伸强度 R_p

$$R_{eL} = F_{eL}/S_0 \text{ 或 } R_{eL} = F_{p(0.2)}/S_0 \quad (7-1)$$

式中 R_{eL}——屈服期间，不计瞬间时效时的最小应力（MPa）（或 N/mm²）；
　　F_{eL}——在拉伸试验读取的下限屈服强度时的力值（N）；
　　S_0——试样原始横截面面积（mm²）。

3. 强化阶段（B～C 段）

抗拉强度表示金属材料在拉力作用下抵抗破坏的最大能力，或试样拉断前相应最大力 F_{eL} 对应的应力。在图 7-2 的曲线上，当应力达到 B 点后，塑性应变急剧增加，应力与应变不再成比例变化。试样在拉伸过程中，材料经过屈服阶段进入强化阶段后，由于内部晶粒重新排列，其抵抗变形能力重新提高，直至达到 C 点最大应力值 R_m，但钢材横向截面尺寸明显缩小。试样在拉断时所承受的最大力（F_{eL}）除以试样原始横截面积（S_0）所得的应力，称为抗拉强度或强度极限（R_{eL}）。计算公式见式（7-2），常用的碳素结构钢 HPB235 抗拉强度极限为 R_m，约为 370MPa。

$$R_m = F_m / S_0 \tag{7-2}$$

式中 R_m——钢材的抗拉强度（MPa）（或 N/mm²）；
　　F_m——试样拉断时所承受的最大力（N）；
　　S_0——试样原始横截面面积（mm²）。

屈服强度和极限抗拉强度是衡量钢材强度的两个重要指标。钢材的屈服比 n 反映了钢材的可靠性和利用率，用式（7-3）表示，屈服比小，钢材的可靠性大，结构安全。然而屈服比过小，则钢材的利用率较低，在钢材冷拉时应考虑这项指标。

$$n = R_{eL} / R_m \tag{7-3}$$

4. 颈缩阶段（C～D 段）

如图 7-2 所示，当钢材强化达到最高点 C 后，钢筋抵抗变形能力明显降低，并在最薄弱处发生较大的塑性变形，此处迅速缩小，出现"颈缩现象"，直至破坏，如图 7-5 所示。常用的低碳钢为 375～500MPa。

（二）钢筋的变形

钢筋在外力作用下发生塑性变形而不破坏的性能，称为塑性。塑性通常用拉伸试验中的断后伸长率 A、最大力总延伸率 A_{gt} 和截面收缩率 Z 等表示。

1. 断后伸长率

应力超过抗拉极限点 R_m 后，试件变形仍继续增大，而应力反而下降，如图 7-2 的 CD 阶段。此时，试件某段截面逐渐减少，出现颈缩现象，直至 D 点试样完全分离。

钢筋试样断后伸长率 A 为断后标距的残余伸长（$L_u - L_0$）与原始标距 L_0 之比的百分率。而伸长为试验期间任一时刻原始标距的增量。原始标距 L_0 为室温下施力前的试样标距。残余伸长是指卸载指定应力后对应的伸长量。在室温下应将试件断裂部分仔细地配接在一起，使其两部分的轴线位于同一直线上，并采取特别措施确保试样断裂部分适当接触后，测量断后标距 L_u。如图 7-5（b）所示，并准确至 0.25，按式（7-4）计算断后伸长率 A（%）。这对小横截面试样和低伸长率试样尤为重要。

$$A = \frac{L_u - L_0}{L_0} \times 100 \tag{7-4}$$

原则上只有断裂处与最接近的标记的距离不小于原始标距的三分之一情况方为有效。其他不同情况的规定详见《金属材料 拉伸试验 第 1 部分：室温试验》GB/T 228.1—2010。

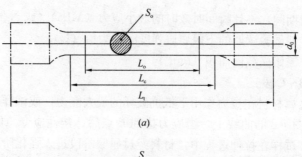

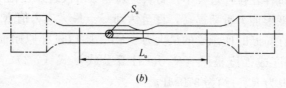

说明：

d_0——原试样平行长度的原始直径；

L_o——原始标距；

L_c——平行长度；

L_t——试样总长度；

L_u——断后标距；

S_o——平行长度的原始横截面积；

S_u——断后最小横截面积。

注：试样头部形状仅为示意性。

图 7-5 钢材圆形横截面拉伸试样

（a）试验前；（b）试验后

2. 最大力 F_m 的总延伸率 A_{gt}

最大力总延伸率 A_{gt} 是屈服点之后的应力—应变延伸率曲线上最大对应力的总延伸，或为钢材试样最大力时原始标距的总延伸（弹性延伸或塑性延伸）与引伸计标距 L_e 之比的百分率。在试样上装夹引伸计，可消除拉伸试验机柔度的影响，以准确控制应变速率。如图 7-6 所示，测得最大力总延伸，则最大力总延伸率 A_{gt} 按式（7-5）计算：

$$A_{gt} = \frac{\Delta L_m}{L_e} \times 100 \quad (7-5)$$

式中 L_e——引伸计标距（mm）；

ΔL_m——最大力下的延伸（mm）。

延伸是指试验期间任一给定时刻引伸计标距 L_e 的增量。引伸计标距是指用引伸计测量试样延伸时所使用引伸计

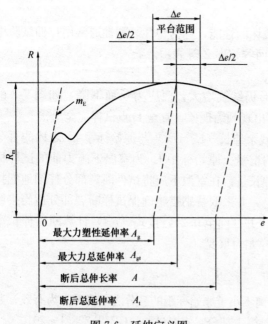

图 7-6 延伸定义图

起始标距长度。一般引伸计标距 L_e 等于试样原始标距 L_0。理想的 L_e 应大于 $L_0/2$ 但小于约 $0.9L_c$（L_c 为平行长度如图 7-5 所示）。若有些材料试验图如图 7-6 所示，出现最大力时呈现一平台的情况，则取平台中点的最大力对应的总延伸率。

3. 断面收缩率

原始横截面积 S_0 与最小横截面积 S_u 之差除以原始横截面积的百分率得到断面收缩率 Z。横断面 S_0 与 S_u 如图 7-5 所示，试验中将试样断裂部分仔细地配接在一起，使其轴线处于同一直线上，量取断口处的最小横截面积 S_u，断裂后最小横截面积的测定应准确到 $\pm 2\%$。对于钢材原始横截面为圆形的横截面面积测定，应在两个垂直方向测量试样直径，取其算术平均值计算作为原始横截面面积，准确到 $\pm 1\%$。断面收缩率按照式（7-6）计算：

$$Z = \frac{S_0 - S_u}{S_0} \times 100 \tag{7-6}$$

式中　S_0——平行长度部分的原始横截面面积（mm^2）；

　　　S_u——断后最小横截面积（mm^2）。

伸长率 A 和截面收缩率 Z 越大，说明材料塑性越好。尽管结构中的钢材是在弹性范围内使用，但应力集中时，其应力可能超过屈服点，此时塑性变形可能使结构应力重新分布，从而避免结构破坏。常用的低碳钢的伸长率 $A = 20\% \sim 30\%$、截面收缩率 $\psi = 60\% \sim 70\%$。

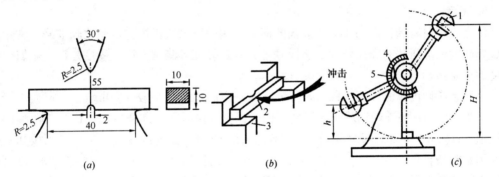

图 7-7　冲击韧性试验图
（a）试件尺寸；（b）试验装置；（c）试验机；
1—摆锤；2—试件；3—试验台；4—指针；5—刻度盘；
H—摆锤扬起的高度；h—摆锤向后摆高度

4. 冲击韧性

冲击韧性 α_k 是指钢材在瞬间冲击荷载作用下抵抗变形和断裂的能力。工程上采用标准试件为梁式试件，中部加工成 V 或 U 形缺口，常用试验机一次摆锤冲击，如图 7-7 所示。以破坏后试样缺口底部处截面面积 S_0 被折断所消耗的功 A_k 来表示（在试验中摆锤的势能大部分转化为动能），按式（7-7）计算。试验方法详见《金属材料夏比摆锤冲击试验》GB/T 229—2007。

$$\alpha_k = \frac{A_k}{S_0} = \frac{F(H-h)}{S_0} \tag{7-7}$$

式中　α_k——钢材的冲击韧性（kJ/m^2 或 J/cm^2）；

A_k——冲击吸收功,金属试样在冲击负荷作用下折断时缺口处单位面积所吸收的功,焦耳(J);

S_0——试样缺口处的截面积(cm^2);

H、h——分别为摆锤初始上摆最高点的高度,及冲击试样后上升的高度(m或cm)。

钢材的冲击韧性 $α_k$ 值的大小能全面反映钢材的品质。一般把 $α_k$ 值低的材料称为脆性材料,$α_k$ 值高的材料称为韧性材料。$α_k$ 值取决于材料及其状态,同时与试样的形状、尺寸有很大关系。$α_k$ 值对材料的内部结构缺陷、显微组织的变化很敏感,如夹杂物、偏析、气泡、内部裂纹等;同种材料的试样,缺口越深、越尖锐,缺口处应力集中程度越大,越容易变形和断裂,冲击功越小,材料表现出来的脆性越高。随着温度下降,钢材的冲击韧性显著下降而表现出脆性的现象称为钢材的冷脆性。

5. 耐疲劳性

在交变应力反复作用下,钢材往往在应力远小于抗拉强度时发生断裂,这种破坏现象称为钢材的疲劳破坏。疲劳破坏的危险应力用疲劳极限来表示,它是指疲劳试验中试件在交变应力作用下在规定的周期基数(107次)内不发生断裂所能承受的最大应力。设计承受反复荷载且需进行疲劳验算的结构时,应当了解所用钢材的疲劳极限。

钢材的疲劳极限与其抗拉强度有关,一般抗拉强度高,其疲劳极限也较高。由于疲劳裂纹是在应力集中处形成和发展的,故钢材的疲劳极限不仅与其后部组织有关,也和表面质量有关。如钢筋焊接接头的卷边和表面微小的腐蚀缺陷,都可使疲劳极限显著降低。

6. 硬度

硬度表示材料抵抗硬物压入其表面的能力。用硬度试验机进行试验比较准确。常用测定金属硬度的静压法有布氏硬度、洛氏硬度、维氏硬度等测试方法。硬度是衡量金属软硬程度的重要指标。

金属布氏硬度试验原理如图7-8所示,以一定的荷载(一般3000kg)、一定大小(直径一般为10mm)的淬硬钢球压入材料表面,保持一段时间,卸载后,负荷与其压痕面积之比值(N/mm^2),布氏硬度用符号 HBW 表示。符号前面为硬度值,符号后面按如下顺序表示试验条件的指标为:①球的直径(mm);②试验力数字;③与规定时间(101~5s)不同试验力保持的时间。例如:300HBW1/10/20 表示用直径 1mm 的硬质合金球在 98.07N(98.07×0.102=10)试验力下保持20s测定的布氏硬度值为300。计算公式及不同条件下的试验力,详见《金属布氏硬度试验》GB/T 231.1—2002。

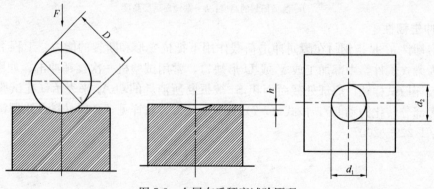

图7-8 金属布氏硬度试验原理

布氏硬度一般用于材料较软的时候，如有色金属、热处理之前或退火后的钢铁。洛氏硬度一般用于硬度较高的材料，如热处理后的硬度等。维氏硬度与布氏、洛氏硬度试验相比，试验测量范围较宽，从较软材料到超硬材料，几乎涵盖各种材料。

二、工艺性质

建筑钢材应具有良好的弯曲性能和焊接性能，以满足施工工艺和使用的要求。

1. 弯曲性能

弯曲性能是指钢材在室温下能承受弯曲塑性变形而不破裂的性能，是钢材的重要工艺性能，一般用冷弯技术指标表示。钢材的断后伸长率是采用单轴拉伸试验得到的塑性指标，可反映钢材的均匀变形性能。而弯曲试验是钢材的受力在非均匀条件下，在一定范围的受力变形，弯曲处会产生不均匀塑性变形，可更好地反映钢材内部组织结构的均匀性。在一定程度上弯曲试验揭示钢材是否存在内部组织的不均匀、内应力、夹杂物、未熔合和微裂纹等缺陷。因此，冷弯性能可反映钢材的冶炼质量和焊接后质量。

我国现行《金属材料 弯曲试验方法》GB/T 232—2010 标准规定，弯曲试验使用圆形、方形、矩形或多边形横截面的试样，一般在 10~35℃ 的室温范围内进行。对温度要求严格的试验，试验温度应为 23±5℃。按照相关产品标准规定，采用下列方法之一完成试验：

1）试样在给定的条件下弯曲至规定的弯曲角度，常见弯曲试验装置如图 7-9、图 7-10、图 7-11 所示。

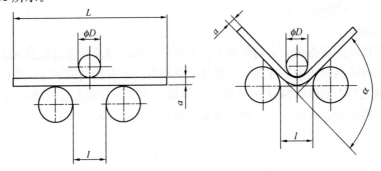

图 7-9 配有两个支辊和一个弯曲压头的支辊式弯曲装置

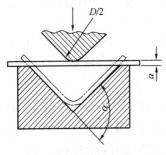

图 7-10 V 型模具式弯曲装置

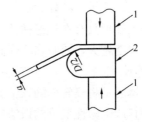

图 7-11 虎钳式弯曲装置
1—虎钳；2—弯曲压头

2）试样在力作用下弯曲至两臂相距规定的距离且相互平行（180℃），见图 7-12 (*b*)、图 7-12 (*c*)。

3）试样在力作用下弯曲至两臂直接接触（重叠），见图 7-12 (*d*)。

4) 对于板材、带状材料和型号材，试样厚度为原产品的厚度。如果产品厚度大于 25mm，试样厚度可以加工减薄至不小于 25mm，并保留一侧面。弯曲试验时，应保留的原表面应位于受拉变形一侧。如图 7-12 所示。

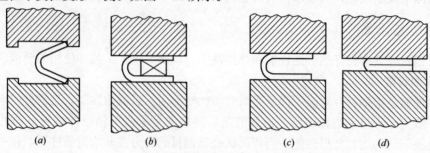

图 7-12　试样弯曲至两臂相互平行（180°）和两臂直接接触试验

对于不同种类的钢材碳素结构钢、光圆钢筋、热轧带肋钢筋、冷轧钢筋、低合金高强钢筋、预应力钢绞线等在工艺上的弯曲程度要求均不相同，详见表 7-3、表 7-5、表 7-6、表 7-8、表 7-10、表 7-12、表 7-14。钢材弯曲程度试验结果评定：弯曲试验后不使用放大仪器观察，试样弯曲处外表无裂纹应评为合格。

对于①重要钢筋混凝土结构物工程；②有弯曲程度要求的工程；③钢筋对焊接头的检验，应进行金属管材弯曲试验，方法见 GB/T 2454—2008，金属焊接接头的弯曲试验方法见 GB/T 2653—2008。

2. 焊接性能

钢材的焊接性能是指在一定的焊接工艺条件下，在焊缝及其附近过热区不产生裂纹及硬脆倾向，焊接后钢材的力学性能，尤其是强度不低于原有钢材的强度。焊接是钢筋的连接方式，土木工程中的钢结构有 90% 以上为焊接结构。焊接质量主要取决于钢材的可焊性能、焊接材料性能和焊接工艺。钢筋接头可采用绑扎接头和焊接接头，详见《公路桥涵施工技术规范》JTG/T F50—2011。

3. 冷加工

钢筋在常温下再进行冷加工，使其产生塑性变形，从而提高钢材的屈服强度和硬度，节约了钢材，但塑性、韧性降低，这个过程称为冷加工。在工程中钢材冷加工的三冷操作包括：冷拉、冷拔、冷轧。

冷加工处理只有在超过弹性范围后，产生塑性变形时才会发生。在一定的范围内，冷加工变形程度越大，屈服强度提高得越多，塑性及韧性也降低得越多。

1) 冷拉

冷拉钢筋是将热轧钢筋在常温条件下以超过屈服强度而又小于极限强度的拉应力拉伸钢筋，使其产生塑性变形的做法叫钢筋冷拉。经过冷加工，钢筋硬度变大，韧性变差，提高了钢筋的屈服点强度，节约了钢材，也满足了预应力钢筋混凝土结构需要。

(1) 冷拉过程

以两次机械冷拉过程加以说明：①取一低碳钢筋对其第一次施加拉应力（冷拉），钢筋会发生变形，如图 7-13 所示。从 O 点起，随着拉应力增加，钢筋内部承受的拉应力逐渐增大。当钢筋内部产生的拉应力超过钢筋具有的屈服点 B，而又达到 C 点后，停止冷拉，卸去荷载。此时可以看到，钢筋已产生塑性变形，在卸荷过程中，应力-延伸图有一个变化，直线 $O'C$ 比直线 OA 要缓。②钢筋冷拉时效后，重新（第二次）施加拉应力，将钢筋拉伸至破坏，由应力—延伸图 7-13 可见，新的屈服点在 C 点附近（K' 点），明显高于原来 B 点的屈服强度。这个变化说明，钢筋由于拉伸晶格错位密度提高了，而晶格之间产生摩擦阻力使之不能回到原位，则钢筋的变形抗力增大，从而钢筋的屈服强度得到提高，并很快导致金属强度和硬度的提高，这一现象称为"金属的塑性变形硬化"。钢筋冷拉工艺经过以上两次过程来完成。

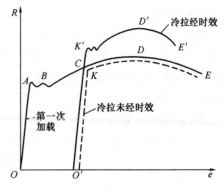

图 7-13 钢筋冷拉前后的应力—延伸曲线

(2) 冷拉控制指标与规定

钢筋冷拉一般有两种控制方法：单控和双控。两个控制指标：冷拉率和冷拉应力。冷拉时只用冷拉率或者冷拉应力控制时叫单控；冷拉时用冷拉率和冷拉应力同时应用控制，称为双控。冷拉后屈服强度可提高 20%～25%，可节约钢材 10%～20%。钢筋冷拉后，其表面不得有裂纹和局部缩颈。冷弯试验后，冷拉钢筋的外观不得有裂纹、鳞落或断裂现象。

采用单控，施工简单方便，但对于材质不均匀的钢筋，不可能逐根试验，冷拉质量得不到保证。双控方法可以避免上述问题。冷拉时，对于控制应力已经达到，冷拉率没有超过允许值的，可以认为合格。但是，如果冷拉率已经达到，而冷拉应力还达不到控制应力，这种钢筋要降低强度使用。对于预应力钢筋必须采用双控方法。

2) 冷拔

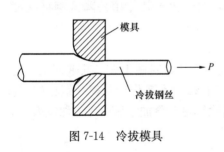

图 7-14 冷拔模具

将钢筋或钢管通过冷拔机上的孔模，拔成一定截面尺寸的钢丝或细钢管。孔模用硬质合金钢制成，如图 7-14 所示，孔模出口直径比进口直径小。冷拔此工艺比纯冷拉作用强烈，钢筋不仅受拉，而且同时受到挤压作用，经过一次或多次冷拔后得到的冷拔低碳钢丝其屈服点可提高 40%～60%，抗拉强度高，塑性低，脆性大，具有硬质钢材特点。

3) 冷轧

将热轧钢筋或钢板通过冷轧机，可以轧成一定规律变形的钢筋或薄钢板。冷轧变形钢筋加工容易，不但能提高强度，节约钢材，而且有规律的凸凹不平的表面，可以提高钢材与混凝土的粘结力。

4. 冷加工时效

钢材冷加工强化的机理：钢材冷加工至塑性变形后，由于塑性变形区域内的晶格产生相对滑移，致使滑移面处的晶格破碎，晶格歪扭，畸变加剧，从而阻止其进一步滑移，因而屈服强度提高，塑性和韧性降低。同时塑性变形时产生的内应力，使钢材弹性模量降低，因此冷加工后的钢材必须进行时效处理。

钢材时效过程中内应力消减，屈服强度将进一步提高，抗拉强度也有所提高，塑性和韧性继续降低，弹性模量基本恢复，这一过程称为时效处理，如图 7-13 所示。

钢材冷加工后时效处理有自然时效和人工时效两种方法。自然时效是将冷加工后的钢材在室温下存放 15～20d，称为自然时效，它适应于强度较低的钢材。人工时效是对强度较高的钢材，自然时效效果不明显，可在较高温度下进行的时效处理。加热到 100～200℃，保持 1～2h，这一过程称为人工时效。

5. 钢材的热处理

金属材料在固态下经加热、保温和冷却，以改善材料性能的工艺。热处理的方法主要包括以下几种：淬火、回火、调质、退火、正火、表面热处理。

1) 淬火

将钢材加热至 800～900℃ 保温烧透，使基本组织完全转变，放入冷却介质（冷水、矿物油或其他介质）中快速冷却至室温。可使钢的硬度、强度提高，但塑性、韧性降低。越快冷却，硬度和塑性越差。焊缝附近相当于淬火，可能引起硬化和变脆。含碳在 0.2% 的低碳钢，不能淬火硬化，可焊性好。

2) 回火

把已经淬火的钢又加热至一定温度，保持 1～4h 后冷却至室温叫回火。可消除内应力，减小脆性，恢复一部分塑性和韧性，而且保留相当的强度和硬度。例：冷拔钢丝回火保留高的强度，恢复必要的塑性。

3) 调质

将淬火后经高温回火的双重热处理叫调质。高强度的普通低合金钢，一般都经过调质后使用。

4) 退火

将钢加热至 750～900℃ 经保温烧透后缓缓冷却，叫退火。其作用是降低钢材硬度、提高塑性、便于加工、冷却缓慢，效果显著。

5) 正火

将钢加热到 800～900℃，经保温后，在常温空气中冷却，叫做正火。低碳钢正火后，相当于退火，中碳钢正火后，略相当于调质（淬火＋回火）。主要作用是提高钢材的塑性和韧性，使强度、塑性和韧性得到良好的配合。以消除钢材在冷加工后由于天然或人工时效作用而发生脆化现象。

三、化学成分对钢材技术性能的影响

钢材中除了主要化学成分铁（Fe）、碳（C）以外，在冶炼过程中还会从原料、燃料中获取其他化学成分。这些成分可分为两类：一类是优化钢材性能的合金元素，如硅（Si）、锰（Mn）、氧（O）、氮（N）、钛（Ti）、钒（V）等元素；一类是劣化钢材性能的有害杂质元素，如磷（P）、硫（S），这些元素虽然含量少，但对钢材性能有很大影响。在冶炼时应通过控制和调节限制其含量，以保证钢的质量。

（1）碳——碳是决定钢材性能的最重要元素，有助于增加钢材的强度，碳对钢材性能的影响如图 7-15 所示：当钢中含碳量在 0.8% 以下时，随着含碳量的增加，钢材的强度和硬度提高，而塑性和韧性降低；但当含碳量在 1.0% 以上时，随着含碳量的增加，钢材的强度反而下降。随着含碳量的增加，钢材的焊接性能变差，冷脆性和时效敏感性增大，耐

候性下降。一般工程所用碳素钢均为低碳钢，即含碳量小于0.25%；工程所用低合金钢，其含碳量小于0.52%，如图7-15所示。

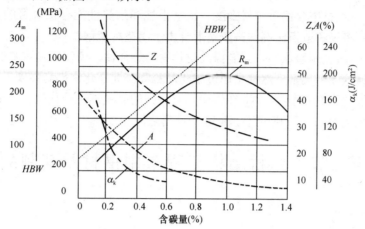

图7-15 含碳量对碳素钢性能的影响

R_m—抗拉强度；$α_k$—冲击韧性；A—断后伸长率；Z—断面收缩率；HBW—硬度

（2）硅——硅是钢材中主加的合金元素，硅含量在1%以内时，可提高钢的强度、疲劳极限、耐腐蚀性及抗氧化性，对塑性和韧性影响不大，但对可焊性和冷加工性能有所影响。硅可作为合金元素，和锰一样，硅在钢的生产过程中用于保持和提高合金钢材的强度。

（3）锰——锰可以提高钢材的强度、硬度及耐磨性。还能与钢中的硫结合成MnS成渣排掉，达到消减硫和氧引起热脆性的作用，改善钢材的热加工性能。锰可作为合金元素，提高合金钢的强度。

（4）磷——磷是碳素钢中的有害杂质。常温下能提高钢的强度和硬度，但塑性和韧性显著下降，低温时易产生偏析，即引起所谓"冷脆性"。钢中含碳越高，磷引起的脆性越严重。一般普通钢中含磷量不应超过规定。

（5）硫——硫是碳素钢中的有害杂质。它以熔点较低的FeS的形式存在，在焊接时，易产生脆裂现象，称为热脆性，显著降低可焊性。含硫过量还会降低钢的韧性、耐疲劳性等机械性能及耐腐蚀性能。

（6）氧——氧是碳素钢中的有害杂质。多数以FeO形式存在，含氧量增加，使钢的机械强度降低、塑性和韧性降低，促进时效作用，还能使热脆性增加，焊接性能变差。

（7）氮——氮能使钢的强度提高，塑性特别是韧性显著下降。氮还会加剧钢的时效敏感性和冷脆性，使可焊性变差。在钢中氮若与铝或钛元素反应生成的化合物能使晶粒细化，可改善钢的性能。

（8）钼——能提高固溶体的再结晶温度，对提高和保持耐热钢的热强性有较好的作用。

（9）镍——保持强度、抗腐蚀性和韧性，制耐热不锈钢中的重要合金元素之一。

（10）钛——钛是钢中的脱氧剂。它能使钢的内部组织致密，细化晶粒。钛可降低时效敏感性和冷脆性。钛去硫的效果十分明显，能改善焊接性能。

（11）钒——增强抗磨损能力和延展性。钒的碳化物用于制造条纹钢。在许多种钢材中都含有钒。

(12) 铌——铌在钢中微合金化通过控轧控冷工艺改善铌在钢中的分布,可达到组织细化和析出强化作用,细化晶粒后能够同时提高强度、韧性和延性。

(13) 钨——钢材中含钨对钢材硬度、抗磨损性和耐热性能有很显著的提高,但是韧性会急剧下降。将钨和适当比例的铬或锰混合用于制造高速钢。

(14) 铬——增加耐磨蚀性,并能提高耐热钢的热强性、硬度,最重要的是耐腐蚀性。

铌、钒、钛这3个元素虽然都是通过细化晶粒和沉淀强化来提高强度,但它们在钢中的作用机理及强化程度并不同,Nb 在钢中具有最强的晶粒细化强化效果,而 V 在钢中具有最强的沉淀强化效果,Ti 则介于 Nb 和 V 两者之间。

第三节 路桥结构工程常用钢材及其制品

一、钢结构用钢

(一) 碳素结构钢 (GB/T 700—2006)

1. 碳素结构钢的牌号

钢的牌号由"Q+数字+质量等级符号+脱氧方法符号"4个部分组成。它的钢号拼音字母 Q,代表屈服强度,后面数字,表示屈服强度数值,单位 MPa。脱氧方法分为三种情况:沸腾钢 (F)、镇定钢 (Z)、特殊镇定钢 (TZ)。"Z"、"TZ"符号在钢的牌号组成中可以省略。质量等级分为 A、B、C、D 四级。碳素结构钢牌号为 Q195、Q215、Q235、Q275 等。

例如 Q235-AF,表示屈服强度为 235MPa、质量等级为 A 级的沸腾钢。Q215-C,表示屈服强度为 215MPa、质量等级为 C 级的镇定钢。

2. 碳素结构钢的性能

合金钢与碳素钢、低合金钢与合金钢之间,明确划出的概念是不存在的。在国外,20世纪50年代曾给低合金钢下过定义,总的意思是,凡是合金元素总量在3%以下,屈服强度在275MPa以上,具有良好的可加工性和耐腐蚀性,以型、带、板、管等钢材形状,在热轧状态直接使用的软钢的替代品。各种牌号的碳素结构钢化学成分应符合表7-1的规定。钢材拉伸和冲击试验结果应符合表7-2规定。弯曲试验结果应符合表7-3的规定。

碳素结构钢的牌号和化学成分(熔炼分析) 表7-1

牌号	统一数字代号[a]	等级	等级(或直径)(mm)	脱氧方法	化学成分(质量分数)(%),不大于				
					C	Si	Mn	P	S
Q195	U11952	—	—	F、Z	0.12	0.30	0.50	0.035	0.040
Q215	U12152	A		F、Z	0.15	0.35	1.20	0.045	0.050
	U12155	B							0.045
Q235	U12352	A		F、Z	0.22	0.35	1.40	0.045	0.050
	U12355	B			0.20[b]				0.045
	U12358	C		Z	0.17			0.040	0.040
	U12359	D		TZ				0.035	0.035

续表

牌号	统一数字代号[a]	等级	等级（或直径）(mm)	脱氧方法	化学成分（质量分数）(%)，不大于				
					C	Si	Mn	P	S
Q275	U12752	A	—	F、Z	0.24	0.35	0.15	0.045	0.050
	U12755	B	≤40	Z	0.21			0.045	0.045
			>40		0.22				
	U12758	C		Z	0.20			0.040	0.040
	U12759	D		TZ				0.035	0.035

[a] 表中为镇静钢，特殊镇静钢牌号的统一数字，沸腾钢牌号的统一数字代号如下：
  Q195F——U11950；
  Q215AF——U12150，Q215BF——U12153；
  Q235AF——U12350，Q235BF——U12353；
  Q275AF——U12750。

[b] 经需方同意，Q235B的碳含量可不大于0.22%。

碳素结构钢的拉伸和冲击试验结果　　　　　　　　　表 7-2

牌号	等级	屈服强度 R_{eH} (N/mm²)，不小于						抗拉强度 R_m (N/mm²)	断后伸长率 A (%)，不小于						冲击试验（V形缺口）	
		厚度（或直径）(mm)							厚度（或直径）(mm)						温度(℃)	冲击吸收功（纵向）(J) 不小于
		≤16	>16~40	>40~60	>60~100	>100~150	>150~200		≤40	>40~60	>60~100	>100~150	>150~200			
Q195	—	195	185	—	—	—	—	315~430	33	—	—	—	—			
Q215	A	215	205	195	185	175	165	335~450	31	30	29	27	26		—	—
	B														+20	27
Q235	A	235	225	215	215	195	185	370~500	26	25	24	22	21		—	—
	B														+20	27
	C														0	
	D														−20	
Q275	A	275	265	255	245	225	215	410~540	22	21	20	18	17		—	—
	B														+20	27
	C														0	
	D														−20	

注：1. Q195的屈服强度值仅供参考，不作交货条件。
    2. 厚度大于100mm的钢材，抗压强度下限允许20N/mm²，宽带钢（包括剪切钢板）抗压强度上限不作交货条件。
    3. 厚度小于25mm的Q235B级钢，如供货方能保证冲击功值合格，经需方同意，可不作检查。

表 7-3　碳素结构钢的弯曲试验指标

牌号	试样方向	冷弯试验 180°　$B=2a^a$	
		钢材厚度（或直径）[b]（mm）	
		≤60	>60～100
		弯心直径 d	
Q195	纵	0	—
Q195	横	0.5a	—
Q215	纵	0.5a	1.5a
Q215	横	a	2a
Q235	纵	a	2a
Q235	横	1.5a	2.5a
Q275	纵	1.5a	2.5a
Q275	横	2a	3a

[a]　B 为试样宽度，a 为试样厚度（或直径）。
[b]　钢材厚度（或直径）大于 100mm 时，弯曲试验由双方协商确定。

从表中可以看出随着钢号增加，其含碳、含锰量增加，强度和硬度逐渐提高，但断后伸长量和冷弯性能下降。特殊镇定钢优于镇定钢，镇定钢优于沸腾钢。同一钢号的质量等级越高，其硫、磷含量越低，钢材质量越好。碳素结构钢一般情况下都不经热处理，而在供应状态下直接使用。

3. 碳素结构钢的应用

由于碳素结构钢结构稳定、易加工、成本低，因此，在土木工程中广泛使用。

Q235 具有较高的强度，良好的塑性、韧性及可焊性，综合性能好，能满足一般混凝土结构和钢筋混凝土结构的用钢要求。Q235A 一般仅适用于只承受静荷载作用的钢结构；Q235B 和 Q235C 分别适用于动荷载焊接的普通钢结构和重要钢结构；Q235D 则适用于低温环境下承受动荷载焊接的重要结构。例如，桥梁工程采用的预制高强混凝土薄壁钢管桩（代号 TSC），采用牌号为 Q235B 或 Q345B 的钢板（钢带）经卷曲成型、焊接制成，钢管内泵入新拌混凝土，经调整离心成型、蒸汽养护，生产的具有承受较大竖向荷载和水平荷载的新型基桩材料。预制高强混凝土薄壁钢管桩用混凝土抗压强度不应低于 80MPa。

Q195、Q215 强度低，塑性好，具有良好的可焊性，易于冷加工，常用作钢钉、铆钉、螺栓及钢丝。

Q255、Q275 强度高，但塑性和可焊性差，可用于轧制钢筋、制作螺栓配件等，更多用于机械零件和工具。

（二）桥梁用结构钢（GB/T 714—2008）

公路或铁路桥梁承受车辆的冲击荷载，桥梁钢要求具有一定的强度、韧性、良好的抗疲劳性能，并且对钢材的表面质量要求较高。根据桥梁建筑工程使用条件和特点，这类钢材应具有以下技术要求。

1. 桥梁建筑用钢的技术要求

1）良好的综合力学性能。桥梁结构在使用中承受复杂的交通荷载，同时在无遮盖的条件下经受大气条件下的严酷环境考验，必须具有良好的综合力学性能。桥梁结构除具有较高的屈服点与抗拉强度外，还应具有良好的塑性、冷弯性能、冲击韧性和抵抗振动应力的疲劳强度及低温（-40℃）时的冲击韧性。

2）良好的焊接性。由于近代焊接技术的发展，桥梁钢结构趋向于采用焊接结构代替铆接结构，以加快施工速度和节约钢材。桥梁在焊接后不易整体热处理，因此要求钢材具有良好的焊接性，亦即焊接的连接部分应强而韧，其强度与韧性应不低于焊体本身，以防产生硬化脆裂和内应力过大等现象。

3）良好的抗蚀性。桥梁长期暴露于大气中，所以要求桥梁用钢具有良好的抵抗大气因素腐蚀性能。

2. 桥梁用结构钢牌号及性能

桥梁用结构钢是桥梁建筑专用钢，牌号表示的不同点是在碳素结构钢的牌号后面加注一个 q（桥字拼音）以示区别。根据标准规定，牌号分为 Q235q、Q345q、Q370q、Q420q、Q460q，质量等级分为 C、D、E 三级。对于 Q500q、Q550q、Q620q、Q690q，质量等级分为 D、E 两级。该标准规定了桥梁结构用钢的表面质量、检验和验收规则、试验方法，对包装、标志和质量证明书进行了规定。

为了改善桥梁用钢的性能，可在钢材中加入钒（V）、钛（Ti）、氮（N）、钼（Mo）等微量元素，其含量应符合表 7-4 的规定。钢材的力学性能应符合表 7-5 的规定。推荐使用钢的牌号，其力学性能应符合表 7-6 的规定。各牌号钢的碳当量（CEV）应符合规定，计算公式及要求详见 GB/T 714—2008。

桥梁用结构钢的牌号及化学成分（熔炼分析） 表 7-4

牌号	质量等级	化学成分（质量分数）%													
		C	Si	Mn	P	S	Nb	V	Ti	Cr	Ni	Cu	Mo	B	N	Als
					不大于											不小于
Q235q	C	≤0.17	≤0.35	≤1.40	0.030	0.030	—	—	—	0.30	0.30	0.30	—		0.012	0.015
	D				0.025	0.025										
	E				0.020	0.010										
Q345q	C	≤0.20	≤0.55	0.90~1.70	0.030	0.025	0.06	0.08	0.03	0.80	0.50	0.55	0.20	—	0.012	0.015
	D	≤0.18			0.025	0.020										
	E				0.020	0.010										
Q370q	C	≤0.18	≤0.55	1.00~1.70	0.030	0.025	0.06	0.08	0.03	0.80	0.50	0.55	0.20	0.004	0.012	0.015
	D				0.025	0.020										
	E				0.020	0.010										
Q420q	C	≤0.18	≤0.55	1.00~1.70	0.030	0.025	0.06	0.08	0.03	0.80	0.70	0.55	0.35	0.004	0.012	0.015
	D				0.025	0.020										
	E				0.020	0.010										
Q460q	C	≤0.18	≤0.55	1.00~1.80	0.030	0.020	0.06	0.08	0.03	0.80	0.07	0.55		0.004	0.012	0.015
	D				0.025	0.020										
	E				0.020	0.010										

桥梁结构用钢的力学性能与工艺性能要求 表 7-5

牌号	质量等级	拉伸试验[a,b] 下屈强度 R_{el} (MPa) 厚度 (mm) ≤50	>50～100	抗拉强度 R_m (MPa)	断面伸长率 A (%)	V型冲击试验[c] 试验温度 (℃)	冲击吸收能量 kV_2 (J)	180°弯曲试验 钢材厚度 (mm) ≤16	>16
		不小于					不小于		
Q235q	C					0			
	D	235	225	400	6	−20	34	$d=2a$	$d=3a$
	E					−40			
Q345q[d]	C					0			
	D	345	335	490	0	−20	47	$d=2a$	$d=3a$
	E					−40			
Q370q[d]	C					0			
	D	370	360	510	20	−20	47	$d=2a$	$d=3a$
	E					−40			
Q420q[d]	C					0			
	D	420	410	540	19	−20	47	$d=2a$	$d=3a$
	E					−40			
Q460q	C					0			
	D	460	450	570	17	−20	47	$d=2a$	$d=3a$
	E					−40			

注：
[a] 当屈服不明显时，可测量 $R_{p0.2}$ 代替下屈服强度。
[b] 钢板及钢带的拉伸试验取横向试件，型钢的拉伸取纵向试样。
[c] 冲击试验取纵向试样。
[d] 厚度不大于16mm 的钢板，断后伸长率提高1%（绝对值）。

桥梁结构用钢的力学性能与工艺性能要求 表 7-6

牌号	质量等级	拉伸试验[a,b] 下屈强度 R_{el} (MPa) 厚度 (mm) ≤50	>50～100	抗拉强度 R_m (MPa)	断面伸长率 A (%)	V型冲击试验[c] 试验温度 (℃)	冲击吸收能量 kV_2 (J)	180°弯曲试验 钢材厚度 (mm) ≤16	>16
		不小于					不小于		
Q500q	D	500	480	600	16	−20	47	$d=2a$	$d=3a$
	E					−40			
Q550q	D	550	530	660	16	−20	47	$d=2a$	$d=3a$
	E					−40			
Q620q	D	620	580	720	15	−20	47	$d=2a$	$d=3a$
	E					−40			
Q690q	D	690	650	770	14	−20	47	$d=2a$	$d=3a$
	E					−40			

注：
[a] 当屈服不明显时，可测量 $R_{p0.2}$ 代替下屈服强度。
[b] 拉伸取横向试样。
[c] 冲击试验取纵向试样。

桥梁结构用钢筋弯曲试验应符合表 7-5、表 7-6 的规定，弯曲试验后试样弯曲外表面无肉眼可见裂纹。当货方保证时，可不做弯曲试验。Q235q 的含碳量和硫、磷及氯、氧等杂质含量都低于一般碳素结构钢，具有优良的可焊性，专用于焊接桥梁。Q345q、Q370q、Q420q 是低合金钢，不仅强度较高，而且塑性、韧性和可焊性等都较好，目前应用广泛。

3. 桥梁用结构钢表面质量

钢材表面不应有气泡、结疤、裂纹、折叠、夹杂和压入铁皮等影响使用的有害缺陷。钢材不应有目视可见的分层。钢材的表面允许有不妨碍检查表面缺陷的薄层氧化铁皮、铁锈及由于氧化铁和轧辊所造成的不明显的粗糙、网纹、划痕及其他局部缺陷，但其深度不应大于钢材厚度的公差之半，并应保证钢材允许的最小厚度。钢材的表面缺陷允许用修磨等方法清除，清理处应平滑无棱角，清理深度不大于钢材厚度的负偏差，并应保证钢材允许的最小厚度。

（三）低合金高强结构钢（《低合金高强结构钢》GB/T 1591—2008）

合金结构钢是在钢中除含铁、碳和少量不可避免的硅、锰、磷、硫以外，还含有一定量合金元素，钢中的合金元素有锰、硅、钒、钛、铌、硼、铅、稀土等其中一种或几种，称为合金钢。低合金高强结构钢是在碳素结构钢的基础上加入总量 5% 的一种或几种合金元素，常用的合金元素主要有锰（Mn）、硅（Si）、钒（V）、钛（Ti）等形成的结构钢。低合金高强结构钢化学成分与桥梁结构用钢相同，但大多数略高于桥梁结构用钢。加入合金元素不仅可以提高钢材的强度和硬度，还可以改善钢材的塑性和韧性。而且低合金高强结构钢是脱氧完全的镇定钢。

1. 牌号

根据标准规定，钢的牌号由屈服强度字母 Q、屈服强度值、质量等级（A、B、C、D）三个部分按顺序组成。如 Q390 表示屈服强度 390MPa 的 A 级合金高强结构钢。

对于牌号为 Q345、Q390、Q420、Q460，拉伸性能见表 7-7。合金高强结构钢的夏比（V 型）冲击试验和 180°弯曲试验要求见表 7-8。对于牌号 Q500、Q550、Q620、Q690 的拉伸性能、工艺性能详见规范。

2. 拉伸性能

与碳素结构钢相比，低合金高强结构钢强度高，具有良好的塑性和韧性，综合性能好，在相同条件下，可比碳素结构钢节省用钢 20%～30%，对减轻结构自重有利，且耐磨性、耐腐蚀性、耐低温等均较良好。

低合金结构钢主要用于轧制各种型钢、钢板、钢管和钢筋，广泛应用于钢结构和钢筋混凝土中。以及特别适用于高层建筑、大型结构及桥梁工程。

钢结构件的屈服点决定了结构所能承受的不发生永久变形的应力。常用碳素结构钢的最小屈服点为 235MPa，而低合金高强度钢的最小屈服点为 345MPa。因此，根据其屈服点的比例关系，低合金高强度钢的使用允许应力比碳素结构钢高 1.4 倍。与碳素结构钢相比，使用低合金高强度钢可以减小结构件的尺寸，使重量减轻，节约钢筋，减少能量消耗。

微合金化钢是在普通低合金钢的基础上添加少量合金元素（铌、钒、钛）形成的，通过微合金元素与板材的控孔、控冷技术的有机结合，通过沉淀析出硬化、细化晶粒，提高钢的强度和韧性，并获得良好的成型性及焊接性。在保证良好综合性能的同时，进一步降低生产成本。

低合金高强度结构钢的拉伸性能　　表 7-7

牌号	强度等级	拉 伸 试 验[a,b,c]															
		以下公称厚度（直径、边长）下屈服强度（R_{eL}）/MPa							以下公称厚度（直径、边长）下抗拉强度（R_m）/MPa					断后伸长率（A）/%			
														公称厚度（直径、边长）			
		≤16mm	>16~40mm	>40~63mm	>63~80mm	>80~100mm	>100~150mm	>150~200mm 200mm 250mm	>200~250mm	>250~400mm	≤40mm	>40~63mm	>63~80mm	>80~100mm	>100~150mm	>150~250mm	>250~400mm	≤40mm	>40~63mm	>63~100mm	>100~150mm	>150~250mm	>250~400mm
Q345	A	≥345	≥335	≥325	≥315	≥305	≥285	≥275	≥265	—	470~630	470~630	470~630	470~630	450~600	450~600	—	≥20	≥19	≥19	≥19	≥18	—
	B																	≥21	≥20	≥20	≥19	≥18	≥17
	C									≥265							450~600						
	D																						
Q390	A	≥390	≥370	≥350	≥330	≥330	≥310	—	—	—	490~650	490~650	490~650	490~650	470~620	—	—	≥20	≥19	≥19	≥18	—	—
	B																						
	C																						
	D																						
Q420	A	≥420	≥400	≥380	≥360	≥360	≥340	—	—	—	520~680	520~680	520~680	520~680	500~650	—	—	≥19	≥18	≥18	≥18	—	—
	B																						
	C																						
Q460	C	≥460	≥440	≥420	≥400	≥400	≥380	—	—	—	550~720	550~720	550~720	550~720	530~700	—	—	≥17	≥16	≥16	≥16	—	—
	B																						
	D																						

注：[a] 当屈服不明显时，可测量 $R_{p0.2}$ 代替下屈服强度。
[b] 宽度不小于 600mm 的扁平材，拉伸试验取横向试样，宽度小于 600mm 的扁平材、型材及棒材取纵向试样，断后伸长率最小值相应提高 1%（绝对值）。
[c] 厚度>250~400mm 的数值适用于扁平材。

低合金高强结构钢夏比（V型）冲击试验和弯曲试验（180°）　　　表7-8

牌号	强度等级	试验温度（℃）	冲击吸收能量（KV_2）[a]（J) 公称厚度（直径、边长）			180°弯曲试验 [d=弯心直径，a=试样厚度（直径）] 钢材厚度（直径，边长）	
			12～150mm	>150～250mm	>150～400mm	≤16mm	>16～100mm
Q345	B	20	≥34	≥27	—	宽度不小于600mm扁平材，拉伸试验取横向试样，宽度不小于600mm的扁平材、型材及棒材取纵向试样 2a	宽度不小于600mm扁平材，拉伸试验取横向试样，宽度不小于600mm的扁平材、型材及棒材取纵向试样 3a
	C	0					
	D	−20			27		
	E	−40					
Q390	B	20	≥34				
	C	0					
	D	−20					
	E	−40					
Q420	B	20	≥34				
	C	0					
	D	−20					
	E	−40					
Q460	C	0	≥34	—	—		
	D	−20					
	E	−40					
Q500、Q550、Q620、Q690	C	0	≥55	—	—		
	D	−20	≥47				
	E	−40	≥31				

[a] 冲击试验取纵向试样。

二、钢筋混凝土结构用钢筋和钢丝

钢筋混凝土结构用钢筋和钢丝是用碳素结构钢或低合金结构钢经加工而成的。目前钢筋混凝土用钢主要有热轧光圆钢筋、热轧带肋钢筋、冷拔钢筋和冷轧带肋钢筋、预应力混凝土用热处理钢筋、预应力混凝土钢丝、预应力混凝土钢绞线。

（一）热轧钢筋

1. 热轧光圆钢筋（《钢筋混凝土用钢 第1部分：热轧光圆钢筋》GB/T 1499.1—2008）

热轧光圆钢筋是一种条形钢材，由碳素结构钢加工而成。热轧光圆钢筋经热轧成型，横截面通常为圆形，表面光滑的成品钢筋。热轧光圆钢筋按钢筋屈服强度特征值分为235、300两级。牌号：由HPB+屈服强度特征值构成。例如：HPB235和HPB300，HPB—热轧光圆钢筋的英文（Hot rolled plain）缩写。热轧光圆钢筋化学成分见表7-9，热轧光圆钢筋的力学性能和工艺性能见表7-10。

重交通水泥混凝土路面横向缩缝中设置的传力杆，一般采用HPB235光圆钢筋。传力杆起到了接缝处轴载应力扩散作用。

热轧光圆钢筋牌号及化学成分（熔炼分析） 表 7-9

牌号	化学成分（质量分数）% 不大于				
	S	C	Si	Mn	P
HPB235	0.22	0.30	0.65	0.045	0.050
HPB300	0.25	0.55	1.50		

热轧光圆钢筋的力学性能和工艺性能 表 7-10

牌号	原牌号	公称直径 a（mm）	屈服强度 R_{el}（MPa）	抗拉强度 R_m（MPa）	断面伸长率 A（%）	最大力总伸长率 A_{gt}（%）	冷弯试验 180° D—弯芯直径 a—钢筋公称直径
			不小于				
HPB235	Q235	6～20	235	370	25.0	10.0	$d=a$
HPB300	Q300	6～20	300	420			

2. 热轧带肋钢筋（《钢筋混凝土用钢 第 2 部分：热轧带肋钢筋》GB/T 1499.2—2007）

热轧带肋钢筋横截面通常为圆形，且表面带肋（俗称螺纹钢筋）的混凝土结构用钢材。根据其表面特征分为：光圆带肋钢筋，带肋钢筋又分为：月牙肋和等高肋钢筋两种。其表面带肋的类型有：纵肋（平行于钢筋轴线的均匀连续肋）、横肋（与钢筋轴线不平行的其他肋）、月牙肋（横肋的纵截面呈现月牙形，且与纵肋不相交的钢筋）。公称直径是与钢筋的公称横截面积相等的圆的直径。

工程结构用钢多数是普通低合金钢，这种钢的强度较高，综合性能较好，并具有耐腐蚀、耐磨、耐低温以及较好的切削性能、焊接性能等。在大量节约稀缺金属元素（如镍、铬）条件下，通常 1t 普通低合金钢可按 1.2～1.3t 碳素钢使用，其寿命和使用范围更是远远超过碳素钢，成本也和碳素钢接近。

普通热轧钢筋牌号：由 HRB＋屈服强度特征值构成。例如：HRB335、HRB400、HRB500 三个牌号。HRB—热轧带肋钢筋的英文（Hot rolled Ribbed Bars）缩写。规范要求化学成分见表 7-11，力学性能和工艺性能见表 7-12。

热轧带肋钢筋的牌号及化学成分和碳当量（熔炼分析） 表 7-11

牌号	化学成分（质量分数）%，不大于					
	C	Si	Mn	P	S	Ceq
HRB335 HRPF335	0.25	0.80	1.60	0.045	0.045	0.52
HRP400 HRPF400						0.54
HRB500 HRBF500						0.55

细晶粒热轧钢筋牌号：由 HRBF＋屈服强度特征值构成。例如：HRBF335、HRBF400、HRBF500。HRBF—热轧带肋钢筋的英文缩写后面加"细"的英文（Fine）首位字母。细晶粒热轧钢筋是我国冶金行业研发的新型热轧钢筋，这种钢筋生产过程中不需要添加或只需添

加很少量钒、钛等合金元素，而是在热轧过程中，通过控轧和控冷工艺制成带肋钢筋，结晶粒度不超过 9 级。细晶粒热轧带肋钢筋外形与普通低合金热轧带肋钢筋相同，其强度和延性完全满足混凝土结构对钢筋性能的要求。用细晶粒热轧钢筋可节约国家宝贵的钒、钛合金元素资源，降低碳当量和钢筋的价格，社会效益和经济效益均十分显著。

在工程结构广泛采用焊接技术之后，给低合金钢发展带来深远的影响。为减小焊接热影响区硬化和开裂、焊接接头延性恶化，把低合金钢的碳含量降低到一定程度，提出了焊接碳当量 Ceq（百分比）值来判别钢材的可焊性。当钢材焊接时碳当量 Ceq 值应不大于表 7-11 中的值时，焊接性能较好。碳素钢和低合金结构钢的碳当量按经验公式（7-8）计算：

$$Ceq = C + Mn/6 + (Cr+V+Mo)/5 + (Cu+Ni)/15 \tag{7-8}$$

热轧带肋钢筋的力学性能和工艺性能　　表 7-12

牌号	原牌号	公称直径 a（mm）	下屈服强度 R_{el}（MPa）	抗拉强度 R_m（MPa）	断后伸长率 A（%）	最大力总伸长率（%）	冷弯试验 180° 公称直径 d	弯芯直径 d（mm）
			不小于					
HRB335 HRPF335	20MnSi	6～25 28～40 >40～50	335	455	17		6～25 28～40 >40～50	3d 4d 5d
HRP400 HRPF400	20MnSiV 20MnSiNb 20MnTi	6～25 28～40 >40～50	400	540	16	7.5	6～25 28～40 >40～50	4d 5d 6d
HRB500 HRBF500	—	6～25 28～40 >40～50	500	630	15		6～25 28～40 >40～50	6d 7d 8d

在《混凝土结构设计规范》GB 50010—2010 中规定，纵向受力普通钢筋宜采用 HRB335、HRPF400 等表 7-13 所有的牌号；梁、柱纵向受力普通钢筋宜采用 HRB400、HRB500、HRPF400、HRBF500；箍筋宜采用 HRB400、HRB500、HRPF400、HRBF500 等。在重交通水泥混凝土路面设计中，纵向接缝应布设螺纹（带肋）钢筋，使钢筋与混凝土握裹在一起，防止板块沿路拱下滑纵缝扩张。一般采用牌号 HRB335 的热轧带肋钢筋。

3. 热轧钢筋的牌号和符号

常用普通钢筋牌号、符号、直径列于表 7-13 中，摘自《混凝土结构设计规范》GB 50010—2010。

热轧钢筋等级和直径符号　　表 7-13

强度等级代号	外形	钢种	公称直径（mm）	符号（等级）	主要用途
HPB300	光圆	低碳钢	8～20	Φ	非预应力
HRB335 HRPF335	月牙肋	低合金钢	6～50	Φ、ΦF	非预应力
HRP400 HRPF400			6～50	Φ、ΦF、ΦR	预应力
HRP500 HRPF500			6～50	Φ、ΦF	预应力

(二)冷轧带肋钢筋(《冷轧带肋钢筋》GB 13788—2008)

冷轧带肋钢筋是以普通低碳钢或低合金钢热轧圆盘为母材,经冷轧或冷拔减径后,并经消除内应力,冷轧后形成的。带肋钢筋的外形为表面冷轧成具有三面或两面月牙形横肋的钢筋。根据标准规定,冷轧带肋钢筋的牌号由CRB和钢筋的抗拉强度最小值构成,分为CRB550、CRB650、CRB800、CRB970共4个牌号。C、R、B分别为冷轧(Cold rolled)、带肋(Ribbed)、钢筋(Bar)三个词的英文首位字母。CRB550为普通混凝土用钢筋,其他牌号为预应力混凝土用钢筋。各牌号钢筋的力学性能和工艺性能应符合表7-14的规定。

冷轧带肋钢筋的力学性能和工艺性能　　　　表7-14

牌号	$R_{p0.2}$ (MPa) 不小于	抗拉强度 R_m (MPa) 不小于	伸长率		180°弯曲试验 D(弯心直径) d(钢筋公称直径)	反复弯曲次数	应力松弛初始应力相当于公称抗拉强度的70% 1000h松弛率(%),不大于
			$A_{11.3}$	A_{100}			
CBR550	500	550	8.0		$D=3d$		—
CBR650	585	650	—	4.0		3	8
CBR800	720	800	—	4.0		3	8
CBR970	875	970	—	4.0		3	8

在需求钢筋进行反向弯曲性能试验时,反向弯曲试验的弯芯直径比弯曲试验应增加一个钢筋公称直径。

冷轧与热轧带肋钢筋的区别:冷轧钢筋是将圆钢在轧钢机上轧成断面形状规则的钢筋,可提高其强度及与混凝土的粘结力。一般结构用的工字钢、角钢、槽钢、H型钢都是热轧钢筋,中厚板也是热轧钢材,也就是热轧之后就出成品了。热轧钢筋基本是在生产线上连续生产,冷轧和冷拔为非连续生产。冷轧的钢管表面质量和尺寸优于热轧钢管。其外形见图7-16。主要用于预应力构件,与低碳冷拔丝相比,其伸长率高,钢筋与混凝土之间的粘结力较大,适用于中、小预应力混凝土结构构件,也适用于焊接钢筋网。

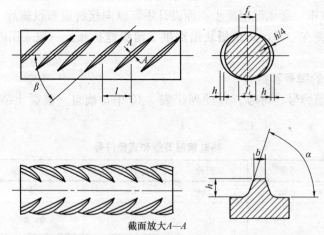

图7-16 两面肋钢筋表面及横截面形状
α—横肋斜角;β—横肋与轴线夹角;h—横肋高度;l—横肋间距
b—横肋顶宽;f_i—横肋间隙

(三) 预应力混凝土用钢丝和钢绞线

1. 预应力混凝土用钢丝 (《预应力混凝土用钢丝》GB/T 5223—2002)

预应力混凝土用钢丝为高强钢丝,使用优质碳素钢经过冷拔或再经回火等工艺处理制成。标准规定,该种钢丝按加工状态分为冷拉钢丝(代号 WCD)和消除应力钢丝两类;消除应力钢丝按松弛性能又分为低松弛钢丝(代号 WLR)和普通松弛钢丝(代号 WNR)。钢丝外形可分为光圆(P)、螺旋肋(H)、刻痕(I)三种。预应力混凝土用冷拉钢丝的力学性能以及消除应力钢丝的力学性能应符合标准规定。

钢丝主要用作桥梁、吊车梁、楼板、大口径管道等预应力混凝土构件中的预应力钢筋。

2. 预应力混凝土用钢绞线 (《预应力混凝土用钢绞线》GB/T 5224—2003)

标准型钢绞线是由多极冷拉光圆预应力钢丝以一定的捻距,捻制成的钢绞线。刻痕钢绞线是由刻痕钢丝制成的钢绞线。模拔型钢绞线是由捻制后再经冷拔制成的钢绞线。钢绞线的公称直径是指钢绞线外接圆直径的名义尺寸。

预应力混凝土用钢绞线由 2 根、3 根或 7 根圆形断面高强钢丝捻制而成。捻向又分为左捻和右捻。钢绞线按左捻并经回火处理消除内应力而制成,如图 7-17、图 7-18、图 7-19 所示。钢绞线按其结构分为 5 类,其代号见表 7-15。

钢绞线按结构分类   表 7-15

代号	钢绞线的结构	代号	钢绞线的结构
1×2	用两根钢丝捻制的钢绞线	1×7	用七根钢丝捻制的标准型钢绞线
1×3	用三根钢丝捻制的钢绞线	(1×7) C	用七根钢丝捻制又经模拔的钢绞线
1×3I	用三根刻痕钢丝捻制的钢绞线		

分类:预应力混凝土用钢绞线常用的分类有 ϕ12.7 和 ϕ5.20 (15.24) 强度级别有 1570MPa、1860MPa、1960MPa 三种,检测依据为《预应力混凝土用钢绞线》GB/T 5224—2003。

标记:预应力混凝土用钢绞线的产品标记应包括下列内容:预应力钢绞线、结构代号、公称直径、强度级别、标准号。

例:公称直径 15.20mm、强度级别为 1860MPa 的七根钢丝捻制的标准型钢绞线其标记为:

1×7-15.20-1860-GB/T 5224—2003。

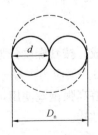
图 7-17 1×2 结构钢绞线外形示意图

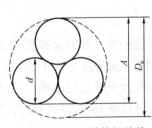
图 7-18 1×3 结构钢绞线外形示意图

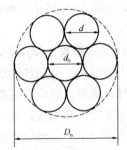
图 7-19 1×7 结构钢绞线外形示意图

1×2 结构钢绞线、1×3 结构钢绞线、1×7 结构钢绞线的尺寸及允许偏差、每米参考质量应符合标准要求。1×7结构钢绞线力学性能见表7-16。为减少应用时的应力松弛，钢绞线在一定张力下进行的短时间热处理，称为稳定化处理。其他类别详见规范。

1×7结构钢绞线力学性能 表7-16

钢绞线结构	钢绞线公称直径 D_n (mm)	抗拉强度 R_m (MPa)	整根钢绞线的最大力 F_m (kN) 不小于	规定非比例延伸力 $F_{p0.2}$ (kN) 不小于	最大力总伸长率 ($L_0 \geq 500mm$) A_{gt}/% 不小于	应力松弛性能 初始负荷相当于公称最大力的百分数(%)	1000h应力松弛率 r/(%), 不大于
1×7	9.50	1720	94.3	84.9	对所有规格	对所有规格	对所有规格
		1860	102	91.8			
		1960	107	96.3			
	11.10	1720	128	115		60	1.0
		1860	138	124			
		1960	145	131			
	12.70	1720	170	153	3.5	70	2.5
		1860	184	166			
		1960	193	174			
	15.20	1470	206	185			
		1570	220	198			
		1670	234	211			
		1720	241	217		80	4.5
		1860	260	234			
		1960	274	247			
	15.70	1770	266	239			
		1860	279	251			
	17.80	1770	327	294			
		1860	353	318			
(1×7)C	12.70	1860	208	187			
	15.20	1820	300	270			
	18.00	1720	384	346			

注：规定非比例延伸力 $F_{p0.2}$ 值不小于整根钢绞线的最大力 F_m 的90%。

预应力混凝土钢绞线与其他配筋材料相比，具有强度高，柔韧性好，质量稳定，施工简便，成盘供应不需要接头等优点。它主要适用于大型建筑、公路与铁路桥梁、大荷载、大跨度、曲线配筋的预应力混凝土结构。预应力筋宜采用预应力钢丝、钢绞线和预应力螺纹钢筋，如图7-20所示，斜拉桥采用的缆索，是由多根预应力钢绞线组成，缆索通常为4~12cm粗。

（四）预应混凝土用热处理钢筋

预应力混凝土是用热轧螺纹钢筋经淬火和回火调直热处理而成，按其螺纹分为纵肋和无肋两种，详见《预应力混凝土用螺纹钢筋》GB/T 20065—2006。预应力混凝土用热处理钢筋不能冷拉和焊接，且对应力腐蚀及缺陷较敏感。它可以代替高强钢丝使用，主要用于预应力混凝土梁、预应力混凝土轨枕或其他各种预应力混凝土结构。

（五）预应混凝土用冷拉钢筋

冷拉钢筋是将热轧钢筋经冷拉后制成，目的是提高强度及节约钢材。在施工现场钢筋宜用无延伸装置的机械设备进行调直，也可采用冷拉方法调直。当采用冷拉方法调直时，

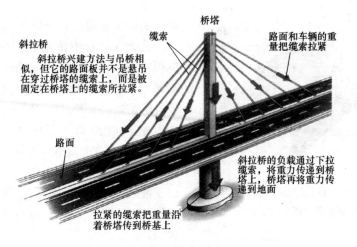

图 7-20 多根预应力钢绞线组成斜拉桥的缆索

规范规定 HPB235、HPB300 光圆钢筋的冷拉率不宜大于 4%；HRB335、HRB400、HRB500、HRBF335、HRBF400、HRBF500 及 RRB400 带肋钢筋的冷拉率不宜大于 1%。由于冷拉钢筋的塑性、韧性较差，易发生脆裂，因此不宜用于负温及受冲击荷载或动荷载结构。

三、市政排水管材中钢材的应用

在我国用于铺设输水管道管材的主要有金属管材（钢管、球墨铸铁管、铸铁管）、非金属管材（玻璃钢管、预应力混凝土管、预应力钢筒混凝土管）以及波纹管（金属波纹管，HPPE 双壁波纹管）三种。

1. 预应力钢筒混凝土管（简称 PCCP）

各类管材中，预应力钢筒混凝土管管道是一种新型优质输水管材。

1) 结构 PCCP 管道是采用钢板与承插口接头钢环焊成筒体，然后用立式振动法在筒体内外浇灌混凝土制成管芯（亦可用卧式离心法在筒体内成型管芯），经养护管芯混凝土达到一定强度后，在钢芯外表缠绕预应力高强钢丝并锚固，使管壁混凝土建立环向预应力，最后在缠丝管芯外表喷制水泥砂浆保护层而制成的一种复合管。预应力钢筒混凝土管，PRESTRESSED CONCRETE CYLINDER PIPE，简称 PCCP。是由预应力钢丝、钢筒、混凝土构成的新型复合管道材料。详见《预应力钢筒混凝土管》GB/T 19685—2005。

2) 分类

根据 PCCP 管芯结构形式，可分为两种：一种是内衬式预应力钢筒混凝土管（PCCPL），如图 7-21 所示。一种是嵌入式（PCCPE）预应力钢筒混凝土管，指在混凝土管芯内嵌置一层薄钢筒（厚度 1.5~4.0mm），待管芯混凝土达到一定强度后，在管芯混凝土外表缠绕预应力高强钢丝并锚固，然后在高强钢丝外喷射水泥砂浆保护层而制成的管子。是目前世界上广泛采用的大口径、高工压的优质管材。

3) PCCP 管优点

承压能力高（兼具钢材的抗拉、抗渗及混凝土的抗压）、耐腐蚀，能承受较高的内压和外荷载、覆土深度大（管顶覆土在 0.8m 以上，最高可达 40m）、密封性能好、对地基适应好、管件配备齐全、造价低、寿命长（50 年以上），尤其适合铺设高工压、大口径长

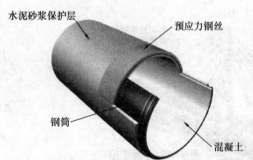

图 7-21 内衬式预应力钢筒
混凝土管（PCCPL）

距离的输水管道。

在 PCCP 管中使用的钢材，接口钢环及钢板应分别符合《碳素结构钢》GB/T 700—2006、《碳素结构钢和低合金结构钢热轧薄钢板及钢带》GB/T 912—2008 标准的规定。预应力钢丝应符合《预应力混凝土用钢丝》GB/T 5223—2002 标准的规定。

2. 波纹涵管简述

波纹管分为金属波纹管和塑料波纹管（HDPE 双壁波纹管，简称 PE 波纹管）两大类。

1) 金属波纹涵管（图 7-22）

金属波纹涵管也叫金属波纹管涵、波纹涵管或钢制波纹涵管，是指铺埋在公路，铁路下面的涵洞用螺纹波纹管，它是由波形金属板卷制成或用半圆波形钢片拼制成的圆形波纹管，我国城市排水的供水和排水现在以提出首选金属波纹管。

公路工程的涵洞一般采用钢筋混凝土制作。现采用金属波纹涵管代替钢筋混凝在国内是一项新技术。金属波纹涵管以迅速在公路施工中代替了钢筋混凝土施工的涵洞，发展前景非常广阔。

详见《道路建筑材料》配套深件光盘。

（1）特点 一般涵管用钢筋混凝土浇筑而成，俗称水泥管。金属波纹管涵与钢筋混凝土管涵相比，具有性能稳定、抗变形能力强、具有管节薄，重量轻，运输方便，使用寿命长、施工方便、优良的经济性（缩短工期、连接方便）等特点。

图 7-22 金属波纹管

（2）材料的特性 金属波纹涵管是指一种埋设于地表以下的管道，波纹管涵是一种柔性、高强度的钢波纹管，不仅具有适应地基与基础变形的能力，可以解决因地基基础不均匀沉降导致的排水管道破坏问题，而且金属波纹管由于轴向波纹的存在，使其具有优良的受力特征，轴向和径向同时分布因荷载引起的应力应变，可以更大程度上分散荷载的应力集中，更好地发挥钢结构的优势。具有一定的抗震能力而且能适应较大的沉降与变形。尤其在高寒冻土、软土、膨胀土、湿陷性黄土等地带，具有明显的经济效益。

（3）使用年限 从国外钢波纹管涵的应用及防腐调研情况看，钢波纹管涵具有较强的适应能力，经过防腐处理后的钢波纹管涵能够使用 50~100 年。从公路的寿命周期和服务水平的变化看，涵洞服务年限达到 50 年时完全满足一般公路的需求，所以金属波高强度管涵完全可以适合一般公路。

（4）目前我国大部分城市的供水和排水管道，多用水泥管作金属波纹涵管，它是替代圆管涵、盖板涵的优质公路建材。参见《预应力混凝土用金属波纹管》JG 225—2007

规范。

2) 塑料波纹涵管

(1) 结构　HDPE双壁波纹管（简称PE波纹管），外观为黑色。一种具有环状结构外壁和平滑内壁的新型管材，双壁波纹管材以高密度聚乙烯为原料的一种新型轻质管材。具有重量轻、耐高压、韧性好、施工快、寿命长等特点，其优异的管壁结构设计，与其他结构的管材相比，成本大大降低。并且由于连接方便、可靠，在国内外得到广泛应用。大量替代混凝土管和铸铁管。

(2) 优点　具有密封性好无渗水漏浆，环刚度高，摩擦系数小，耐老化，抗电腐蚀，柔韧性好，不易被捣棒凿破和新型的连接方式使施工连接更方便的优点，解决了传统金属波纹管的所有弊端。

(3) 应用范围　市政排水、排污管道系统工程；公寓、住宅小区地下埋设排水排污；高速公路预埋管道，高尔夫球场地下渗水管网；农田水利灌溉输水、排涝等水利工程；化工、矿山用于流体的输送及通风等；地下管线的保护套管和通信电缆护套管等。参见《埋地用聚乙烯（PE）结构壁管道系统第一部分：聚乙烯双壁波纹管管材》GB/T 19472.1—2004。

第四节　钢材腐蚀与防治

钢材因受水、空气、酸、碱等周围介质的作用逐渐破坏的现象称为腐蚀。最常见的例子是钢铁生锈，钢筋锈蚀一般总是从最外侧的分布筋或箍筋开始，并引起混凝土开裂和剥落。在结构中钢材被腐蚀后，将导致强度降低、塑性减小，会使建筑物的寿命缩短，甚至发生事故。

一、钢材的腐蚀

钢材腐蚀的原因：研究表明，和周围介质的性质和钢铁本身的组织成分关系密切。处在潮湿环境下的钢铁比处在干燥条件下容易生锈；埋在地下的钢铁比暴露在大气中的容易生锈；遇到含有酸、碱、盐的介质时，钢铁容易受腐蚀；有害杂质含量高的钢材也比较容易生锈。根据周围腐蚀介质的作用分为化学腐蚀和电化学腐蚀。

二、防止腐蚀的方法

1. 采用耐候钢

即耐大气腐蚀钢，在钢中加入一定量的铬、镍、钛等合金元素，可制成不锈钢。通过加入某些合金元素，可以提高钢材的耐锈蚀能力，同时保持良好的力学性能和工艺性能。

2. 涂层覆盖

涂层可分为两种：金属涂层和非金属涂层。

(1) 金属覆盖：用耐候性好的金属，以镀或喷镀的方法覆盖在钢材表面，提高钢材的耐腐蚀能力。薄壁钢材可采用热浸镀锌（白铁皮）、镀锡（马口铁）、镀铜、镀铬或镀锌后加涂塑料涂层等措施。

(2) 非金属覆盖：在钢材的表面做非金属涂法，使钢材与外界隔离，从而起到防腐作用。钢结构防止锈蚀通常采用表面刷漆、喷涂涂料、搪瓷、塑料等方法。面漆是防锈蚀的第一道防线,要求具有良好的耐水、耐酸、耐碱、耐气候性能等,在阳光照射下不易粉化和龟裂。

(3) 钢筋阻锈剂新技术:采用环氧涂层钢筋混凝土,应为耐久性混凝土,可以同时掺加钢筋阻锈剂。阻锈剂可与高性能混凝土、环氧涂层钢筋、混凝土表面涂层、硅烷浸渍等联合使用效果好。

3. 混凝土用钢筋的防锈

主要是提高混凝土的密实度,保证钢筋的主筋有足够保护层厚度,减少钢筋与空气的接触。对于构件不同,设计基准期不同的钢筋混凝土,保护层最小厚度不同。参见《公路工程混凝土结构防腐蚀技术规范》(JTG/T B07-01-2006)。

预应力钢筋一般含碳量较高,又多是经过变形加工或冷加工的,因而对锈蚀破坏较敏感,特别是高强度热处理钢筋,容易产生锈蚀现象。钢筋混凝土结构的混合料不能采用海水拌制,禁止掺用氯盐。混凝土中还可掺用阻锈剂。

思考与计算题

1. 建筑钢筋应力-拉伸图分为哪四个阶段?简述屈服强度作为建筑用钢材料的控制指标的意义?
2. 建筑钢筋主要强度指标有哪些?主要变形指标有哪些?
3. 含碳量对钢材力学性能有什么影响?举例说明加入合金 Mn 和 Ti 可改变钢材的什么性能?
4. 钢材的有害元素是哪两个?热加工和冷加工时应控制哪种元素?
5. 依次说明 HRB335、HPB235 属于什么结构钢?解释钢号的意义,及力学性能特征有哪些方面要求。
6. 说明 Q460q 质量等级为 D,属于什么结构用钢?解释钢号的意义,及规定的力学性能特征要求。
7. 解释预应力混凝土钢绞线其标记的含义:预应力钢绞线 1×7-17.80-1720-GB/T 5224-2003。
8. 写出热轧光圆钢筋的牌号,以及热轧带肋钢筋的牌号。举例说明在工程中的应用。
9. 热轧钢筋的主要力学性能和工艺性能有哪些方面要求?
10. 建筑钢材冷加工后时效的意义?为什么冷拉时效后能提高钢筋的屈服强度?
11. 钢材的腐蚀原因?常用的防止腐蚀的方法?

第二篇 道路建筑材料试验

第八章 砂石材料试验

第一节 岩石单轴抗压强度试验
（JTG E41 T0221—2005）

一、目的和适用范围

单轴抗压强度试验是测定规则形状岩石试样单轴抗压强度的方法，主要用于岩石的强度分级和岩性描述。

本法采用饱和状态下的岩石立方体（或圆柱体）试件的抗压强度来评定岩石强度（包括碎石或卵石的原始岩石强度）。

在某些情况下，试件含水状态还可根据需要选择天然状态、烘干状态或冻融循环后状态。试件的含水状态要在试验报告中注明。

二、仪器设备

1) 压力试验机或万能试验机。
2) 钻石机、切石机、磨石机等岩石试件加工设备。
3) 烘箱、干燥箱、游标卡尺、角尺及水尺等。

三、试样准备

1) 建筑地基的岩石试验，采用圆柱体作为标准试件，直径为 50±2mm、高径比为 2:1。每组试件共 6 个。
2) 桥梁工程用的石料试验，采用立方体试件，边长为 70±2mm。每组试件共 6 个。
3) 路面工程用的石料试验，采用圆柱体或立方体试件，其直径或边长和高均为 50±2mm。每组试件共 6 个。

有显著层理的岩石，分别沿平行和垂直层理方向各取试验试件 6 个。试件上、下端面应平行和磨平，试件端面的平面公差应小于 0.05mm，端面对于试件轴线垂直度偏差不应超过 0.25°。对于非标准圆柱体试件，试验后抗压强度试验值可按公式进行换算。

四、实验步骤

1) 用游标卡尺取试件尺寸（精确至 0.1mm），对立方体试件在顶面和底面上各量取其边长，以各个面上相互平行的两个边长的算术平均值计算其承压面积；对于圆柱体试件在顶面和底面分别测量两个相互正交的直径,并以其各自的算术平均值分别计算底面和顶面的面积,取其顶面和底面面积的算术平均值作为计算抗压强度所用的截面积。

2) 试件的含水状态可根据需要选择烘干状态、天然状态、饱和状态、冻融循环后状态。试件烘干状态和饱和状态、试件冻融循环后状态应的符合相关条款的规定。

3) 按岩石强度性质,选定合适的压力机。将试件置于压力机的承压板中央,对正上、下承压板,不得偏心。

4) 以 0.5~1.0MPa/s 的速率进行加荷直到破坏,记录破坏荷载及加载过程中出现的现象。抗压试件实验的最大荷载记录以牛顿(N)为单位,精确度为 1%。

五、结果整理

1) 岩石的抗压强度和软化系数分别按式(8-1)、式(8-2)计算。

$$R = \frac{P}{A} \tag{8-1}$$

式中:R——岩石的抗压强度(MPa);
P——试件破坏时的荷载(N);
A——试件的截面面积(mm^2)。

$$K_P = \frac{R_w}{R_d} \tag{8-2}$$

式中 K_p——软化系数;
R_w——岩石饱和状态下的单轴抗压强度(MPa);
R_d——岩石烘干状态下的单轴抗压强度(MPa)。

2) 单轴的抗压强度试验结果应同时列出每个试件的实验值及同组岩石单轴抗压强度的平均值;有显著层理的岩石,分别报告垂直与平行层理方向的试件强度的平均值。计算值精确至 0.1MPa。

软化系数计算值精确至 0.01,3 个试件平行测定,取算术平均值;3 个值中最大与最小之差不应超过平均值的 20%,否则应另取第 4 个试件,并在 4 个试件中取最接近的 3 个值的平均值作为试验结果,同时在报告中将 4 个值全部给出。

3) 试验记录

单轴抗压强度试验记录应包括岩石名称、试验编号、试件描述、试件尺寸、破坏荷载、破坏状态。

第二节 粗集料及集料混合料的筛分试验
(JTG E42 T0302—2005)

一、目的与适用范围

本方法适用于测定粗集料(碎石、砾石、矿渣等)的颗粒级配。对水泥混凝土用粗集料可采用干筛法筛分,对沥青混合料及基层用细集料必须用水洗法试验。本方法也适用于同时含有粗集料、细集料、矿粉的集料混合物的筛分试验。

二、仪器设备

1) 试验筛：根据需要选用规定的标准筛，如图 8-1。
2) 摇篮机。
3) 天平或台秤：感量不大于试样质量的 0.1%。
4) 其他：盘子、铲子、毛刷等。

三、试验准备

将来料用分料器或四分法缩分至表 8-1 要求的试样所需量，风干后备用。根据需要可按要求的集料最大粒径的筛孔尺寸过筛，除去超粒径部分颗粒后，再进行筛分。

筛分用的试样质量　　　　　　　　表 8-1

公称最大粒径（mm）	75	63	37.5	31.5	26.5	19	16	9.5	4.75
试样质量不少于（kg）	10	8	5	4	2.5	2	1	1	0.5

四、试验步骤

1. 水泥混凝土用粗集料干筛法试验步骤

1) 取一份试样置 105±5℃烘箱中烘干至恒重，称取干燥集料试样的总质量（m_0），准确至 0.1%。

2) 用搪瓷盘作筛分容器，按筛孔大小排列顺序逐个将集料过筛。人工筛分时，需使集料在筛面上同时有水平方向及上下方向的不停顿的运动，使小于筛孔的集料通过筛孔，直至 1min 内通过筛孔的质量小于筛上残余量的 0.1%为止；采用摇筛机筛分后，应该逐个由人工补筛。将筛出通过的颗粒并入下一号筛，和下一号筛中的试样一起过筛，按顺序进行，直至各号筛全部筛完为止。以确认 1min 内通过筛孔的质量确实小于筛上残余量的 0.1%。

图 8-1　粗集料标准筛

3) 如果某个筛上的集料过多，影响筛分作业时，可以分两次筛分。当筛余颗粒的粒径大于 19mm 时，筛分过程中允许用手指轻轻拨动颗粒，但不得逐颗塞过筛孔。

4) 称取每个筛上的筛余量，准确至总质量的 0.1%。各筛分计筛余量及筛底存量的总和与筛分前试样的总质量 m_0 相比，相差不得超过 m_0 的 0.5%。

2. 沥青混合料及基层粗集料水洗法试验步骤

1) 取一份试样，将试样置 105±5℃烘箱中烘干至恒重，称取干燥集料试样的总质量（m_0），准确至 0.1%。

注：恒重系指相邻两次称量间隔时间大于 3h（通常不少于 6h）的情况下，前后两次称量之差小于该项试验所要求的称量精密度（下同）。

2) 将试样置一洁净容器中，加入足够数量的洁净水，将集料全部盖没，但不得使用任何洗涤剂、分散剂或表面活性剂。

3) 用搅棒充分搅动集料，使集料表面洗涤干净，使细粉悬浮在水中，但不得破碎集料或有集料从水中溅出。

4) 根据集料粒径大小选择组成一组套筛，其底部为 0.075mm 标准筛，上部为 2.36mm 或 4.75mm 筛。仔细将容器中混有细粉的悬浮液倒出，经过套筛流入另一容器中，尽量不致将粗集料倒出，损坏标准筛筛面。

注：不可直接倒至 0.075mm 筛上，以免集料掉出损坏筛面。

5) 重复(2)~(4)步骤，直至倒出的水洁净为止，必要时可采用水流缓慢冲洗。

6) 将套筛的每个筛子上的集料及容器中的集料全部回收在一个搪瓷盘中，容器上不得有粘附的集料颗粒，将搪瓷盘连同集料一起置 105±5℃烘箱中烘干至恒重，称取干燥集料试样的总质量（m_2），准确至 0.1%。以 m_3 与 m_4 之差作为 0.075mm 的筛下部分。

五、干筛法筛分结果计算

1) 按式（8-3）计算各筛分计筛余量及筛底存量的总和与筛分前试样的干燥总质量 m_0 之差，作为筛分时的损耗，并计算损耗率，记入表 8-2 之第 (1) 栏，若损耗率大于 0.3%，应重新进行试验。

$$m_5 = m_0 - (\Sigma m_i + m_{底}) \tag{8-3}$$

式中　m_5——由于筛分造成的损耗（g）；

　　　m_0——用于干筛的干燥集料总质量（g）；

　　　m_i——各筛号上的分计筛余（g）；

　　　i——依次为 0.75mm、0.15mm……至集料最大粒径的排序；

　　　$m_{底}$——筛底（0.075mm 以下部分）集料总质量（g）。

2) 计算干筛分计筛余百分率

各号筛上的分计筛余百分率按式（8-4）计算，记入表 8-2 第 (2) 栏，精确至 0.1%。

$$p'_i = \frac{m_i}{m_0 - m_5} \times 100 \tag{8-4}$$

式中　p'_i——各号筛上的分计筛余百分率（%）；

　　　m_5——由于筛分造成的损耗（g）；

　　　m_0——用于干筛的干燥集料总质量（g）；

　　　m_i——各筛号上的分计筛余（g）；

　　　i——依次为 0.75mm、0.15mm……至集料最大粒径的排序。

3) 计算干筛累计筛余百分率

各号筛的累计筛余百分率为该号筛以上各号筛的分计筛余百分率之和，记入表 8-2 之第 (3) 栏，准确至 0.1%。

4) 计算干筛各号筛的质量通过百分率

各号筛的质量通过率 P_i 等于 100 减去该号筛累计筛余百分率，记入表 8-2 之第 (4) 栏，准确至 0.1%。由筛底存量除以扣除损耗后的干燥集料总质量计算 0.075mm 筛的通过率。

5) 试验结果以两次试验的平均值表示，记入表 8-2 第 (5) 栏，精确至 0.1%。当两次试验结果 $P_{0.075}$ 的差值超过 1%时，试验应重新进行。

粗集料干筛法筛分记录　　　　　　　表 8-2

干燥试样总量 m_0 (g)	第1组 3000				第2组 3000				平均
筛孔尺寸 (mm)	筛上重 m_i (g)	分计筛余 (%)	累计筛余 (%)	通过百分率 (%)	筛上重 M_i (g)	分计筛余 (%)	累计筛余 (%)	通过百分率 (%)	通过百分率 (%)
	(1)	(2)	(3)	(4)	(1)	(2)	(3)	(4)	(5)
19	0	0	0	100	0	0	0	100	100
16	696.3	23.2	23.2	76.8	699.4	23.3	23.3	76.7	76.7
13.2	431.9	14.4	37.6	62.4	434.6	14.5	37.8	62.2	62.3
9.5	801.0	26.7	64.4	35.6	802.3	26.8	64.6	35.4	35.5
4.75	989.8	33.0	97.4	2.6	985.3	32.9	97.4	2.6	2.6
2.36	70.1	2.3	99.7	0.3	68.5	2.3	99.7	0.3	0.3
1.18	8.2	0.3	100.0	0.0	7.9	0.3	100.0	0.0	0.0
0.6	0.5	0.0	100.0	0.0	0.2	0.0	100.0	0.0	0.0
0.3	0.0	0.0	100.0	0.0	0.0	0.0	100.0	0.0	0.0
0.15	0.0	0.0	100.0	0.0	0.0	0.0	100.0	0.0	0.0
0.075	0.0	0.0	100.0	0.0	0.0	0.0	100.0	0.0	0.0
筛底 $m_{底}$	0.0	0.0	100.0		0.0	0.0	100.0	0.0	
筛分后总质量 Σm_i (g)	2997.8	100.0			2998.2	100.0			
损耗 m_5 (g)	2.2				1.8				
损耗率 (%)	0.07				0.06				

六、报告

筛分结果以各筛孔的质量通过百分率表示，宜记录为表 8-2 的格式。同一种集料至少取两个试样平行试验两次，取平均值作为每号筛上筛余量的试验结果，报告集料级配组成通过百分率及级配曲线。

水洗法筛分结果计算，详见《公路工程集料试验规程》JTG E42—2005 中的 T 0302—2005。

第三节　粗集料密度及吸水率试验（网篮法）
（JTG E42 T0304—2005）

一、目的与适用范围

本方法适用于测定各种粗集料的表观相对密度、表干相对密度、毛体积相对密度、表观密度、表干密度、毛体积密度，以及粗集料的吸水率。

二、仪器设备

1) 天平或浸水天平：可悬挂吊篮测定集料的水中质量，称量应满足试样数量称量要求，感量不大于最大称量的 0.05%。
2) 吊篮：耐锈蚀材料制成，直径和高度为 150mm 左右，四周及底部用 1~2mm 的筛网编制或具有密集的孔眼。
3) 溢流水槽：在称量水中质量时能保持水面高度一定。
4) 烘箱：能控温在 105±5℃。
5) 毛巾：纯棉制，洁净，也可用纯棉的汗衫布代替。
6) 温度计。
7) 标准筛。
8) 盛水容器（如搪瓷盘）。
9) 其他：刷子等。

三、试验准备

1) 将取来的试样用 4.75mm 筛或 2.36mm 标准筛过筛，用四分法缩分至要求的质量，分两份备用。对沥青路面用粗集料，应对不同规格的集料分别测定，不得混杂，所取的每一份集料试样应基本上保持原有的级配。在测定 2.36~4.75mm 的粗集料时，试验过程应特别小心，不得丢失集料。
2) 经缩分后供测定密度和吸水率的粗集料质量应符合表 8-3 的规定。
3) 将每一份集料试样浸泡在水中，并适当搅动，仔细洗去附在集料表面的尘土和石粉，经多次漂洗干净至水完全清澈为止。清洗过程中不得散失集料颗粒。

测定密度所需要的试样最小质量（方孔筛） 表 8-3

公称最大粒径（mm）	4.75	9.5	16	19	26.5	31.5	37.5	63	75
每一份试样的最小质量（kg）	1	1	1	1	1.5	1.5	2	3	3

四、试验步骤

1) 取试样一份装入干净的搪瓷盘中，注入洁净的水，水面至少应高出试样 20mm，轻轻搅动石料，使附着石料上的气泡逸出。在室温下保持浸水 24h。如图 8-2 所示。
2) 将吊篮挂在天平的吊钩上，浸入溢流水槽中，向溢流水槽中注水，水面高度至水槽的溢流孔为止，将天平调零。吊篮的筛网应保证集料不会流失。
3) 调节水温在 15~25℃范围内。将试样移入吊篮中。溢流水槽中的水面高度由水槽的溢流孔控制，维持不变。称取集料的水中质量（m_w）。
4) 提起吊篮，稍稍滴水后，较粗集料可直接倒在拧干的湿毛巾上。较细的粗集料（2.36~4.75mm）连同浅盘中一起取出，稍倾斜搪瓷盘，仔细倒出余水，将粗集料倒在拧干的湿毛巾上，用毛巾吸走从领料中漏出的自由水。注意不得有颗粒丢失，或有小颗粒附在吊篮上。用毛巾吸走漏出的自由水。用拧干的湿毛巾轻轻擦干颗粒的表面水，至表面看不到发亮的水迹，即为饱和面干状态。当粗集料尺寸较大时，可逐颗擦干。注意拧毛巾时不要太用劲,防止拧得太干,对较细的含水较多的粗集料,毛巾可拧得稍干些。擦颗粒的表面水时,既要将表面水擦干,又不能将颗粒内部的水吸出。整个过程中不得有集料丢失,且擦干的集料不得继续在空气中置放,以防止集料干燥。

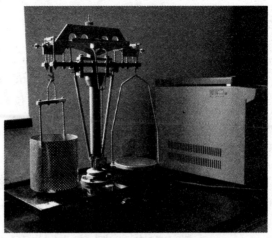

5)立即在保持表干状态下,称取集料的表干质量(m_f)。

6)将集料置于浅盘中,放入105±5℃的烘箱中烘干至恒重。取出浅盘,放在带盖的容器中冷却至室温,称取集料的烘干质量(m_a)。一般在烘箱中的烘烤时间不得少于4~6h。

图8-2 粗集料密度试验(静水天平)

7)对同一规格的集料应平行试验两次,取平均值作为试验结果。

五、结果计算

1)表观相对密度γ_a、表干相对密度γ_s、毛体积相对密度γ_h按式(8-5)式(8-6)式(8-7)计算至小数点后3位。

$$\gamma_a = \frac{m_a}{m_a - m_w} \tag{8-5}$$

$$\gamma_s = \frac{m_f}{m_f - m_w} \tag{8-6}$$

$$\gamma_b = \frac{m_a}{m_f - m_w} \tag{8-7}$$

式中　γ_a——集料的表观相对密度,无量纲;

　　　γ_s——集料的表干相对密度,无量纲;

　　　γ_b——集料的毛体积相对密度,无量纲;

　　　m_a——集料的烘干质量(g);

　　　m_f——集料的表干质量(g);

　　　m_w——集料的水中质量(g)。

2)集料的吸水率以烘干试样为基准,按式(8-8)计算,准确至0.01%。

$$w_x = \frac{m_f - m_a}{m_a} \times 100 \tag{8-8}$$

式中　w_x——粗集料的吸水率(%)。

3)粗集料的表观密度(视密度)ρ_a、表干密度ρ_s、毛体积密度ρ_h,按式(8-9)、式(8-10)、式(8-11)计算,准确至小数点后3位。不同水温条件下测量的粗集料表观密度需进行水温修正,不同试验温度下水的密度ρ_T及水的温度修正系数a_T如表1-10所列,此表适用于在15~25℃测定的情况。

$$\rho_a = \gamma_a \times \rho_T \text{ 或 } \rho_a = (\gamma_a - a_T) \times \rho_w \tag{8-9}$$

$$\rho_s = \gamma_s \times \rho_T \text{ 或 } \rho_s = (\gamma_s - a_T) \times \rho_w \tag{8-10}$$

$$\rho_h = \gamma_h \times \rho_T \text{ 或 } \rho_h = (\gamma_h - a_T) \times \rho_w \tag{8-11}$$

式中 ρ_a——粗集料的表观密度（g/cm³）；

ρ_s——粗集料的表干密度（g/cm³）；

ρ_h——粗集料的毛体积密度（g/cm³）；

ρ_T——试验温度 T 时水的密度，（g/cm³）；

a_T——试验温度 T 时水温修正系数；按第一章表1-3取用；

ρ_W——水在4℃时的密度（1.000g/cm³）。

六、精密度或允许差

重复试验的精密度，对于表观相对密度、表干相对密度、毛体积相对密度，两次结果相差不得超过0.02，对于吸水率不得超过0.2%。

第四节 粗集料堆积密度及空隙率试验
（JTG E42 T0309—2005）

一、目的与适用范围

测定粗集料的堆积密度，包括自然堆积状态、振实状态、捣实状态下的堆积密度，以及堆积状态下的空隙率。

二、仪器设备

1）天平或台秤：感量不大于称量的0.1%。

2）容量筒：适用于粗集料堆积密度测定的容量筒应符合表8-4的要求。

容量筒的规格要求 表8-4

粗集料公称最大粒径（mm）	容量筒容积（L）	容量筒规格（mm）			筒壁厚度（mm）
		内径	净高	底厚	
≤4.75	3	155±2	160±2	5.0	2.5
9.5～26.5	10	205±2	305±2	5.0	2.5
31.5～37.5	15	255±5	295±5	5.0	3.0
≥53	20	355±5	305±5	5.0	3.0

3）平头铁锹。

4）烘箱：能控温105±5℃。

5）振动台：频率为3000±200次/min，负荷下的振幅为0.35mm，空载时的振幅为0.5mm。

6）捣棒：直径为16mm，长600mm，一端为圆头的钢棒。

三、实验准备

按规定方法取样、缩分，质量应满足试验要求，在105±5℃的烘箱中烘干，也可以摊在清洁的地面上风干，拌匀后分成两份备用。

四、实验步骤

1. 自然堆积密度

取试样 1 份，置于平整干净的水泥地（或铁板）上，用平头铁锹铲起试样，使石子自由落入容量筒内。此时，从铁锹的齐口至容量筒上口的距离应保持为 50mm 左右，装满容量筒并除去凸出筒口表面的颗粒，并以合适的颗粒填入凹陷空隙，使表面稍凸起部分和凹陷部分的体积大致相等，称取试样和容量筒总质量（m_2）。

2. 振实密度

按堆积密度试验步骤，将装满试样的容量筒放在振动台上，振动 3min，或者将试样分三层装入容量筒；装完一层后，在筒底垫放一根直径为 25mm 的圆钢筋，将筒按住，左右交替颠击地面各 25 下，然后装入第二层，用同样的方法颠实（但筒底所垫钢筋的方向应与第一层放置方向垂直）；然后再装入第三层，如法颠实；待三层试样装填完毕后，加料填到试样超出容量筒口，用钢筋沿筒口边缘滚转，刮下高出筒口的颗粒，用合适的颗粒填平凹处，使表面稍凸起部分和凹陷部分的体积大致相等，称取试样和容量筒总质量（m_2）。

3. 捣实密度

根据沥青混合料的类型和公称最大粒径，确定起骨架作用的关键性筛孔（通常为 4.75mm 或 2.36mm 等），将矿料混合料中筛孔以上颗粒筛出作为试样，装入符合规格要求的容器中达 1/3 的高度，由边至中用捣棒均匀捣实 25 次，再向容器中装入 1/3 高度的试样，用捣棒均匀地捣实 25 次，捣实深度约至下层的表面。然后重复上一步骤，加最后一层，捣实 25 次，使集料与容器口齐平。用合适的集料填充表面的大空隙用直尺大体刮平，目测估计表面凸起部分与凹陷部分的容积大致相等，称取试样和容量筒的总质量（m_2）。

4. 容量筒容积的标定

用水装满容量筒，测量水温，擦干筒外壁的水分，称取容量筒与水的总质量（m_w），并按水的密度对容量筒的容积做校正。

五、结果整理

1) 容量筒的容积（按式（8-12）计算）：

$$V = \frac{m_w - m_1}{\rho_T} \tag{8-12}$$

式中 V——容量筒的容积（L）；

m_1——容量筒的质量（kg）；

m_w——容量筒与水的总质量（kg）；

ρ_T——试验温度 T 时水的密度，（g/cm³）按表 1-3 取用。

2) 堆积密度（包括自然堆积状态、振实状态、捣实状态下的堆积密度）按式（8-13）计算至小数点后 2 位。

$$\rho = \frac{m_2 - m_1}{V} \tag{8-13}$$

式中： ρ——与各种状态相对应的堆积密度（t/m³）；
m_1——容量筒的质量（kg）；
m_2——容量筒与水的总质量（kg）；
V——容量筒的容积（L）。

3) 水泥混凝土用粗集料振实状态下的空隙率按式（8-14）计算。

$$V_c = \left(1 - \frac{\rho}{\rho_a}\right) \times 100 \tag{8-14}$$

式中 V_c——水泥混凝土用粗集料的空隙率（%）；
ρ_a——粗集料的表观密度（t/m³）；
ρ——按振实法测定的粗集料堆积密度（t/m³）。

4) 沥青混合料用粗集料骨架捣实状态的间隙率按式（8-15）计算。

$$VCA_{DRC} = \left(1 - \frac{\rho}{\rho_b}\right) \times 100 \tag{8-15}$$

式中 VCA_{DRC}——捣实状态下粗集料骨架间隙率（%）；
ρ_b——按网篮法测定的粗集料的毛体积密度（t/m³）；
ρ——按捣实法测定的粗集料的自然堆积密度（t/m³）。

以两次平行试验结果的平均值为测定值。

第五节　水泥混凝土用粗集料针片状
颗粒含量试验（规准仪法）
（JTG E42 T0311—2005）

一、目的与试用范围

1) 本方法适用于测定水泥混凝土用 4.75mm 以上粗集料的针状及片状颗粒含量，以百分率计。

2) 本方法测定的针片状颗粒，是指利用专用规准仪测定的粗集料颗粒的最小厚度（或直径）方向与最大长度（或宽度）方向的尺寸之比小于一定比例的颗粒。

3) 本方法测定的粗集料中针片状颗粒的含量，可用于评价集料的形状及其在工程中的适用性。

二、仪器设备

1) 水泥混凝土集料针状规准仪和片状规准仪见图 8-3，尺寸应符合表 8-5 的要求。

2) 天平或台秤：感量不大于称量值的 0.1%。

3) 标准筛：孔径分别为 4.75mm、9.5mm、16 mm、L9 mm、26.5mm、31.5mm、37.5mm，

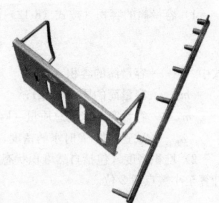

图 8-3　针片、片状规准仪

试验时根据需要选用。

水泥混凝土集料针、片状颗粒试验的粒级划分及其相应的规准仪孔宽或间距　　表 8-5

粒级（方孔筛）(mm)	4.75～9.5	9.5～16	16～19	19～26.5	26.5～31.5	31.5～37.5
针状规准仪上相对应的立柱之间的间距宽（mm）	17.1 (B_1)	30.6 (B_2)	42.0 (B_3)	54.6 (B_4)	69.6 (B_5)	82.8 (B_6)
片状规准仪上相对应的孔宽（mm）	2.8 (A_1)	5.1 (A_2)	7.0 (A_3)	9.1 (A_4)	11.6 (A_5)	13.8 (A_6)

三、试验准备

将来样在室内风干至表面干燥，并用四分法或分料器法缩分至满足表 T0311-2 规定的质量，称量（m），然后筛分成表 8-6 所规定的粒级备用。

针、片状试验所需的试样最少质量　　表 8-6

公称最大粒径（mm）	9.5	16	19	26.5	31.5	37.5
试样最小质量（kg）	0.3	1	2	3	5	10

四、试验步骤

1) 目测挑出接近立方体形状的规则颗粒，将目测有可能属于针片状颗粒的集料按表 8-5 所规定的粒级用规准仪逐粒对试样进行针状颗粒鉴定，挑出颗粒长度大于针状规准仪上相应间距而不能通过者，为针状颗粒。

2) 将通过针状规准仪上相应间距的非针状颗粒用片状规准仪逐粒对试样进行片状颗粒鉴定，挑出厚度小于片状规准仪上相应孔宽能通过者，为片状颗粒。

3) 称量由各粒级挑出的针状颗粒和片状颗粒的质量，其总质量为 m_1。

五、结果整理

碎石或砾石中针片状颗粒含量按式（8-16）计算，精确至 0.1%。

$$Q_e = \frac{m_1}{m_0} \times 100 \tag{8-16}$$

式中　Q_e——试样的针片状颗粒含量（%）；
　　　m_1——试样中所含针状颗粒与片状颗粒的总质量（g）；
　　　m_0——试样总质量（g）。

第六节　粗集料针片状颗粒含量试验（游标卡尺法）
（JTG E42 T0312—2005）

一、目的与适用范围

1) 本方法适用于测定粗集料的针状及片状颗粒含量，以百分率计。

2) 本方法测定的针片状颗粒，是指用游标卡尺测定的粗集料颗粒的最大长度（或宽度）方向与最小厚度（或直径）方向的尺寸之比大于 3 的颗粒。有特殊要求采用其他比例时,应在试验报告中注明。

3) 本方法测定的粗集料中针片状颗粒的含量,可用于评价集料的形状和抗压碎能力,以评定石料生产厂的生产水平及该材料在工程中的适用性。

图 8-4 游标卡尺图片

二、仪具与材料

1) 标准筛:方孔筛 4.75 mm。

2) 游标卡尺:精密度为 0.1 mm(图 8-4)。

3) 天平:感量不大于 1g。

三、试验步骤

1) 按现行集料随机取样的方法,采集集料试样,按四分法选取 1kg 左右的试样。对每一种规格的粗集料,应按照不同的公称粒径,分别取样检验。

2) 用 4.75 mm 标准筛将试样过筛,取筛上部分供试验用,称取试样的总质量 m_0,准确至 1g,试样数量应不少于 800g,并不少于 100 颗。

3) 将试样平摊于桌面上,首先用目测挑出接近立方体的颗粒,剩下可能属于针状(细长)和片状(扁平)的颗粒。

4) 按图 8-5 所示的方法将欲测量的颗粒放在桌面上成一稳定的状态,图中颗粒平面方向的最大长度为 L,侧面厚度的最大尺寸为 t,颗粒最大宽度为 ω($t<\omega<L$),用卡尺逐颗测量石料的 L 及 t,将 $L/t \geqslant 3$ 的颗粒(即最大长度方向与最大厚度方向的尺寸之比大于 3 的颗粒)分别挑出作为针片状颗粒。称取针片状颗粒的质量 m_1,准确至 1g。

5) 计算

按式(8-17)计算针片状颗粒含量:

$$Q_e = \frac{m_1}{m_0} \times 100 \tag{8-17}$$

式中 Q_e——针片状颗粒含量(%);

m_1——试验用的集料总质量(g);

m_0——针片状颗粒的质量(g)。

试验要平行测定两次,计算两次结果的平均值,如两次结果之差小于平均值的 20%,取平均值为试验值;如大于或等于 20%,应追加测定一次,取三次结果的平均值为测定值。

第七节 粗集料压碎值试验
(JTG E42 T0316—2005)

一、目的与适用范围

集料压碎值用于衡量石料在逐渐增加的荷载下抵抗压碎的能力,是衡量石料力学性质的指标,以评定其在公路工程中的适用性。

二、仪具与材料

1）石料压碎值试验仪：由内径 150mm、两端开口的钢制圆形试筒、压柱和底板组成，其形状和尺寸见图 8-5 和表 8-7。试筒内壁、压柱的底面及底板的上表面等与石料接触的表面都应进行热处理，使表面硬化，达到维氏硬度 65，并保持光滑状态。

2）金属棒：直径 10mm，长 450～600mm，一端加工成半球形。

3）天平：称量 2～3kg，感量不大于 1g。

4）标准筛：筛孔尺寸 13.2mm、9.5mm、2.36mm 方孔筛各一个。

5）压力机：500kN，应能在 10min 内达到 400kN。

6）金属筒：圆柱形，内径 112.0mm，高 179.4mm，容积 1767cm³。

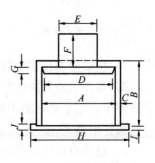

图 8-5 压碎指标值测定仪（尺寸单位：mm）

试筒、压柱和底板尺寸　　　　　表 8-7

部 位	符 号	名 称	尺寸（mm）
试筒	A	内径	150±0.3
	B	高度	125～128
	C	壁厚	≥12
压柱	D	压头直径	149±0.2
	E	压杆直径	100～149
	F	压柱总长	100～110
	G	压头厚度	≥25
底板	H	直径	200～220
	I	厚度（中间部分）	6.4±0.2
	J	边缘厚度	10±0.2

三、试验准备

1）采用风干石料用 13.2mm 和 9.5mm 标准筛过筛，取 9.5～13.2mm 的试样 3 组各 3000g，供试验用。如过于潮湿需加热烘干时，烘箱温度不得超过 100℃，烘干时间不超过 4h。试验前，石料应冷却至室温。

2）每次试验的石料数量应满足按下述方法夯击后石料在试筒内的深度为 100mm。

在金属筒中确定石料数量的方法如下：

将试样分 3 次（每次数量大体相同）均匀装入试模中，每次均将试样表面整平，用金属棒的半球面端从石料表面上均匀捣实 25 次。最后用金属棒作为直刮刀将表面仔细整平，称取量筒中试样质量（m_0），以相同质量的试样进行压碎值的平行试验。

四、试验步骤

1）将试筒安放在底板上。

2）将要求质量的试样分3次（每次数量大体相同）均匀装入试模中，每次均将试样表面整平，用金属棒的半球面端从石料表面上均匀捣实25次。最后用金属棒作为直刮刀将表面仔细整平。

3）将装有试样的试模放到压力机上，同时加压头放入试筒内石料面上，注意使压头摆平，勿楔挤试模侧壁。

4）开动压力机，均匀地施加荷载，在10min左右的时间内达到总荷载400kN，稳压5s，然后卸荷。

5）将试模从压力机上取下，取出试样。

6）用2.36mm标准筛筛分经压碎的全部试样，可分几次筛分，均需筛到在1min内无明显的筛出物为止。

7）称取通过2.36mm筛孔的全部细料质量（m_1），准确至1g。

五、计算

石料压碎值按式（8-18）计算，精确至0.1%。

$$Q'_a = \frac{m_1}{m_0} \times 100 \tag{8-18}$$

式中 Q'_a——石料压碎值（%）；
m_1——试验前试样质量（g）；
m_0——试验后通过2.36mm筛孔的细料质量（g）。

六、报告

以3个试样平行试验结果的算术平均值作为压碎值的测定值。

第八节 细集料筛分试验
（JTG E42 T0327—2005）

一、目的与适用范围

本方法适用于测定细集料（天然砂、人工砂、石屑）的颗粒级配及粗细程度。对水泥混凝土用细集料可采用干筛法，如有需要也可用水洗法筛分；对沥青混合料及基层用细集料必须用水洗法筛分。

注：当细集料中含有粗集料时，可参照此方法用水洗法筛分，需特别注意保护标准筛面不损坏。

二、仪器设备

1）标准筛

(1) 水泥混凝土用砂为孔径 9.5mm、4.75mm、2.36mm、1.18mm、0.6mm、0.3mm、0.15mm、0.075mm 的方孔筛;

(2) 沥青路面用砂为孔径 4.75mm、2.36mm、1.18mm、0.6mm、0.3mm、0.15mm、0.075mm 的方孔筛。

2) 天平

称量 1000g，感量不大于 0.5g。

3) 摇筛机

4) 烘箱

能控温在 105±5℃。

5) 其他

浅盘和硬、软毛刷等。

三、试验准备

将试样通过 9.5mm 筛（水泥混凝土用天然砂）或 4.75mm 筛（沥青路面及基层用天然砂、石屑、机制砂）筛出其中的超出粒径材料。然后在潮湿状态下充分拌匀，用分料器法或四分法缩分至每份不少于 550g 的试样两份，在 105±5℃ 的烘箱中烘干至恒重，冷却至室温后备用。

四、试验步骤

1. 干筛法试验步骤

1) 准确称取烘干试样约 500g（m_1），准确至 0.5g，置于套筛的最上一只筛，即 4.75mm 筛上，将套筛装入摇筛机，摇筛约 10min，然后取出套筛，再按筛孔大小顺序，从最大的筛号开始，在清洁的浅盘上逐个进行手筛，直到每分钟的筛出量不超过筛上剩余量的 0.1% 时为止，将筛出通过的颗粒并入下一号筛，和下一号筛中的试样一起过筛，按此顺序进行，直到各号筛全部筛完为止。

注：试样如为特细砂时，试样质量可减少到 100g；

如试样含泥量超过 5%，不宜采用干筛法；

无摇筛机时，可直接用手筛。

2) 称量各筛筛余试样的质量，精确 0.5g。所有各筛的分计筛余量和底盘中剩余量的总量与筛分前的试样总量相比，其相差不得超过后者的 1%。

2. 水洗法试验步骤

1) 准确称取烘干试样约 500g（m_1），准确至 0.5g。

2) 将试样置一洁净容器中，加入足够数量的洁净水，将集料全部淹没。

3) 用搅棒充分搅拌集料，使集料表面洗涤干净，使细粉悬浮在水中，但不得有集料从水中溅出。

4) 用 1.18mm 筛及 0.075mm 筛组成套筛。仔细将容器中混有细粉的悬浮液徐徐倒出，经过套筛流入另一容器中，但不得将集料倒出。

5) 重复 2)~4) 步骤，直至倒出的水洁净，且小于 0.075mm 的颗粒全部倒出。

6) 将容器中的集料倒入搪瓷盘中，用少量水冲洗，使容器上沾附的集料颗粒全部进入搪瓷盘中。将筛子反扣过来,用少量的水将筛上的集料冲洗入搪瓷盘中。操作过程中不得有集料散失。

7) 将搪瓷盘连同集料一起置于105±5℃烘箱中烘干至恒重,称取干燥集料试样的总质量(m_2),准确至0.1%。m_1与m_2之差即为通过0.075mm部分。

8) 将全部要求筛孔组成套筛(但不需0.075mm筛),将已经洗去小于0.075mm部分的干燥集料置于套筛上(一般为4.75mm筛),将套筛装入摇筛机,摇筛约10min,然后取出套筛,再按筛孔大小顺序,从最大的筛号开始,在清洁的浅盘上逐个进行手筛,直至每分钟的筛出量不超过筛上剩余量的0.1%时为止,将筛出通过的颗粒并入下一号筛,和下一号筛中的试样一起过筛,这样顺序进行,直到各号筛全部筛完为止。

9) 称量各筛筛余试样的质量,精确0.5g,所有各筛的分计筛余量和底盘中剩余量的总质量与筛分前后试样总量m_2的差值不得超过后者的1%。

五、结果整理

1. 计算分计筛余百分率

各号筛的分计筛筛余百分率为各号筛上的筛余量除以试样总量(m_1)的百分率,精确至0.1%。对沥青路面细集料而言,0.15mm筛下部分即为0.075mm的分计筛余,由上述(7)测得的m_1与m_2之差即为小于0.075mm的筛底部分。

2. 计算累计筛余百分率

各号筛的累计筛余百分率为该号筛及大于该号筛的各号筛的分计筛余百分率之和,准确至0.1%。

3. 计算质量通过百分率

各号筛的质量通过百分率等于100减去该号筛的累计筛余百分率,准确至0.1%。

4. 绘制级配曲线

根据各筛的累计筛余百分率或通过百分率,绘制级配曲线。

5. 计算细度模数

对于水泥混凝土天然砂,按式(8-19)计算细度模数,对沥青路面及各种路面的基层、底基层用的天然砂,用式(8-20)计算细度模数,准确至0.01。

$$M_x = \frac{(A_{0.15} + A_{0.3} + A_{0.6} + A_{1.18} + A_{2.36}) - 5A_{4.75}}{100 - A_{4.75}} \quad (8-19)$$

$$M_x = \frac{(A_{0.15} + A_{0.3} + A_{0.6} + A_{1.18} + A_{2.36}) - 5A_{4.75}}{100} \quad (8-20)$$

式中　　M_x——砂的细度模数;

$A_{0.15}$,$A_{0.3}$,…,$A_{4.75}$——分别为0.15mm、0.3mm、…、4.75mm各筛上的累计筛余百分率(%)。

6. 进行平行试验。

应进行两次平行试验,以试验结果的算术平均值作为测定值。如两次试验所得的细度模数之差大于0.2,应重新进行试验。

第九节　细集料表观密度试验（容量瓶法）
（JTG E42 T0328—2005）

一、目的与适用范围

测定细集料（天然砂、石屑、机制砂）在23℃时对水的表观相对密度和表观密度，本试验适用于含有少量大于2.36mm部分的细集料。

二、仪器设备

1) 天平：称量1kg，感量不大于1g。
2) 容量瓶：500mL（图8-6）。
3) 烘箱：能控温在105±5℃。
4) 烧杯：500mL。
5) 洁净水：可以用洁净水或蒸馏水（规范规定）。
6) 其他：干燥器、浅盘、铝制料勺、温度计等。

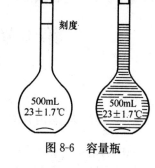

图8-6　容量瓶

三、试验准备

将缩分至650g左右的试样在温度为105±5℃的烘箱中烘干至恒重，并在干燥器内冷却至室温，分成两份备用。

四、试验步骤

1) 称取烘干的试样约300g（m_0），装入盛有半瓶洁净水的容量瓶中。
2) 摇转容量瓶，使试样在已保温至23±1.7℃的水中充分搅动以排除气泡，塞紧瓶塞，静置24h左右，然后用滴管添水，使水面与瓶颈刻度线平齐，再塞紧瓶塞，擦干瓶外水分，称其总质量（m_2）。
3) 倒出瓶中的水和试样，将瓶的内外表面洗净，再向瓶内注入同样温度相差不超过2℃的洁净水至瓶颈刻度线，塞紧瓶塞，擦干瓶外水分，称其总质量（m_1）。

注：在砂的表观密度试验过程中，应测量并控制水的温度，试验期间的温度差不得超过1℃。

五、结果整理

1) 细集料的表观相对密度按式（8-21）计算至小数点后3位。

$$\gamma_a = \frac{m_0}{m_0 + m_1 - m_2} \tag{8-21}$$

式中　γ_a——细集料的表观相对密度，无量纲；
　　　m_0——试样的烘干质量（g）；
　　　m_1——水及容量瓶总质量（g）；
　　　m_2——试样、水及容量瓶总质量（g）。

2) 表观密度 ρ_a 按式（8-22）计算，准确至小数点后 3 位。

$$\rho_a = \gamma_a \times \rho_T \text{ 或 } \rho_a = (\gamma_a - \alpha_T) \times \rho_w \tag{8-22}$$

式中　ρ_a——细集料的表观密度（g/cm³）；

　　　ρ_w——水在 4℃时的密度（g/cm³）；

　　　α_T——试验时的水温对水的密度影响的修正系数，按表 1-3 取用（本方法适用于测定各种集料、矿粉时对所测定的各种密度需要按水的温度计算试验时的非标准温度时的密度修正使用。试验温度的适用范围为 15～25℃）。

　　　ρ_T——试验温度 T 时水的密度（g/cm³），按表 1-3 取用。

以两次平行试验结果的算术平均值作为测定值，如两次结果之差值大于 0.001 g/cm³ 时，应重新取样进行试验。

第十节　细集料密度及吸水率试验
（JTG E42 T0330—2005）

一、目的与适用范围

采用坍落度筒测定细集料（天然砂、石屑、机制砂）在 23℃时对水的毛体积密度、表观相对密度、表干相对密度（饱和面干相对密度）。本方法适用于小于 2.36mm 以下的细集料。

用坍落度筒法测定细集料（天然砂、机制砂、石屑）处于饱和面干时的吸水率状态。

二、仪器设备

1) 天平：称量 1kg，感量不大于 0.1g。
2) 饱和面干试模：上口径 40±3mm，下口径 90±3mm，高 75±3mm 的坍落度筒（图 8-7 和图 1-11）。
3) 捣棒：金属棒，直径 25±3mm，质量 340±15g（图 8-7）。
4) 烧杯：500mL。
5) 容量瓶：500mL。
6) 烘箱：能控温在 105±5℃。
7) 洁净水：可以用蒸馏水或纯净水，温度为 23±1.7℃。
8) 其他：干燥器、吹风机（手提式）、浅盘、玻璃棒、铝制料勺、温度计等。

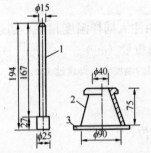

图 8-7　饱和面干试模及其捣棒
1—捣棒；2—试模；3—玻璃板

三、试验准备

1) 将来样用 2.36mm 标准筛过筛，除去 2.36mm 的部分。在潮湿状态下用分料器或四分法缩分细集料至 1000g 左右，均匀分成两份，分别装入浅盘或合适的容器。

2）注入洁净水，使水面高出试样表面20mm左右（测量水温控制在23±1.7℃），用玻璃棒连续搅拌5min，以排除气泡，静置24h。

3）细心地倒去试样上部的水，但不得将细粉部分倒走，并用吸管吸去余水。

4）将试样在盘中摊开，用手提吹风机缓缓吹入暖风，并不断翻拌试样，使集料表面的水在各部位蒸发，达到估计的饱和面干状态。注意吹风过程中不得使细粉损失。

5）然后将试样松散地一次装入饱和面干试模中；用捣棒轻捣25次，捣棒端面距试样表面距离不超过10mm，使之自由落下，捣完后刮平模口，如留有空隙亦不必再装满。

6）从垂直方向徐徐提起试模，如试样保留锥形没有坍落，则说明集料中尚含有表面水，应继续用暖风干燥、试验，直至试模提起后试样开始坍落为止。如试模提起后试样坍落过多，则说明试样干燥过分，此时应将试样均匀洒水5mL，经充分拌匀，并静置于加盖容器中30min后，再按上述方法进行试验，至达到饱和面干为止。判断饱和面干状态的标准，对天然砂，宜以"在试样中心部分上部成为2/3左右的圆锥体，即大致坍落1/3左右"作为标准状态；对机制砂和石屑，宜以"当移去坍落度筒第一次出现坍落时的含水率即最大含水率作为试样的饱和面干状态"。参见第一篇第一章图1—5细集料照片，细集料详见《公路工程集料试验规程》JTG E42—2005 中的 0330—2005。

四、试验步骤

1）立即称取饱和面干的试样约300g（m_3）。

2）将试样迅速放入容量瓶中，勿使水分蒸发和集料散失，然后加洁净水至450mL刻度处，转动容量瓶，搅动以排除气泡后，再仔细加水至500mL刻度处，塞紧瓶塞，擦干瓶外水分，称其总质量（m_2）。

3）全部倒出集料试样，洗净瓶内外，用同样的水（每次需测量水温，宜为23±1.7℃，两次水温相差不大于2℃）将倒出集料试样置105±5℃的烘箱中烘干至恒重，并在干燥器内冷却至室温，称取干样的质量（m_0）。

五、结果计算

1）细集料的表观相对密度γ_a、表干密度γ_s、毛体积密度γ_b按式（8-23）、式（8-24）、式（8-25）计算准确至小数点后3位。

$$\gamma_a = \frac{m_0}{m_0 + m_1 - m_2} \tag{8-23}$$

$$\gamma_s = \frac{m_3}{m_3 + m_1 - m_2} \tag{8-24}$$

$$\gamma_b = \frac{m_0}{m_3 + m_1 - m_2} \tag{8-25}$$

式中　γ_a——细集料的表观相对密度，无量纲；

　　　γ_s——集料的表干密度，无量纲；

　　　γ_b——集料的毛体积密度，无量纲；

　　　m_0——试样的烘干质量（g）；

　　　m_1——水、瓶总质量（g）；

m_2——饱和面干试样、水、瓶总质量（g）；

m_3——饱和面干质量（g）。

2) 细集料表观密度 ρ_a、表干密度 ρ_s、毛体积密度 ρ_b，按式（8-26）、式（8-27）、式（8-28）计算，准确至小数点后 3 位。

$$\rho_a = (\gamma_a - \alpha_T) \times \rho_w \qquad (8\text{-}26)$$

$$\rho_s = (\gamma_s - \alpha_T) \times \rho_w \qquad (8\text{-}27)$$

$$\rho_b = (\gamma_b - \alpha_T) \times \rho_w \qquad (8\text{-}28)$$

式中 ρ_a——集料的表观密度（g/cm³）；

ρ_s——集料的表干密度（g/cm³）；

ρ_b——集料的毛体积密度（g/cm³）；

ρ_w——水在 4℃时的密度值（g/m³）；

α_T——试验时的水温对水的密度影响的修正系数，按表 1-3 取用。

3) 细集料的吸水率按式（8-29）计算，精确至 0.01%。

$$w_x = \frac{m_3 - m_0}{m_0} \times 100 \qquad (8\text{-}29)$$

式中 w_x——集料的吸水率（%）；

m_3——饱和面干试样质量（g）；

m_0——烘干试样质量（g）。

六、精度与允许误差

毛体积密度与饱和面干密度以两次试验结果的算术平均值作为测定值，如两次结果之差值大于 0.01 g/cm³ 时，应重新取样进行试验。

吸水率以两次平行试验结果的算术平均值作为测试值，如两次结果与平均值之差大于 0.02%，应重新取样进行试验。

第十一节 细集料堆积密度及紧装密度试验
（JTG E42 T0331—1994）

一、目的和适用范围

测定砂在自然状态下的堆积密度、紧装密度及空隙率。

二、仪器设备

1) 台秤：称量 5kg，感量 5g。
2) 容量筒：金属制，圆筒形，内径 108mm，净高 109mm，筒壁厚 2mm，筒底厚 5mm，容积约为 1L。
3) 标准漏斗（图 8-8）。
4) 烘箱：能控温在 105±5℃。
5) 其他：小勺、直尺、浅盘等。

三、试验准备

1) 用浅盘装试样约 5kg，在温度为 105±5℃的烘箱中烘干至恒量，取出并冷却至室温，分成大致相等的两份备用。

注：试样烘干后如有结块，应在试验前捏碎。

2) 容量筒容积的校正方法：以温度为 20±5℃的洁净水装满容量筒，用玻璃板沿筒口滑移，使其紧贴水面，不得有空隙。擦干筒外壁水分，然后称量，用式（8-30）计算筒的容积 V。

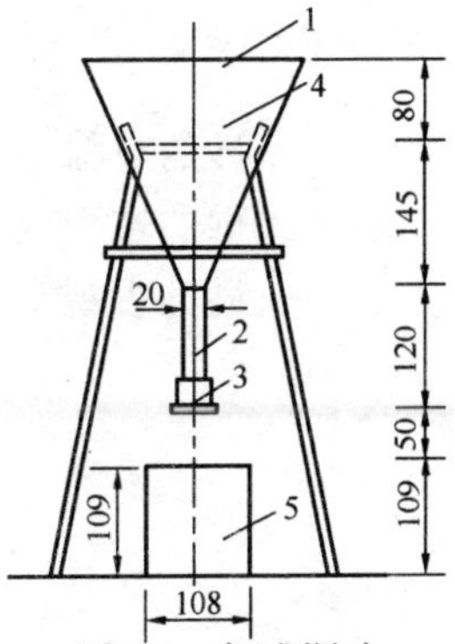

$$V = m'_2 - m'_1 \quad (8\text{-}30)$$

式中 V——容量筒的容积（mL）；

m'_1——容量筒和玻璃板总质量（g）；

m'_2——容量筒、玻璃板和水总质量（g）。

图 8-8 标准漏斗
（尺寸单位：mm）
1—漏斗；2—（2～20mm）管子；
3—活动门；4—筛；
5—金属量筒

四、试验步骤

1) 堆积密度：将试样装入漏斗中，打开底部的活动门，将砂流入容量筒中，也可直接用小勺向容量筒中装试样，但漏斗出料口或料勺距容量筒筒口均应超过 50mm 左右，试样装满并超出容量筒筒口后，用直尺将多余的试样沿筒口中心线向两个相反方向刮平，称取质量（m_1）。

2) 紧装密度：取试样 1 份，分两层装入容量筒。装完一层后，在筒底垫放一根直径为 10mm 的钢筋，将筒按住，左右交替颠击地面各 25 下，然后再装入第二层。

第二层装满后用同样方法颠实（但筒底所垫钢筋的方向应与第一层放置方向垂直），二层装完并颠实后，添加试样超出容量筒筒口，用直尺将多余的试样沿筒口中心线向两个相反方向刮平，称其质量（m_2）。

五、计算

堆积密度 ρ 及紧装密度 ρ' 分别按式（8-31）、式（8-32）计算，精确至小数点后 3 位。以两次试验结果的算术平均值作为测定值。

$$\rho = \frac{m_1 - m_0}{V} \quad (8\text{-}31)$$

$$\rho' = \frac{m_2 - m_0}{V} \quad (8\text{-}32)$$

式中 ρ——砂的堆积密度（g/cm³）；

ρ'——砂的紧装密度（g/m³）；

m_0——容量筒的质量（g）；

m_1——容量筒和堆积砂总质量（g）；

m_2——容量筒和紧装砂的总质量（g）；

V——容量筒的容积（L）。

砂的空隙率按式（8-33）计算，精确至 0.1%。

$$n = \left(1 - \frac{\rho}{\rho_a}\right) \times 100 \tag{8-33}$$

试中　　n——砂的空隙率（%）；

　　　　ρ——砂的堆积或紧装密度（g/cm³）；

　　　　ρ_a——砂的表观密度（g/cm³）。

第九章 石灰与水泥试验

第一节 有效氧化钙和氧化镁的测定

一、有效氧化钙的测定（JTG E51 T08011—1994）

（一）目的与适用范围
本方法适用于测定各种石灰的有效氧化钙含量。

（二）仪器设备
筛子；烘箱；干燥器；称量瓶10个；瓷研钵1个；分析天平1台；架盘天平：感量0.1g，1台；玻璃珠：φ3mm，1袋；三角瓶：250mL，一个；量筒：50mL，1个；酸式滴定管：50mL，2支；滴定架。

（三）实验准备
1. 试剂

1) 蔗糖（分析纯）。
2) 酚酞指示剂。
3) 0.1%甲基橙水溶液：称取0.05g甲基橙，溶于50mL蒸馏水（40～50℃）中。
4) 盐酸标准溶液（相当于0.5mol/L）：将42mL浓盐酸（相对于密度1.19）稀释至1L，按下述方法标定其摩尔浓度备用。

称取约0.8～1.0g（准确至0.0001g）已在180℃烘干2h的碳酸钠（优级纯或基准级）记录为m，置于250mL三角瓶中，加入100mL水使其完全溶解。然后加入2～3滴0.1%甲基橙指示剂，记录滴定管中待标定盐酸标准溶液的体积V_1，用待标定的盐酸标准溶液滴定，至碳酸钠溶液由黄色变为橙红色。将溶液加热至微沸，并保持微沸3min，然后放在冷水中冷却至室温，如此时橙红色变为黄色，则再用盐酸标准溶液滴定，直至清液出现稳定橙红色时为止。记录滴定管中盐酸标准溶液的体积K。V_1与K的差值即为盐酸标准溶液的消耗量V。

盐酸标准溶液的摩尔浓度按式（9-1）计算：

$$M = \frac{m}{V \times 0.053} \tag{9-1}$$

式中 M——盐酸标准溶液的摩尔浓度（mol/L）；

m——称取碳酸钠的质量（g）；

V——滴定时消耗盐酸标准溶液的体积（mL）；

0.053——与1.00mL盐酸标准溶液[C(HCl)=1.000mol/L]相当的以克表示的无水碳酸钠的质量。

注：该处盐酸标准溶液的浓度相当于1mol/L标准浓度的一半。

2. 准备试样

1) 生石灰试样：将生石灰样品打碎，使颗粒不大于1.18mm。用四分法缩减至200g左右研细。再经网分法缩至20g左右，使通过0.15mm（方孔筛）的筛。从此试样中挑取10余克，置于称量瓶中，在105℃烘箱内烘至恒重，储于干燥器中，供试验用。

2) 消石灰试样：将消石灰样品用四分法缩减至10余克。如有大颗粒存在，须在瓷研钵中磨细至无不均匀颗粒存在为止。置于称量瓶中，在105℃烘箱内烘至恒量，储于干燥器中，供试验用。

(四) 试验步骤

1) 称取约0.5g（用减量法称量，准确至0.0001g）试样，记录为m_1，置于干燥的250mL加塞三角瓶中，取5g蔗糖覆盖在试样表面，投入干玻璃珠15个，迅速加入新煮沸并已冷却的蒸馏水50mL，立即加塞振荡15min（如有试样结块或粘于瓶壁现象，则应重新取样）。

2) 打开瓶塞，加入2~3滴酚酞指示剂，记录滴定管中待标定盐酸标准溶液的体积V_3，用已标定的约0.5mol/L盐酸标准溶液滴定（滴定速度以2~3滴/s为宜）至溶液的粉红色显著消失并在30s内不再复现即为终点，记录滴定管中盐酸标准溶液的体积V_4。V_3、V_4的差值即为盐酸标准溶液的消耗量V_5。

(五) 结果整理

有效氧化钙的含量按式（9-2）计算：

$$X = \frac{V_5 \times M \times 0.028}{m_1} \times 100 \tag{9-2}$$

式中 X——有效氧化钙的含量（%）；

V_5——滴定时消耗盐酸标准溶液的体积（mL）；

0.028——氧化钙毫克当量；

m_1——试样质量（g）；

M——盐酸标准溶液的摩尔浓度（mol/L）。

对同一石灰样品至少应做两个试样和进行两次测定，并取两次结果的平均值代表最终结果。石灰中氧化钙和有效钙含量在30%以下的允许重复性误差为0.40，30%~50%的为0.50，大于50%的为0.60。

二、氧化镁的测定（JTC E51 T08012—2009）

(一) 目的与适用范围

本方法适用于测定各种石灰的总氧化镁含量。

(二) 仪器设备

电炉：1500W 1个；石棉网；三角瓶：300mL 10个、250mL 20个；容量瓶：250mL、1000mL 各1个；量筒：200mL、100mL、5mL 各1个；试剂瓶：250mL、1000mL各5个；烧杯：250mL 10个；棕色广口瓶；大肚移液管：25mL、50mL各1支；表面皿10块；洗耳球：大、小各1个；玻璃棒、吸水管数支；试剂勺若干个。

(三) 试验准备

1. 试剂

1) 1:10 盐酸。将 1 体积盐酸（相对密度 1.19）以 10 体积蒸馏水稀释。

2) 氢氧化铵-氯化铵缓冲溶液。将 67.5g 氯化铵溶于 300mL 无二氧化碳蒸馏水中，加入氢氧化铵（相对密度为 0.90）570mL，然后用水稀释至 1000mL。

3) 酸性铬蓝 K-萘酚绿 B（1:2:5）混合指示剂。称取 0.3g 酸性铬蓝 K 和 0.75g 萘酚绿 B 与 50g 已在 105℃ 烘干的硝酸钾混合研细，保存于棕色广口瓶中。

4) EDTA 二钠标准溶液。将 10g EDTA 二钠溶于 40~50℃ 蒸馏水中，待全部溶解并冷却至室温后，用水稀释至 1000mL。

5) 氧化钙标准溶液。精确称取 1.7848g 在 105℃ 烘干 2h 的碳酸钙（优级纯），置于 250ml 烧杯中，盖上表面皿，滴入 1:10 盐酸 100mL，加热溶解，待溶液冷却后，移入 1000mL 的容量瓶中，用新煮沸冷却后的蒸馏水稀释至刻度摇匀。此溶液每毫升 Ca^{2+} 相当于 1mg 氧化钙 Ca^{2+} 含量。

6) 20% 氢氧化钠溶液。将 20g 氢氧化钠溶于 80mL 蒸馏水中。

7) 钙指示剂。将 0.2g 钙试剂羟酸钠和 20g 已在 105℃ 烘干的硫酸钾混合研细，保存于棕色广口瓶中。

8) 10% 酒石酸钾钠溶液。将 10g 酒石酸钾钠溶于 90mL 蒸馏水中。

9) 三乙醇胺（1:2）溶液。将 1 体积三乙醇胺以 2 体积蒸馏水稀释摇匀。

2. EDTA 标准溶液与氧化钙和氧化镁关系的标定

1) 精确吸取 $H=50$mg。氧化钙标准溶液放入 300mL 三角瓶中，用水稀释至 100mL 左右，然后加入钙指示剂约 0.1g，以 20% 氢氧化钠溶液调整溶液碱度至出现酒红色，再过量加 3~4mL。

2) 以 EDTA 二钠标准液滴定，直至溶液由酒红色变为纯蓝色为止。记录 EDTA 二钠耗量 V_2。EDTA 二钠标准溶液对氧化钙滴定度（T_{CaO}），即 1mL EDTA 二钠标准溶液相当于氧化钙的毫克数，按式（9-3）计算：

$$T_{CaO} = C \cdot V_1/V_2 \tag{9-3}$$

式中 C——1mL 氧化钙标准溶液含有氧化钙的毫克数，等于 1；

V_1——吸取氧化钙标准溶液体积（mL）；

V_2——消耗 EDTA 标准溶液体积（mL）。

EDTA 二钠标准溶液以氧化镁的滴定度（T_{MgO}），即 1mL EDTA 二钠标准溶液相当于氧化镁的毫克数，按式（9-4）计算：

$$T_{MgO} = T_{CaO} \times \frac{40.31}{56.08} = 0.72 T_{CaO} \tag{9-4}$$

(四) 试验步骤

1) 采用与有效氧化钙测定相同的方法，用称量瓶称取约 0.5g（准确至 0.0001g）试样并记录试样质量 m，放入 250mL 烧杯中，用蒸馏水湿润，加 30mL 1:10 盐酸，用表面皿盖住烧杯，用电炉加热近沸并保持微沸 8~10min。用吸管吸取蒸馏水，洗净表面皿，洗液倒入烧杯中。冷却后把烧杯内的沉淀及溶液移入 250mL 容量瓶中，加水至刻度，仔细摇匀静置。

2）待溶液沉淀后，用移液管吸取 25mL 溶液，放入 250mL 三角瓶中，加 50mL 蒸馏水稀释。然后按顺序加酒石酸钾钠溶液 1mL、三乙醇胺溶液 5mL，再加入铵－铵缓冲溶液 10mL、酸性铬蓝 K－萘酚绿 B 指示剂约 0.1g，记录滴定管中初始 EDTA 二钠标准溶液体积 V_5。

3）用 EDTA 二钠标准溶液滴定至溶液由酒红色变为纯蓝色时即为滴定终点，记录滴定管中 EDTA 二钠标准溶液体积 V_6，V_5、V_6 的差值即为滴定钙镁含量的 EDTA 二钠标准溶液消耗量 V_3。

4）再从上述同一容量瓶中，用移液管吸取 25mL 溶液，置于 300mL 三角瓶中，加 150mL 蒸馏水稀释。然后依次加入三乙醇胺溶液 5mL、20％氢氧化钠溶液 5mL，放入约 0.1g 钙指示剂。此时溶液呈酒红色。

5）用 EDTA 二钠标准溶液滴定，直至溶液由酒红色变为纯蓝色时即为滴定终点，记录耗用 EDTA 二钠标准溶液体积 V_4。

（五）结果整理

氧化镁的百分含量按式（9-5）计算：

$$X = \frac{T_{MgO}(V_3 - V_4) \times 10}{m \times 1000} \times 100 \tag{9-5}$$

式中　X——氧化镁的含量（％）；

T_{MgO}——EDTA 二钠标准溶液对氧化镁的滴定度；

V_3——滴定钙、镁含量消耗 EDTA 二钠标准溶液体积（mL）；

V_4——滴定钙消耗 EDTA 二钠标准溶液体积（mL）；

10——总溶液对分取溶液的体积倍数；

m——试样质量（g）。

对同一石灰样品应做两个试样分别进行测定，读数精确至 0.1mL。取两次测定结果的平均值作为最终结果。

第二节　水泥比表面积测定方法（勃氏法）
（JTG E30 T0505—2005）

一、目的与适用范围

本方法适用于硅酸盐水泥、普通硅酸盐水泥、矿渣硅酸盐水泥、粉煤灰硅酸盐水泥、火山灰硅酸盐水泥、复合硅酸盐水泥、道路硅酸盐水泥以及指定采用本方法的其他粉状物料，不适用于测定多孔材料及超细粉状物料。

二、仪器设备

1）Blaine 透气仪：如图 9-1 所示，由透气圆筒、压力计、抽气装置三部分组成。

2）透气圆筒：内壁距离圆筒上口边 55±10mm 处有一突出的边缘，以放置金属穿孔板。

3）穿孔板：由不锈钢制成，在其面上等距离地打有 3 个直径 1mm 的小孔。

4）捣器：用不锈钢制成。

5）压力计：由外径为 9mm 的具有标准厚度的玻璃管制成。

6）抽气装置：用小型电磁泵或抽气球。

7）天平：感量为 1mg。

8）其他：烘干箱、干燥箱和手刷等。

三、试验步骤

1. 试样准备

（1）将 100±5℃下烘干并在干燥器中冷却到室温的标准试样，倒入 100mL 的密闭瓶内，用力摇动 2min，将结成团的试样振碎，使试样松散。静置 2min 后，打开瓶盖，轻轻搅拌，使在松散过程中落到表面的细粉，分布到整个试样中。

（2）水泥试样应先通过 0.9mm 方孔筛，再在 110±5℃下烘干，并在干燥器中冷却至室温。

图 9-1 SBT-127 型数显勃氏透气比表面测定仪

2. 确定试样量

校正试验用的标准试样和被测定水泥的质量，应达到在制备的试料层中的空隙率为 0.500±0.005(50.0%±0.5%)，计算式为：

$$\omega = \rho v(1-\varepsilon) \tag{9-6}$$

式中 ω——需要的试样量（kg），精确至 1mg；

ρ——试样密度（kg/m³）；

v——试料层的体积（m³）；

ε——试料层空隙率。

3. 试料层制备

将穿孔板放入透气圆筒的突缘上，用一根直径比圆筒略小的细棒把一片滤纸送到穿孔板上，边缘压紧。称取按规程确定的水泥量，精确到 0.001g，倒入圆筒。轻敲圆筒的边，使水泥层表面平坦，再放入一片滤纸，用捣器均匀捣实试料直至捣器的支持环紧紧接触圆筒顶边并旋转两周，慢慢取出捣器。

4. 透气试验

（1）把装有试料层的透气筒连接到压力计上，要保证紧密连接不致漏气，并不振动所制备的试料层。

（2）打开微型电磁泵，慢慢从压力计一臂中抽出空气，直到压力计内液面上升到扩大部下端时关闭阀门。当压力计内液体的弯月液面下降到第一个刻度线时开始计时，当液体的弯月面下降到第二条刻度线时停止计时，记录液面从第一条刻度线下降到第二条刻度线所需的时间，以秒（s）记录，并记下试验时的温度（℃）。

四、结果整理

1）当被测物料的密度、试料层中空隙率与标准试样相同，试验时温差不大于±3℃

时，按式（9-7）计算：

$$S_C = \frac{S_S \sqrt{T}}{\sqrt{T_S}} \tag{9-7}$$

如试验时温差大于±3℃时，则按式（9-8）计算：

$$S_C = \frac{S_S \sqrt{T} \sqrt{\eta_S}}{\sqrt{T_S} \sqrt{\eta}} \tag{9-8}$$

式中 S_C——被测试样的比表面积（m²/kg），精确至 1m²/kg；
　　S_S——标准试样的比表面积（m²/kg）；
　　T——被测试样试验时，压力计中液面降落测得的时间（s）；
　　T_S——标准试样试验时，压力计中液面降落测得的时间（s）；
　　η——被测试样试验温度下的空气黏度（Pa·s）；
　　η_S——标准试样试验温度下的空气黏度（Pa·s）。

2）当被测试样的试料层中空隙率均与标准试样试料层中的空隙率不同，按式（9-9）计算：

$$S_C = \frac{S_S \sqrt{T}(1-\varepsilon_S) \sqrt{\varepsilon^3}}{\sqrt{T_S}(1-\varepsilon) \sqrt{\varepsilon_S^3}} \tag{9-9}$$

如试验时温差大于±3℃时，按式（9-10）计算：

$$S_C = \frac{S_S \sqrt{T}(1-\varepsilon_S) \sqrt{\varepsilon^3} \sqrt{\eta_S}}{\sqrt{T}(1-\varepsilon) \sqrt{\varepsilon_S^3} \sqrt{\eta}} \tag{9-10}$$

式中 ε——被测试样试料层中的空隙率；
　　ε_S——标准试样试料层中的空隙率。

3）当被测试样的密度、试料层中空隙率均与标准试样不同，试验时温差不大于±3℃时，按式（9-11）计算：

$$S_C = \frac{S_S \sqrt{T}(1-\varepsilon_S) \sqrt{\varepsilon^3} \rho_S}{\sqrt{T}(1-\varepsilon) \sqrt{\varepsilon_S^3} \rho} \tag{9-11}$$

如试验时温差大于±3℃时，按式（9-12）计算：

$$S_C = \frac{S_S \sqrt{T}(1-\varepsilon_S) \sqrt{\varepsilon^3} \rho_S \sqrt{\eta_S}}{\sqrt{T}(1-\varepsilon) \sqrt{\varepsilon_S^3} \rho \sqrt{\eta}} \tag{9-12}$$

式中 ρ——被测试样的密度（kg/m³）；
　　ρ_S——标准试样的密度（kg/m³）。

4）水泥比表面积应由两次透气试验结果的平均值确定，精确至 1m²/kg。如两次试验结果相差 2%以上时，应重新试验。

第三节 水泥细度检验方法（80μm筛筛析法）
（JTC E30 T0502—2005）

一、目的与适用范围

本方法规定了用80μm筛检验水泥细度的测试方法。适用于硅酸盐水泥、普通水泥、矿渣水泥、火山灰水泥、粉煤灰水泥、复合硅酸盐水泥、道路硅酸盐水泥以及指定采用本标准的其他品种水泥。

二、仪器设备

1）水筛。水筛由圆形筛框和筛网组成，如图9-2所示。

2）负压筛。负压筛由圆形筛框和筛网组成，负压筛应附有透明筛盖，筛盖与筛上口应有良好的密封性。

3）负压筛析仪。负压筛析仪由筛座、负压筛、负压源及收尘器组成，试验见图9-3。

4）水筛架。用于支撑筛子，并带动筛子转动，转速约50r/min。

5）喷头。直径55mm，面上均匀分布90个孔，孔径为0.5~0.7mm。

6）天平。最大称量为100g，分度值不大于0.05g。

图9-2 水筛及水筛装置

图9-3 负压筛法试验装料

三、试验步骤

水泥样品应充分拌匀，通过0.9mm方孔筛，记录筛余情况，要防止过筛时混进其他水泥。

1. 负压筛法

（1）筛析试验前，应把负压筛放在筛座上至4000~6000Pa范围内。

（2）称取试样25g，置于洁净的负压筛中。盖上筛盖，接通电源，检查控制系统，调节负压，盖上筛盖，放在筛座上，开动筛析仪连续筛析2min。筛毕，用天平称取筛余物。

（3）当工作负压小于4000Pa时，应清理吸尘器内水泥，使负压恢复正常。

2. 水筛法

（1）筛析试验前，应检查水中无泥、砂，调整好水压及水筛架的位置，使其能正常运转。

(2) 称取试样 25g，置于洁净的水筛中，立即用淡水冲洗至大部分细粉通过后，用水压为 0.05±0.02MPa 的喷头连续冲洗 3min。筛毕，用少量水把筛余物冲至蒸发皿中，等水泥颗粒全部沉淀后，小心倒出清水，烘干并用天平称量筛余物。

3. 试验筛的清洗

试验筛必须保持洁净，筛孔通畅。使用 10 次后要进行清洗，金属筛框、铜丝网筛洗时应用专门的清洗剂，不可用弱酸浸泡。

四、结果整理

水泥试样筛余百分数按式（9-13）计算：

$$F = \frac{R_a}{m} \times 100 \tag{9-13}$$

式中　F——水泥试样的筛余百分数（%）；

　　　R_a——水泥筛余物的质量（g）；

　　　m——水泥试样的质量（g）。

计算结果精确至 0.1%。

注：负压筛法与水筛法测定的结果不同时，以负压筛法为准。

第四节　水泥标准稠度用水量、凝结时间试验
（GB/T 1346—2011）

一、目的与适用范围

检验水泥的凝结时间与体积安定性时，水泥浆的稠度影响试验结果。为便于比较，规定用标准稠度的水泥净浆试验。所以在测定凝结时间与安定性之前，先要测定水泥的标准稠度用水量。

水泥标准稠度净浆对标准试杆（或试锥）的沉入具有一定阻力。通过试验不同含水量水泥净浆的穿透性，以确定水泥标准稠度净浆中所需加入的水量。凝结时间为试针沉入水泥标准稠度净浆至一定深度所需的时间。

本方法适用于硅酸盐水泥、普通硅酸盐水泥、矿渣硅酸盐水泥、粉煤灰硅酸盐水泥、火山灰硅酸盐水泥、复合硅酸盐水泥、道路硅酸盐水泥及指定采用本方法的其他品种水泥。

二、仪器设备

1) 水泥净浆浆搅拌机：符合《水泥净浆搅拌机》JC/T 729—2005 的要求。

注：通过减小搅拌翅和搅拌锅之间间隙，可以制备更加均匀的净浆。

2) 标准法维卡仪：测定水泥稠度和凝结时间用的维卡仪及配件如图 9-4 所示，该仪器由铁座与可以自由滑动的金属滑动杆构成。用松紧螺丝调整滑动杆的高低。滑动杆上附有指针，利用量程为 0~75mm 的标尺指示滑动杆的下降距离。

标准法测定标准稠度时，试杆（图 9-4c）由有效长度为 50mm±1mm、直径为

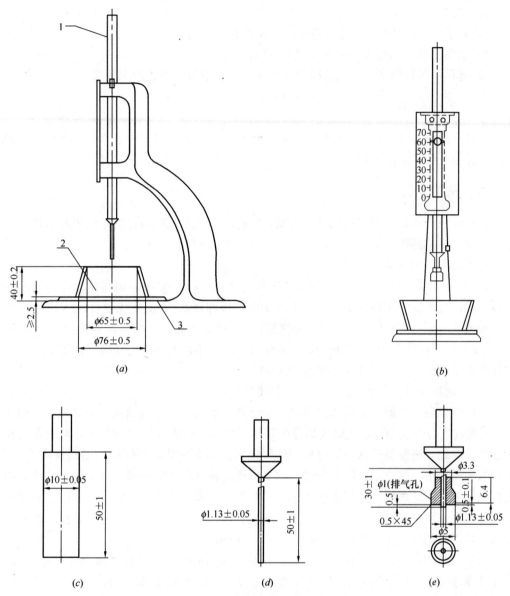

图 9-4 测定水泥标准稠度和凝结时间用维卡仪及配件示意图
(a) 初凝时间测定用立式试模的测视图；(b) 终凝时间测定用反轨试模的前视图；
(c) 标准稠度试杆；(d) 初凝用试针；(e) 终凝用试针
1—滑动杆；2—试模；3—玻璃板

$\phi 10mm\pm 0.05mm$ 的圆柱形耐腐蚀金属制成；试针由钢制成，其有效长度为 $50mm\pm 1mm$（图 9-4d）；终凝针有效长度为 $30mm\pm 1mm$、直径为 $1.13mm\pm 0.05mm$（图 9-4e）。滑动部分总质量为 $300g\pm 1g$，与试杆、试针连接的滑动杆表面应光滑，能靠重力自由下落，不得有紧涩和旷动现象。

盛装水泥净浆用的试模，由耐腐蚀的、足够深度的金属制成（试模深 40mm，顶内径为 $65mm\pm 0.5mm$，底内径为 $75mm\pm 0.5mm$ 的截顶圆锥体），每只试模应配备一个边长或直径约 100mm、厚度 4~5mm 的平板玻璃底板或金属底板。用代用法维卡仪测定标准稠度时，符合 JC/T 727 的要求。

    3）天平：最大量程不小于 1000g，分度值不大于 1g。

    4）水器：最小刻度为 0.1mL，精度 1%。

    5）材料：试验用水应该是洁净的饮用水，如有争议时以饮用水为准。

三、试验条件

试验室温度为 20±2℃，相对湿度应不低于 50%，水泥试样拌合水、仪器和用具温度应与实验室一致。湿度养护箱温度为 20±1℃，相对湿度应不低于 90%。

四、试验步骤

试验前检查仪器金属棒应能自由滑动；试杆降至位于试模底部的玻璃板时，指针应对准标尺零点；搅拌机应运转正常。

1. 标准稠度用水量测定方法

1）水泥净浆拌制。水泥净浆用水泥净浆搅拌机搅拌，搅拌锅和搅拌叶片先用湿棉布擦过，将拌合水倒入搅拌锅中，然后 5s～10s 内将称好的 500g 水泥试样加入水中。拌合时，先把锅放到搅拌机锅座上，升至搅拌位置，开动机器，搅拌机慢速搅拌 120s，停 15s，接着快速搅拌 120s 后停机。采用调整水量法时拌合水量按经验确定，用不变水量法时拌合水量用 142.5mL，水量准确至 0.5mL。

2）水泥标准稠度用水量测定方法（标准法）

拌合结束后，立即取适量水泥净浆一次性将其装入已置于玻璃板上的试模中，用宽约 25mm 的直边刀轻轻拍打超出试模部分的浆体 5 次，以排除浆体中的空隙，然后在试模上表面约 1/3 处，略倾斜于试模，分别向外轻轻锯掉多余浆体，再试模边沿轻抹底部一次，使净浆表面光滑，注意不要压实净浆，抹平后迅速将试模和底板移到维卡仪上，将其中心定在试杆下，降低试杆直到与水泥净浆表面接触，拧紧螺丝 1~2s 后突然放松，使试杆垂直自由沉入水泥净浆中，在试杆停止沉入或释放试杆 30s 时，记录试杆到底板的距离。提起试杆后，立刻擦净，整个操作应在搅拌后 1.5min 内完成。

用标准法测定时，以试杆沉入净浆并距底板 6mm±1mm 时的净浆为标准稠度净浆，其拌合水量为该水泥的标准稠度用水量（P），按水泥质量的百分比计，既 $P = \left(\dfrac{拌合用水}{水泥用量}\right) \times 100$，单位以（%）计。当试杆距底板的距离超出范围，需另称试样，调整水量，重新试验，直到达到 6mm±1mm 时为止。

2. 水泥标准稠度用水量测定方法（代用法）

代用测定方法为试锥法，采用代用法测定水泥标准稠度用水量可用调整用水量和不变用水量两种方法的任意一种测定。采用调整用水量法测定标准稠度时，拌合用水量应按经验找水，采用不变用水量时，拌合水量为 142.5mL，水量精确至 0.1mL。如发生争执时，以调整用水量法为准。

1）用调整用水量法测定标准稠度时，以试锥下沉深度 30mm±1mm 时的净浆为标准稠度净浆。其拌合用水量为该水泥标准稠度用水量（P），按水泥质量的百分比计。如下沉深度超出范围需另称试样，调整水量重新试验，直到达到 30mm±1mm 为止。

2) 用不变用水量测定时，可根据仪器上对应标尺读出的试锥下沉深度 S（mm），根据式（9-14）计算得到标准稠度用水量 P。当试锥下沉深度小于 13mm 时，应改用调整用水量法测定。

$$P = 33.4 - 0.185S \tag{9-14}$$

式中　　P——标准稠度用水量（%）；

　　　　S——试锥下沉深度（mm）。

当试锥下沉深度小于 13mm 时，应改用调整水量方法测定。

注：试验用水必须是洁净的淡水，如有争议时，也可用蒸馏水。

3. 凝结时间的测定方法

先调整凝结时间测定仪的试针接触玻璃板时的指针对准零点。以标准稠度用水量制成的标准净浆一次装入试模，振动数次后刮平，立即放入湿汽养护箱内。记录水泥全部加入水中的时间作为凝结时间的起始时间。

1）初凝时间的测定。试件在湿汽养护箱中养护至加水 30min 时，进行第一次测定。测定时，从湿汽养护箱中取出试模放到试针下，降低试针与水泥净浆表面接触，拧紧螺栓，1~2s 后突然放松，试针垂直自由沉入水泥净浆中，观察试杆停止沉入或释放试针 30s 时指针读数。

临近初凝时，每隔 5min（或更短时间）测定一次。当试针至距底板 4mm±1mm 时，为水泥达到初凝的状态；达到初凝时应立即重复测定一次，当两次结论相同时才能定为达到初凝状态。由水泥全部加入的时间水中至初凝状态的时间为水泥初凝的时间，用"min"表示。

2）终凝时间的测定。为了准确观测试针沉入的状况，在终凝针上安装了一个环形附件（图 9-4e）。在完成初凝时间测定后，立即将试模连同浆体以平移的方式从玻璃板取下，翻转 180°直径大端向上，小端向下放在玻璃板上，再放入湿汽养护箱中继续养护。

临近终凝时，每隔 15min（或更短时间）测定一次，当试针沉入试体 0.5mm 时，即环形附件开始不能在试体上留下痕迹时，为水泥达到终凝状态，达到终凝时应立即重复测定一次，当两次结论相同时才能定为完全达到终凝状态，由水泥全部加入的时间水中至终凝状态的时间为水泥终凝的时间，用"min"表示。

测定时应注意，在最初测定操作时应轻轻扶持金属柱，使其徐徐下降，以防止试针撞弯，但结果以自由下落为准，在整个测试过程中试针沉入的位置至少距试模内壁 10mm。达到终凝时，需要在试体另外两个不同点测试，确认结论相同才能确定到达终凝状态。每次测定不能让试针落入原针孔，每次测试完毕须将试针擦净放回湿汽养护箱内，整个测试过程要防止试模振动。

注：可以使用能得出与标准中规定方法相同结果的凝结时间自动测定仪，使用时不必翻动试体。

第五节　水泥安定性试验
（GB/T 1346—2011）

一、目的与适用范围

由于水泥中含有游离氧化钙、氧化镁及三氧化硫等，这些成分在水泥硬化过程中熟化缓慢，当混凝土产生强度后，仍继续熟化，引起混凝土膨胀而使建筑物开裂。本试验可检定由于游离氧化钙而引起水泥体积变化，以表示水泥体积安定性是否合格。

安定性的测定方法可以用饼法，也可以用雷氏法，有争议时以雷氏法为准。试饼法是通过观察水泥净浆试饼沸煮后的外形变化情况来表征其体积安定性；雷氏法是通过测定水泥标准稠度净浆在雷氏夹中沸煮后的外形情况表征其体积安定性。

二、仪器设备

1) 沸煮箱：有效容积约为 410mm×240mm×310mm，箅板结构应不影响试验结果，箅板与加热器之间的距离大于 50mm。箱的内层由不易锈蚀的金属材料制成，能在 30±5min 内将箱内的试验用水由室温升至沸腾并可保持沸腾状态 3h 以上，整个过程中不需补充水量。

2) 雷氏夹：由铜质材料制成，其结构如图 9-5 所示。当一根指针的根部先悬挂在一根金属丝或尼龙丝上，另一根指针的根部再挂上 300g 质量的砝码时，两根指针的针尖距离增加应在 17.5±2.5mm 范围之内，即 2x＝17.5±2.5mm（图 9-6），当去掉砝码后针尖的距离能恢复至挂砝码前的状态。

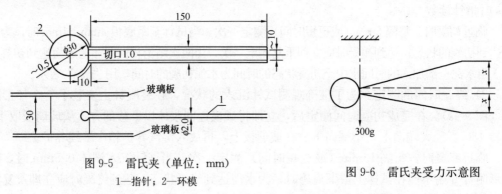

图 9-5　雷氏夹（单位：mm）
1—指针；2—环模

图 9-6　雷氏夹受力示意图

3) 雷氏夹膨胀值测定仪：如图 9-7 所示，标尺最小刻度为 0.5mm。
4) 湿气养护箱：应使温度控制在 20±1℃，相对湿度大于 90%。
5) 玻璃板、抹刀、直尺等。
6) 其他仪器设备与测定标准稠度用水量试验相同。

三、试验步骤

采用雷氏夹测定时，每个雷氏夹需配备质量约 75~80g 的玻璃板两块；若采用饼法测定，需准备两块约 100mm×100mm 的玻璃板。每种方法每个试样需成型两个试件。与水泥净浆接触的玻璃板和雷氏夹表面都要稍稍涂上一层油。

1. 雷氏法（标准法）

1) 以标准稠度用水量加水，按水泥净浆的拌制方法制备标准稠度净浆。将预先准备好的雷氏夹放在已稍擦油的玻璃上，并将制好的标准稠度净浆装满试模。装模时一只手轻轻扶持试模，另一只手用宽约 10mm 的小刀插捣数次后抹平，盖上稍涂油的玻璃板，接着立刻将试模移至湿汽养护箱内养护 24±2h。

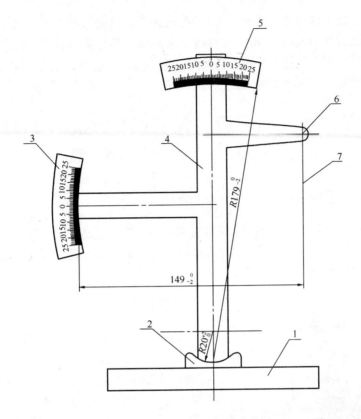

图 9-7 雷氏夹膨胀值测定仪
1—底座；2—模子座；3—测弹性标尺；4—立柱；5—测膨胀值标尺；6—臂臂；7—悬丝

2) 调整好沸煮箱内的水位，使之在整个沸煮过程中都能没过试件，不需中途添补试验用水，同时保证水在 30±5min 内能沸腾。

3) 脱去玻璃板取下试件，先测量试件指针尖端间的距离（A），精确到 0.5mm，接着将试件放入水中篦板上，指针朝上，试件之间互不交叉，然后在 30±5min 内加热至沸腾，并恒沸 3h±5min。

4) 沸煮结束后，放掉箱中的热水，打开箱盖，待箱体冷却至室温，取出试件进行判别：若为饼法，目测未发现裂缝，用直尺检查也没有弯曲的试饼为安定性合格；反之为不合格。当两个试饼判别结果有矛盾时，该水泥的安定性为不合格。若为雷氏夹法，测量试件指针尖端间的距离（C），精确至 0.5mm，当两个试件沸煮后增加距离（$C-A$）的平均值不大于 5.0mm 时，即认为该水泥安全性合格；当两个试件的（$C-A$）值相差超过 4mm 时，应用同一样品立即重做一次试验。

2. 试饼法（代用法）

1) 将制好的净浆取出一部分分成两等份，使之呈球形，放在预先准备好的玻璃板上，轻轻振动玻璃板并用湿布擦净的小刀由边缘向中央抹动，做成直径 70～80mm、中心厚约 10mm、边缘渐薄、表面光滑的试饼，接着将试饼放入湿汽箱中养护 24h±2h。然后沸煮同雷氏法。

2) 用饼法测定时，先检查试饼是否完整（如已开裂、翘曲，要检查原因，确定无外因时,该试饼已属不合格品,不必沸煮),在试饼无缺陷的情况下,将试饼放在沸煮箱的水中篦板上,然后在30min±5min内加热至水沸腾,并恒沸3h+5min。试饼法检测时,目测未发现裂缝,用直尺检查也没有弯曲的试饼为安定性合格;反之为不合格。当两个试饼判别结果有矛盾时,该水泥的安定性为不合格。

第六节 水泥胶砂强度检验方法（ISO）
(JTG E30 T0506—2005)

一、目的与适用范围

水泥胶砂强度试验是为了测定水泥的强度等级,本方法适用于硅酸盐水泥、普通硅酸盐水泥、矿渣硅酸盐水泥、粉煤灰硅酸盐水泥、复合硅酸盐水泥、道路硅酸盐水泥及石灰石硅酸盐水泥的抗折与抗压强度试验。

二、仪器设备

1) 胶砂搅拌机（图9-8）：一种工作时搅拌叶片既绕自身轴线自转又沿搅拌锅周边公转,运动轨迹似行星式的水泥胶砂搅拌机,是由胶砂搅拌锅和搅拌叶片及相应的机构组成。搅拌锅可以随意挪动,也可以很方便的固定在锅座上,而且搅拌时也不会明显晃动和转动；搅拌叶片呈扇形,搅拌除顺时针自转外还沿锅周边逆时针公转,并且具有高低两种速度,属行星式搅拌机。

2) 胶砂振实台（图9-9）：由可以跳动的台盘和使其跳动的凸轮等组成。台盘上有固定试模用的卡具,并连有两根起稳定作用的臂,凸轮由电机带动,通过控制器控制按一定的要求转动并保证使台盘平稳上升至一定高度后自由下落,其中心恰好与止动器撞击。卡具与模套连成一体。

图9-8 水泥胶砂搅拌机

3) 试模及下料漏斗：胶砂试模为同时可成型三条40mm×40mm×160mm棱柱体的可拆卸试模,由隔板、端板、底座、紧固装置及定位销组成（图9-10、图9-11）。下料漏斗由漏斗和模套两部分组成。

4) 抗折试验机：一般采用双杠杆的,也可采用性能符合要求的其他试验机。

5) 抗压试验机和抗压夹具

(1) 抗压试验机的吨位以200～300kN为宜,荷载精度为±1.0%,具有按2400±200N/s速度加荷能力。

(2) 抗压夹具由硬质钢材制成,上、下压板受压面积为40mm×40mm。

图9-9 水泥胶砂振实台

6）天平：感量为 1g。

7）养护箱：养护水温度为 20±1℃。

图 9-10 水泥胶砂试模

图 9-11 振动后水泥胶砂

三、试验步骤

1. 试件成型

1）成型前将试模擦净，四周的模板与底座的接触面上应涂干黄油，紧密装配，防止漏浆，内壁均匀地刷一薄层机油。

2）水泥与 ISO 砂的质量比为 1∶3（一份水泥、三份标准砂），水灰比为 0.5（半份水），每成型三条试件需称量的材料及用量为：水泥 450±5g；ISO 砂 1350±5g；水 225±1mL。

3）搅拌。每锅胶砂用搅拌机进行机械搅拌，先使搅拌机处于待工作状态，然后按以下的程序操作：

把水加入锅里，再加入水泥，把锅放在固定架上，上升至固定的位置。然后立即开动机器，低速搅拌 30s 后，在第二个 30s 开始的同时均匀的将砂子加入。当砂分级装时，从最粗粒级开始依次加入，再高速搅拌 30s，停拌 90s，在第一个 15s 内用胶皮刮具将叶片和锅壁上的胶砂刮入锅中，在高速下继续搅拌 60s。各个搅拌阶段时间误差控制在±1s 以内。

4）用振实台成型。胶砂制备后立即进行成型，将空试模和模套固定在振实台上，用一个适当勺子直接从搅拌锅里将胶砂分两层装入试模，装第一层时，每个槽里约放 300g 胶砂，用大播料器垂直架在模套顶部，沿每个模槽来回一次将料层播平，接着振实 60 次。再装入第二层胶砂，用小播料器播平，再振实 60 次，移走模套，从振实台上取下试模，并用刮尺以近似 90°的角度架在试模顶的一端，然后沿试模长度方向以横向锯割动作慢慢向另一端移动，一次将超过试模部分的胶砂刮去，并用同一直尺以近乎水平的状态将试体表面抹平。

5）在试模上作标记或加字条标明试件编号和试件相对于振实台的位置。

6）试验前或更换水泥品种时，须将搅拌锅、叶片和下料漏斗等抹擦干净。

2. 养护

1）脱模。编号后，将试模放入养护箱，养护箱内篦板必须水平。水平放置时，刮平面应朝上。对于 24h 龄期的应在破型试验前 20min 内脱模，对于 24h 以上龄期的，应在成型后 20~24h 之间脱模。

2）水中养护。将做好标记的试件脱模后立即水平或竖直放在 20±1℃水槽中养护，水平放置时刮平面应朝上。试件放在不易腐烂的篦子上，并彼此间保持一定距离，以让水与试件的六个面接触，养护期间试件之间间隔或试体上表面的水深不得小于 5mm。

3）任何到龄期的试件应在试验前（破型）15min 从水中取出。抹去试件表面的沉淀物，并用湿布覆盖。养护池只养护同类型的水泥试件。最初用自来水装满养护池，随后随时加水，保持适当的恒定水位，不允许在养护期间全部换水。

3. 强度试验

试件龄期是从水泥加水搅拌开始试验时算起，不同龄期强度的试验时间如表 9-1 所示。

表 9-1

龄期	试验时间	龄期	试验时间	龄期	试验时间
24h	24h±15min	72h	72h±45min	28d	28d±8h
48h	48h±30min	7d	7d±2h		

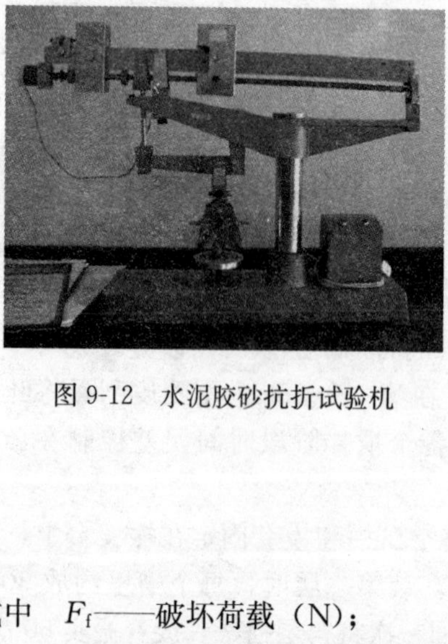

图 9-12 水泥胶砂抗折试验机

1）抗折强度试验

（1）将试件成型侧面放在抗折试验机内（图 9-12），试件放入后调整夹具，使杠杆在试件折断时尽可能地接近水平位置。

（2）抗折试验以 50±10N/s 的速度均匀的将荷载垂直地加在棱柱体相对侧面上，直至折断，保持两个半截棱柱体处于潮湿状态直至抗压试验。如图 9-12 所示。

（3）抗折强度 R_f 按式（9-15）计算，计算值精度为：0.01MPa。

$$R_f = \frac{1.5 F_f L}{bh^2} \quad (9-15)$$

式中　F_f——破坏荷载（N）；

　　　L——支撑圆柱中心距离（mm）；

　　　b——试件断面正方形截面的边长（mm），为 40mm。

（4）抗折强度的评定：以一组三个棱柱体抗折强度结果的平均值作为试验结果，精确至 0.1MPa。当三个强度值中有超出平均值±10%时，应剔除后再取平均值，以平均值作为抗折强度试验结果。

2）抗压强度试验

（1）抗折试验后的两个断块应立即进行抗压试验，抗压试验必须用抗压夹具进行，试验体受压面为 40mm×40mm。试验时以半截棱柱体的侧面作为受压面，试体的底面靠近夹具定位销，并使夹具对准压力机压板中心。如图 9-13、图 9-14 所示。

图 9-13　水泥胶砂抗折试验　　　　图 9-14　水泥胶砂抗压试验

(2) 压力机加荷速度应控制在 2400±200N/s 的速率范围内，均匀加荷直至破坏。

(3) 抗压强度按式（9-16）计算：

$$R_c = \frac{F_C}{A} \tag{9-16}$$

式中　R_c——抗压强度（MPa）；

　　　F_C——破坏时的最大荷载（N）；

　　　A——受压部分面积，40mm×40mm＝1600mm²。

(4) 抗压强度的评定：

以一组 6 个断块试件抗压强度测定值的算术平均值作为试验结果，精确至 0.1MPa。

如 6 个测定值中有一个超出平均值的±10%，就应剔除这个结果，而以剩下的 5 个值的算术平均值作为最后结果，如果 5 个测定值中再有超过平均数±10%的，则此组试件无效。

第七节　水泥净浆流动度试验
（GB/T 8077—2012）

一、目的与适用范围

本标准规定了用于水泥混凝土中外加剂的均匀性试验方法。

本方法适用于高性能减水剂（早强型、标准型、缓凝型）、高效减水剂（标准型、缓凝型）、普通减水剂（早强型、标准型、缓凝型）、引气减水剂、泵送剂、早强型、缓凝型、引气剂、防水剂和速凝剂共十一类混凝土外加剂。

水泥净浆流动度测定的方法提要：在水泥净浆搅拌机中，加入一定量的水泥、外加剂和水进行搅拌。将搅拌好的净浆注入截锥圆模内，提起截锥圆模，测定水泥净浆在玻璃板上自由流淌的最大直径。

二、仪器设备

1) 双转双速水泥净浆搅拌机：符合 JC/T729 的要求。

2) 截锥圆模：上口直径 36mm；下口直径 60mm；高度 60mm，内壁光滑无接缝制品

图9-15 测水泥净浆流动度用的截锥圆模

金属（图9-15）；
3) 玻璃板：400mm×400mm×5mm；
4) 秒表；
5) 钢直尺；
6) 刮刀；
7) 天平：分度值0.01g；
8) 天平：分度值1g。

三、试验步骤

1) 将玻璃板放置水平位置，用湿布抹擦玻璃板、截锥圆模、搅拌器及搅拌锅，使其表面湿而不带水渍。将截锥圆模放在玻璃板的中央，并用湿布覆盖待用。

2) 称取水泥300g，搅拌锅内。加入推荐掺量的外加剂及87g或105g，立即搅拌（慢速120s，停15s，快速120s）。

3) 将拌合好的净浆迅速倒入截锥圆模内，用刮刀刮平，将截锥圆模按垂直方向提起，同时开启秒表计时，任水泥净浆在玻璃板上流动，至30s，用直尺量取流淌部分互相垂直的两个方向的最大直径，取平均值作为水泥净浆流动度。

四、结果表示

表明净浆流动度时，应注明用水量，所用水泥的强度等级、名称、型号及生产厂和外加剂量。

第八节 水泥胶砂减水率试验
（GB/T 8077—2012）

一、目的与适用范围

本标准规定了用于水泥混凝土中外加剂的均匀性试验方法。

本方法适用于高性能减水剂（早强型、标准型、缓凝型）、高效减水剂（标准型、缓凝型）、普通减水剂（早强型、标准型、缓凝型）、引气减水剂、泵送剂、早强型、缓凝型、引气剂、防水剂、和速凝剂共十一类混凝土外加剂。

对于测定水泥胶砂减水率试验，应先测定基准胶砂流动度的用水量，再测定掺外加剂胶砂流动度的用水量，经计算得出水泥胶砂减水率。对于加入外加剂的水泥胶砂流动度测定后，符合要求才能测定水泥胶砂的抗折和抗压强度试验。

二、仪器设备

1) 胶砂搅拌机：符合JC/T 681的要求。
2) 水泥胶砂流动度测定仪（简称跳桌、截锥圆模和模套、卡尺应符合GB/T 2419的有关规定，跳桌主要由铸铁机架和跳动部分组成，跳桌结构示意图如图9-16所示；

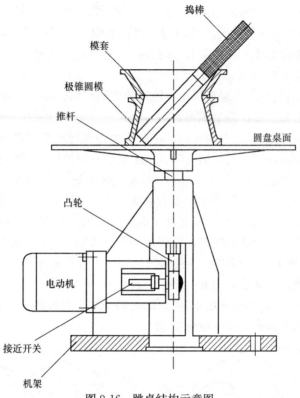

图 9-16 跳桌结构示意图

3）截锥圆模：由截锥圆模和模套组成。截锥圆模的尺寸为：上口直径 36mm、下口直径 60mm、高度 60mm，内壁光滑无接缝制品金属，模套与截锥圆模配合使用，如图 9-17 所示；

4）圆柱捣棒：用金属材料制成，直径为 20±0.5mm，长度约 200mm，捣棒底面与侧面成直角，其下部光滑，上部手柄滚花；

5）抹刀；

6）天平：分度值 0.01g；

7）天平：分度值 1g。

三、试验准备

1）试验实验室、设备、拌合水、用品，应符合相关规定。

2）材料要求

① 水泥；

② 水泥胶砂强度检验用 ISO 标准砂；

③ 外加剂。

四、试验步骤

1. 基准胶砂流动度用水量的测定

1）先使搅拌机处于工作状态，然后按以下步

图 9-17 水泥胶砂流动度跳桌试验仪器

骤操作：把水加入锅里，再加入水泥 450g，把锅放到固定位置，然后立即开动机器，低速搅拌 30s，在第一个 30s 开始的同时均匀地将砂子加入，机器转至高速 30s，停拌 90s，在第一个 15s 内用抹刀将叶片和锅壁上的胶砂刮入锅中，在高速下继续搅拌 60s，各个阶段搅拌时间误差应在 ±1s 以内。

2）在制备胶砂的同时，用湿布抹擦拭跳桌的玻璃台面、捣棒、截锥圆模及模套内壁，并把它们置于玻璃台面中心，盖上湿布。

3）将拌好的胶砂迅速地分两次模内，第一层装至截锥圆模高度约三分之二处，用小刀在相互垂直两个方向各划 5 次，用捣棒自边缘至中心均匀捣 15 次（图 9-18）；接着装入第二层胶砂，装至高出截锥圆模约 20mm，用抹刀在划 10 次，同样用捣棒由边缘至中心均匀捣 10 次（图 9-19），在装胶砂和捣实时，用手将截锥圆模按住，不要使其产生移动。

4）捣实完后，取下模套，用抹刀将高出截锥圆模的胶浆刮去并抹平，将截锥圆模垂直向上提起置于台上，立刻开动跳桌，以每秒一次的频率，使跳桌连续跳动 25 次。

5）跳动完毕，用卡尺测量出胶砂底部流动直径，取互相垂直的两个直径的平均值，为该用水量的水泥胶砂流动度，用 mm 表示。

6）重复上述步骤，直到流动度达到（180±5）mm。当胶砂流动度为（180±5）mm 时的用水量，即为基准砂流动度的用水量 M_0。

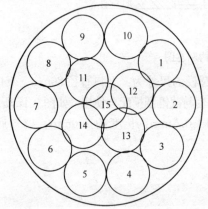 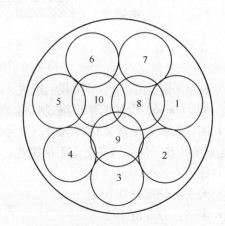

图 9-18　第一层捣压位置示意图（15 次）　　图 9-19　第二层捣压位置示意图（10 次）

2. 掺外加剂胶砂流动度用水量的测定

将水和外加剂加入锅里搅拌均匀，按同上的操作步骤测出掺外加剂胶砂流动度达（180±5）mm 时的用水量 M_1。

五、结果与计算

1）胶砂减水率（%）按式（9-17）计算：

$$胶砂减水率 = \frac{M_0 - M_1}{M_0} \times 100 \qquad (9-17)$$

式中　M_0——基准胶砂流动度为（180±5）mm 时的用水量，单位为克（g）；
　　　M_1——掺外掺剂胶砂流动度为（180±5）mm 时的用水量，单位为克（g）。

2）注明所有水泥的强度等级、名称、型号及生产厂。

第十章 水泥混凝土试验

第一节 水泥混凝土拌合物的拌合与现场取样方法
（JTG E30 T0521—2005）

一、目的与适用范围

1）本方法规定了在常温环境中室内水泥混凝土拌合物的拌合与现场取样方法。

2）轻质水泥混凝土、防水水泥混凝土、碾压水泥混凝土等其他特种水泥混凝土的拌合与现场取样方法，可以参照本方法进行，但因其特殊性所引起的对试验设备及方法的特殊要求，均应遵照这些水泥混凝土的有关技术规定进行。

3）引用标准：JG/T 245—2009《混凝土试验用振动台》。

二、仪器设备

1）搅拌机：自由式或强制式。图10-1。
2）振动台：标准振动台，符合《混凝土试验用振动台》的要求。
3）磅秤：感量满足称量总量1‰的磅秤。
4）天平：感量满足称量总量0.5‰的天平。
5）其他：铁板、铁铲、拖把等。

图10-1 混凝土强制式搅拌机

三、试验准备

1）所有材料均应符合有关要求，拌合前材料应放置在温度20±5℃的室内。

2）为防止粗集料的离析，可将集料按不同粒径分开，使用时再按一定比例混合。试样从抽取至试验完毕过程中，不要风吹日晒，必要时应该采取保护措施。

四、试验步骤

1. 水泥混凝土拌合物

1) 拌合时保持室温 20±5℃。

2) 拌合物的总量至少应比所需量高 20%以上。拌制混凝土的材料用量应以质量计,称量的精确度:集料为±1%,水、水泥、掺合料和外加剂为±0.5%。

3) 粗集料、细集料均以干燥状态为基准,计算用水量时应扣除粗集料、细集料的含水量。

注:干燥状态是指含水量小于 0.5%的细集料和含水量小于 0.2%的粗集料。

4) 外加剂的加入

对于不溶于水或难溶于水且不含湿解型盐类,应先和一部分水泥拌合,以保证充分分散。

对于不溶于水或难溶于水但含湿解型盐类,应先和细集料拌合。

对于水溶性或液体,应先和水拌合。

其他特殊外加剂,应遵守有关规定。

5) 拌制混凝土所用各种用具,如铁板、铁铲、抹刀,应预先用水润湿,使用完必须清洗干净。

6) 使用搅拌机前,应先用少量砂浆进行涮膛,再刮出涮膛砂浆,以避免正式拌合混凝土时,水泥砂浆粘附筒壁的损失。涮膛砂浆的水灰比及砂灰比,应与正式的混凝土配合比相同。

7) 用搅拌机拌合时,拌合量宜为搅拌机公称容量的 1/4~3/4。

8) 搅拌机搅拌。按规定称好原材料,往搅拌机内顺序加入粗集料、细集料、水泥。开动搅拌机,将材料拌合均匀,在拌合过程中徐徐加水,全部加料时间不宜超过 2min,务必使拌合物均匀一致。

9) 人工拌合

采用人工拌合时,先用湿布将铁板、铁铲润湿,再将称好的砂和水泥在铁板上拌匀,加入粗集料,再混合搅拌均匀。然后将此拌合物堆成长堆,扒成长槽,将称好的水倒入约一半,将其拌合物仔细拌匀,再将材料堆成长堆,扒成长槽,倒入剩余的水,继续进行拌合,来回翻拌至少 6 遍。

10) 从试样制备完毕到开始做各项性能指标试验不宜超过 5min(不包括成型试件)。

2. 现场取样

1) 新混凝土现场取样:凡由搅拌机、料斗、运输小车以及浇制的构件中采取新拌混凝土代表性样品时,均需从三处以上的不同部位抽取大致相同分量的代表性样品(不要抽取已经离析的混凝土),集中用铁铲翻拌均匀,然后立即进行拌合物的试验。拌合物取样量应多于试验所需数量的 1.5 倍,其体积不小于 20L。基本组成石料见图 10-2。

2) 为使取样具有代表性,宜采用多次采样的方法,最后集中用铁铲翻拌均匀。

图 10-2 普通混凝土组成材料
砂样(粗、中、细、特细);

3) 从第一次取样到最后一次取样不宜超过 15min。取回的混凝土拌合物应经过人工翻拌均匀，然后进行试验。

条文说明：水泥混凝土拌合物的性能与拌合过程密切相关，为规范室内拌合水泥混凝土拌合物和现场混凝土拌合物取样，特制定本方法。由于配合比计算时，一般都要以原材料干燥状态为基准，所以，应该事先测得原材料的含水量，然后在拌合加水时扣除。

第二节 水泥混凝土拌合物稠度实施细则（坍落度仪法）
（JTG E30 T0522—2005）

一、目的与适用范围和引用标准

1) 本方法规定了采用坍落度仪测定水泥混凝土拌合物稠度的方法和步骤。

2) 本方法适用坍落度大于 10mm，集料公称最大粒径不大于 31.5mm 的水泥混凝土的坍落度测定。

3) 引用标准：

《水泥混凝土试模》JC 3019—1994；

《水泥混凝土坍落度仪》JG 3021—1994；

《普通混凝土拌合物性能试验方法标准》GB/T 50080—2002；

《水泥混凝土拌合物的拌合与现场取样方法》T0521—2005。

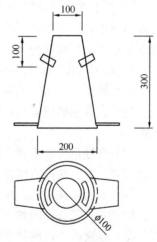

图 10-3 坍落度筒
（单位尺寸：mm）

二、仪器设备

1) 坍落度筒：如图 10-3 所示，符合《水泥混凝土坍落度仪》中有关技术要求。坍落度筒为铁皮制成的截头圆锥筒，厚度不小于 1.5mm，内侧平滑，没有铆钉之类的突出物，在筒上方约 2/3 高处有两个手把，近下端两侧焊有两个踏脚板，保证坍落度筒可以稳定操作，坍落度筒尺寸如表 10-1，（编号 HS-05）。

2) 捣棒：符合《水泥混凝土坍落度仪》JG 3021 中有关技术要求，为直径 16mm，长约 600mm 并有半球形端头钢质圆棒。

3) 其他：小铲、木尺、小钢尺、镘刀和钢平板等。

坍落度筒尺寸　　表 10-1

集料公称最大粒径(mm)	筒的名称	筒的内部尺寸 (mm)		
		底面直径	顶面直径	高度
<31.5	标准坍落度筒	200±2	100±2	300±2

三、试验步骤

1) 试验前将坍落度筒内外洗净，放在经水润湿过的平板上（平板吸水时应垫以塑料布），踏紧踏脚板。

2）将代表样分三层装入筒内，每层装入高度稍大于筒高的1/3，用捣棒在每一层的横截面上均匀插捣25次。插捣在全部面积上进行沿螺旋线由边缘至中心，插捣底层时插至底部，插捣其他两层时，应插透本层并插入下层约20～30mm，插捣须垂直下压（边缘部分除外），不得冲击。在插捣顶层时，装入的混凝土应高于坍落度筒口，随插捣过程随时添加拌合物。当顶层插捣完毕后，将捣棒用锯和滚的动作，清除掉多余的混凝土，用镘刀抹平筒口，刮净筒底周围的拌合物。而后立即垂直地提起坍落度筒，提筒在5～10s内完成，并使混凝土不受横向及扭力作用。从开始装料到提出坍落度筒整个过程应在150s内完成。

3）将坍落度筒放在锥体混凝土试样一旁，筒顶平放木尺，用小钢尺量出木尺底部至试样顶面最高点的垂直距离，即表示该混凝土拌合物的坍落度，精确至1mm。

4）当混凝土试件的一侧发生崩坍或一边剪切破坏，则应重新取样另测。如果第二次仍发生上述情况，则表示该混凝土和易性不好，应记录。

5）当混凝土拌合物的坍落度大于220mm时，用钢尺测量混凝土扩展后最终的最大直径和最小直径，在这两个直径之差小于50mm的条件下，用其算术平均值作为坍落扩展度值；否则，此试验无效。

6）做坍落度试验的同时，可用目测方法评定混凝土拌合物的下列性质，并予记录。

（1）棍度：按插捣混凝土拌合物时难易程度评定。分"上"、"中"、"下"三级。

"上"：表示插捣容易；"中"：表示插捣时稍有石子阻滞的感觉；"下"：表示很难插捣。

（2）含砂情况：按拌合物外观含砂多少而评定，分"多"、"中"、"少"三级。

"多"：表示用镘刀抹拌合物表面时，一两次即可使拌合物表面平整无蜂窝；

"中"：表示抹五、六次才可以使表面平整无蜂窝；

"少"：表示抹面困难，不易抹平，有空隙及石子外露等现象。

（3）黏聚性：观测拌合物各组分相互黏聚情况。评定方法用捣棒在已坍落的混凝土锥体侧面轻打，如锥体在轻打后逐渐下沉，表示黏聚性良好；如锥体突然倒塌、部分崩裂或发生石子离析现象，即表示黏聚性不好。

（4）保水性：指水分从拌合物中析出情况，分"多量"、"少量"、"无"三级评定。

"多量"：表示提起坍落度筒后，有较多水分从底部析出；

"少量"：表示提起坍落度筒后，有少量水分从底部析出；

"无"：表示提起坍落度筒后，没有水分从底部析出。

四、试验结果

混凝土拌合物坍落度和坍落扩展度值以毫米（mm）为单位，测量精确至1mm，结果修约至最接近的5mm。见图10-4所示。

五、试验报告

试验报告应包括以下内容：

1）要求检测的项目名称、执行标准；

图10-4 量取坍落度数值

2）原材料的品种、规格和产地以及混凝土配合比；

3）试验日期及时间；

4）仪器设备的名称、型号及编号；

5）环境温度和湿度；

6）搅拌方式；

7）水泥混凝土拌合物坍落度（坍落扩展度值）；

8）要说明的其他内容，如棒度、含砂情况、黏聚性和保水性。

第三节 水泥混凝土拌合物稠度实施细则（维勃仪法）
（JTG E30 T0523—2005）

一、目的与适用范围

1）本方法规定用维勃稠度仪来检测水泥混凝土拌合物稠度的方法和步骤。

本方法适用于集料公称最大粒径不大于 31.5mm 的水泥混凝土及维勃稠度试验时间在 5～30s 之间的干稠性。

2）水泥混凝土的稠度测定。

3）引用标准：《维勃稠度仪》JG 3043—1997、《水泥混凝土坍落度仪》JG 3021—1994、《水泥混凝土拌合物的拌合与现场取样方法》T0521—2005。

二、仪器设备

1）稠度仪（维勃仪）：如图 10-5 所示，符合《维勃稠度仪》JG 3043 的规定。

2）容器：内径 240±5mm，高 200±2mm，壁厚 3mm，底厚 7.5mm。容器应不漏水并有足够刚度，上有把手，底部外伸部分可用螺母将其固定在振动台上。

3）坍落度筒：为截头圆锥，筒底部直径 200±2mm，顶部直径 100±2mm，高度 200±2mm，壁厚不小于 1.5mm，上下口与锥体轴线垂直，内壁光滑，筒外安有把手，如图 10-5 所示。

4）圆盘：由透明塑料制成，上装有滑杆。滑杆可以穿过套筒垂直滑动。套筒装在一个可以用螺钉固定位置的旋转悬臂上。悬臂上装有一个漏斗。坍落度筒在容器中放好后，转动悬臂，使漏斗底部套在坍落度筒上口。悬臂装在支柱上，可用定位螺栓固定位置。滑杆和漏斗的轴线应与容器的轴线重合。圆盘直径为 230±2mm，厚为 10±2mm，圆盘、滑杆及荷重块组成的滑动部分总质量为 2750±50g。滑杆刻度可以用来测量坍落度值。

图 10-5 维勃稠度仪（单位：s）

5）振动台：工作频率 50Hz，空载振幅 0.5mm，上有固定容器的螺栓。

6）捣棒、镘刀等：符合 JG 3021 的要求，为直径 16mm，长约 600mm 并具有半球形端头的钢质圆棒。

7) 秒表：分度值为 0.5s（编号 DL-12）。

三、试验步骤

1) 将容器用螺母固定在振动台上，放入润湿的坍落度筒，把漏斗转到坍落度筒上口，拧紧螺栓，使漏斗对准坍落度筒口上方。

2) 按坍落度试验步骤，分三层经漏斗装入拌合物，用捣棒每层捣 25 次，捣毕第三层混凝土后，拧松螺栓，把漏斗转回原先的位置，并将筒模顶上的混凝土刮平，然后轻轻提起筒模。

3) 拧紧定位螺栓，使圆盘可定向的向下滑动，仔细转圆盘到混凝土上方，并轻轻与混凝土接触。检查圆盘是否可以顺利滑向容器。

4) 开动振动台并按动秒表，通过透明圆盘观察混凝土振实情况，当圆盘底面刚为水泥浆布满时，迅即按定秒表和关闭振动台，记下秒表所记时间，精确至 1s。

5) 仪器每测试一次后，必须将容筒、筒模及透明圆盘洗净擦干，并在滑杆等处涂薄层黄油，以备下次使用。

四、试验结果

秒表所示时间即为混凝土拌合物稠度时间，精确至 1s。以两次试验结果的平均值作为混凝土拌合物稠度时间。

第四节 水泥混凝土立方体抗压强度试验
（JTG E30 T0553—2005）

一、目的、适用范围和引用标准

1) 本方法规定了测定水泥混凝土抗压极限强度的方法步骤。本方法可用于确定水泥混凝土的强度等级，作为评定水泥混凝土品质的主要指标。

2) 本方法适于各类水泥混凝土立方体的极限抗压强度试验。

3) 引用标准：《试验机通用技术要求》GB/T 2611—1992、《液压式压力试验机》GB/T 3722—1992、《水泥混凝土试件制作与硬化水泥混凝土现场取样方法》T0551—2005。

二、仪器设备

1) 压力机：应符合相关的规定。

混凝土强度等级大于等于 C60 时，试验机上、下压板之间各垫一钢垫板，平面尺寸应不小于试件承压面，其厚度至少为 25mm。钢垫块应机械加工，其平面度允许偏差 ±0.04mm；表面硬度大于等于 55HRC；硬化层厚度约 5mm。试件周围应设置防崩裂网。

2) 球座：应符合相关规定。

3) 振动器：标准振动台。如图 10-6（a）所示。

4) 试模：由铸铁或钢制作，试件尺寸（试模内部尺寸）见表 10-2。

立方体抗压强度试件尺寸　　　　　表 10-2

集料公称最大粒径（mm）	试件尺寸（mm）	备注
31.5	150×150×150	标准尺寸
26.5	100×100×100	非标准尺寸
53	200×200×200	非标准尺寸

三、试件制备和养护

1）试件制备和养护应符合 T0551 中相关规定。

2）混凝土抗压强度试件尺寸符合表 T0551—1 规定。

3）集料公称最大粒径符合表 T0551—1 规定。

4）混凝土抗压强度试件应同龄期者为一组，每组同条件制作 3 个试块，并进行养护，如图 10-6 (*b*)。

 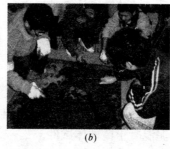 

(*a*) 　　　　　　　　　(*b*) 　　　　　　　　　(*c*)

图 10-6　普通混凝土成型与破型试验
(*a*) 标准振动台；(*b*) 混凝土试块制作；(*c*) 混凝土压力机破型试验

四、试验步骤

1）至试验龄期时，自养护室取出试件，应尽快试验，避免其湿度变化。

2）取出试件，检查其尺寸及形状，相对两面应平行。量出棱边的长度，精确至 1mm。试件受压面积按其与压力机上下接触面的平均值计算。在破型前，保持试件原有湿度，在试验时擦干试件。

3）以成型时侧面为上下受压面，试件中心应与压力机几何对中。

4）强度等级小于 C30 的混凝土取 0.3～0.5MPa/s 的加荷速度；强度等级大于 C30 小于 C60 时，则取 0.5～0.8MPa/s 的加荷速度；强度等级大于 C60 的混凝土取 0.8～1.0MPa/s 的加荷速度。当试件接近破坏而开始迅速变形时，应停止调整试验机油门，直至试件破坏，记下破坏极限荷载 F（N）。

五、试验结果

1）混凝土立方体试件抗压强度按式 (10-1) 计算：

$$f_{cu} = F/A \tag{10-1}$$

式中　f_{cu}——混凝土立方体试件抗压强度（MPa）；

F——极限荷载（N）；

A——受压面积（mm²）。

2) 以3个试件测值的算术平均值为测定值，计算精确至0.1MPa。三个测值中的最大值或最小值中有一个与中间值之差超过中间值的15%，则取中间值为测定值；如果最大值和最小值与中间值之差均超过中间值的15%，则该组试验结果无效。

3) 混凝土强度等级小于C60时，非标准试件的抗压强度应乘以尺寸换算系数（表10-3)，并应在报告中注明。当混凝土强度大于C60时，宜用标准试件，使用非标准试件尺寸时，换算系数由试验确定。

立方体抗压强度尺寸换算系数　　　　表 10-3

试件尺寸（mm）	尺寸换算系数	试件尺寸（mm）	尺寸换算系数
100×100×100	0.95	200×200×200	1.05

第五节　水泥混凝土抗弯拉强度试验
(JTG E30　T0558—2005)

一、目的与适用范围和引用标准

1) 本方法规定了测定水泥混凝土抗弯拉极限强度的方法，以提供设计参数，检查水泥混凝土施工品质和确定抗弯拉弹性模量试验加荷标准。

2) 本方法适于各类水泥混凝土棱柱体试件。

3) 引用标准：《试验机通用技术要求》GB/T 2611—1992、《液压式压力试验机》GB/T 3722—1992、《水泥混凝土试件制作与硬化水泥混凝土现场取样方法》T0551—2005。

图 10-7　电液式抗折试验机

二、仪器设备

1) 万能试验机：应符合相关规定。如图10-7所示。

2) 抗弯拉试验装置（三分点双点加荷和三点自由支承式混凝土抗弯拉强度与抗弯拉弹性模量试验装置）。如图10-7所示。

三、试件制备和养护

1) 试件尺寸应符合表T0551—1的规定，同时在试件长向中部1/3区段内表面不得有直径超过5mm、深度超过2mm的孔洞。

2) 混凝土抗弯拉强度试件应取同龄期者为一组，每组3根同条件制作和养护的试件。

四、试验步骤

1) 试件取出后，用湿毛巾覆盖并及时进行试验，保持试件干湿状态不变。在试件中部量出其宽度和高度，精确至1mm。

2) 调整两个可移动支座，将试件安放在支座上，试件成型时的侧面朝上，几何对中后，务必使支座及承压面与活动船形垫块的接触面平稳、均匀，否则应垫平。

3) 加荷时，应保持均匀、连续。当混凝土的强度等级小于 C30 时，加荷速度为 0.02~0.05MPa/s；当混凝土的强度等级大于等于 C30 且小于 C60 时，加荷速度为 0.05~0.08MPa/s；当混凝土的强度等级大于等于 C60 时，加荷速度为 0.08~0.10MPa/s。当试件接近破坏而开始迅速变形时，不得调整试验机油门，直至试件破坏，记下破坏荷载 F (N)。

4) 记录下最大荷载和试件下边缘断裂的位置。

五、结果整理

1) 当断面发生在两个加荷点之间时，抗弯拉强度 f_f 按式 (10-2) 计算：

$$f_f = FL/bh^2 \tag{10-2}$$

式中 f_f——抗弯拉强度（MPa）；

    F——极限荷载（N）；

    L——支座间距离（mm）；

    b——试件宽度（mm）；

    h——试件高度（mm）。

2) 以 3 个试件测值的算术平均值为测定值。3 个试件中的最大值或最小值中如有一个与中间值之差超过中间值的 15%，则把最大值和最小值舍去，以中间值作为试件的抗弯拉强度；如最大值和最小值与中间值之差值均超过中间值的 15%，则该组试验无效。

3) 3 个试件如有一个断裂面位于加荷点外侧，则混凝土抗弯拉强度按另外两个试件的试验结果计算。如果这两个测值的差值不大于这两个测值中较小值的 15%，则以两个测值的平均值为测试结果，否则结果无效。

如果有两根试件均出现断裂面位于加荷点外侧，则该组结果无效。

注：断面位置在试件断块短边一侧的底面中轴线上量得。

抗弯拉强度计算精确到 0.01MPa。

4) 采用 100mm×100mm×400mm 非标准试件时，在三分点加荷的试验方法同前，但所取得的抗弯拉强度值应乘以尺寸换算系数 0.85。当混凝土强度等级大于等于 C60 时，应采用标准试件。

六、试验报告

试验报告应包括以下内容：

(1) 要求检测的项目名称、执行标准；

(2) 原材料的品种、规格和产地；

(3) 试验日期及时间；

(4) 仪器设备的名称、型号及编号；

(5) 环境温度和湿度；

(6) 水泥混凝土抗弯拉强度值；

(7) 要说明的其他内容。

第十一章 沥青材料试验

第一节 沥青针入度试验
（JTG E20 T0604—2011）

一、目的与适用范围

本方法适用于测定道路石油沥青、聚合物改性沥青针入度以及液体石油沥青蒸馏或乳化沥青蒸发后残留物的针入度，以0.1mm计。其标准实验条件为25℃，荷重100g，贯入时间5s。

针入度指数PI用以描述沥青的温度敏感性，宜在15℃、25℃、30℃等3个或3个以上温度条件下测定针入度后按规定的方法计算得到，若30℃时的针入度值过大，可采用5℃代替。当量软化点T_{800}是相当于沥青针入度为800时的温度，用以评价沥青的高温稳定性。当量脆点$T_{1.2}$是相当于沥青针入度为1.2时的温度，用以评价沥青的低温抗裂性能。

二、仪器设备

1）针入度仪。为提高测试精度，针入度试验宜采用能够自动计时的针入度仪进行测定，要求针和针连杆在无明显摩擦下垂直运动，并能使指示针贯入深度准确至0.1mm的仪器均可使用。针和针连杆组合件总质量为50±0.05g，另附50±0.05g砝码一只，试验时总质量为100±0.05g。仪器应有放置平底玻璃保温皿的平台，并有调节水平的装置，针连杆应与平台相垂直。仪器应有针连杆制动按钮，使针连杆可自由下落。针连杆易于装拆，以便检查其质量。仪器还设有可自由转动与调节距离的悬臂，其端部有一面小镜或聚光灯泡，借以观察针尖与试样表面接触情况，且应对自动装置的准确性经常校验。当采用其他试验条件时，应在试验结果中注明。手动针入度仪见图11-1。

2）标准针。由硬化回火的不锈钢制成，洛氏硬度HRC54-60，表面粗糙度Ra：0.2~0.3μm，针及针杆总质量2.5±0.05g，针杆上应打印有号码标志，针应设有固定用装置盒（筒），以免碰撞针尖，每根针必须附有计量部门的检验单，并定期进行检验，其尺寸及针头如图11-3所示。

3）盛样皿。金属制成，圆柱形平底。小盛样皿的内径55mm，深35mm（适用于针入度小于200）；大盛样皿内径70mm，深45mm（适用于针入度200~350）；对针入度大于350的试样需使用特殊盛样皿，其深度不小于60mm，试样体积不少于125mL。如图11-2所示。

图 11-1 针入度仪（手动）

图 11-2 针入度试验用沥青试样

4）恒温水槽：容量不少于 10L，控温的准确度为 0.1℃。水槽中应设有一带孔的搁架，位于水面下不得少于 100mm，距水槽底不得少于 50mm 处。

5）平底玻璃皿：容量不少于 1L，深度不少于 80mm，内设有一不锈钢三脚支架，能使盛样皿稳定。

6）温度计或温度传感器：精度为 0.1℃。

7）计时器：精度为 0.1s。

8）位移计或位移传感器：精度为 0.1mm。

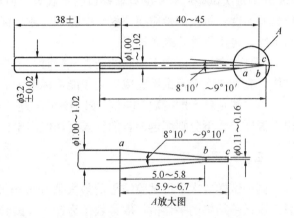

图 11-3 针入度标准针（单位：mm）

9）盛样皿盖：平板玻璃，直径不小于盛样皿开口尺寸。

10）溶剂：三氯乙烯等。

11）其他：电炉或砂浴、石棉网、金属锅或瓷把坩埚等。

三、试验准备

（1）按规程 T0602 规定的方法准备试样。

（2）按试验要求将恒温水槽调节到要求的试验温度 25℃、15℃、30℃（5℃），保持稳定。

（3）将试样注入盛样皿中，试样高度应超过预计针入度值 10mm，并盖上盛样皿，以防落入灰尘。盛有试样的盛样皿在 15～30℃室温中冷却不少于 1.5h（小盛样皿）、2h（大盛样皿）或 3h（特殊盛样皿）后，移入保持规定试验温度 ±0.1℃ 的恒温水槽中并应保温不少于 1.5h（小盛样皿）、2h（大盛样皿）或 2.5h（特殊盛样皿）。

（4）调整针入度仪使之水平。检查针连杆和导轨，以确认无水和其他外来物，无明显摩擦。用三氯乙烯或其他溶剂清洗标准针，并拭干。将标准针插入针连杆，用螺栓固紧。按试验条件，加上附加砝码。

四、试验步骤

(1) 取出达到恒温的盛样皿,并移入水温控制在试验温度±0.1℃(可用恒温水槽中的水)的平底玻璃皿中的三脚支架上,试样表面以上的水层深度不少于10mm。

(2) 将盛有试样的平底玻璃皿置于针入度仪的平台上。慢慢放下针连杆,用适当位置的反光镜或灯光反射观察,使针尖恰好与试样表面接触。将位移计或刻度盘指针复位为零。

(3) 开始试验,按下释放键,这时计时和标准针贯入试样同时开始,至5s时自动停止。

(4) 读取刻度盘指针或位移计的读数,准确至0.1mm。

(5) 同一试样平行试验至少3次,各测试点之间及与盛样皿边缘的距离不应少于10mm。每次试验后应将盛有盛样皿的平底玻璃皿放入恒温水槽,使平底玻璃皿中水温保持试验温度。每次试验应换一根干净标准针或将标准针取下用蘸有三氯乙烯溶剂的棉花或布揩净,再用干棉花或布擦干。

(6) 测定针入度大于200的沥青试样时,至少用3支标准针,每次试验后将针留在试样中,直到3次平行试验完成后,才能将标准针取出。

(7) 测定针入度指数PI时,按同样的方法在15℃、25℃、30℃(或5℃)3个或3个以上温度条件下分别测定沥青的针入度,但用于仲裁试验的温度条件应为5个。

五、结果整理

同一试样3次平行试验结果的最大值和最小值之差在表11-1允许偏差范围内时,计算3次试验结果的平均值,取整数作为针入度试验结果,以0.1mm为单位。

针入度试验结果允许偏差范围   表11-1

针入度(0.1mm)	允许差值(0.1mm)	针入度(0.1mm)	允许差值(0.1mm)
0~49	2	150~249	12
50~149	4	250~500	20

当试验值不符合此要求时,应重新进行试验。

1) 当试验结果小于50(0.1mm)时,重复性试验的允许差为2(0.1mm),复现性试验的允许差为4(0.1mm)。

2) 当试验结果等于或大于50(0.1mm)时,重复性试验的允许差为平均值的4%,复现性试验的允许差为平均值的8%。

第二节 沥青延度试验
(JTG E20 T0605—2011)

一、目的与适用范围

1) 本方法适用于测定道路石油沥青、聚合物改性沥青、液体石油沥青蒸馏残留物和乳化沥青蒸发残留物等材料的延度。

2）沥青延度的试验温度与拉伸速率可根据要求采用，通常采用的试验温度为25℃、15℃、10℃或5℃，拉伸速度为5±0.25cm/min。当低温采用1±0.05cm/min拉伸速度时，应在报告中注明。

二、仪器设备

1）延度仪：延度仪的测量长度不宜大于150cm，仪器应有自动控温、控速系统。应满足试件浸没于水中，能保持规定的试验温度及按照规定拉伸速度拉伸试件，其形状及组成如图11-4所示。

2）试模：黄铜制，由两个端模和两个侧模组成，其形状及尺寸如图11-4（a）。试模内侧表面粗糙度R_a：0.2μm，当装配完好后试样可浇筑成图11-4（b）的形状，具体操作过程，见试验准备过程。

3）试模底板：玻璃板或磨光的铜板、不锈钢板（表面粗糙度Ra：0.2μm）。

4）恒温水槽：容量不少于10L，控制温度的准确度为0.1℃，水槽中应设有带孔搁架，搁架距水槽底不得少于50mm。试件浸入水中深度不小于100mm。

5）温度计：0～50℃，分度值为0.1℃。

6）砂浴或其他加热炉具。

7）甘油滑石粉隔离剂（甘油与滑石粉的质量比2：1）。

8）其他：平刮刀、石棉网、酒精、食盐等。

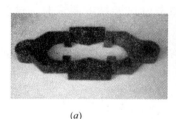
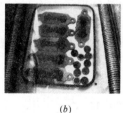
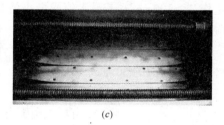

(a)   (b)   (c)

图11-4 沥青延度试验

(a) 8字试模；(b) 试模浇筑成型；(c) 三个试样同时拉伸

三、试验准备

1）将隔离剂拌合均匀，涂于清洁干燥的试模底板和两个侧模的内侧表面，并将试模在试模底板上装妥。

2）按规定的方法准备试样，然后将试样仔细自试模的一端至另一端往返数次缓缓注入模中，最后略高出试模，灌模时应注意勿使气泡混入。

3）试件在室温中冷却不少于1.5h，然后用热刮刀刮除高出试模的沥青，使沥青面与试模面齐平。沥青的刮法应自试模的中间刮向两端，且表面应刮的平滑。将试模连同底板再浸入规定试验温度的水槽中保温1.5h。

4）检查延度仪延伸速度是否符合规定要求，然后移动滑板使其指针正对标尺的零点。将延度仪注水，并保温达试验温度±0.1℃。

四、试验步骤

1）将保温后的试件连同底板移入延度仪的水槽中，然后将盛有试样的试模自玻璃板或不锈钢板上取下，将试模两端的孔分别套在滑板及槽端固定板的金属柱上，并取下侧模。水面距试件表面应不小于25mm。

2）开动延度仪，并注意观察试样的延伸情况。此时应注意，在试验过程中，水温应始终保持在试验温度规定范围内，且仪器不得有振动，水面不得有晃动，当水槽采用循环水时，应暂时中断循环，停止水流。

在试验中，如发现沥青细丝浮于水面或沉入槽底时，则应在水中加入酒精或食盐，调整水的密度至与试样相近后，重新试验。

3）试件拉断时，读取指针所指标尺上的读数，以 cm 表示，在正常情况下，试件延伸时应成锥尖状，拉断时实际断面接近于零。如不能得到这种结果，则应在报告中注明。

五、结果整理

同一试样，每次平行试验不少于3个，如图 11-4（c）所示。如 3 个测定结果均大于 100cm，试验结果记作">100cm"；特殊需要也可分别记录实测值。如 3 个测定结果中，有一个以上的测定值小于 100cm 时，若最大值或最小值与平均值之差满足重复性试验精密度要求，则取 3 个测定结果的平均值的整数作为延度试验结果，若平均值大于 100cm，记作">100cm"；若最大值或最小值与平均值之差不符合重复性试验精度要求时，试验应重新进行。

当试验结果小于 100cm 时，重复性试验的允许差为平均值的 20%；复现性试验的允许差为平均值的 30%。

第三节 沥青软化点试验（环球法）
（JTG E20 T0606—2011）

一、目的与适用范围

本方法适用于测定道路石油沥青、聚合物改性沥青的软化点，也适用于测定液体石油沥青、煤沥青经蒸馏或乳化沥青蒸发后残留物的软化点。

二、仪器设备

1）软化点试验仪

如图 11-5 所示，由下列部件组成：

（1）钢球：直径 9.53mm，质量 3.5±0.05g。

（2）试样环：黄铜或不锈钢等制成，形状尺寸如图 11-5 所示。

（3）钢球定位环：黄铜或不锈钢制成，形状尺寸如图 11-5 所示。

（4）金属支架：由两个主杆和三层平行的金属板组成。上层为一圆盘，直径略大于烧杯直径，中间有一圆孔，用以插放温度计。中层板形状尺寸如图 11-5，板上有两个孔，各放置金属环，中间有一小孔可支持温度计的测温端部。一侧立杆距环上面 51mm 处刻有水高标记。环下面距下层底板为 25.4mm，而下底板距烧杯底不少于 12.7mm，也不得大于 19mm。三层金属板和两个主杆由两螺母固定在一起。

(5) 耐热玻璃烧环：容量 800~1000mL，直径不小于 86mm，高度不小于 120mm。
(6) 温度计：0~100℃，分度为 0.5℃。

图 11-5 沥青软化点试验
(a) 全自动软化点仪；(b) 钢球和试样环；(c) 环球法试样；(d) 环球法平行试验（测软化点）

2) 当采用自动软化点仪时，各项要求应与规范相同，温度采用温度传感器测定，并能自动显示或记录，且应对自动装置的准确性经常校验。

3) 装有温度调节器的电炉或其他加热炉具（液化石油气、天然气等）。应采用带有振荡搅拌器的加热电炉，振荡器置于烧杯底部。

4) 试样底板：金属板（表面粗糙度 Ra 应达 0.8m）或玻璃板。

5) 恒温水槽：控温的准确度为 0.5℃。

6) 平直刮刀。

7) 甘油滑石粉隔离剂（甘油与滑石粉的比例为质量比 2∶1）。

8) 蒸馏水或纯净水。

9) 其他：石棉网。

三、试验准备

1) 将试样环置于涂有甘油滑石粉隔离剂的试样底板上。

按规定方法将准备好的沥青试样徐徐注入试样环内至略高出环面为止。如估计试样软化点高于 120℃，则试样环和试样底板（不用玻璃板）均应预热至 80~100℃。

2) 试样在室温冷却 30min 后，用热刮刀刮除环面上的试样，应使其与环面齐平。

四、试验步骤

1) 试样软化点在 80℃以下者：

(1) 将装有试样的试样环连同试样底板置于 5±0.5℃ 的恒温水槽中至少 15min；同时将金属支架、钢球、钢球定位环等亦置于相同水槽中。

(2) 在烧杯内注入新煮沸并冷却至5℃的蒸馏水或纯净水，水面略低于立杆上的深度标记。

(3) 从恒温水槽中取出盛有试样的试样环放置在支架中层板的圆孔中，套上定位环；然后将整个环架放入烧杯中，调整水面至深度标记，并保持水温为5±0.5℃。环架上任何部分不得附有气泡。将0~100℃的温度计由上层板中心孔垂直插入，使端部测温头底部与试样环下面齐平。

(4) 将盛有水和环架的烧杯移至放在石棉网的加热炉具上，然后将钢球放在定位环中间的试样中央，立即开动振荡搅拌器，使水微微振荡，并开始加热，使杯中水温在3min内调节至维持每分钟上升5±0.5℃。在加热过程中，应记录每分钟上升的温度值。如温度上升速度超出此范围时，则试验应重作。

(5) 试样受热软化逐渐下坠，至与下层底板表面接触时，立即读取温度，准确至0.5℃。

2) 试样软化点在80℃以上者：

(1) 将装有试样的试样环连同试样底板置于装有32±1℃甘油的恒温槽中至少15min；同时将金属支架、钢球、钢球定位环等亦置于甘油中。

(2) 在烧杯内注入预先加热至32℃的甘油，其液面略低于立杆上的深度标记。

(3) 从恒温槽中取出装有试样的试样环，按上述方法进行测定，准确至1℃。

五、结果整理

同一试样平行试验两次，当两次测定值的差值符合重复性试验精密度要求时，取其平均值作为软化点试验结果，准确至0.5℃。

1) 当试样软化点小于80℃时，重复性试验的允许差为1℃，复现性试验的允许差为4℃。

2) 当试样软化点等于或大于80℃时，重复性试验的允许差为2℃，复现性试验的允许差为8℃。

第四节 沥青与粗集料的黏附性试验
(JTG E20 T0616—1993)

一、目的与适用范围

本方法适用于检验沥青与粗集料表面的黏附性及评定粗集料的抗水剥离能力。对于最大粒径大于13.2mm的集料应用水煮法，对于最大粒径小于或等于13.2mm的集料应用水浸法进行试验。对同一种料源集料最大粒径既有大于又有小于13.2mm的集料时，以水煮法试验为标准，对细粒式沥青混合料应以水浸法试验为标准。

二、仪具与材料

1) 天平：称量500g，感量不大于0.01g。
2) 恒温水槽：能保持温度80±1℃。

3）拌合用小型容器：500mL。

4）烧杯：1000mL。

5）试验架。

6）细线：尼龙线或棉线、铜丝线。

7）钢丝网。

8）标准筛：9.5mm、13.2mm、19mm各1个。

9）烘箱：装有自动温度调节器。

10）电炉、燃气炉。

11）玻璃板：200mm×200mm左右。

12）搪瓷盘：300mm×400mm左右。

13）其他：拌合铲、石棉网、纱布、手套等。

三、水煮法试验

1）准备工作

将集料过13.2mm、19mm的筛，取粒径为13.2～19mm，形状接近立方体的规则集料5个，用洁净水洗净，置温度为105±5℃的烘箱中烘干，然后放在干燥器中备用。将大烧杯中盛水，并且放在加热炉的石棉网上煮沸。

2）试验步骤

（1）将集料逐个用细线在中部系牢，再置于105±5℃的烘箱内1h。按本规程T0602的方法准备沥青试样。

（2）逐个取出加热的矿料颗粒用线提起，浸入预先加热的沥青（石油沥青130～150℃）中45s后，轻轻拿出，使集料完全为沥青膜所裹覆。

（3）将裹覆沥青的集料颗粒悬挂于试验架上，下面垫一张纸，使多余的沥青流掉，并在室温下冷却15min。

（4）待集料颗粒冷却后，逐个用线提起，浸入盛有煮沸水的大烧杯中央，调整加热炉，使烧杯中的水保持微沸状态，如第一篇第一章图1-6（c）和（b），但不允许有沸开的泡沫，如图1-6。

（5）浸煮3min后，将集料从水中取出，观察矿料颗粒上沥青膜的剥落程度，并按表1评定其黏附性等级。

（6）同一试样应平行试验5个集料颗粒，并由两名以上经验丰富的试验人员分别评定后，取平均等级作为试验结果。

四、水浸法试验

1）准备工作

（1）将集料过9.5mm、13.2mm筛，取粒径为9.5～13.2mm，形状规则的集料200g用洁净水洗净，并置于温度为105±5℃的烘箱中烘干，然后放在干燥器中备用。

（2）按本规程T0602准备沥青试样，加热至按T0702的要求规定的沥青与矿料的拌合温度。

（3）将煮沸过的热水注入恒温水槽中，并维持温度80±1℃。

沥青与集料的黏附性等级　　　　　　　　　　　　　　　表 11-2

试验后石料表面上沥青膜剥落情况	黏附性等级
沥青膜完全保存，剥离面积百分率接近于 0	5
沥青膜少部为水所移动，厚度不均匀，剥离面积百分率不于 10%	4
沥青膜局部明显地为水所移动，基本保留在石料表面上，剥离面积百分率少于 30%	3
沥青膜大部分为水所移动，局部保留在石料表面上，剥离面积百分率大于 30%	2
沥青膜完全为水所移动，石料基本裸露，沥青全浮于水面上	1

2）试验步骤

（1）按四分法称取集料颗粒（9.5～13.2mm）100g 置搪瓷盘中，连同搪瓷盘一起放入已升温至沥青拌合温度以上 5℃的烘箱中持续加热 1h。

（2）按每 100g 矿料加入沥青 5.5±0.2g 的比例称取沥青，准确至 0.1g，放入小型拌合容器中，一起置入同一烘箱中加热 15min。

（3）将搪瓷盘中的集料倒入拌合容器的沥青中后，从烘箱中取出拌合容器，立即用金属铲均匀拌合 1～1.5min，使集料完全被沥青薄膜裹覆。然后，立即将裹有沥青的集料取 20 个，用小铲移至玻璃板上摊开，并置室温下冷却 1h。

（4）将放有集料的玻璃板浸入温度为 80±1℃的恒温水槽中，保持 30min，并将剥离及浮于水面的沥青，用纸片捞出。

（5）由水中小心取出玻璃板，浸入水槽内的冷水中，仔细观察裹覆集料的沥青薄膜的剥落情况。由两名以上经验丰富的试验员分别目测，评定剥离面积的百分率，评定后取平均值表示。

注：为使估计的剥离面积百分率较为正确，宜先制取若干个不同剥离率的样本，用比照法目测评定，不同剥离率的样本，可用加不同比例抗剥离剂的改性沥青与酸性集料拌合后浸水得到，也可由同一种沥青与不同集料品种拌合后浸水得到，样本的剥离面积百分率应逐个仔细计算得出。

（6）由剥离面积百分率按表 11-2 评定沥青与集料黏附性的等级。

五、报告

试验结果应报告采用的方法及集料粒径。

第十二章 沥青混合料试验

第一节 沥青混合料试件制作方法（击实法）
（JTG E20 T0702—2011）

一、目的与适用范围

1) 本方法适用于采用标准击实法或大型击实法制作沥青混合料试件，以供试验室进行沥青混合料物理力学性质试验使用。

2) 标准击实法适用于马歇尔试验、间接抗拉试验（劈裂法）等所使用的 $\phi 101.6mm \times 63.5mm$ 圆柱体试件的成型。大型击实法适用于大型马歇尔试验和 $\phi 152.4mm \times 95.3mm$ 的大型圆柱体试件的成型。

3) 沥青混合料试件制作时，矿料规格及试件数量应符合如下规定：

(1) 沥青混合料试件制作时的条件及试件数量应符合下列规定：

当集料公称最大粒径小于或等于 26.5mm 时，采用标准击实法，制作直径为 $\phi 101.6mm$ 的试件，一组试件的数量不少于 4 个。当集料公称最大粒径大于 26.5mm 时，应采用大型击实法，制作直径为 $\phi 152.4mm$ 的大型圆柱体试件，一组试件的数量不少于 6 个。

(2) 在拌合厂采集的沥青混合料制作试件时，应从拌合机一次放料的下方或提升斗中取样，不得多次取样混合后使用。用以评定混合料质量时，必须分几次取样，拌合均匀后作为代表性试样。在施工现场取样时，应在摊铺后未碾压前，摊铺宽度两侧的 1/2～1/3 位置处取样，每摊铺一车取一次样，连续 3 车取样后，混合均匀按四分法取样至足够数量。试件数量宜不少于试验用量的 2 倍，平行试验应加倍取样。

二、仪器设备

1) **标准击实仪**：由击实锤、$\phi 98.5 \pm 0.5mm$ 平圆形压实头及带手柄的导向棒组成。用机械将压实锤提升至 $457.2 \pm 1.5mm$ 高度沿导向棒自由落下击实，标准击实锤质量 $4536 \pm 9g$，如图 12-1 所示。

大型击实仪：由击实锤、$\phi 149.5 \pm 0.1mm$ 平圆形压实头及带手柄的导向棒组成。用机械将压实锤提升至 $457.2 \pm 2.5mm$ 高度沿导向棒自由落下击实，大型击实锤质量 $10210 \pm 10g$。

2) **试验室用沥青混合料拌合机**：能保证拌合温度并充分拌合均匀，可控制拌合时间，容量不小于 10L，如图 12-1 所示。搅拌叶自转速度 70～80r/min，公转速度 40～50r/min。如图 12-2 所示。

3）脱模器：电动或手动，可无破损地推出圆柱体试件，备有标准圆柱体试件及大型圆柱体试件尺寸的推出环，如图12-3所示。

图12-1 沥青混合料标准击实仪

图12-2 沥青混合料室内拌合机

图12-3 沥青混合试件电动脱模器

4）试模：由高碳钢或工具钢制成，每组包括内径101.6±0.2mm，高87mm的圆柱形金属筒、底座（直径约120.6mm）和套筒（内径104.8mm、高70mm）各1个。

图12-4 试模、套筒及击实座

大型圆柱体试件的试模与套筒如图12-4所示。套筒外径165.1mm，内径155.6±0.3mm，总高83mm。试模内径152.4±0.2mm，总高115mm，底座板厚12.7mm，直径172mm。

5）烘箱：大、中型各一台，有温度调节器。

6）天平或电子秤：用于称矿料的，感量不大于0.5g；用于称沥青的，感量不大于0.1g。

7）沥青运动黏度测定设备：布洛克菲尔德黏度计。

8）插刀或大螺丝刀。

9）温度计：分度值不大于1℃。宜采用有金属插杆的插入式数显温度计，金属插杆的长度不小于150mm。量程0～300℃。

10）其他：电炉或煤气炉、沥青熔化锅、拌合铲、标准筛、滤纸（或普通纸）、胶布、卡尺、秒表、粉笔、棉纱等。

三、试验准备

1）确定制作沥青混合料试件的拌合与压实温度。

当缺乏沥青黏度测定条件时，试件的拌合与压实温度可按表12-1选用，并根据沥青品种和标号作适当调整。针入度小、稠度大的沥青取高限，针入度大、稠度小的沥青取低限，一般取中值。对改性沥青，应根据实践经验、改性剂的品种和用量，适当提高混合料的拌合和压实温度，对大部分聚合物改性沥青，需要在基质沥青的基础上提高10～20℃左右，掺加纤维时，尚需再提高10℃左右。常温沥青混合料的拌合及压实在常温下进行。

沥青混合料拌合及压实温度参考表　　　　表12-1

沥青结合料种类	拌合温度（℃）	压实温度（℃）
石油沥青	140～160	120～150
改性沥青	160～175	140～170

2）按规定方法在拌合厂或施工现场采集沥青混合料试样。将试样置于烘箱中加热或保温，在混合料中插入温度计测量温度，待混合料温度符合要求后成型。需要适当拌合时可倒入已加热的小型沥青混合料拌合机中适当拌合，时间不超过1min。但不得用铁锅在电炉或明火上加热炒拌。

3）在试验室人工配制沥青混合料时，材料准备按下列步骤进行：

（1）将各种规格的矿料置105±5℃的烘箱中烘干至恒重（一般不少于4～6h）。

（2）将烘干分级的粗细集料，按每个试件设计级配要求称其质量，在一金属盘中混合均匀，矿粉单独加热，置烘箱中预热至沥青拌合温度以上约15℃（采用石油沥青时通常为163℃；采用改性沥青时通常需180℃）备用。一般按一组试件（每组4～6个）备料，但进行配合比设计时宜对每个试件分别备料。常温沥青混合料的矿料不应加热。

（3）将规定方法采集的沥青试样，用烘箱加热至规定的沥青混合料拌合温度备用，但不得超过175℃。当不得已采用燃气炉或电炉直接加热进行脱水时，必须使用石棉垫隔开。

4）用沾有少许黄油的棉纱擦净试模、套筒及击实座等，置于100℃左右烘箱中加热1h备用。常温沥青混合料用试模不加热，如图12-4所示。

四、试验步骤

1）拌制黏稠石油沥青或煤沥青混合料

（1）将沥青混合料拌合机预热至拌合温度以上10℃左右备用。

（2）将加热的粗细集料置于拌合机中，用小铲子适当混合，然后再加入需要数量的已加热至拌合温度的沥青（如沥青已称量在一专用容器内时，可在倒掉沥青后用一部分热矿粉将沾在容器壁上的沥青擦拭一起倒入拌合锅中），开动拌合机一边搅拌一边将拌合叶片插入混合料中拌合1～1.5min，然后暂停拌合，加入单独加热的矿粉，继续拌合至均匀为止，并使沥青混合料保持在要求的拌合温度范围内。标准的总拌合时间为3min。

2）马歇尔标准击实法的成型步骤如下：

（1）将拌好的沥青混合料，均匀称取一个试件所需的用量（标准马歇尔试件约1200g，大型马歇尔试件约4050g）。当已知沥青混合料的密度时，可根据试件的标准尺寸计算并乘以1.03得到要求的混合料数量。当一次拌合几个试件时，宜将其倒入经预热的金属盘中，用小铲适当拌合均匀分成几份，分别取用。在试件制作过程中，为防止混合料温度下降，应连盘放在烘箱中保温。

（2）从烘箱中取出预热的试模及套筒，用沾有少许黄油的棉纱擦拭套筒、底座及击实锤底面，将试模装在底座上，垫一张圆形的吸油性小的纸，用小铲将混合料铲入试模中，

图 12-5 试模、套筒及击实座安装

用插刀或大螺丝刀沿周边插捣 15 次，中间 10 次。插捣后将沥青混合料表面整平。对于大型马歇尔试件，混合料应分两次加入，每次插捣次数同上。图 12-5 所示为试模、套筒及击实座安装。

（3）插入温度计至混合料中心附近，检查混合料温度。

（4）待混合料温度符合要求的压实温度后，将试模连同底座一起放在击实台上固定，在装好的混合料上面垫一张吸油性小的圆纸，再将装有击实锤及导向棒的压实头插入试模中，然后开启电动机将击实锤从 457mm 的高度自由落下击实规定的次数（75 或 50 次）。对于大型马歇尔试件，击实次数为 75 次（相应于标准击实 50 次）或 112 次（相应于标准击实 75 次）。

（5）试件击实一面后，取下套筒，将试模翻面，装上套筒，然后以同样的方法和次数击实另一面。

（6）试件击实结束后，立即用镊子取掉上下面的纸，用卡尺量取试件离试模上口的高度并由此计算试件高度，如高度不符合要求时，试件应作废，并按下式调整试件的混合料质量，以保证高度符合 63.5±1.3mm（标准试件）或 95.3±2.5mm（大型试件）的要求：

$$调整后混合料质量 = \frac{要求试件高度 \times 原用混合料质量}{所得试件的高度}$$

3）卸去套筒和底座，将装有试件的试模横向放置冷却至室温后（不少于12h），置脱模机上脱出试件。用于作现场马歇尔指标检验的试件，在施工质量检验过程中如急需试验，允许采用电风扇吹冷 1h 或浸水冷却 3min 以上的方法脱模，但浸水脱模法不能用于测量密度、空隙率等各项物理指标。

4）将试件仔细置于干燥洁净的平面上，供试验用。

第二节　压实沥青混合料密度试验（表干法）
（JTG E20 T0705—2011）

一、目的与适用范围

1）本方法适用于测定吸水率不大于 2% 的各种沥青混合料试件，包括密集配沥青混凝土、沥青玛琋脂碎石混合料（SMA）和沥青稳定碎石等沥青混合料试件的毛体积相对密度和毛体积密度。标准温度为 25±0.5℃。

2）本方法测定的毛体积相对密度和毛体积密度适用于计算沥青混合料试件的空隙率、矿料间隙率等各项体积指标。

二、仪具与材料

1）浸水天平或电子秤：当最大称量在 3kg 以下时，感量不大于 0.1g；最大称量 3kg

以上时，感量不大于 0.5g；最大称量 10kg 以上时，感量 5g，应有测量水中重的挂钩。

2) 网篮。

3) 溢流水箱：如图 12-6 所示，使用洁净水，有水位溢流装置，保持试件和网篮浸入水中后的水位一定，能调整水温至 25±0.5℃。

4) 试件悬吊装置：天平下方悬吊网篮及试件的装置，吊线应采用不吸水的细尼龙线绳，并有足够的长度。对轮碾成型机成型的板块状试件可用钢丝悬挂。

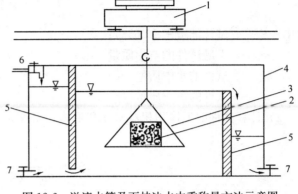

图 12-6 溢流水箱及下挂法水中重称量方法示意图
1—浸水天平或电子秤；2—试件；3—网篮；4—溢流水箱；
5—水位搁板；6—注入口；7—放水阀门

5) 秒表。

6) 毛巾。

7) 电风扇或烘箱。

三、方法与步骤

1) 准备试件。本试验可以采用室内成型的试件，也可以采用工程现场钻芯、切割等方法获得的试件。当采用现场钻芯取样时，应按照 T0710 的方法进行。试验前试件宜在阴凉处保存（温度不宜高于 35℃），且放置在水平的平面上，注意不要使试件产生变形。

2) 选择适宜的浸水天平或电子天平，最大称量应满足试件质量的要求。

3) 除去试件表面的浮粒，称取干燥试件的空中质量（m_a），根据选择的天平的感量读数，准确至 0.1g、0.5g 或 5g。

4) 将溢流水箱温度保持在 25±0.5℃。挂上网篮，浸入溢流水箱中，调节水位，将天平调平并复零，把试件置于网篮中（注意不要晃动水）浸入水中 3～5min，称取水中质量（m_w）。若天平读数持续变化，不能很快达到稳定，说明试件吸水较严重，不适用于此法测定，应该用本规程 T0707 的蜡封法测定。

5) 从水中取出试样，用洁净柔软的拧干湿毛巾轻轻擦去试件表面的水分（不得吸走空隙内的水），称取试件的表干质量（m_f）。从试件拿出水面到擦拭结束不宜超过 5s，称量过程中流出的水不得再擦拭。

6) 对从工程现场钻取的非干燥试件可先称取水中质量（m_w）和表干质量（m_f），然后用电风扇将试件吹干至恒重（一般不少于 12h，当不需要进行其他试验时，也可用 60±5℃烘箱烘干至恒重），再称取空中质量（m_a）。

四、计算

1) 计算试件的吸水率，取 1 位小数。

试件的吸水率即试件吸水体积占沥青混合料毛体积的百分率，按式(12-1)计算。

$$S_a = \frac{m_f - m_a}{m_f - m_w} \times 100 \tag{12-1}$$

式中 S_a——试件的吸水率（%）；
m_a——干燥试件的空中质量（g）；
m_w——试件的水中质量（g）；
m_f——试件的表干质量（g）。

2) 计算试件的毛体积相对密度和毛体积密度，取3位小数，按式(12-2)、式(12-3)计算。

$$\gamma_f = \frac{m_a}{m_f - m_w} \tag{12-2}$$

$$\rho_f = \frac{m_a}{m_f - m_w} \times \rho_w \tag{12-3}$$

式中 γ_f——用表干法测定的试件毛体积相对密度，无量纲；
ρ_f——用表干法测定的试件毛体积密度（g/cm³）；
ρ_w——25℃水的密度，取0.9971g/cm³。

3) 试件的空隙率按式(12-4)试算，取1位小数。

$$VV = \left(1 - \frac{\gamma_f}{\gamma_t}\right) \times 100 \tag{12-4}$$

式中 VV——试件的空隙率（%）；
γ_t——沥青混合料理论最大相对密度，按计算或实测得到，无量纲；
γ_f——试件的毛体积相对密度，无量纲，用表干法测定，当试件吸水率$S_a>2\%$时，由蜡封法测定；当按规定容许采用水中重法测定时，也可用表观相对密度γ_a代替。

4) 计算矿料的合成毛体积相对密度，取3位小数，按式(12-5)计算。

$$\gamma_{sb} = \frac{100}{\frac{p_1}{\gamma_1} + \frac{p_2}{\gamma_2} + \cdots + \frac{p_n}{\gamma_n}} \tag{12-5}$$

式中 γ_{sb}——矿料的合成毛体积相对密度，无量纲；
$p_1, p_2 \cdots p_n$——各种矿料占总质量的百分率（%），其和为100；
$\gamma_1, \gamma_2 \cdots \gamma_n$——各种矿料的相对密度，无量纲；采用《公路工程集料试验规程》（JTG E42&2005）的方法进行测定，粗集料按T0304方法测定；机制砂及石屑可按T0330方法测定，也可以用筛出的2.36~4.75mm部分按T0304方法测定的毛体积相对密度代替；矿粉（含消石灰、水泥）采用表观相对密度。

5) 计算矿料的合成表观相对密度，取3位小数，按式(12-6)计算。

$$\gamma_{sa} = \frac{100}{\frac{p_1}{\gamma'_1} + \frac{p_2}{\gamma'_2} + \cdots \frac{p_n}{\gamma'_n}} \tag{12-6}$$

式中 γ_{sa}——矿料的合成表观相对密度，无量纲；
$\gamma'_1, \gamma'_2 \cdots \gamma'_n$——各种矿料的表观相对密度，无量纲。

6) 确定矿料的有效相对密度，取3位小数。

(1) 对非改性沥青混合料，采用真空法测定理论最大相对密度，取平均值。计算合成矿料的有效相对密度 γ_{se}，按式（12-7）计算。

$$\gamma_{se} = \frac{100 - P_b}{\dfrac{100}{\gamma_t} - \dfrac{P_b}{\gamma_b}} \tag{12-7}$$

式中　γ_{se}——合成矿料的有效相对密度，无量纲；

　　　P_b——沥青用量，即沥青质量占沥青混合料总质量的百分比（%）；

　　　γ_t——实测的沥青混合料的理论最大相对密度，无量纲。

　　　γ_b——25℃时沥青的相对密度，无量纲。

（2）对改性沥青及 SMA 等难以分散的混合料，有效相对密度宜直接由矿料的合成毛体积相对密度按式（12-8）计算确定，其中沥青吸收系数 C 值可根据材料的吸水率由式（12-9）求得，合成矿料的吸水率按式（12-10）计算。

$$\gamma_{se} = C \times \gamma_{sa} + (1-C) \times \gamma_{sb} \tag{12-8}$$

$$C = 0.033 w_x^2 - 0.2936 w_x^2 + 0.9339 \tag{12-9}$$

$$w_x = \left(\frac{1}{\gamma_{sb}} - \frac{1}{\gamma_{sa}}\right) \times 100 \tag{12-10}$$

式中　C——沥青吸收系数，无量纲；

　　　w_x——合成矿料的吸水率（%）。

7）确定沥青混合料的理论最大相对密度，取 3 位小数。

（1）对非改性的普通沥青混合料，采用真空法实测沥青混合料的理论最大相对密度 γ_t。

（2）对改性沥青或 SMA 混合料按式（12-11）计算沥青混合料对应油石比的理论最大相对密度，按式（12-12）计算。

$$\gamma_t = \frac{100 + P_a}{\dfrac{100}{\gamma_{se}} + \dfrac{P_a}{\gamma_b}} \tag{12-11}$$

$$\gamma_t = \frac{100 + P_a}{\dfrac{100}{\gamma_{se}} + \dfrac{P_a}{\gamma_b} + \dfrac{P_x}{\gamma_x}} \tag{12-12}$$

式中　γ_t——计算沥青混合料对应油石比的理论最大相对密度，无量纲；

　　　P_a——油石比，即沥青质量占矿料总质量的百分比（%）；

$$P_a = [p_b/(100 - p_b)] \times 100$$

　　　P_x——纤维用量，即纤维质量占矿料总质量的百分比（%）；

　　　γ_x——25℃时纤维的相对密度，由厂方提供或实测得到，无量纲；

　　　γ_{se}——合成矿料的有效相对密度，无量纲；

　　　γ_b——25℃时沥青的相对密度，无量纲。

（3）对旧路面钻取芯样的试件缺乏材料密度、配合比及油石比的沥青混合料，可以采用真空法实测沥青混合料的理论最大相对密度 γ_t。

8）按式（12-13）～式（12-15）计算试件的空隙率、矿料间隙率 VMA 和有效沥青饱和度 VFA，取 1 位小数。

$$VV = \left(1 - \frac{\gamma_f}{\gamma_t}\right) \times 100 \tag{12-13}$$

$$VMA = \left(1 - \frac{\gamma_f}{\gamma_{sb}} \times \frac{P_s}{100}\right) \times 100 \tag{12-14}$$

$$VFA = \frac{VMA - VV}{VMA} \times 100 \tag{12-15}$$

式中 VV——沥青混合料试件的空隙率（%）；

VMA——沥青混合料试件的矿料间隙率（%）；

VFA——沥青混合料试件的沥青饱和度（%）；

P_s——各种矿料占沥青混合料总质量的百分率之和（%）；

$$P_s = 100 - P_b$$

γ_{sb}——矿料的合成毛体积相对密度，无量纲。

9) 按式（12-16）~式（12-18）计算沥青混合料被矿料吸收的比例及有效沥青含量、有效沥青体积百分率，取1位小数。

$$P_{ba} = \frac{\gamma_{se} - \gamma_{sb}}{\gamma_{se} \times \gamma_{sb}} \times \gamma_b \times 100 \tag{12-16}$$

$$P_{be} = P_b - \frac{P_{ba}}{100} \times P_s \tag{12-17}$$

$$V_{be} = \frac{\gamma_f \times P_{be}}{\gamma_b} \tag{12-18}$$

式中 P_{ba}——沥青混合料中被矿料吸收的沥青质量占矿料总质量的百分率（%）；

P_{be}——沥青混合料中的有效沥青含量（%）；

V_{be}——沥青混合料试件的有效沥青体积百分率（%）。

10) 按式（12-19）计算沥青混合料的粉胶比，取1位小数。

$$FB = \frac{P_{0.075}}{p_{be}} \tag{12-19}$$

式中 FB——粉胶比，沥青混合料的矿料中0.075mm通过率与有效沥青含量的比值，无量纲；

$P_{0.075}$——矿料级配中0.075mm的通过百分率（水洗法）（%）。

11) 按式（12-20）计算集料粒径的比表面积，按式（12-21）计算沥青混合料沥青膜的有效厚度。各种集料粒径的表面积系数按表12-2取用。

$$SA = \Sigma (P_i \times FA_i) \tag{12-20}$$

$$DA = \frac{P_{be}}{\rho_b \times P_s \times SA} \times 1000 \tag{12-21}$$

式中 SA——集料的比表面积；

P_i——集料各粒径的质量通过百分率（%）；

FA_i——各筛孔对应的集料的表面积系数（m²/kg）；

DA——沥青膜的有效厚度（μm）；

ρ_b——沥青25℃时的密度（g/cm³）。

集料的表面积系数及比表面积计算示例 表 12-2

筛孔尺寸（mm）	19	16	13.2	9.5	4.75	2.36	1.18	0.6	0.3	0.15	0.075
表面积系数 FA_i（m²/kg）	0.0041	—	—	—	0.0041	0.0082	0.0164	0.0287	0.0614	0.1229	0.3277
集料各粒径的质量通过百分率 P_i（%）	100	92	85	76	60	42	32	23	16	12	6
集料的比表面积 $FA_i \times P_i$（m²/kg）	0.41	—	—	—	0.25	0.34	0.52	0.66	0.98	1.47	1.97
集料比表面积总和 SA（m²/kg）	\multicolumn{11}{l}{SA=0.41+0.25+0.34+0.52+0.66+0.98+1.47+1.97=6.60}

12）粗集料骨架间隙率可按式（12-22）计算，取 1 位小数。

$$VCA_{mix} = 100 - \frac{\gamma_f}{\gamma_{ca}} \times P_{ca} \tag{12-22}$$

式中　VCA_{mix}——粗集料骨架间隙率（%）；

　　　P_{ca}——矿料中所有粗集料质量占沥青混合料总质量的百分率（%），按式（12-23）计算得到；

$$P_{ca} = p_s \times pA_{4.75}/100 \tag{12-23}$$

式中　$PA_{4.75}$——矿料级配中 4.75mm 筛余量，即 100 减去 4.75mm 通过率；

注：$PA_{4.75}$ 对于一般沥青混合料为矿料级配中 4.75mm 筛余量，对于公称最大粒径不大于 9.5mm 的 SMA 混合料为 2.36mm 筛余量，对于特大粒径根据需要可以选择其他筛孔。

　　　γ_{ca}——矿料中所有粗集料的合成毛体积相对密度，按式（12-24）计算，无量纲；

$$\lambda_{ca} = \frac{P_{1c} + P_{2c} + \cdots + P_{nc}}{\dfrac{P_{1c}}{\gamma_{1c}} + \dfrac{P_{2c}}{\gamma_{2c}} + \cdots + \dfrac{P_{nc}}{\gamma_{nc}}} \tag{12-24}$$

式中　$P_{1c} \cdots P_{nc}$——矿料中各种粗集料占矿料总质量的百分比（%）；

　　　$\gamma_{1c} \cdots \gamma_{nc}$——矿料中各种粗集料的毛体积相对密度。

五、报告

应在试验报告中注明沥青混合料的类型及采用的测定密度的方法。

六、允许误差

试件毛体积密度试验重复性的允许误差为 0.020g/cm³。试件毛体积相对密度试验重复性的允许误差为 0.020。

第三节　沥青混合料马歇尔稳定度试验
（JTG E20 T0709—2011）

一、目的与适用范围

1）本方法适用于马歇尔稳定度试验和浸水马歇尔稳定度试验，以进行沥青混合料的配合比设计或沥青路面施工质量检验。浸水马歇尔稳定度试验（根据需要，也可进行真空饱水马歇尔试验）供检验沥青混合料受水损害时抵抗剥落的能力时使用，通过测试其水稳定性检验配合比设计的可行性。

2）本方法适用于标准马歇尔试件圆柱体和大型马歇尔试件圆柱体。

二、仪器设备

1）沥青混合料马歇尔试验仪：分为自动式和手动式。如图 12-7 所示，自动马歇尔试验仪应具备控制装置、记录荷载—位移曲线、自动测定荷载与试件的垂直变形，能自动显示和存储或打印试验结果等功能。手动式由人工操作，试验数据通过操作者目测后读取数据。

图 12-7　自动马歇尔试验仪

对用于高速公路和一级公路的沥青混合料宜采用自动马歇尔试验仪。

（1）当集料公称最大粒径小于或等于 26.5mm 时，宜采用 ϕ101.6mm×63.5mm 的标准马歇尔试件，试验仪最大荷载不得小于 25kN，读数准确至 0.1kN，加载速率应能保持 50±5mm/min。钢球半径 16±0.05mm，上下压头曲率半径为 50.8±0.08mm。

（2）当集料公称最大粒径大于 26.5mm 时，宜采用 ϕ152.4mm×95.3mm 大型马歇尔试件，试验仪最大荷载不得小于 50kN，读数准确至 0.1kN。上下压头的曲率半径为 ϕ152.4±0.2mm，上下压头间距 19.05±0.1mm。大型马歇尔试件的压头尺寸如图 12-8 所示。

2）恒温水槽：控温准确度为 1℃，深度不小于 150mm。

3）真空饱水容器：包括真空泵及真空干燥器。

4）烘箱。

5）天平：感量不大于 0.1g。

6）温度计：分度为 1℃。

7）卡尺。

8）其他：棉纱、黄油。

三、试验准备和试验步骤

1. 标准马歇尔试验方法

1）试验准备

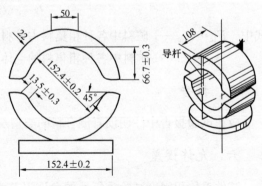

图 12-8　大型马歇尔试验的压头
（单位：mm）

(1) 按标准击实法成型马歇尔试件，标准马歇尔尺寸应符合直径101.6±0.2mm、高63.5±1.3mm的要求。对于大型马歇尔试件，尺寸应符合直径152.4±0.2mm，高95.3±2.5mm的要求。一组试件的数量最小不得少于4个，并符合规定。如图12-9所示。

(2) 量测试件的直径及高度：用卡尺测量试件中部的直径，用马歇尔试件高度测定器或用卡尺在十字对称的4个方向量测离试件边缘10mm处的高度，准确至0.1mm，并以其平均值作为试件的高度。如试件高度不符合63.5±1.3mm或95.3±2.5mm要求或两侧高度差大于2mm时，此试件应作废。

(3) 按本规程规定的方法测定试件的密度、空隙率、沥青体积百分率、沥青饱和度、矿料间隙率等体积指标。

图12-9 沥青混合料标准击实成型马歇尔试件

(4) 将恒温水槽调节至要求的试验温度，对黏稠石油沥青或烘箱养生过的乳化沥青混合料为60±1℃，对煤沥青混合料为33.8±1℃，对空气养生的乳化沥青或液体沥青混合料为25±1℃。

2) 试验步骤

(1) 将试件置于已达规定温度的恒温水槽中保温，保温时间对于标准马歇尔试件需30～40min，对于大型马歇尔试件需45～60min。试件之间应有间隔，底部应垫起，且离容器底部不小于5cm。

(2) 将马歇尔试验仪的上下压头放入水槽或烘箱中达到同样温度。将上下压头从水槽或烘箱中取出擦拭干净内面。为使上下压头滑动自如，可在下压头的导棒上涂少量黄油，再将试件取出置于下压头上，盖上上压头，然后装在加载设备上。

(3) 在上压头的球座上放妥钢球，并对准荷载测定装置的压头。

(4) 当采用自动马歇尔试验仪时，将自动马歇尔试验仪的压力传感器、位移传感器与计算机或X—Y记录仪正确连接，调整好适宜的放大比例，压力和位移传感器调零。

(5) 当采用压力环和流值计时，将流值计安装在导棒上，使导向套管轻轻地压住上压头，同时将流值计读数调零。调整压力环中百分表，对零。

(6) 启动加载设备，使试件承受荷载，加载速度为50±5mm/min。计算机或X—Y记录仪自动记录传感器压力和试件变形曲线并将数据自动存入计算机。

(7) 当试验荷载达到最大值的瞬间，取下流值计，同时读取压力环中百分表读数及流值计的流值读数。

(8) 从恒温水槽中取出试件至测出最大荷载值的时间，不得超过30s。

2. 浸水马歇尔试验方法

浸水马歇尔试验方法与标准马歇尔试验方法的不同之处在于，试件在已达规定温度的恒温水槽中的保温时间为48h，其余均与标准马歇尔试验方法相同。

3. 真空饱水马歇尔试验方法

试件先放入真空干燥器中，关闭进水胶管，开动真空泵，使干燥器的真空度达到97.3kPa（730mmHg）以上，维持15min；然后打开进水胶管，靠负压进入冷水流使试件全部浸入水中,浸水 15min 后恢复常压,取出试件再放入已达规定温度的恒温水槽中保温 48h。其余均与标准马歇尔试验方法相同。

四、结果整理

1. 计算

1) 试件的稳定度及流值

(1) 当采用自动马歇尔试验仪时,将计算机采集的数据绘制成压力和试件变形曲线,或由 X-Y 记录仪自动记录的荷载—变形曲线。曲线上的最大荷载为稳定度,以 kN 计,准确至 0.01kN;相应于荷载最大值时的变形为流值,以 mm 计,准确至 0.1mm。

(2) 采用压力环和流值计测定时,根据压力环标定曲线,将压力环中百分表的读数换算为荷载值,或者由荷载测定装置读取的最大值即为试样的稳定度（MS）,以 kN 计,准确至 0.01kN。由流值计及位移传感器测定装置读取的试件垂直变形,即为试件的流值（FL）,以 mm 计,准确至 0.1mm。

2) 试件的马歇尔模数按式（12-25）计算：

$$T = \frac{MS}{FL} \tag{12-25}$$

式中 T——试件的马歇尔模数（kN/mm）；
　　MS——试件的稳定度（kN）；
　　FL——试件的流值（mm）。

3) 试件的浸水残留稳定度按式（12-26）计算：

$$MS_0 = \frac{MS_1}{MS} \times 100 \tag{12-26}$$

式中 MS_0——试件的浸水残留稳定度（%）；
　　MS_1——试件浸水 48h 后的稳定度（kN）。

4) 试件真空饱水残留稳定度按式（12-27）计算：

$$MS'_0 = \frac{MS_2}{MS} \times 100 \tag{12-27}$$

式中 MS'_0——试件的真空饱水残留稳定度（%）；
　　MS_2——试件的真空饱水浸水 48h 后的稳定度（kN）。

2. 报告

(1) 当一组测定值中某个测定值与平均值之差大于标准差的 k 倍时,该测定值应予舍弃,并以其余测定值的平均值作为试验结果。当试件数目 n 为 3、4、5、6 时,k 值分别为 1.15、1.46、1.67、1.82。

(2) 报告中需列出马歇尔稳定度、流值、马歇尔模数,以及试件尺寸、试件密度、空隙率、沥青用量、沥青体积百分率、沥青饱和度、矿料间隙率等各项物理指标。当采用自动马歇尔试验时,试验结果应附上荷载—变形曲线原件或自动打印结果。

第四节 沥青混合料车辙试验
（JTG E20 T0719—2011）

一、目的与适用范围

1）本方法适用于测定沥青混合料的高温抗车辙能力，供沥青混合料配合比设计的高温稳定性检验使用，也可用于现场沥青混合料的高温稳定性检验。

2）车辙试验的试验温度与轮压可根据有关规定和需要选用，非经注明，试验温度为60℃，轮压为0.7MPa。根据需要，如在寒冷地区也可采用45℃，在高温条件下采用70℃等，对重载交通的轮压可增加至1.4MPa，但应在报告中注明。计算动稳定度的时间原则上为试验开始后45~60min之间。

3）本方法适用于按T0703用轮碾成型机碾压成型的长300mm、宽300mm、厚50~100mm板块状试件。根据工程需要也可采用其他尺寸的试件。本方法也适用于现场切割板块试件，切割试件的尺寸根据现场面层的实际情况由试验确定。

二、仪具与材料

1）车辙试验机：如图12-10（a）所示，主要由下列部分组成：

（1）试件台：可牢固地安装两种宽度（300mm及150mm）的规定尺寸试件的试模。

（2）试验轮：橡胶制的实心轮胎，外径ϕ200mm，轮宽50mm，橡胶层厚15mm。橡胶硬度（国际标准硬度）20℃时为84±4，60℃时为78±2。试验轮行走距离为230±10mm，往返碾压速度为42±1次/min（21次往返/min）。采用曲柄连杆驱动加载轮往返运行方式如图12-10（b）所示。

注：轮胎橡胶硬度应注意检验，不符合要求者应及时更换。

（3）加载装置：通常情况下试验轮与试件的接触压强在60℃时为0.7±0.05MPa，施

图12-10 沥青混合料车辙试验机
（a）内部；（b）外观；（c）HDLN-08A型沥青混合料轮碾型机

加的总荷载为 780N 左右，根据需要可以调整接触压强大小。

（4）试模：钢板制成，由底板及侧板组成，试模内侧尺寸长为 300mm，宽为 300mm，厚为 50~100mm，亦可根据需要对厚度进行调整。

（5）变形测量装置：自动检测车辙变形并记录曲线的装置，通常用 LVDT 或非接触位移计。位移测量范围 0~130mm，精度±0.01mm。

（6）温度检测装置：自动检测并记录试件表面及恒温室内温度的温度传感器、温度计，精密度 0.5℃。温度应自动连续记录。

2）恒温室：恒温室应具有足够的空间。车辙试验机必须整机安放在恒温室内，装有加热器、气流循环装置及装有自动温度控制设备，同时恒温室还应有至少能保温 3 块试件并进行试验的条件。能保持恒温室温度 60±1℃（试件内部温度 60±0.5℃），根据需要亦可为其他需要的温度。

3）台秤：称重 15kg，感量不大于 5kg。

三、方法与步骤

1）准备工作

（1）试验轮接地压强测定：在 60℃时进行测定，在试验台上放置一块 50mm 厚的钢板，其上铺一张毫米方格纸，上铺一张新的复写纸，以规定的 700N 荷载后试验轮静压复写纸，即可在方格纸上得出轮压面积，并由此求得接地压强。当压强不符合 0.7±0.05MPa 时，荷载应予适当调整。

（2）按本规程 T0703 用轮碾成型法制作车辙试验试块。在试验室或工地制备成型的车辙试件，其标准尺寸为长 300mm×宽 300mm×厚 50~100mm（厚度根据需要确定）。也可从路面切割得到需要尺寸的试件。

当直接在拌合厂取拌合好的沥青混合料样品制作试件检验生产配合比设计或混合料生产质量时，必须将混合料装入保温桶中，在温度下降至成型温度时迅速送达试验室制作试件，如果温度稍有不足，可放在烘箱中稍加热（时间不超过 30min）后使用。也可直接在现场用手动碾或压路机碾压成型试件，但不得将混合料放冷却后二次加热重塑制作试件。重塑制作的试验结果仅供参考，不得用于评定配合比设计检验是否合格的标准。

（3）如需要，将试件脱模按本规程规定的方法测试密度及空隙率等各项物理指标。

（4）试件成型后，连同试模一起在常温条件下放置的时间不得于 12h。对聚合物改性

沥青混合料，放置的时间以 48h 为宜，使聚合物改性沥青充分固化后方可进行车辙试验，但室温放置时间也不得长于一周。

2）试验步骤

（1）将试件连同试模一起，置于已达到试验温度 60±1℃的恒温室中，保温不少于 5h，也不得多于 12h。在试件的试验轮不行走的部位上，粘贴一个热电偶温度计（也可在试件制作时预先将热电偶导线埋入试件一角），控制试件温度稳定在 60±0.5℃。

（2）将试件连同试模移置于轮辙试验机的试验台上，试验轮在试件的中央部位，其行走方向须与试件碾压或行车方向一致。开动车辙变形自动记录仪，然后启动试验机，使试验轮往返行走，时间约 1h，或最大变形达到 25mm 时为止。试验时，试验仪自动记录变

形曲线（图12-11）及试件温度。

注：对试验变形较小的试件，也可对一块试件在两侧1/3位置上进行两次试验取平均值。

四、计算

1) 从图12-11上读取45min（t_1）及60min（t_2）时的车辙变形d_1及d_2，准确至0.01mm。

当变形过大，在未到60min变形已达25mm时，则以达到25mm（d_2）时的时间为t_2，将其前15min为t_1，此时的变形量为d_1。

2) 沥青混合料试件的动稳定度按式(12-28)计算：

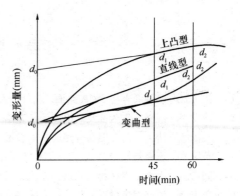

图12-11 车辙试验自动记录的变形曲线

$$DS = \frac{(t_2 - t_1) \times N}{d_2 - d_1} \times C_1 \times C_2 \tag{12-28}$$

式中　DS——沥青混合料的动稳定度（次/mm）；

d_1——对应于时间t_1的变形量（mm）；

d_2——对应于时间t_2的变形量（mm）；

C_1——试验机类型修正系数，曲柄连杆驱动试件的变速行走方式为1.0；

C_2——试件系数，试验室制备的宽300mm的试件为1.0；

N——试验轮往返碾压速度，通常为42次/min。

五、报告

1) 同一沥青混合料或同一路段的路面，至少平行试验3个试件，当3个试件动稳定度变异系数不大于20%时，取其平均值作为试验结果。当变异系数大于20%时应分析原因，并追加试验。如计算动稳定度值大于6000次/mm时，记作：>6000次/mm。

2) 试验报告应注明试验温度、试验轮接地压强、试件密度、空隙率及试件制作方法等。

六、允许误差

重复性试验动稳定度变异系数不大于20%。

参 考 文 献

[1] 沈金安. 改性沥青与 SMA 路面. 北京：人民交通出版社，2001.
[2] 冷发光. 混凝土耐久性及其检测评价方法. 北京：中国建筑工业出版社，2012.
[3] 美国沥青协会. 高性能沥青路面基础参考手册. 北京：人民交通出版社，2005.
[4] 黄维蓉. 道路建筑材料 北京：人民交通出版社，2011.
[5] 阎培渝. 土木工程材料. 北京：人民交通出版社，2009.
[6] 姜志清. 道路建筑材料. 北京：人民交通出版社，2009.
[7] 姚昱晨. 市政道路工程(第二版). 北京：中国建筑工业出版社，2012.
[8] 沙庆林. 高等级公路半刚性基层沥青路面. 北京：人民交通出版社，1998.
[9] 严加仮. 道路建筑材料. 北京：人民交通出版社，1996.
[10] 《混凝土外加剂匀质性试验方法》GB/T 8007—2012. 北京：中国标准出版社，2013.
[11] 《混凝土结构设计规范》GB 50010—2010. 北京：中国建筑工业出版社，2012.
[12] 《公路土工合成材料应用技术规范》北京：人民交通出版社，2012.
[13] 《公路工程水泥混凝土用机制砂》北京：人民交通出版社，2012.
[14] 《城镇道路工程施工与质量验收规范》北京：中国建筑工业出版社出版，2011.
[15] 《水泥比表面积测定方法　勃氏法》GB/T 8074—2008. 北京：中国标准出版社出版，2008.
[16] 《公路桥涵施工技术规范》JTG /T F50—2011. 北京：人民交通出版社，2011.
[17] 《砌体结构设计规范》GB 50003—2011. 北京：中国建筑工业出版社，2011.
[18] 《公路工程沥青及沥青混合料试验规程》JTG E20—2011 北京：人民交通出版社，2010.
[19] 《普通混凝土配合比设计规程》JGJ 55—2011. 北京：光明日报出版社，2011.
[20] 《水泥标准稠度用水量、凝结时间、安定性检验方法》GB/T 1346—2011. 北京：中国标准出版社出版，2011.
[21] 《道路石油沥青》NB/SH/T 0522—2010. 北京：中国标准出版社出版，2011.
[22] 《重交通道路石油沥青技术要求》GB/T 15180—2010. 北京：中国标准出版社出版，2011.
[23] 《公路工程混凝土结构防腐蚀技术规范》北京：人民交通出版社，2010.
[24] 《混凝土强度检测评定标准》GB/T 50107—2010. 北京：中国建筑工业出版社，2010.
[25] 《金属材料室温拉伸试验方法》GB/T 228.1—2010. 北京：中国标准出版社出版，2010.
[26] 《金属材料弯曲试验方法》GB/T 232—2010. 北京：中国标准出版社出版，2010.
[27] 《砌筑砂浆配合比设计规程》JGJ/T 98—2010. 北京：中国建筑工业出版社，2010.
[28] 《混凝土结构设计规范》GB 50010—2010. 北京：中国建筑工业出版社，2011.
[29] 《砌筑砂浆的配合比设计规程》JGJ/T 98—2010. 北京：中国建筑工业出版社，2011.
[30] 《建筑砂浆基本性能试验方法标准》JGJ/T 70—2009. 北京：中国建筑工业出版社，2009.
[31] 《钢筋混凝土用钢　第 2 部分：热轧带肋光光圆钢筋》GB/T 1499.1—2008. 北京：中国标准出版社出版，2009.
[32] 《桥梁用结构钢》GB/T 714—2008. 北京：中国标准出版社出版，2009.
[33] 《公路工程无机结合料稳定材料试验规程》JTG E51—2009. 北京：人民交通出版社，2009.
[34] 《钢筋混凝土用钢热轧光圆钢筋》GB 1499.1—2008. 北京：中国标准出版社出版，2008.
[35] 《碳素结构钢和低合金结构钢热轧薄钢板及钢带》GB/T 912—2008. 北京：中国国家标准化管理委员会. 2008.

[36] 《碳素结构钢和低合金结构钢热轧薄钢板及钢带》GB/T 912—2008. 北京：中国标准出版社，2009.
[37] 《普通混凝土拌合物性能试验方法标准》GB/T 50080—2002. 北京：中国建筑工业出版社，2003.
[38] 《普通混凝土力学性能试验方法标准》GB/T 50081—2002. 北京：中国建筑工业出版社，2003.
[39] 《普通混凝土长期性能的耐久性能试验方法》GB/T 50082—2009. 北京：中国建筑工业出版社，2010.
[40] 《碳素结构钢》GB/T 700—2006. 北京：中国标准出版社出版，2007.
[41] 《冷轧带肋钢筋》GB 13788—2008 北京：中国标准出版社出版，2007.
[42] 《通用硅酸盐水泥》GB 175—2007. 北京：中国标准出版社出版，2007.
[43] 《预应力混凝土用金属波纹管》JG 225—2007. 北京：中国标准出版社. 2007.
[44] 《公路工程混凝土结构防腐蚀技术规范》JTG/T B07—01—2006. 北京：人民交通出版社，2006.
[45] 《公路工程集料试验规程》JTG E42—2005 北京：人民交通出版社，2005.
[46] 《公路工程岩石技术规范》JTG E41—2005 北京：人民交通出版社，2005.
[47] 《预应力混凝土用钢绞线》GB/T 5224—2003 北京：中国标准出版社，2005.
[48] 《预应力钢筒混凝土管》GB/T 19685—2005. 北京：中国标准出版社，2005.
[49] 《用于水泥混凝土中的粉煤灰》GB/T 1596—2005. 北京：中国标准出版社，2005.
[50] 《公路工程水泥及水泥混凝土试验规程》JTG E30—2005 交通部公路科学研究所 2005.
[51] 《混凝土外加剂的定义、分类、命名和术语》GB/T 8075—2005. 北京：中国标准出版社，2005.
[52] 《公路沥青路面施工技术规范》JTG F40—2004. 北京：人民交通出版社，2004.
[53] 《公路水泥混凝土路面施工技术规范》JTG F30—2003. 北京：人民交通出版社，2004.
[54] 《埋地用聚乙烯(PE)结构壁管道系统第一部分：聚乙烯双壁波纹管管材》GB/T 19472.1—2004. 北京：中国标准出版社，2004.
[55] 《普通混凝土力学性能试验方法标准》GB/T 50081—2002. 北京：中国建筑工业出版社，2002.
[56] 《预应力混凝土用钢绞线》GB/T 5224—2003. 北京：中国标准出版社，2003.
[57] 《预应力混凝土用钢丝》GB/T 5223—2002. 北京：中国标准出版社，2002.
[58] 《公路路面基层施工技术规范》JTJ 034—2000. 北京：人民交通出版社，2000.
[59] 《水泥胶砂强度标准试验规程(ISO法)》GB/T 17671—99. 北京：中国标准出版社出版，1999.
[60] 《沥青路面施工及验收规范》GB 50092—96. 北京：中国计划出版社，1996.
[61] 《公路泡沫沥青冷再生路面设计与施工技术规程》DB33/T 715—2008. 北京：人民交通出版社，2009.